兰州财经大学省级统计学一流特色学科资助

中老年群体生活状况与养老问题研究

ZHONGLAONIAN QUNTI SHENGHUO ZHUANGKUANG
YU YANGLAO WENTI YANJIU

杨盛菁　著

中国商业出版社

图书在版编目（CIP）数据

中老年群体生活状况与养老问题研究／杨盛菁著．—北京：中国商业出版社，2019.12
ISBN 978-7-5208-1028-9

Ⅰ.①中… Ⅱ.①杨… Ⅲ.①中年人-生活状况-研究-中国②老年人-生活状况-研究-中国③养老-社会服务-研究-中国 Ⅳ.①D669.6

中国版本图书馆 CIP 数据核字（2019）第 271831 号

责任编辑：朱丽丽

中国商业出版社出版发行
010-63180647　www.c-cbook.com
（100053　北京广安门内报国寺1号）
新 华 书 店 经 销
北京市京东印刷厂印刷

* * *

710 毫米×1000 毫米　16 开　21 印张　368 千字
2019 年 12 月第 1 版　2019 年 12 月第 1 次印刷
定价：60.00 元

* * * *

（如有印装质量问题可更换）

前　言

老龄化进程的加快深刻影响着经济社会的发展，尤其是大数据、云计算、物联网等技术的运用和发展，对老年人的生活产生了重大影响。本成果采用海量的实际调查与网络爬虫数据，以中老年群体为研究对象，分析中老年人群的生活及其需求现状；研究他们对养老模式的意愿及影响因素；分析其对智慧养老产品的需求和使用情况，为今后研究探索人工智能时代老龄化与老年产业的发展趋势提供依据。成果的选题具有较强的理论与实际价值，在理论研究层面，该成果有利于掌握老年群体的生活存在的主要问题与需求的倾向性，为同类研究提供参照；在实践应用层面，能为全面衡量老年人保障政策效果提供实证证据，也对目前建立智慧养老体系和制订老年产业发展战略有一定的指导和借鉴作用。

研究成果可从数据来源和研究内容进行归类。

一、按照数据的来源途径分为三个方面

（一）面访调查数据

通过选题论证、设计调查方案、试调查、修改问卷、正式组织实施调查、共得到2942份有效问卷，经过筛选与汇总、数据分析、撰写报告与修改等环节完成。

（二）CATI（电脑辅助电话调查）数据

通过选题论证、设计调查方案、线下试调查、修改问卷后再导入问卷设计系统。抽样框的生成过程是，在各大运营商给定的号段内，以不同地区人口数量为依据，通过系统随机生成千百万的大抽样框；再按照一定的抽样方法生成几十万的小抽样框；通过去重后，借助电访通平台由电访员进行电话访问。本研究结果设计了2份不同问卷，先后共获得有效电话访问问卷6965个，再将有效问卷信息从系统导出后进行分析，进而撰写报告。

（三）网络爬虫数据

通过选题论证、设计研究方案、数据的采集、预处理（去重-文本机械去重-短句删除），共获得208371条信息，再经过分类、实证分析而成。

二、按照研究内容和参与人员分为五个部分

本研究内容包括5章19节，所有结论均由实际调查的一手数据和网络爬虫数据整理分析所得。采用面访所遇到的困难：一是访问地点分散，耗时费力；二是作为老年人的被访者文化程度普遍偏低，加之听力和视力下降，访问沟通时都有难度；三是老年人大多数危机意识强，疑心较重，不愿意配合调查员。使用CATI调查时，除了面访所有的困难之外，还有三大难题：一是抽样框的确定（电话号码列表）；二是空号和废号多；三是拒访率太高。在面访和电话调查过程中，团队成员齐心协力，彼此鼓励相互配合，克服了各种困难，获取了尽可能多的样本数据，从大样本的角度提高了调查结果的代表性。由于上述原因，涉及参与调查的人员较多，具体参与调查和资料汇总的人员如下：

第二章，中老年人生活状况——以兰州市城区为例的系列调查

第一节，中老年人生活状况——以兰州市城区为例的系列调查研究（杨盛菁、梁永玉、曹苏周、颜小凤）

第二节，兰州市老年人运动调查（杨盛菁、董建梅、袁艺轩）

第三节，兰州市老年人幸福感现状调查（杨盛菁、吴蕾、王国利）

第四节，兰州市老年人阅读现状的研究（杨盛菁、李志伟、蒲佳伟）

第五节，兰州市中老年人在线支付的使用调查（杨盛菁、李娜）

第三章，养老模式选择及影响因素——来自甘肃的调查研究

第一节，甘肃中老年养老模式选择及影响因素的调查（杨盛菁、李志伟、庞茹娜）

第二节，兰州市农村老人对集体养老意愿的调查（杨盛菁、石宜径、薛梦岚）

第四章，中老年群体的需求特征——基于西北地区CATI数据的分析

第一节，甘肃省中老年群体需求特征（杨盛菁、王小宇）

第二节，陕西省中老年群体需求特征（杨盛菁、倪志恒）

第三节，青海省中老年群体需求特征（杨盛菁、李凯悦）

第四节，宁夏回族自治区中老年群体需求的特征（杨盛菁、杜文豪）

第五节，新疆维吾尔自治区中老年群体需求特征（杨盛菁、赵甜）

第五章，智慧养老问题研究

第一节，国内外智慧养老模式的文献评述（杨盛菁、李清镇）

第二节，老年智能手机用户中文评论的情感分析（杨盛菁、高思梦）

第三节，智慧养老的发展趋势调查（杨盛菁、高远游）

本研究工作历时三年，过程中，得到了兰州财经大学有关部门的大力支持与协助，赢得了统计学院同学们的踊跃参与和热情配合。本研究内容体系的设计受到了东北财政大学蒋萍教授、广州大学张崇岐教授、甘肃省政策研究室吴玉林主任的悉心指导。在此一并深表感谢！

由于研究能力的原因，文中难免有不当和欠缺的地方，诚请读者予以指正！

杨盛菁

二〇一九年十二月十六日于兰州

目 录

第一章　绪论 ……………………………………………………… 1
　第一节　研究背景 ……………………………………………… 1
　第二节　研究目的与意义 ……………………………………… 2
　　一、研究目的 ………………………………………………… 2
　　二、研究意义 ………………………………………………… 2
　第三节　相关的政策及制度梳理 ……………………………… 4
　　一、国家相关法律政策 ……………………………………… 4
　　二、部门相关政策 …………………………………………… 7
　第四节　相关的概念与基本理论 ……………………………… 10
　　一、核心概念界定 …………………………………………… 10
　　二、相关理论 ………………………………………………… 11

第二章　中老年人生活状况——以兰州市城区为例的系列调查 …… 13
　第一节　兰州市老年人生活质量及影响因素调查研究 ……… 13
　　一、抽样设计 ………………………………………………… 13
　　二、兰州市老年人生活质量及满意度评价 ………………… 16
　　三、基于SEM的老年人生活质量满意度影响因素分析 …… 29
　　四、小结 ……………………………………………………… 32
　第二节　兰州市城区老年人运动状况调查研究 ……………… 35
　　一、主要调查结果展示 ……………………………………… 35
　　二、老年人运动的特点 ……………………………………… 46
　　三、结论与建议 ……………………………………………… 46
　第三节　兰州市老年人幸福感调查 …………………………… 48
　　一、调查方案及实施 ………………………………………… 48

二、老年人幸福感现状分析 ·· 49
　　三、提升老年人幸福感的对策建议 ···································· 64
第四节　兰州市城区老年人阅读现状调查研究 ························· 65
　　一、方案设计 ·· 65
　　二、调查的主要结果 ··· 66
　　三、总结 ··· 73
第五节　兰州市城区中老年人在线支付状况调查 ····················· 75
　　一、调查设计 ·· 75
　　二、在线使用的基本情况 ·· 80
　　三、兰州市中老年人对在线支付使用的接受度 ·················· 90
　　四、兰州市中老年人对在线支付使用的满意度 ·················· 94
　　五、结论及建议 ··· 97

第三章　养老模式选择及影响因素——来自甘肃省的调查研究 ··· 99
第一节　甘肃中老年养老模式选择及影响因素的调查 ············· 99
　　一、调查设计 ·· 99
　　二、调查数据分析 ·· 101
　　三、甘肃省中老年养老现状和改善建议 ·························· 129
第二节　兰州市农村老年人对集体养老意愿的调查 ··············· 133
　　一、调查方案设计 ·· 133
　　二、调查结果分析 ·· 135
　　三、集体养老模式选择意愿的多变量多关系分析 ············· 152
　　四、结论与建议 ··· 159

第四章　中老年群体的需求特征——基于西北地区 CATI 数据的分析
　　··· 163
第一节　甘肃省中老年群体的需求特征 ································ 163
　　一、CATI 调查的可行性与科学性 ································· 163
　　二、甘肃省中老年人 CATI 调查的基本数据分析 ············· 164
　　三、城乡中老年人口精神需求比较 ································ 168
　　四、城乡中老年人口物质需求的比较 ····························· 177
　　五、甘肃省中老年人口需求特质的聚类分析 ··················· 183

  六、满足中老年群体需求的主要任务 …………………………… 185
 第二节 陕西省中老年群体需求特征 …………………………………… 187
  一、陕西省的人口年龄结构 ……………………………………… 187
  二、陕西省中老年群体调查数据分析 …………………………… 188
  三、陕西省中老年人需求状况分析 ……………………………… 190
  四、总结 …………………………………………………………… 198
 第三节 青海省中老年群体需求特征 …………………………………… 199
  一、调查背景 ……………………………………………………… 199
  二、青海省人口特征分析 ………………………………………… 202
  三、样本基本情况 ………………………………………………… 208
  四、青海中老年人物质需求状况分析 …………………………… 212
  五、青海省中老年人精神需求状况分析 ………………………… 214
  六、小结 …………………………………………………………… 221
 第四节 宁夏回族自治区中老年群体需求的特征 ……………………… 221
  一、宁夏回族自治区中老年群体总量分析 ……………………… 221
  二、宁夏回族自治区调查数据分析 ……………………………… 226
 第五节 新疆维吾尔自治区中老年群体需求特征 ……………………… 233
  一、新疆维吾尔自治区人口总量分析 …………………………… 233
  二、新疆维吾尔自治区调查数据分析 …………………………… 237
  三、新疆老年人需求状况的分析 ………………………………… 240

第五章 智慧养老问题研究 ……………………………………………… 247
 第一节 国内外智慧养老模式的文献评述 ……………………………… 247
  一、文献来源与分析 ……………………………………………… 247
  二、国外智慧养老研究 …………………………………………… 248
  三、我国养老模式文献资料的统计分析 ………………………… 249
  四、文献评述 ……………………………………………………… 259
 第二节 老年智能手机用户中文评论的情感分析 ……………………… 260
  一、文本挖掘相关技术及理论 …………………………………… 260
  二、数据的采集处理与分析 ……………………………………… 267
  三、实证分析 ……………………………………………………… 272
  四、启示与建议 …………………………………………………… 288

第三节 智慧养老的发展趋势调查 ································· 291
　　一、人工智能的发展和深度神经网络 ························· 291
　　二、人工智能与智慧养老 ··································· 295
　　三、智慧养老发展趋势及可预期的问题 ······················· 298
　　四、兰州市城关区虚拟养老院的案例分析 ····················· 300

参考文献 ·· 312

第一章 绪论

第一节 研究背景

《孟子·梁惠王上》一书提道:"老吾老,以及人之老;幼吾幼,以及人之幼,天下可运于掌。"意思是"尊敬自己的老人,并由此推广到尊敬别人的老人;爱护自己的孩子,并由此推广到爱护别人的孩子。做到了这一点,整个天下便会像在自己的手掌心里运转一样容易治理了。"尊敬老年人是古今崇尚的美德,我国作为四大文明古国之一,自古就有敬老、尊老的优良传统,这一传统世代相传,经久不衰,对传承民族文化,维系人心和社会安定起到了重要的作用。

如今,随着社会的快速发展,医疗卫生条件逐渐改善,人们的平均寿命逐年提高,当今社会人口老龄化现象日趋严峻。20世纪90年代以来,中国的老龄化进程加快。跨入21世纪,我国老年人口已达到1.3亿人,成为"老年型"国家,并以年均3%的速度持续增长。2018年中国人口老龄化现状分析及未来发展趋势预测指出:2016年我国65岁及以上人口为1.5亿人,近十年65岁及以上人口逐年增加,表现出"两高两低"的基本特征,即高速、高龄、基数大、差异大,存在社区养老社会水平低、自我养老和社会养老意识低的现状,我国养老工作面临着空前的挑战。

随着我国人口老龄化速度日益加快,我国老年人口同样存在很多严峻的问题。农村老龄化越来越严重,导致人口老龄化地区间发展不平衡,城乡倒置;独居老人和空巢老人增速加快,比重增高。随着中国老龄化态势的发展,近几年来养老问题开始慢慢地呈现了出来,"老有所养"成为很多现代人都在探讨的问题。面对日趋严重的老龄化问题,未来中国老年人生活现状如何也成了中国社会即将要面临的挑战。那么,以后我国老龄人的生活会发生怎样的变化呢?

无疑,人口老龄化进程的加快对我国的经济、政治、文化等各方面造成很大的影响,目前面临的一个最大的挑战就是必须为现在以及未来的老年人口提供有效的福利,以保证在未来几十年中占人口比重越来越大的老年人晚年生活得到保障。

第二节 研究目的与意义

一、研究目的

我国是世界上中老年人口数量最多的国家,突如其来的白发浪潮使得养老问题成为我国急需解决的一大难题,中老年人的生活状况与老年人的养老问题事关每一个家庭的幸福安康,人口老龄化也给社会发展和经济的发展带来了很大的影响。传统的养老以家庭养老为主,"养儿防老"便是最好的体现。

但在当今社会,随着时代的变迁,人们的思想也潜移默化地发生了变化,随着人们眼界的开阔,养老院、敬老所等地方成了老年人的聚居地。可以预见,21世纪我国人口老龄化所带来的问题,不仅仅是经济供养方面,感情上的交流、生活上的关心、各方面的优势互补、亲人间内心世界的敞开交流、相互间的疏通等都是很重要的。

老龄化趋势是我国当前社会发展的一个重要议题。社会的发展和观念的更新使得老年人的生活方式也发生了翻天覆地的变化,老年人的日常生活也变得丰富多彩。他们中的很多人都倾向于对精神世界的追求与向往,在信息化的今天,他们也乐意投入到信息化带来的乐趣当中,让他们的晚年生活变得更加美好。

为了把握老年人的精神需求和精神文化生活的客观状况,我们对甘肃地区进行了老年人精神文化生活状况调查,了解全省农村以及城镇老年人基本状况,了解空巢家庭老年人生活状况及存在的问题,了解老年人在精神生活中遇到的各种问题。老年人精神需求的满足和精神文化状况直接关系到老年人的生活质量和生活满意度。我们通过总结影响老年人精神生活的主要因素以及老年人认为的应该怎样度过老年生活,对老年人口状况进行调查,得到一些老年人口的生活现状数据,进行分析得出一些结论,并针对性地给出建议。希望我国能够尽快建立完善的养老保障体系,解决好老年人口的需求问题,提高老年人口的生活质量,促进社会和谐发展。

二、研究意义

(一) 理论意义

国内外很多学者和有关政府部门都十分关注老年群体的需求问题。本书力图在对国内外老年群体需求问题相关文献研究的基础上，对老年群体需求的相关概念进行界定与梳理，并通过实际调研的数据对甘肃省老年群体需求状况的现状、原因、问题等进行具体分析，并有针对性地提出具体对策。

（二）现实意义

人的需求，在不同的生命阶段既有共性，也有特殊性。其共性表现为：无论年龄大小，都必须以基本物质生活的满足为前提，也都有健康需求、安全需求、归属和爱的需求、自尊需求。其特殊性主要表现为：不同的生命阶段有着不同的需求重点，少儿时期的需求重点是接受教育和增长知识，中年时期的需求重点是实现就业和个人发展，老年时期的需求重点是照料服务和身心健康。人的需求，还可以分为物质需求和精神需求两大类。

对于城市老年人来说，因为一般都有退休金作为保障，物质需求基本不成问题；即使少数老年人没有退休金，城市社会福利也能覆盖他们，况且子女的收入水平较高，向老年人提供物质生活条件问题也不大。近年来，农村社会保障事业发展也很快，多数老年人的生活保障程度也有了很大提高。这就更凸显了精神需求的重要性。尽管老年人可以通过广播、电视、报纸、网络等大众媒体以及社区活动中心、休闲广场、老年俱乐部等形式得到以公共资源为载体的精神生活，但老年活动场所匮乏、为老文化服务形式单调等问题较为突出，在一定程度上限制了老年人精神需求的满足。从家庭角度来说，城市生活方式的特殊性决定了老年人一般都单独生活，子女也忙于工作和他们的小家庭，老年人与子女在一起的时间和直接交流较少，从而使一些老年人难以享受温馨的家庭氛围，产生抱怨情绪。调查表明，老年人更愿意享受来自子女的精神慰藉。这是人的天性使然。

情感和精神慰藉需求是人的一种基本需求，也是老年生活的一个重要方面，尤其在物质需求较有保障的城市社会，这一需求显得格外重要。

老龄化进程与家庭小型化、空巢化相伴随，与经济社会转型期的矛盾相交织，社会养老保障和养老服务的需求将急剧增加。为了实现老有所养、老有所医、老有所教、老有所学、老有所为、老有所乐的工作目标，构建全方位的老龄服务体系，对老年群体的需求进行科学的调查、总结和分类是关键前提。

基于以下三个方面的原因，对老年群体需求问题的研究影响深远、意义重大，它正日益引起广大学者的高度重视与社会各界的广泛关注。

1. 目前甘肃老年服务供给与老年人口的实际需求之间存在着巨大的差距。

2. 高龄老人、中龄老人和低龄老人的需求有明显的不同；农村与城镇老人的需求有显著差异。

3. 老龄化产业跟不上老龄化的发展进程。

第三节 相关的政策及制度梳理

一、国家相关法律政策

（一）1996年8月29日，第八届全国人民代表大会常务委员会第二十一次会议通过了《中华人民共和国老年人权益保障法》。

该法自同年10月1日起施行。这是我国第一部保障老年人合法权益的重要法律。针对老年人口从以下几方面保障老年人的合法权益：（1）家庭赡养与扶养；（2）收养的效力；（3）收养关系的解除；（4）法律责任。由于我国于1999年成为老年型国家，此时对我国老年人问题认识不够全面、不够深刻、更不够迫切，并没有深层次多角度地保障老年人口的各方面权益。

（二）2011年9月17日国务院印发了《中国老龄化事业发展"十二五"规划》（国发〔2011〕28号，下文简称《规划》）。

《规划》指出"十一五"时期是老龄事业快速发展的五年，不管从养老保障体系还是老年社会福利和社会救助制度逐步建立，都已经取得极大的进展。在此基础上，《规划》还提出，"十二五"时期是我国全面建成小康社会的关键时期，也是老龄事业发展的重要机遇期。老龄化进程与家庭小型化、空巢化相伴随，与经济社会转型期的矛盾相交织，社会养老保障和养老服务的需求将急剧增加。坚持以老龄事业与经济社会发展相适应，立足当前与着眼长远相结合，政府引导与社会参与相结合，坚持家庭养老与社会养老相结合，统筹协调与分类指导相结合，道德规范与法律约束相结合等原则，更好地完成进一步健全老年社会保障、完善老年医疗卫生保健系统、大力发展老年家庭建设与老龄服务、优化老年人生活环境、推动老龄产业发展、丰富老年人精神文化生活、加强老年人社会管理、加强健全老年人权益保障、加大老龄科研投入等主要任务。

（三）2012年12月28日颁布，2013年7月1日实施了《中华人民共和国老年人权益保障法（2012年）》（下文简称老年法）。

老年法从原法6章50条扩展到9章85条。其中：全新的条文有38条；修改的条文有37条；未修改的只有10条。

（四）2015年，国务院印发《关于积极推进"互联网+"行动的指导意见》，明确提出要"促进智慧健康养老产业发展"。

（五）2016年6月2日发布了《中华人民共和国老年人权益保障法（2015年修正）》（以下简称新老年法）。

新老年法将原法"老年人养老主要依靠家庭"修改为"老年人养老以居家为基础"，并明确提出国家建立健全家庭养老支持政策。同时突出精神慰藉的内容，是新老年法最具人性化的体现，并把"常回家看看"写入老年人权益保障法，这也使得新老年法极具鲜明的社会发展属性。同时还提出"意定监护"，并逐步开展长期护理保障工作以及建立养老机构准入制度等内容。

（六）2016年10月5日国务院办公厅印发了《老年教育发展规划（2016—2020年）》（下文简称《规划》）。

《规划》以政府主导、市场调节、优化布局、面向基层、开放便利、灵活多样、因地制宜、特色发展为基本原则，力争到2020年，基本形成覆盖广泛、灵活多样、特色鲜明、规范有序的老年教育新格局。老年教育法规制度逐步健全，职责明确、主体多元、平等参与、管办分离的管理体制和运行机制得到完善。老年教育基础能力有较大幅度提升，教育内容不断丰富，形式更加多样。各类老年教育机构服务能力进一步提升，全社会关注支持老年教育、参与举办老年教育的积极性显著提高。以各种形式经常性参与教育活动的老年人占老年人口总数的比重为20%以上。

（七）2017年2月28日国务院印发了《国务院关于印发"十三五"国家老龄事业发展和养老体系建设规则对策通知（国发〔2017〕13号）》。

尽管"十二五"时期我国老龄事业和养老体系建设取得了很大的成就，但我国人口基础较大，预计到2020年，全国60岁以上老年人口将增加到2.55亿人左右，占总人口比重提高到17.8%左右；高龄老年人将增加到2900万人左右，独居和空巢老年人将增加到1.18亿人左右，老年抚养比将提高到28%左右；农村实际居住人口老龄化程度可能进一步加深，因此已有的设施保障远远不能满足当前的国内老龄人口的需求。

该文件强调本着以人为本、共建共享、补齐短板、提质增效、改革创新、激发活力、统筹兼顾、协调发展的原则争取到2020年，老龄事业发展整体水平明显提升，养老体系更加健全完善，及时应对、科学应对、综合应对人口老龄化的社会更加牢固。在"十三五"期间国家老龄事业发展和养老体系主要指标指出：中老年人健康素养提升至10%，二级以上综合医院设老年病科比例在35%以上，65岁以上老年人健康管理率达到70%；精神文化生活中建有老年学校的乡镇（街道）比例达到50%，经常性参与教育活动的老年人口比例在20%以上。文件着重强调了丰富老年人精神文化生活，老年人的精神需求越来越受到政府相关部门的关注。

该文件也强烈呼吁："经过多年的发展，我国经济实力和综合国力都得到了快速的发展，完全有能力建立适度普惠的老年照顾制度。但是，我国经济发展还存在地区差距和城乡差距，而这成为建立适度普惠的老年人照顾服务制度的最大障碍，需要政府给予特别关注。"

（八）2017年6月16日国务院发布了《国务院办公厅关于制定和实施老年人照顾服务项目的意见（国办发〔2017〕52号）》（下文简称《意见》）。

《意见》提出的20项重点任务，涵盖老年法中家庭赡养与抚养、社会保障、社会服务、社会优待、宜居环境和参与社会发展各章的相关内容，是落实老年人权益保障法的重大政策。

中国人民大学教授邬沧萍针对《意见》指出："《意见》的出台非常必要和及时，除了我国要全面建成小康社会的需要外，还因我国老年人口最大的'洪峰'即将来临，从1963年开始，持续十多年的高出生人口，每年有千万以上的人口鱼贯进入老年期，势必形成更庞大的老年群体；到21世纪中叶，我国要面对4.5亿老年人是不可避免的。"

南开大学老龄发展研究中心主任、教授原新提出："随年龄的增加，老年人的服务需求具有特殊性和迫切性。《意见》在充分综合近些年全国性老年人生活状况调查的基础上，根据老年人的需求有针对性地提出了老年人照顾服务的项目。"中国人民大学中国社会保障研究中心副主任、教授杨立雄提出"《意见》"明确了适度普惠的老年人照顾服务体系的组织体制。《意见》从职责划分、资金保障和监督检查三方面对党和政府的责任做了明确划分。

（九）2019年4月16日国务院发布了《国务院办公厅关于推进养老服务发展的意见（国办发〔2019〕5号）》（下文简称《意见》）。

《意见》提出的28项重点任务，涵盖深化放管服改革、拓宽养老服务投融资渠道、扩大养老服务就业创业、扩大养老服务消费、促进养老服务高质量发展、促进养老服务基础设施建设，是落实养老服务体系的一项重要举措。国务院建立由民政部牵头的养老服务部际联席会议制度。提出将养老服务政策落实情况纳入政府年度绩效考核范围，对落实养老服务政策积极主动、养老服务体系建设成效是明显的，在安排财政补助及有关基础设施建设资金、遴选相关试点项目方面给予倾斜支持，进行激励表彰。各地要充实、加强基层养老工作力量，强化区域养老服务资源统筹管理。

二、部门相关政策

（一）2012年，全国老龄办首先提出"智能化养老"的理念，鼓励支持开展智慧养老的实践探索。

（二）2014年2月28日，民政部、中国保监会、全国老龄办联合下发了《关于推进养老机构责任保险工作的指导意见》（以下简称《指导意见》）。

《指导意见》强调，各级民政、保险监管和老龄部门要定期对保险方案、理赔服务等进行评估。各地保险监管部门要指导保险公司推进服务创新，增强为老年人和养老机构服务的意识。对于财政部门给予的保费补贴、公办养老机构的保险费用应当列入预算管理，严格专款专用。各养老机构应当严格遵守保险协议约定，按期支付保险费，不得向入住老年人另行收取责任保险费，严禁截留挪用保险赔偿金。入住老年人发生保险责任事故后，保险公司应当按照协议约定，及时办理赔付手续，协助做好善后处理工作。

据了解，在三部门联合下发《指导意见》之前，北京、上海、江苏、浙江、安徽、湖北、广东等地已经开展了养老机构责任保险工作。《指导意见》的推出，说明民政部、中国保监会、全国老龄办积极联合推进建立养老责任保险制度。

（三）2014年年初，住房和城乡建设部、国土资源部、民政部、全国老龄办联合下发《关于加强养老服务设施规划建设工作的通知》。

文件指出，工程建设标准和土地使用标准是养老服务实施建设活动的技术依据，严格执行上述标准，是保障工程质量、功能和性能，促进土地节约集约利用的前提条件。2014年4月，国土资源部单独下发《养老服务设施用地指导意见》明确养老用地是医卫慈善用地，养老服务设施用地供应纳入国有建设用地供应计划，同时明确老年酒会、宾馆、会所、商场、俱乐部等商业性设施用地，不属于养老服务设施用地。

（四）2014年6月10日民政部门户网站发布了《民政部国土资源部财政部住房城乡建设部关于推进城镇养老服务设施建设工作的通知》（民发〔2014〕116号）。

文件要求将养老服务、相关设施建设纳入社会发展规划、土地利用总体规划和相关城乡规划，各地公办养老机构要充分发挥托底作用，进一步降低社会力量开办养老机构的门槛，支撑社会力量开办养老机构。同时明确，强化养老设施用地保障，按照人均用地不少于0.1平方米的标准，分区分级设置养老服务设施并强调，用于城镇养老服务设施建设的用地、用房，不得挪作他用。未经法定程序，不得改变养老服务设施的用途。这已是国土资源部2014年第三次就养老设施用地发文。

（五）2015年5月5日全国老龄办、民政部联合下发了《关于进一步加强城乡社区老年协会建设的通知》（以下简称《通知》）。

《通知》主要包含以下几方面内容：（1）要把老年协会纳入社会组织登记管理范围；（2）整合资源加强设施建设，满足工作及活动需求；（3）政府部门应对老年协会建设加大扶持力度；（4）调动社会力量共同参与老年协会建设；（5）开展业务培训，提升老年协会的自身能力；（6）营造良好舆论氛围，优化发展环境。

（六）2016年1月民政部发布了《老年社会工作服务指南》（MZ/T064-2016，民政部第396号公告，以下简称《指南》）。

《指南》推荐了行业标准，该标准规定了老年社会工作的术语和定义、服务宗旨、服务内容、服务方法、服务流程、服务管理、人员要求和服务保障等，适用于社会工作者面向有需要的老年人及其家庭开展的社会工作服务。《指南》在服务内容中特别提到精神慰藉、危机干预、社会支持网络建设、社区参与、老年教育、咨询服务、权益保障、政策倡导、老年临终关怀等内容。该《指南》相对于以往文件对于老年人社会服务及福利待遇更细致、完整。

（七）2016年5月6日，全国老龄办、民政部、财政部、中国保监会等四部门联合印发《关于开展老年人意外伤害保险工作的指导意见》（以下简称《意见》）。

《意见》强调，各级老龄工作部门、民政部门、保险监管部门要各司其职、密切配合，制定并完善工作方案，加强联合调查研究与沟通协调，必要时建立联席会议制度，推动将老年人意外伤害保险工作纳入政府为民办实事、办好事的内容。老龄工作部门要担负起牵头责任，提出改进保险服务、加强风险管理方面的意见建议，及时协调解决开展老年人意外伤害保险工作进程中出现的问题。民政部门负责推动落实特殊困难群体和重点优抚对象等老年人的意外伤害保险统保工作，老龄工作部门做好配合。保险监管部门负责加强对承保保险公司的指导和监管，建立健全信息通报制度，指导保险公司进行产品和服务创新，增强为老服务意识，提升为老服务质量，确保老年人意外伤害保险工作积极稳妥推进。

（八）2017年2月，工业和信息化部、民政部、国家卫生计生委印发《智慧健康养老产业发展行动计划（2017—2020年）》（工信部联电子〔2017〕25号，以下简称《计划》）。

《计划》指出，要牢固树立和贯彻落实创新、协调、绿色、开放、共享的发展理念，着力推进供给侧结构性改革，深入实施创新驱动发展战略，充分发挥信息技术对智慧健康养老产业的提质增效支撑作用，丰富产品供给，创新服务模式，坚持政企联动、开放融合，促进现有医疗、健康、养老资源优化配置和使用效率提升，满足家庭和个人多层次、多样化的健康养老服务需求。通过发挥新消费引领作用，促进产业转型升级。

《计划》的重点任务包括推动关键技术产品研发、推广智慧健康养老服务、加强公共服务平台建设、建立智慧健康养老标准体系以及加强智慧健康养老服务网络建设和网络安全保障。同时要建立部际协同工作机制、强化组织落实、完善多元化资金投入机制、培育和规范消费市场、开展应用试点示范建设。通过上述组织实施，引导医院、养老机构、社区服务中心和相关企业机构参与支持试点项目建设，支持企业探索可推广、可复制的智慧健康养老服务模式，为智慧健康养老服务提供优质的医疗、养老资源保障。

（九）2017年2月10日民政部、发展改革委、公安部、财政部、国土资源部、环境保护部、住房城乡建设部、卫生计生委、中国人民银行、工商总局、食品药品监管总局、银监会、全国老龄办联合印发了《关于加快推进养老服务业放管服改革的通知》（民发〔2017〕25号，以下简称《通知》）。

为进一步调动社会力量参与养老服务业的积极性，降低创业准入的制度性成本，营造公平规范的发展环境，民政部等部门加快推进养老服务放管服改革。总体来说，《通知》进一步全面落实了国务院关于深化简政放权、放管结合、优化服务改革工作部署，深入贯彻了《国务院办公厅关于全面放开养老服务市场提升养老服务质量的若干意见》（国办发〔2016〕91号）关于全面清理、取消申办养老机构的不合理前置审批事项，优化审批程序，简化审批流程的工作要求。

（十）2018年8月，工信部、民政部、国家卫健委联合公布了《智慧健康养老产品及服务推广目录（2018年版）》，力求打造智慧健康养老应用示范基地，同时为智慧养老产业以及众多养老企业的发展指明了方向。人工智能赋能智慧养老，已经成为老年人未来养老的必然选择。

（十一）2019年1月2日，民政部发布了关于贯彻落实新修改的《中华人民共和国老年人权益保障法》的通知（民函〔2019〕1号）。

此次修改老年人权益保障法，是深化养老服务"放管服"改革，推进养老服务发展的关键举措。指出，不再实施养老机构设立许可、依法做好登记和备案管理、加强养老机构事中事后监管、做好法规政策修改和宣传引导。

第四节　相关的概念与基本理论

一、核心概念界定

（一）群体

"物以类聚，人以群分。"群体与个体相对，是个体的共同体。不同个体按某种特征结合在一起，进行共同活动、相互交往，就形成了群体。个体往往通过群体活动达到参加社会生活并成为社会成员的目的，并在群体中获得安全感、责任感、亲情、友情、关心和支持。

（二）老年人

不同的文化圈对于老年人有着不同的定义，由于生命的周期是一个渐变的过程，壮年到老年的分界线往往是很模糊的。有些人认为做了祖父祖母就是进入了老年，有的人认为退休是进入老年的一个标志。我国老年人权益保障法第二条规定老年人的年龄起点标准是60周岁。即凡年满60周岁的中华人民共和国公民都属于老年人。

（三）需求

一般而言，"需求"属于心理学的理论范畴，理解为"受紧张或未满足状态的驱使，对可以实现自身满足的目标进行获取"。可以看出，在"需求"的上述理解中，主要包括两个方面：一是个体存在既定的"未满足感"，或称之为"匮乏状态"；二是个体受"未满足"驱动所产生特定目标的获取动机，即"驱使个人行动的基本力量"，是感官向行为的转化。同时，有研究者认为"匮乏感"并非仅由个人内在产生，而是由人与外部环境之间的交互所引发，以此从个人内在与客观外在之间的关系角度对"需求"进行理解。

"需求"源于对特定事物的缺乏而造成的紧张或不安状态，并作为驱动产生了对特定目标获取的动机。同时，在目标理解上，既是避免因缺乏产生的伤害，也涵盖对外部环境的适应和自身生存与发展的追求。另外，结合经济学范畴下的解释，"需求"存有时间层面的动态转换特征，如需求水平、"潜性—显性"需求转化等，这种转换又存在于一定的历史情境之中。

（四）老年群体需求

本研究将老年群体的需求理解为："老年人针对身体、心理、家庭或环境等方面存在的困境，为保证日常生活的延续性而产生的对于获取生活照料、医疗保健和精神慰藉等的动机。"

（五）互联网+

"互联网+"是互联网发展的新业态，也是知识社会创新推动下的互联网形态演进及其催生的经济社会发展新形态。"互联网+"是互联网思维的进一步实践成果，推动经济形态不断地发生演变，从而带动社会经济实体的生命力，为改革、创新、发展提供广阔的网络平台。通俗地说，"互联网+"就是"互联网+各个传统行业"，但这并不是简单的两者相加，而是利用信息通信技术以及互联网平台，让互联网与传统行业进行深度融合，创造新的发展生态。它代表一种新的社会形态，即充分发挥互联网在社会资源配置中的优化和集成作用，将互联网的创新成果深度融合于经济、社会各领域之中，提升全社会的创新力和生产力，形成更广泛的以互联网为基础设施和实现工具的经济发展新形态。

（六）智慧养老

智慧养老是面向居家老人、社区及养老机构的传感网系统与信息平台，并在此基础上提供实时、快捷、高效、低成本的，物联化、互联化、智能化的养老服务（资料来源于百度百科）。

随着科技进步，新型养老方式日趋流行，社会上也涌现出一系列如只为父母设计的电视盒子等高科技产品，提升老人的晚年生活质量，最大限度地解决空巢老人寂寞的问题，是智慧养老、候鸟式养老、信息化养老、中国式养老的新形式。智慧养老经过一年多的良好运营与快速成长，获得了政府、行业、公众及媒体的广泛关注与认可。让老人充分享受物联网带来的便捷和舒适。

二、相关理论

（一）ERG 理论

ERG 理论是生存、相互关系、成长三核心需要理论的简称。因这三个英语单词的字头 E、R、G 而得名。它是美国耶鲁大学组织行为学教授奥尔德弗在大量实证研究基础上对马斯洛的需求层次论加以修改而形成的一种激励理论。奥尔德弗于 1969 年在《人类需求新理论的经验测试》一文中指出，在管理实践中将职工的需要分为以下三类较为合理和有效：（1）生存（Existence）需要，即提供一个基本的物质生活条件，这包括马斯洛认为的生理需要和安全需要的项目；（2）相互关系（Relatedness）需要，即维持人与人之间友善关系的愿望，这与马斯洛的爱的需要和尊重需要的外部因素相一致；（3）成长（Growth）需要，即人们希望得到发展的内心愿望，这包括马斯洛的尊重需要的内在因素和自我实现需要的各项内容。

(二) 马斯洛需求层次理论

马斯洛需求层次理论是人本主义科学的理论之一,由美国心理学家亚伯拉罕·马斯洛于1943年在《人类激励理论》论文中所提出。文中将人类需求像阶梯一样从低到高按层次分为五种,分别是生理需求、安全需求、社交需求、尊重需求和自我实现需求。

通俗理解:假如一个人同时缺乏食物、安全、爱和尊重,通常对食物的需求是最强烈的,其他需求则显得不那么重要。此时人的意识几乎全被饥饿所占据,所有能量都被用来获取食物。在这种极端情况下,人生的全部意义就是吃,其他什么都不重要。只有当人从生理需求的控制下解放出来时,才可能出现更高级的、社会化程度更高的需求。

第二章 中老年人生活状况——以兰州市城区为例的系列调查

第一节 兰州市老年人生活质量及影响因素调查研究

一、抽样设计

(一) 抽样方案及抽样框编制

兰州市是典型的"带状城市",东西狭长,南北不阔,且红古区地处偏远、人口稀疏,所以本次调查仅针对兰州市的城关区、七里河区、西固区和安宁区4个区的市民进行;同时结合此次调查范围大,被调查对象分布范围广的特点,本次采用多阶段抽样方法。根据多阶段抽样方法的特点,编制的抽样框主要有4个,分别是区域抽样框、街道抽样框、社区抽样框、个体抽样框。其中:区域抽样框由4个初级抽样单元(行政区)构成;街道抽样框由初级抽样单元(4个行政区)所包含的63个二级抽样单元(街道)构成;社区抽样框由被抽中的20个二级抽样,3单元(街道)所包含的105个三级抽样单元(社区)构成;个体抽样框由被抽中的10个三级抽样单元(社区)中所包含的基本抽样单元(市民)构成。

(二) 样本特征描述

本次调查共发放问卷240份,收回问卷180份,回收率75%,其中有效问卷172份,占比72%。调查小组对收集的问卷进行数据输入、整理,利用统计软件SPSS得到数据整体的克隆巴赫系数为0.815(见表2-1),在可接受范围之内。这个指标说明:从整体上看,此次问卷的设计是有效和可信的,问题的整体信度合适且满足统计分析的需要,设计的调查问卷能够有效地测度事先想要搜集的资料信息。下面通过采用SPSS与EXCEL软件对调查问卷得出的数据进行描述性统计分析,得到以下对兰州市四个行政区老年人生活质量及影响因素的客观描述。

表2-1　　　　　　　　　　可靠性统计表

克隆巴赫系数	基于标准化项目的克隆巴赫系数	项数
0.815	0.807	54

1. 性别分布

数据显示(见表2-2,下同),被调查者男性略多于女性,说明取样比较客观合理。

2. 年龄分布

年龄高的老年人行动不方便,广场公园的老年人群主要集中在60~70岁之间,这也是造成实际在各个年龄段的样本量与计划样本量有差异的主要原因。

3. 职业分布

在所调查的样本中,兰州市老年人群从事的职业有明显差异。职业为农民、自由从业者、事业单位、企业职工所占比重较大,占总体比例的85%;军人与政府机关人员占的比例最小,仅占总体比例的15%。

表2-2　　　　　　　有效样本基本信息统计量表

样本变量	样本特征	样本数(份)	比重(%)
性别	男	88	51
	女	84	49
年龄	60~70岁	80	46.5
	70~80岁	55	32.0
	80岁以上	37	21.5
文化程度	文盲	38	22
	小学	39	23
	初中	44	25
	高中及高中以上	51	30

续表

样本变量	样本特征	样本数（份）	比重（%）
婚姻状况	未婚	3	2
	已婚（有配偶）	131	76
	丧偶	37	21
	离婚	1	1
职业	农民	40	23
	企业职工	32	19
	事业单位从业人员	38	22
	政府机关人员	10	6
	军人	15	9
	自由从业者	37	21

4. 婚姻状况

如图2-1所示，兰州市老年人主要为已婚（有配偶），占总体的76.16%，其中丧偶占总体的21.51%，而未婚与离异几乎没有，这与老年人实际生活情况相符合。

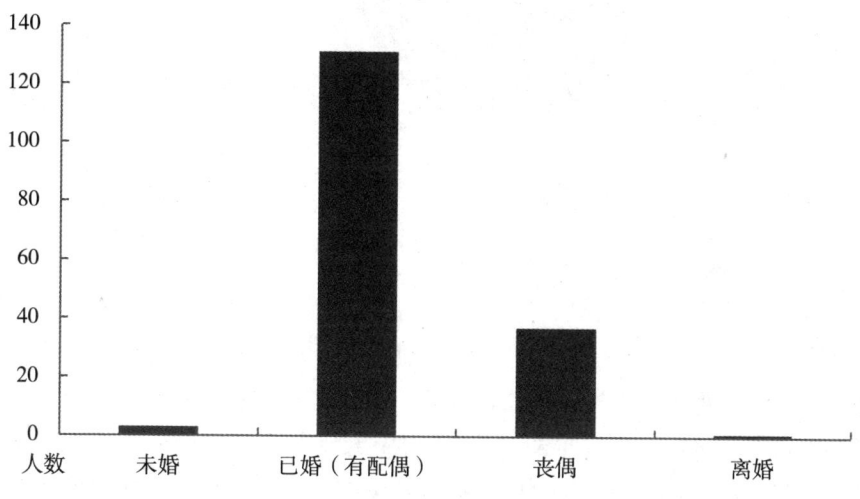

图2-1 婚姻状况分布图

5. 文化程度

被调查者中,文化程度在初中及初中以上的达到55%,文化程度在小学的占总体的23%,文盲占总体的22%,说明兰州市老年人群的文化程度相对于同龄老年人来说,处于较高的水平。

二、兰州市老年人生活质量及满意度评价

(一)经济状况分析

1. 主要经济来源分析

由图2-2可以看出,在所调查的老年人中,34.30%的老年人的主要经济来源是退休金,其次是子女供给,占比达到28.49%,自己挣钱和养老金差异不大且占比不高,均在12%左右。所占比例最少的是社会救助,仅达到调查总人数的1.74%,而政府资助也相对较少,仅占9.88%。建议政府和社会加强对老年群体的救助,尤其是无子女、无退休金和无养老金的老年群体。

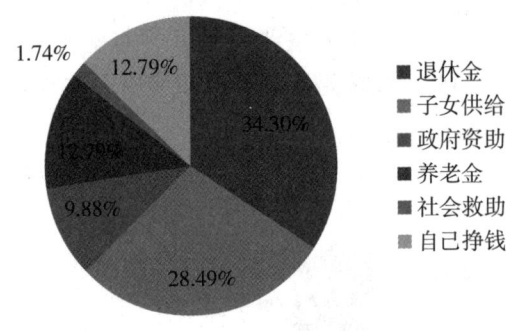

图2-2 主要经济来源饼图

2. 老年群体月平均收入与支出分析

由图2-3可以看出,月收入与月支出之间差距最大的经济来源主要是退休金,其次是养老金,而自己挣钱和政府资助的差距也比较大,说明通过这四种渠道获取收入的老年人在支出方面比较节俭。建议这种类型的老年人适当加强生活开支,提高生活质量。相对而言,通过子女供给和社会救助的人收入支出之间差距不大,尤其是社会救助,这可能与通过社会救助的老年人本身获得的收入本来不高有关,故建议社会方面加强对孤寡老人的救助。

第二章　中老年人生活状况——以兰州市城区为例的系列调查

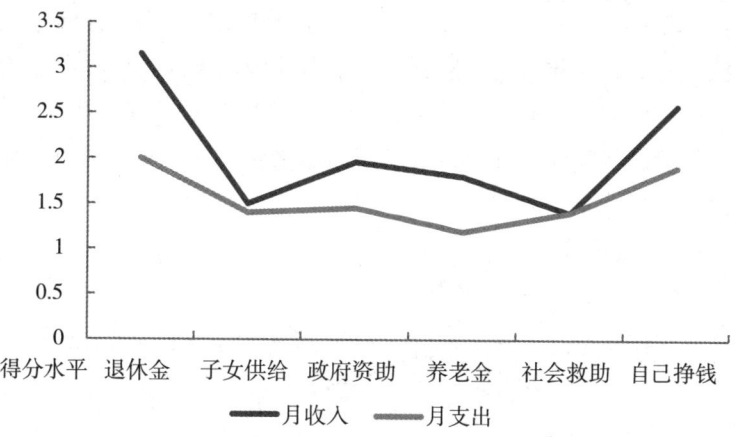

图2-3　月收入、支出分析、主要经济来源折线图

（二）健康状况调查分析

1. 年龄和使用药物的频率分析

由表2-3可得，在经常使用药物的老年人群体中，60~70岁的人使用频率相对于70岁以上的人而言比例最高，达到18%；在偶尔使用药物的老年人群体中，60~70岁的人使用频率也最高，达到了25.6%。这些数据说明老年人身体健康状况不太理想。这可能与现在老年人生活习惯有关，建议老年人加强生活锻炼，不要过度依赖药品，加强身体锻炼才是较好保持身体健康的方式。

表2-3　　　　　　年龄和使用药物的频率分析统计表（%）

年龄（岁）	使用药物的频率			合计
	经常	偶尔	从不	
60~70	18.0	25.6	2.9	46.5
70~80	13.4	15.1	3.5	32.0
80以上	11.0	10.5	0.0	21.5
合计	42.4	51.2	6.4	100.0

2. 性别与健康状况雷达图分析

由图2-4性别与健康状况雷达图可以看出，在此次调查的老年人群体中，较差的健康状况集中表现在听力、视力、决断知识、记忆功能和睡眠情况上，而且女性的平均健康状况均低于男性，尤其在视力、决断知识、睡眠情况方面差异较为明显，在营养状态方面差距不大。较好的健康状况集中表现在情绪表现、意识状况和自理能力上。因此，我们推测兰州市大部分老年人身体状况较差，但其情绪表现、意识状况和自理能力比较强，故建议兰州市老年群体加强身体的锻炼，针对老年人情绪表现较好的方面，可以增加老年人娱乐活动，从而增加老年人锻炼身体的机会。

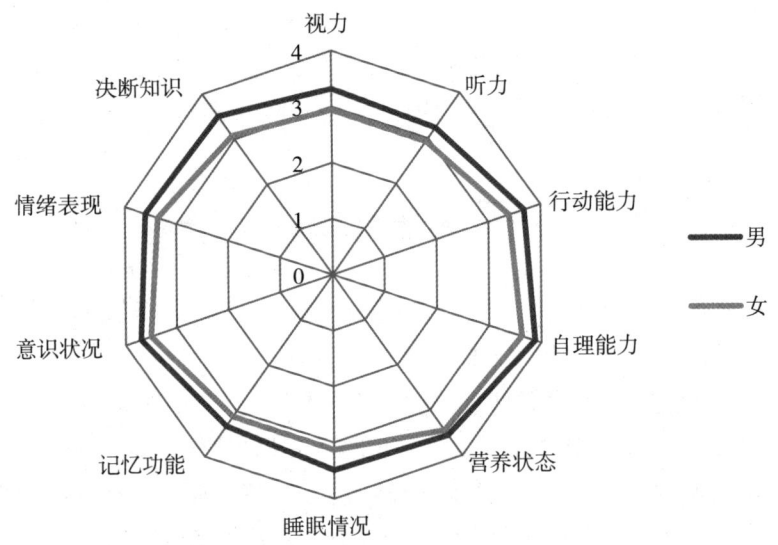

图 2-4　性别与健康状况雷达图

3. 基于 Logistic 模型的老年人患慢性疾病影响因素分析

Logistic 回归模型主要是在一个因变量和多个自变量之间形成多元回归关系，从而预测任何一块区域某一事件的发生概率。Logistic 回归的优势在于进行统计分析时，自变量可以是连续的，也可以是离散的，变量也没有必要满足正态分布，应用范围相当广泛。

在 Logistic 回归分析中，$y_i \in (0, 1)$ 是一个二分类的响应变量，它用来表明第 i 个样本的类别，一按情况下 $y_i = 1$ 表示所关注的事件发生，$y_i = 0$ 表示所关注的事件不发生。假设在自变量 X_1, X_2, $\cdots$, X_s 作用下，所关注事件的发生概率为 P，则该事件不发生的概率就为 $1-P$，发生概率与不发生概率之比为 $\frac{P}{1-P}$，记作"优势"（odds），对 odds 取自然对数，即得逻辑斯蒂（Logistic）函数。

$$Logit(\prod) = \ln(odds) = \ln(\frac{P}{1-P}) \quad \text{式 (2.1)}$$

则（2.1）式称为 $\prod$ 的 Logit 变换，则 Logistic 回归模型为：

$$Logit(\prod) = \ln(\frac{P}{1-P}) = \beta_0 + \beta_1 X_1 + \beta_2 X_2 + \cdots + \beta_s X_s + \varepsilon \quad \text{式 (2.2)}$$

式（2.2）中 β_0 为常数项，β_j，$j \in (1, 2, \ldots s)$ 称为回归系数，误差项 ε 服从均值为 0，方差为 σ^2 的正态分布。并且从中可以看出，当式中 $\prod$ 在（0，1）之间变化时，对应 $Logit(\prod)$ 在 (∞) 内变化，这样自变量 X_1，X_2，$\cdots$，X_s 可在任意范围内取值。

不难看出 Logistic 模型有其独特的优越性，因此借助 Logistic 模型来寻找和分析老年人患慢性疾病的因素。设定模型被解释变量为是否患有慢性疾病，患有慢性疾病的概率为 P，则不会患病的概率为 $1-P$，根据经验和实际情况的判读，将理论上可行的变量（性别、年龄、职业、文化程度、婚姻状况、居住状况、经济来源、去卫生机构的频率、使用药物的频率和是否常有孤独感和抑郁感）作为解释变量用 SPSS 软件进行一系列分析。

建模时，需要对模型做拟合度检验，比较它们的预测结果与实际情况的吻合程度。本文选取 H-L 的拟合度检验，H-L 统计指标显著说明模型的拟合度不好，其值不显著则说明模型的拟合度较好，模型拟合度较好表明自变量可以有效预测事件结果。

表 2-4　　　　　　　　　　　H-L 检验

步骤	卡方	自由度	显著性
1	5.143	8	0.742

通过对建立的 Logistic 回归模型进行 H-L 检验，可知所选模型能否较好地预测本研究结果。表 2-4 检验结果显示 $P=0.742>0.05$，这说明模型配适度好，其回归结果能较好地反映老年人患慢性疾病的显著影响因素。

最终模型输出结果（见表 2-5）显示，老年人患慢性疾病的显著影响因素主要有年龄、文化程度、去卫生机构的频率、使用药物的频率以及是否常有孤独感和抑郁感。根据模型分析显著性可见，估计出回归系数之后。模型可解释为：

$$P = \frac{\exp(\Re)}{1 + \exp(\Re)} \qquad 式（2.3）$$

其中，$\Re$ 为解释变量和响应系数相乘的代数和。

表 2-5　　　　　　　　Logistic 回归模型输出结果汇总表

变量	系数	标准误	Wals 统计量	自由度	显著性	Exp（B）
性别	-0.290	0.385	0.564	1	0.453	0.749
年龄	0.560	0.254	4.878	1	0.027	1.752
职业	0.076	0.108	0.496	1	0.481	1.079
文化程度	0.392	0.189	4.297	1	0.038	1.480
婚姻状况	0.500	0.454	1.213	1	0.271	1.648
居住状况	-0.024	0.321	0.006	1	0.940	0.976
经济来源	0.139	0.127	1.205	1	0.272	1.149
去卫生机构的频率	0.959	0.370	6.703	1	0.010	2.608
使用药物的频率	1.689	0.386	19.165	1	0.000	5.415
孤独感和抑郁感	0.883	0.329	7.222	1	0.007	2.419

通过回归结果分析，年龄、文化程度、去卫生机构的频率、使用药物的频率以及是否常有孤独感和抑郁感的回归系数估计值均为正，表示老年人是否患有慢性疾病与其具有正效应，而且回归系数估计值越高，表明老年人在其变量的影响下越容易患有慢性疾病。由表 2-5 可以看出，使用药物的频率的回归系数最高，达到 1.689，说明长期患有慢性疾病的老年人经常会使用一些相应的药物来缓解病情，而且使用药物的频率越频繁，其患有慢性疾病的频率也会越高。紧接着是去卫生机构频率的回归系数，达到 0.959，也说明患有慢性疾病的老年人会经常去一些卫生机构，这与实际也是相符的。同时我们还可以发现年龄、文化程度及是否常有孤独感和抑郁感也会影响老年人的患病概率，随着年龄的增长，患慢性疾病的概率相应的增加。值得关注的是，是否常有孤独感和抑郁感的回归系数达到 0.883，说明老年人患慢性疾病很大程度上会受到其情绪的影响，而且常有孤独感和抑郁感的老年人更容易患有慢性疾病，因此建议老年人要保持良好的心态。

(三) 文化娱乐状况分析

1. 文化娱乐状况综合评价

因子分析是一种数据降维的技术。它的基本思想是用少数几个新变量（因子）的线性组合来表示多个原变量之间的关系，且尽可能多地反映原变量的信息。原变量是可观测的显在变量，而因子一般是不可观测的潜在变量。因子分析就是通过显在变量测评少数几个潜在变量（因子）的一种统计方法。

X_1，X_2，…，X_{14} 分别表示电脑上网、看电视（听广播）、看书看报、看电影（听戏）、下棋打牌、社区活动、与人聊天、栽花种草、逛公园、运动健身、逛街、外出旅游、文艺活动、书法摄影（见表2-6）。

由于选择的14个变量之间的相关系数比较高，变量之间的相关性也相对较好，因此可以做因子分析。

表 2-6　　　　　　　　　变量共同度

变量	起始	提取	变量	起始	提取
$X1$	1	0.342	$X8$	1	0.524
$X2$	1	0.644	$X9$	1	0.531
$X3$	1	0.634	$X10$	1	0.368
$X4$	1	0.709	$X11$	1	0.486
$X5$	1	0.505	$X12$	1	0.592
$X6$	1	0.487	$X13$	1	0.659
$X7$	1	0.643	$X14$	1	0.62

表2-6给出了本次分析中每个变量的共同度，因子几乎包含了各个至少一半的信息。表中提取信息比较多的是 X_4（看电影听戏）、X_2（看电视听广播）、X_7（与人聊天）这些变量共同都在0.64以上。

分析碎石图可以看出，主成分 Y_1 与主成分 Y_2 以及主成分 Y_3 与主成分 Y_4 之间的方差差值比较大，而其他方差差值比较小，可以初步保留四个主成分将能概括绝大部分信息，见图2-5。

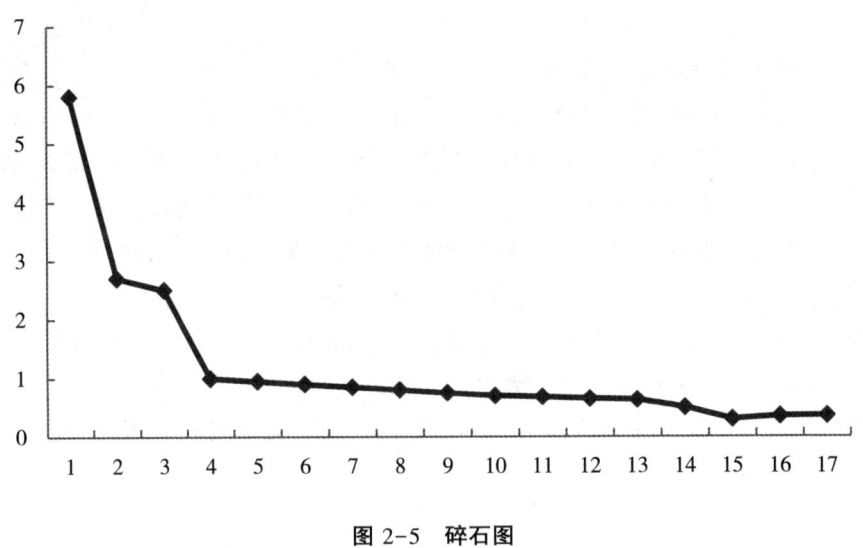

图 2-5 碎石图

F_1，F_2，F_3，F_4 是符合条件的 4 个因子，由表 2-7 中的因子得分系数矩阵得评价模型为：

$$F_1 = \sum_{j=1}^{14} ijX_j, \quad (i = 1, 2, 3, 4; j = 1, 2, 3, 4) \qquad 式（2.4）$$

$$F_{综} = W_1F_1 + W_2F_2 + W_3F_3 + W_4F_4 \qquad 式（2.5）$$

$$W_i = \frac{\lambda_i}{\lambda_{总}} \qquad 式（2.6）$$

表 2-7　　　　　　　　　因子得分系数矩阵

变量	因子				变量	因子			
	1	2	3	4		1	2	3	4
X1	-0.082	0.455	-0.088	-0.275	X8	0.17	-0.256	-0.1	0.615
X2	-0.076	-0.08	0.468	0.099	X9	0.129	-0.012	0.062	0.211
X3	0.172	-0.024	0.194	-0.069	X10	-0.135	0.371	0.014	-0.015
X4	-0.037	-0.087	0.506	-0.088	X11	-0.181	0.463	-0.067	0.038
X5	0.139	-0.002	0.189	-0.125	X12	0.124	0.205	-0.148	-0.036
X6	0.097	0.072	0.024	0.128	X13	0.302	-0.051	-0.079	-0.016
X7	-0.243	0.15	0.07	0.414	X14	0.424	-0.249	-0.082	0.036

因子方差贡献率分别为 $W_1 = 0.47$，$W_2 = 0.22$，$W_3 = 0.19$，$W_4 = 0.12$，以旋

转后因子方差贡献率为权数构造综合因子，则有综合评价函数为：

$$F_{综} = 0.47F_1 + 0.22F_2 + 0.19F_3 + 0.12F_4 \quad\quad 式（2.7）$$

总的来说，这些变量都是正向的，它们对文化生活娱乐状况起着积极作用。但是，结合上述因子得分系数矩阵，各因子的得分普遍较低，因此老年人的文化娱乐综合状况不是很乐观。所以在老年人的日常生活中，为他们提供这几个方面的条件，多考虑这些正相关的因素，有针对性地开展相关活动，使老年人的生活丰富多彩化。

2. 文化娱乐各项活动参与情况

表2-8显示，老年人文化娱乐活动参与度较高的是与人聊天和看电视、听广播，较低的是电脑上网和书法、摄影。由此可以说明老年人不适应信息极速更新的网络社会，而相对适应选择性不那么多的电视和比较便利的广播，其次，老年人不喜欢独处，而是喜欢有人陪伴自己，与人聊天是打发无聊时间的主要活动。

表2-8　　　　　　　　文化娱乐各项活动参与度

活动	参与度	活动	参与度
电脑上网	0.302	栽花种草	0.466
看电视、听广播	0.508	逛公园	0.43
看书看报	0.386	运动健身	0.432
看电影、听戏	0.418	逛街	0.39
社区活动	0.408	文艺活动	0.304
与人聊天	0.538	书法、摄影	0.32

3. 文化娱乐设施满意度较低（见表2-9）

表2-9　　　　　文化娱乐设施满意度与是否改进交叉表（%）

文化娱乐设施满意度	是否需要改进					合计
	非常不需要	不需要	一般	需要	非常需要	
非常不满意	2.3	0.0	0.0	0.6	1.7	4.7
不满意	1.2	0.0	1.2	5.8	8.1	16.3
一般	1.2	2.3	9.9	26.7	4.7	44.8
基本满意	1.7	4.1	3.5	19.8	2.3	31.4
非常满意	0.0	2.3	0.0	0.0	0.6	2.9
合计	6.4	8.7	14.5	52.9	17.4	100.0

表2-9显示，对于社区或街道提供的文化娱乐设施满意度方面，满意的老年人仅有34.3%，而一般及不满意的人高达65.7%，将近满意人数的两倍，这个结果表明大多数人对文化娱乐设施是不满意的。就设施改进而言，有70.3%的人认为设施是需要改进的，这个比例和对设施满意度的结果相吻合。综合二者交叉表可得，兰州市文化娱乐设施是需要改进的。

4. 期待文化娱乐场所为医疗健身室

图2-6表明，老年人最希望有的文化娱乐场所是医疗健身室和广场公园，分别占比24.4%和23.3%，说明老年人对于健康问题很重视。同时，老年人大多喜欢相对热闹的广场公园，通过广场舞等方式增加他们生活的丰富性。另外，活动室、聊天室、小区亭院也是老年人常去的地方。经济不断发展的今天，老年人的生活越来越好，退休后或到了一定的年龄，他们不再过多地操心子女的生活，所以这些场所可以让他们度过大把无聊时光。

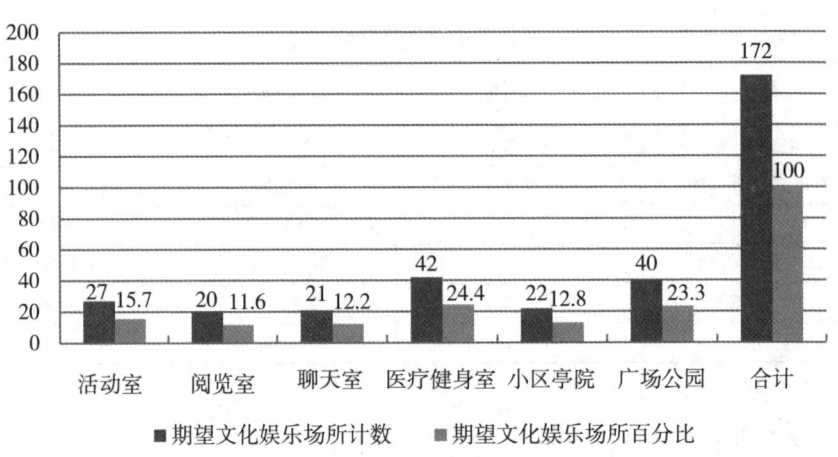

图2-6　期望文化娱乐场所

（四）精神状况分析

1. 老年人感到孤独所占比例较高（见表2-10）

表 2-10　　　　　　　是否有孤独感及其原因交叉表（%）

是否有孤独感	原因					合计
	子女关系	个人性格	身体状况	经济状况	人际关系	
经常感到	10.5	4.7	9.9	2.3	3.0	30.4
偶尔感到	26.7	25.7	36	19.8	11.0	66.0
从不感到	0.0	1.2	1.8	0.6	0.0	3.6
合计	37.2	32.6	47.7	22.7	14	100

由表 2-10 可以看出，有 30.4% 的人会经常感到孤独，有 66.0% 的人会偶尔感到孤独。所以，几乎所有的老年人会有不同程度的孤独感，而导致老年人产生孤独感的原因主要集中在身体状况、子女关系、个人性格等方面。因此，提醒年轻朋友们，定期带父母去体检；多与父母交流，多聆听他们的想法，多从父母的角度考虑，多给老年人一些关怀。

2. 老年人独自居住的比例偏高

图 2-7 显示，有将近一半的老年人自己一个人或与配偶单独住，这些人中，有 36% 的人平时感到孤独和忧虑的原因是与子女往来少，无人照料和日常活动少，生活单调无聊；有 47.1% 的人是和子女一起住的，而他们感到忧虑的主要原因是日常活动少，生活单调无聊。老年人睡眠时间少，可干的事情相对来说很少，因此他们希望街道有广场公园、聊天室等设施增加他们的日常活动，从而增加他们的生活乐趣。

从图 2-7 中也可以看出，有 11.7% 的人住在亲戚朋友家，而他们常常会因为收入偏低、基本生活无保障感到担忧，住在养老机构的人一般不会感到孤独和忧虑，因此住在亲戚朋友家的老年人可以考虑住到养老机构。

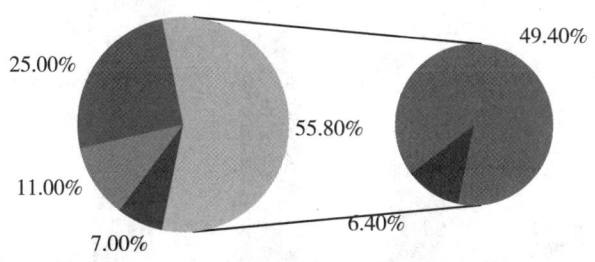

图 2-7　居住状况与独孤、忧虑情况

3. 文化层次与知识教育需求的差异

由表2-11可以看出，认为获取知识教育"有必要"及"很有必要"的老年人比例高达63.953%。同时，根据调查结果显示，随着受访者文化程度越高，越认为老年人获取知识有必要。

由于大多数老年人对知识教育的需求程度较为强烈，需要丰富教育资源，增添更多与老年人相关的教育形式，让有所需求的老年人参与到同龄人群的学习互动中，通过此方式可解决大部分老年人由于独居、子女关系等情感问题导致的孤独感及抑郁感，从而降低他们患慢性疾病的风险。文化程度相对低的老年人由于知识需求意识较为淡薄，对知识教育的需求并不迫切。由此可见，文化程度的高低，对老年人获取知识教育的需求程度有着显著影响。

表2-11　　文化程度对老年人教育需求影响状况列联表（%）

文化程度 \ 教育需求	非常没必要	没必要	一般	有必要	很有必要	合计
不识字	1.744	4.651	6.395	6.395	2.907	22.093
小学	2.326	3.488	1.744	13.372	1.744	22.674
初中	0.581	2.907	4.651	10.465	6.977	25.581
高中	0.581	1.163	5.814	15.698	6.395	29.651
合计	5.233	12.209	18.605	45.930	18.023	100.000

4. 兰州市老年人普遍对教育资源满意度较低（见图2-8）

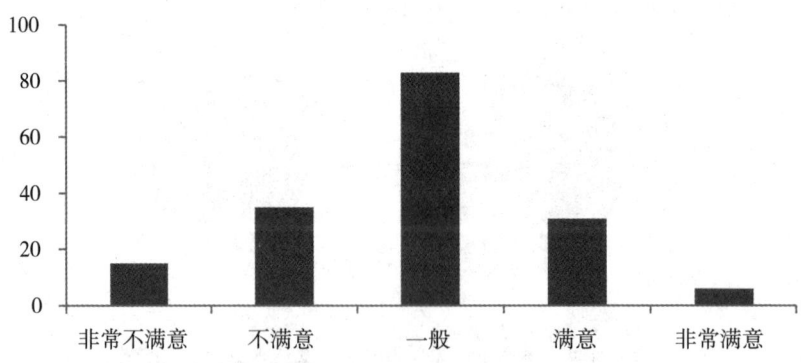

图2-8　教育资源满意度柱状图

从调查中发现，兰州市老年人对目前社区为他们提供的教育资源感到满意的仅占少数，因此需加大对老年人教育资源的投入力度。而对此"感觉一般"的受访者占比最高，其中文化程度相对较低的老年群体接受知识教育的意识较为淡薄，需求较低。老年人是一个特殊的群体，他们的精神需求较为旺盛，平时活动内容单一、生活单调、情感交流匮乏以及受教育程度较低更会导致他们受到来自各方面的侵害，所以为老年群体提供相应的教育资源是十分必要的。

（五）生活质量满意度分析

1. 男性老年群体对生活质量满意度较低

从总体比例来看，兰州市老年人对生活质量基本满意的人数达到了57.56%，一般满意的达到29.65%（见表2-12），说明兰州市老年人对其生活质量较满意。但男性老年群体相对于女性老年群体来讲，对总体生活的满意度不高，而且对生活质量不满意的人数基本上是女性的两倍。之所以如此，其可能的解释是男性老年人在家庭经济决策中承担了更大的责任，面临的家庭压力和经济压力更大。

表2-12　　　　　　　性别与总体生活满意程度列联表（%）

性别 \ 满意度	非常不满意	不满意	一般	基本满意	非常满意	合计
男	3.49	4.65	14.53	20.93	5.23	48.84
女	1.74	2.91	15.12	25.00	6.40	51.16
合计	5.23	7.56	29.65	45.93	11.63	100.0

2. 与家人同住的老年人生活质量满意度较高

从调查结果得知兰州市各地区老年人的居住状况以与配偶居住为主，其次为与子女一起居住，二者对其目前总体生活质量满意状况呈中上水平，见表2-13。根据调查所得数据显示，受访老年人对其生活的总体满意度与居住状况有着极为密切的关系，这些老年人追求更多的是生活氛围以及来自家庭的温暖，不同性别的老年人对自己生活总体满意状况并无显著差别。在日趋完善的社会福利制度的保障下，要提高老年人对目前生活的满意度，应当从他们当前所处的生活环境着手，如今仍有少数老年人寄居于亲戚朋友家，情感交流较少，难免会产生孤独感或抑郁感，对生活的满意程度也随之下降，这些老年人可选择住在养老机构，与更多同龄人相处，增添活动内容，从而提高生活质量。

表 2-13　　　　　居住状况与总体生活满意程度列联表（%）

居住状况	非常不满意	不满意	一般	基本满意	非常满意	合计
与配偶	2.326	4.651	12.209	23.256	6.977	49.419
与子女	1.744	2.907	15.698	22.674	4.070	47.093
亲戚朋友	1.163	0.000	0.581	0.000	0.000	1.744
养老机构	0.000	0.000	1.163	0.000	0.581	1.744
合计	5.233	7.558	29.651	45.930	11.628	100.00

3. 已婚老年人生活质量满意度较高

由表 2-14 可以看出，已婚（有配偶）的老年人的生活质量满意度较高，达到总体比例的 43.605%，而不满意的人数仅占 9.883%，在对未婚老年人的调查中，对生活状况不满意的人数比例基本是生活满意的人数比例的两倍，调查显示，丧偶、离婚的老年人对生活质量的满意度也较高，这说明已婚老年人的生活满意度一般较高，这可能与他们在日常生活中有老伴的陪伴和照顾有关；而其他状况的老年人由于情感陪伴较为欠缺，所以导致这部分老年人对自己的生活质量不是很满意。

表 2-14　　　　　婚姻状况与总体生活满意程度列联表（%）

婚姻状况	非常不满意	不满意	一般	基本满意	非常满意	合计
未婚	1.163	0.000	0.000	0.000	0.581	1.744
已婚（有配偶）	3.488	6.395	22.674	35.465	8.140	76.163
丧偶	0.581	1.163	6.977	9.884	2.907	21.512
离婚	0.000	0.000	0.000	0.581	0.000	0.581

4. 邻里关系越和睦，生活质量满意度越高

由表 2-15 可以看出，邻里关系和睦的老年人对生活质量满意的人数比例达到了总调查人数的 46.511%，不满意的老年人仅占 6.976%，说明邻里关系越和睦，老年人生活质量满意度越高。故和睦的邻里关系可以有效提升老年人生活幸福感，能显著提高人们对生活的满意度，建议老年人加强与邻居的友好关系，丰富生活，多和邻里的老人交流，参加团体活动，从而提升自己的生活质量，让自己拥有满意的老年生活。

表 2-15　　　　　邻里关系与总体生活满意程度列联表（%）

邻里关系	非常不满意	不满意	一般	基本满意	非常满意	合计
非常不和睦	1.163	0.000	0.000	1.163	0.000	2.326
不和睦	0.581	1.163	0.581	0.581	0.581	3.488
一般	1.163	1.744	10.465	6.977	1.744	22.093
比较和睦	1.744	2.907	15.116	25.581	2.907	48.256
非常和睦	0.581	1.744	3.488	11.628	6.395	23.837

三、基于 SEM 的老年人生活质量满意度影响因素分析

结构方程模型（Structural Equation Modeling，简称 SEM）是一种融合了因素分析和路径分析的多元统计技术，是社会科学研究中的一个非常好的方法。其优点包括能同时处理多个因变量、容许自变量和因变量含测量误差、同时估计因子结构和因子关系、容许更大弹性的测量模型等。结构方程模型的基本思路是：首先根据先前的理论和已有知识，经过推论和假设形成一个关于一组变量之间相互关系的模型，然后经过测查，获得一组观测变量（外显变量）数据和基于此数据而形成的协方差矩阵，这种协方差矩阵称为样本矩阵。结构方程模型就是要将构想的假设模型与样本矩阵的拟合程度进行检验，如果假设模型能拟合客观的样本数据，说明模型成立；否则就要修正，如果修正之后仍然不符合拟合指标的要求，就要否定假设模型。

结构方程模型的出发点是为观察变量间假设的因果关系建立具体的因果模型。一般用线性方程系统表示，分为测量模型和结构模型两部分。测量模型反映潜在变量与观测变量之间的关系，通过测量模型可由观测变量定义潜在变量；结构模型表示潜在变量之间的关系。测量模型和结构模型的矩阵方程及其代表的含义如下式所示：

$$SEM \begin{cases} M.M \Rightarrow \begin{cases} Y = \Lambda_Y \eta + \varepsilon \\ X = \Lambda_X \xi + \delta \end{cases} \\ S.M \Rightarrow \eta = B\eta + \Gamma\xi + \zeta \end{cases} \quad \text{式 (2.8)}$$

其中：X 为外源观测指标，Λ_x 表示 X 指标与潜变量 ξ 之间的关系，δ 为 X 的测量误差；Y 为内生观测指标，Λ_y 表示 Y 指标与潜变量 η 之间的关系，ε 为 Y 的测量误差；ξ 为潜在外生变量（潜在自变量），η 为潜在内生变量（潜在因变量），B 为

内生潜变量之间的关系，Γ 为外源潜变量对内生潜变量的影响大小；ζ 为模式内所包含的变量及变量间关系所未能解释的部分。

所以，在本文中引入结构方程模型对问卷量表所描述的因素进行分析，采用SPSS22.0 软件对验证性因子分析构建测量变量与潜变量之间的测量模型，根据以往研究结果和本文研究假设潜变量之间的结构模型，采用极大似然法对调查数据进行估计，比较拟合指数（CFI）、近似误差均方根（RMSEA）等相关指数并且通过卡方值来修正模型，最终输出最优模型。

本文拟用老年群体的经济状况、健康状况、文化娱乐、精神需求四个方面来研究对老年人生活质量的影响程度。所以首先分别建立对应的四个潜在变量。

（1）测量模型的构建

测量模型，即要寻找刻画老年群体的经济状况、健康状况、文化娱乐、精神需求四个潜在变量的测量指标。首先利用相关性分析来选取经济和精神的测量指标，而对于健康和娱乐通过验证性因子分析来对测量指标降维处理。因子分析之前，要进行 KMO 与巴特莱特检验，KMO 用于考察变量间的偏相关性，取值在 0~1。KMO 统计量越接近于 1，变量间的偏相关性越强，因子分析的效果越好。实际分析中，KMO 统计量在 0.7 以上时，因子分析效果一般会比较好。巴特莱特检验用于检验相关阵是否是单位阵，即各变量是否独立。它是以变量的相关系数矩阵为出发点，零假设为相关系数矩阵是一个单位阵。若不能拒绝零假设，认为相关系数矩阵可能是一个单位阵，不适合做因子分析。若假设不能被否定，则说明这些变量间可能各自独立提供一些信息，缺少公因子。通过分析得知，健康和娱乐 KMO 统计量均约等于 0.8，并且巴特莱特检验在 0.01 的显著性水平上显著拒绝原假设，所以健康状况和文化娱乐调查数据具有结构效度。

（2）结构方程模型的构建和修正

在测量模型的基础上，根据实践经验和相关参考构建初始结构模型，但原假设经过初步拟合后结果并不理想，所以要对模型根据路径有无统计意义和相关指数进行修正，经过几次修正之后模型的拟合指标均达到参考标准的相应要求，所以最终模型在理论支撑的基础上也与数据拟合较好。具体模型拟合结果如表 2-16 所示：

表 2-16　　　　　　　　　模型拟合结果统计表

模型	卡方统计量	NFI	RFI	IFI	TLI	CFI	RMSEA
标准化模型	590.122	0.926	0.917	0.953	0.921	0.956	0.058

结果显示，拟合指数 CFI、规范拟合指数、增值适配指数 IFI 均大于 90%，近似误差均方根误差 RMSEA 为 0.058，基本满足参考标准的相应要求，即可认为调查数据与该模型的适配度较好。经修正后最终具体的 SEM 路径图如图 2-9 所示：

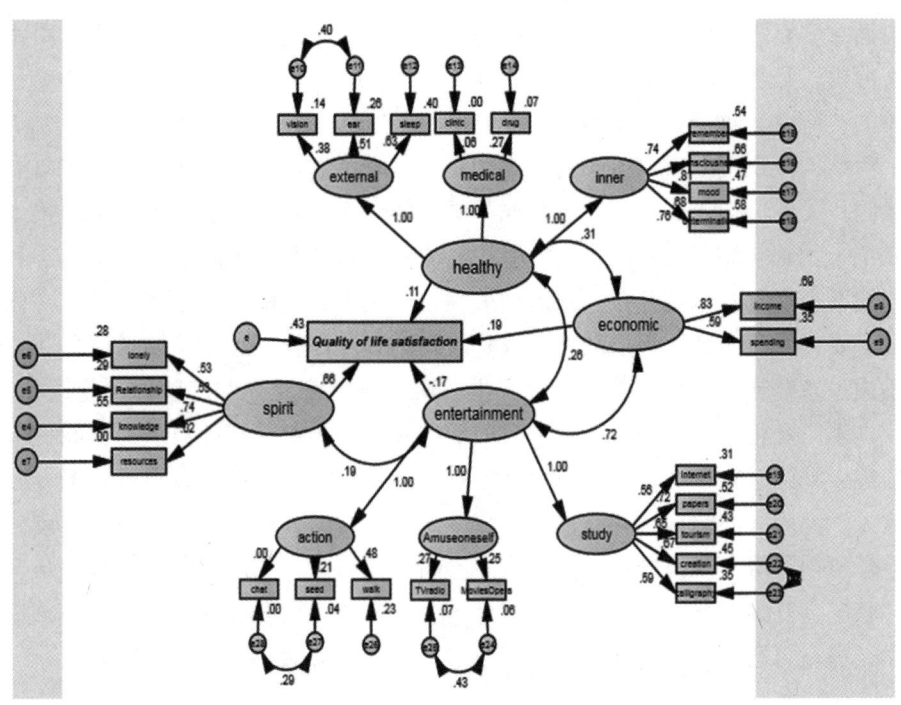

图 2-9　修正结构方程模型路径分析图

由图 2-9 修正结构方程模型路径图显示，各个潜在变量对老年人生活质量满意度会产生直接效应，直接效应是潜在变量不通过中间变量直接对老年人生活质量的影响，其标准化后的作用强度如表 2-17 所示：

表 2-17　　　　　　　　各因素的作用路径及强度

作用路径			作用系数	P 值
满意度	←	健康状况	0.113	0.048
满意度	←	经济状况	0.185	0.065
满意度	←	文化娱乐	-0.173	0.009
满意度	←	精神需求	0.664	***

表 2-17 各因素的作用路径及强度显示，潜在变量健康状况、经济状况、文化娱乐以及精神需求对响应变量满意度的标准化作用强度分别为 0.113、0.185、-0.173、0.664，其中精神需求对满意度的作用强度最高，强度占比达到 58.5%，其次是文化娱乐和经济状况（注：文化娱乐调查数据频率编码为逆向，故文化娱乐对满意度有正向影响关系），健康状况对满意度的影响相对较小。从作用路径显著分析，经济状况的显著性水平为 0.1，即在 0.05 水平下经济状况的影响是不显著的，所以其解释力度较弱。

由结构方程模型得出各潜变量之间存在的相关性，如表 2-18 所示。由潜在变量间相关性可知，老年人经济状况与文化娱乐之间存在较强相关性且相关系数为 0.723，即经济状况越好，老年人文化娱乐的参与度就越高。此外，经济和健康、健康和文化娱乐也存在一定的相关性，即在一定程度上，身体健康是文化娱乐的必要保障。而精神需求和文化娱乐之间的相关性较弱且检验结果不显著，这里不做过多解释。综合来看，老年人生活质量满意度受到经济状况、健康状况、文化娱乐以及精神需求的影响，并且分析结果显示主要受精神需求的影响，包括孤独感、社区教育资源、与他人相处情况。此外，影响因素还有经济状况方面的月收入，健康方面的内在因素包括记忆、意识、情绪，文化娱乐方面的阅读、旅游、学习创作等。所以老年人群应该多参与文化娱乐、学习教育，在经济状况和身体状况良好的情况下，可以选择多外出旅游，多与朋友或孩子交流谈心，这样有助于提高自己的生活质量，使老年生活更丰富、舒适和愉快。

表 2-18　　　　　　　　　　潜在变量间相关性

相关变量			相关系数	P 值
经济状况	←→	文化娱乐	0.723	***
经济状况	←→	健康状况	0.313	***
健康状况	←→	文化娱乐	0.258	0.005
精神需求	←→	文化娱乐	0.188	0.152

四、小结

（一）结论

1. 绝大多数老年人对其生活质量较满意

兰州市大部分老年人对自己的生活质量都比较满意，但是男性老年群体相对于女性老年群体来讲，对总体生活的满意度不高，而且对生活质量不满意的人数基本上是女性的两倍。之所以如此，其可能的解释是：男性老年人在家庭经济决策中承担了更大的责任，面临的家庭压力和经济压力更大。同时，邻里关系和睦也可以提高老年人对生活的满意程度，可以有效提升幸福感，丰富老年人生活。

2. 在老年人群中女性平均健康状况比男性差

年龄问题，是造成人身体健康、生活质量下降的一个不可抗力的因素。兰州市大部分老年人身体状况较差，集中表现在听力、视力、决断知识、记忆功能、睡眠质量这些方面，但其在情绪表现、意识状况和自理能力方面比较强。女性的平均健康状况均低于男性，尤其在视力、决断知识、睡眠情况这三个方面差异较为明显，在营养状态方面差异不大。

3. 老年人易患慢性疾病受情绪的影响

随着年龄的增长，患慢性疾病的概率相应增加，躯体慢性病可以从不同方面影响老年人的生活质量。值得关注的是，老年人患慢性疾病很大程度上会受到其情绪的影响，经常会有孤独感和抑郁感的老年人更容易患有慢性疾病，患有慢性疾病会降低老年人的生活质量，而且没有患慢性疾病的老年人生活满意度明显高于患慢性疾病的老年人。

4. 老年人渴望获取知识的程度较为强烈

文化程度相对低的老年人由于知识需求意识较为淡薄，对知识教育的需求并不迫切，受访者文化程度越高，越认为老年人获取知识有必要。由于大多数老年人对知识教育的需求程度较为强烈，需要丰富教育资源，增添更多与老年人相关的教育形式，由此可见，文化程度的高低，对老年人获取知识教育的需求程度有着显著影响。

5. 精神需求是评价老年人生活质量满意度的主要因素

满意度基本上与客观物质条件、精神需求等呈正相关。此外，与经济状况、健康状况、文化娱乐等方面也存在一定的相关性，但是精神需求是老年人生活质量满意度的主要因素，而精神需求的影响也包括孤独感与抑郁感，而这些也是降低老年人生活满意度的主要因素。老年人的精神生活满意度和幸福感直接影响老年人的情绪和心绪，故它是老年人心理健康的重要基础。

6. 选择独居的老人对生活质量满意度较高

老年人对其生活的总体满意度与居住状况有着极为密切的关系，老年人追求更多的是生活氛围以及来自家庭提供给他们的温暖，在日趋完善的社会福利制度的保障下，要提高老年人对目前生活的满意度，应当从他们当前所处的生活环境着手，如今仍有少数老年人寄居于亲戚朋友家，情感交流较少，难免会产生孤独感或抑郁感，对生活的满意程度也随之下降，这些老年人可选择住在养老机构，与更多同龄人相处，增添活动内容，从而提高生活质量。

（二）建议

1. 个人层面

老年人要善于自我调节，保持良好情绪。良好的情绪与心理对健康有重要的影响，老年人要树立正确的老年观，顺其自然，平和心态，克服失落感、寂寞感。合理规划自己的老年生活，提高自立、自理、自助能力，以自己的经验及技能积极参与社会发展，提高自己的生活质量。

2. 家庭层面

（1）加强老年人与子女的交流

我国老年人对家庭的重视和依赖程度相对较高，与子女的关系对老年人的孤独感有很大影响，孝顺的子女是老年人生活质量的重要保障。老年人渴望得到感情上的安慰，与子女多交流可以让老人感受到儿女的体贴和关怀。

（2）创造良好的家居环境

老年人主要以家庭作为主要的活动场所，为老年人创造良好的家居环境对于高龄、残疾、长期患病或卧床等医药依赖需求较高的老人十分必要，因此要积极发挥家庭对老年人的物质及精神帮助。

3. 社会层面

（1）加强养老保障，加强社区养老建设

作为经济上的弱势群体的生存保障需要，加强养老保障尤其是医疗保障体系建设，从整体上提升老年人的精神健康显得非常重要。同时应加强社区老年医疗保健队伍的培养，根据不同年龄、健康状况、患病情况、生活自理能力等，将社区老年人进行分级分类，随个人健康状况的变化随时调整，进行动态管理。

（2）重视老年人的心理卫生保障，加强慢性疾病防治

随着年龄的增长，老年人的健康状况出现衰退趋势。当老年人在日常生活中的行动不便、记忆力下降、体力下降等状况经常出现时，老年人容易将这些状况与自己年轻时对比，由此产生失落感，脾气也会逐渐暴躁。心理健康问题往往与身体健康状况频发同时产生，只有当老年人意识到衰老已经成为常态时心态才会逐渐平和。因此积极给予心理健康服务，将大大缩短老年人适应其老年社会的角色。同时，慢性疾病也是危害老年人的一大隐患，应及时防治。

(3) 丰富娱乐活动，切合老年需求

文娱活动作为老年人日常生活的主要组成部分，不仅能锻炼老年人的身体，放松心情，同时也满足了老年人的社交需求。然而调查中发现老年人的娱乐生活单一，尤其是农村老人基本没有娱乐活动。针对这种情况应该积极建设公益性的娱乐活动场所，加大对老年娱乐活动产业的扶持力度，吸引社会各方面力量参与到老年娱乐产业中，为老年人提供更丰富的选择。

(4) 重视老年教育需求，建立老年教育机构

调查显示，老年人对于当前针对老年人的教育资源较为失望，同时又有很多老年人表现出对老年教育的浓厚兴趣，因此政府应该加强老年人教育资源建设，针对不同文化程度的老年人，建立不同层次的老年教育班，逐步完善相关制度，使其正规化，让老年人在晚年也有书可读。

第二节 兰州市城区老年人运动状况调查研究

一、主要调查结果展示

(一) 基本情况

性别情况：表2-19表明在所调查的285个兰州市老年人的样本中，有男性143人，女性142人，男女都占总数的50%，性别比例持平。因此可以判断本次调查所得样本代表性较好，也可以看出，兰州市老年人参加体育运动的性别比例基本相同。

表2-19　　　　　　　　性别比例统计表

性别	男	女
人数（人）	143	142
比重（%）	50	50

年龄情况：表2-20表明，在所调查的285个样本中，55岁以下的有46人，55~60岁的有94人，60~65岁的有58人，65~70岁的有45人，70岁以上的有42人，结果显示各年龄段老年人数相差不大。

表 2-20　　　　　　　　　　老年人年龄

年龄（岁）	55 以下	55~60	60~65	65~70	70 以上
人数（人）	46	94	58	45	42
比重（%）	16.1	33	20.4	15.8	20.7

学历状况：表 2-21 表明，文化程度为高中或中专的人最多，占比达到 40%，其次是文化程度为大专及本科以上，占比为 22.5%。相比之下初中以下的老年人最少。这可能与老人生活的社会背景有关，大多数人都只是高中学历。数据显示兰州城市老年人受教育情况主要集中在高中或中专阶段，总体来说受教育程度较高，这有利于相关健康、文明的体育活动的举办和推广。

表 2-21　　　　　　　　　　老年人学历状况

文化程度	初中以下	初中	高中或中专	大专及本科以上
人数（人）	50	55	114	64
比重（%）	17.5	19.3	40	22.5

从事行业情况：表 2-22 表明，在所调查样本中，在事业单位工作的老年人最多，占比为 26.3%；其次是企业工作的老年人，有 51 人，占总体的 17.9%；而从事科研工作和相关军事工作的老年人较少，占比仅为 2.5% 和 3.2%。数据结果显示，调查样本符合实际，兰州老年群体多工作于较为基层的相关行业当中。

表 2-22　　　　　　　　　　老年人从事部门

部门或行业	政府机关	企业	事业单位	个体	服务行业	科研院所	军事单位	其他
人数（人）	31	51	75	40	22	7	9	42
比重（%）	13	17.9	26.3	14	7.7	2.5	3.2	14.7

经济来源方面：表 2-23 表明，在所调查的样本中，主要经济来源为离退休金占比最高，约为 46%，其次来源是子女或亲戚以及劳动收入，占比分别为 20% 和 15.1%。经济来源于社会保障的人数最少，只占 1.8%。当今社会，老人的经济来源还是以离退休金为主，子女供给为辅。而依靠社会保障生活的老年人较少，这说明我国的养老保障系统还不完善，大多数老年人只能依靠其他的方式获

得一定的收入。

表 2-23　　　　　　　　　　老年人经济来源

经济来源	离退休金	本人储蓄	子女或亲戚	劳动收入	社会保障	自买保险
人数（人）	131	42	57	43	5	7
比重（%）	46	14.7	20	15.1	1.8	2.5

（二）主要内容

图 2-10 表明，在所调查的样本中，认为运动对健康非常有帮助的老年人最多，有 133 人；其次是认为运动对健康有较大帮助的人，有 108 人；认为运动对健康有一点帮助的有 44 人；没有人认为运动对健康没有帮助。这说明所有的老年人都认可适当的运动对于健康是有正面影响的。

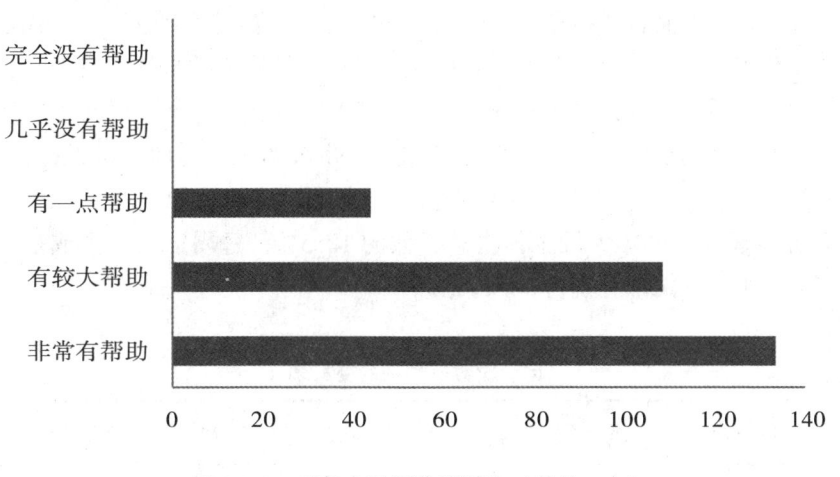

图 2-10　老年人对运动的看法（单位：人）

图 2-11 表明，老年人参加运动的初衷大部分是因为对运动的喜爱和对健康的关注，这两部分别占 25.7% 和 29.3%；因为结交朋友而选择运动的老年人占总人数的 16.9%；因为无事可干和寂寞选择运动的老年人最少，分别占总人数的 13.9% 和 11.6%。通过数据分析可知，吸引老年人参加活动的因素主要还是喜爱运动、增进身体健康，说明兰州市老年人愿意通过体育锻炼来增进身心健康。从侧面也反映出兰州市老年人对于健康的向往和追求。另外增进与朋友、家人以及同事之间的交往，避免孤独感的老年人也占相当大一部分，可见进行体育锻炼的

过程也是人与人之间进行交往的一种过程。

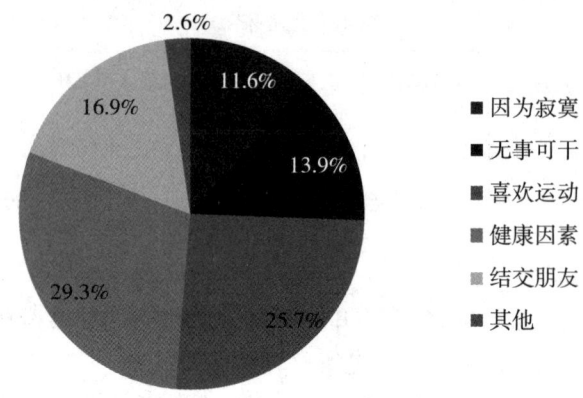

图 2-11　老年人对运动的看法

体育人口一般而言是指在一定时期，一定地域，人们经常进行运动娱乐、接受运动教育和一些与之有关的训练和比赛，具有统计意义的群体性称谓。我国一般把一周至少活动3次，每次身体活动时间30分钟以上，每次运动程度达到中等程度以上作为判定体育人口的界定依据，兰州市老年人每周内每天都会运动，占总人数的39.6%；一周内运动4~6次的老年人次之，占总人数的32.2%；一周内运动2~3次的老年人较少，占总人数的18.5%；每周运动一次或是不运动的老年人最少，这两部分别占4%和2%。

表 2-24　　　　　　　　　　运动次数与性别的交叉表

	每月运动次数	每天都运动	4~6次	2~3次	1次	没有	合计
男	人数（人）	60	48	28	4	2	142
	比重（%）	42.2	33.8	19.7	2	1	100.0
女	人数（人）	53	44	25	9	6	143
	比重（%）	37.3	30.7	17.4	6	4	100.0
合计	人数（人）	113	92	53	13	8	285
	比重（%）	39.6	32.2	18.5	4	2	100.0

而在性别方面，数据显示随着锻炼次数的增多，锻炼的人数随之增多。这使得每次锻炼的效果对人体产生一个持久的良性刺激，达到较理想的锻炼效果，从

而增进老年人身体健康,让老年人对体育锻炼产生浓厚的兴趣和追求,形成一个对体育锻炼的良性刺激。并且还可以发现在老年群体中,男性要比女性运动的次数多一些,但并没有太大差异,与基本情况中的男性和女性的外出运动情况基本一致。

通过表2-25可以看出,兰州市老年人身体健康情况非常好的有73人,占总数的25.6%;尚可有178人,占总数的62.4%;较差的有34人,占总数的11.9%。从这一数据可以判断大多数的兰州市老年人身体健康状况较为一般,所以兰州市老年人的身体健康情况尚需提高。从交叉表可知,文化程度为中专、高中及以上的老年人健康情况要略好于初中及以下。说明学历较高的老年人在平时多注重自身身体情况,积极保持良好的健康状况。

表2-25　　　　　　　　学历与健康情况的交叉表

健康情况	频数与频率	非常健康	尚可	较差	合计
大专及本科以上	人数(人)	16	46	2	64
	比重(%)	25	71.8	3	100
中专或高中	人数(人)	22	86	6	114
	比重(%)	19.2	75.4	5.2	100
初中	人数(人)	23	26	6	55
	比重(%)	41.8	47.2	10.9	100
初中以下	人数(人)	10	20	20	50
	比重(%)	20	40	40	100
合计	人数(人)	73	178	34	285
	比重(%)	25.6	62.4	11.9	100

为了验证老年人健康情况与学历是否有关系,对学历和健康情况进行了卡方独立性检验(见表2-26),得到皮尔逊卡方检验的值为65.377,显著性水平是0.00<0.05,则可以认为学历与健康情况之间有相关关系,即不同学历的老年人,其健康情况有显著差异。

表 2-26　　　　　　　　　　　　卡方检验

项目	值	df	渐进 Sig.（双侧）
皮尔逊卡方	65.377	8	0.000
似然比	55.055	8	0.000
线性和线性组合	10.068	1	0.002

通过图 2-12 可以看出，散步逛街相对来说最受大家欢迎，占比为 31.5%，居于第一位。可能是因为散步在体育运动方面没有什么特别高的技术要求，对于场地、器材也没什么要求，便于实施。散步在锻炼身体的同时，还能够与附近的亲属、朋友、邻居一起结伴散心，消除寂寞，普遍受到城市老年人的欢迎。位居第二的运动方式是广场舞、保健操类，占被访问人数的 18.4%，这可能与大众广场舞的热潮有关。此外，漫步也较受老年人的喜爱，其原因与散步逛街可能是一致的。运动方式为民间特色艺术活动这一运动方式被调查老人占总人数的 14.3%，这主要原因可能是因为很多老年人有自己的兴趣和爱好，且民间艺术活动大多是团体活动，在调查过程中发现很多老人都喜欢交朋友，而这种运动方式很适合老年人的特点，具有很好的实用性和健身价值，从而达到一举多得的目的。喜爱爬山运动，占总人数的 18.2%，可能是因为兰州山比较多，有很多公园、景点都是以山为基础，且山势起伏和缓，山坡平缓适合老年人攀登。球类运动，健身房健身的老年人占极少数，比例分别为 4.4% 和 1.7%，在调查中发现老年人喜欢的球类运动主要有羽毛球、乒乓球这些运动量较小的球类运动。对于健身房运动，可能是健身房运动量大，不太适合老年人。也可能是很多老人受到经济条件的限制，无法经常去健身房运动。

由表 2-27 可以看出，大多数老年人首先喜欢和朋友一起运动，占总被访问者的 34.7%，造成这一结果的原因可能是老人们比较喜欢交朋友，他们比较害怕孤独。这也与我们所调查老人们比较喜欢团体类的运动是相对应的。其次是和家庭成员一起运动，占总被访问者的 23.2%，这样在他们进行体育活动的同时，也加深了与朋友、家人之间的感情交流，愉悦了身心；体育活动已成为人与人之间进行交流的一种途径和手段。独自一人去运动的占比也很高，占总被访问老人的 19.9%，这可能是因为部分老年人长期缺少家人的陪伴，而习惯了一个人生活，也可能是这些老年朋友喜欢安静、独处。总体而言，在体育活动的组织与管理上还有待于进一步加强。参加老年团运动占比较少，占总被访者的 9.9%，这可能是因为甘肃省经济比较落后所造成的，这也与被调查的老人在运动中的消费很低所对应。月体育运动消费在 100 以下占总被访者的 83.4%，我们在调查过程中发现很多老人在运动方面消费为零。

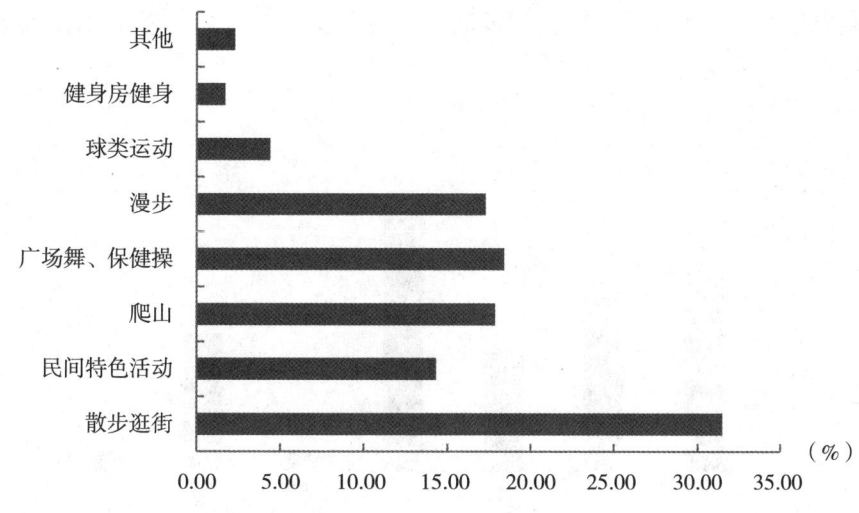

图 2-12　运动方式频率分布图

表 2-27　　　　　　　　运动伙伴分布表

运动伙伴	响应		个案比重（%）
	N	比重（%）	
独自一人	90	19.9	32.4
朋友	157	34.7	56.5
家庭成员	105	23.2	37.8
社区成员	39	8.6	14.0
参加老年团	45	9.9	16.2
其他	17	3.8	6.1
总计	453	100.0	162.9

如图 2-13 所示，在调查中发现，最能影响被访问老人不进行运动的因素是缺乏时间，占总被访者的 55.2%。这可能是由于好多老年人要帮他们的儿子和女儿照顾孩子或做一些家务，使他们运动时间减少。其次，天气状况也是一大影响因素，占总被访问老人的 42.7%。心情因素对老年人运动与否影响占比也比较

高,占总被访问老人的39.1%。没有合适的场地占总被访问老人的29.2%,这也是比较高的占比,这也与大部分被访老人认为其社区的锻炼场地缺乏的结果相一致。所以政府应该积极建设老年人健身、活动场所,为老年人提供良好的锻炼环境。身体状况因素占总被访问老人的25.3%。这可能是老人们身体会出现一些问题的频率较高。费用高这一项占比较低,仅为总被访者4.3%。这也与前面老年人在运动方面的花费较低相一致。

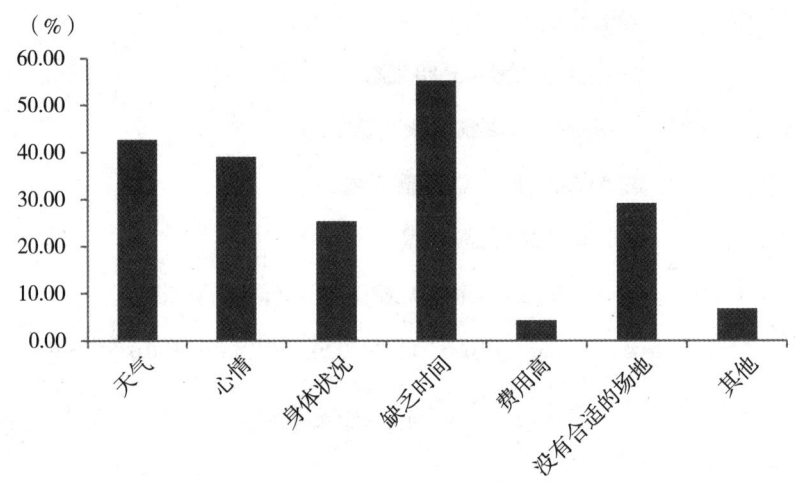

图2-13 影响参加运动的因素频率分布图

如表2-28所示,通过调查发现很多被访问老人并没有制定相应的运动计划。

表2-28　　　　文化程度与是否制定运动计划交叉表(人)

是否制订过运动计划	有(严格按照计划进行)	有(但很少遵循计划)	没有	合计
大专及本科以上	20	4	40	64
中专或高中	41	19	52	114
初中	7	10	38	55
初中以下	2	4	44	50
合计	70	37	176	285

其中,没有制订运动计划占被访问老人的68.2%。有运动计划并严格按照计划进行的老年人占比为24.6%。这说明老年人制订运动计划的意识还比较弱。紧

接着对老人的文化程度和是否制订运动计划进行关联分析，发现文化程度在高中及高中以上的被访问老人在有运动计划并严格按照计划进行占有较高的比例，具体为 87.1%。卡方检验结果显示其相关显著性为 0.00<0.05，表明文化程度跟是否制订运动计划显著相关，且呈正相关关系。

表 2-29　　　　　　　　文化程度与是否制订运动计划卡方检验

项　目	值	df	渐进 Sig.（双侧）
皮尔逊卡方	39.568	12	0.000
似然比	45.696	12	0.000
线性和线性组合	0.789	1	0.375

由图 2-14 可以看出有 80%的老人认为运动是有益的。15.4%的老人认为运动效果一般。3.9%的老人认为运动效果不大。在问及是否吃保健品时，有 66.7%的被访问老人不吃保健品。这可能是由于大部分老年人还没有吃保健品的意识，一定程度上亦受经济水平的影响。关于吃保健品和运动哪个更重要，有 88.77%的被访问老人认为运动重要，且在吃保健品的被访问老人中有 71.5%的老人认为运动比吃保健品更重要。由此可见，保健品在甘肃省内的受欢迎程度比较低。

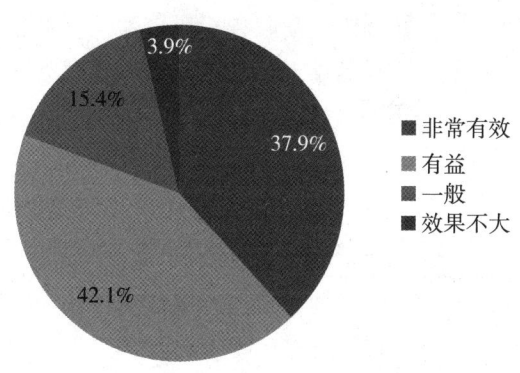

图 2-14　运动后效果频率分布图

运动方法是运动效果的关键，一个好的方法可以达到事半功倍的效果。在调查中发现（见图 2-15），老人运动方法以同辈朋友的相互影响为主，占被访问老人的 72.0%。其次是组织的无偿培训，占 40.2%。体育节目、体育书籍和组织有偿培训分别占总被访问老人的 28.0%、10.1%和 8.5%。这说明老年人比较喜欢与朋友相处。也说明了兰州市老年人缺少专门的指导交流，只能通过相互之间的交流来讨论运动方法。

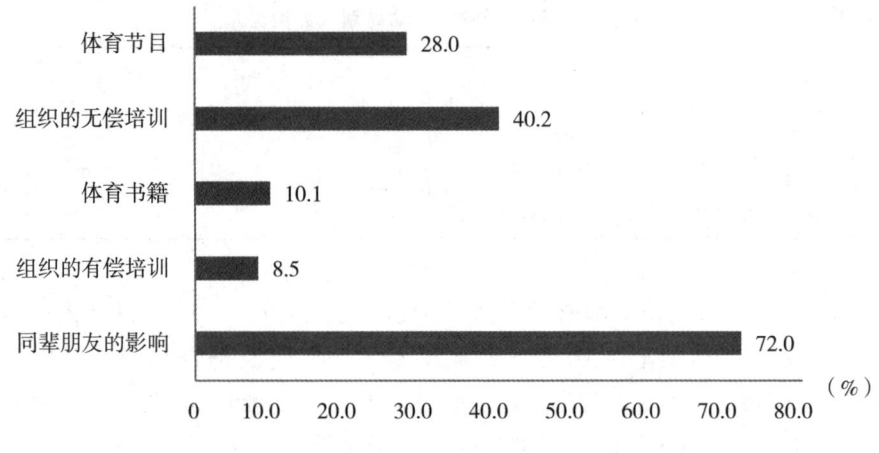

图 2-15　运动方法来源频率分布图

如表 2-30，关于社区组织老年人进行运动的频率，从来没有组织过相关活动的占比较高且占比达到 41.1%，而非常频繁的占比最低仅占 4.2%。由此可以看出很多社区为老年人提供的集体运动服务相对较少，有可能造成老年人对运动状况不太满意。表中显示对社区老年人运动状况持不满意态度的人数最多达到总被访老人的 34.7%。其次是很不满意，占总被访老人的 20.7%。这说明社区运动服务方面很欠缺。

表 2-30　　　　社区老年人组织运动状况满意度频率分布表

运动项目及参加次数		人数（人）	比重（%）
社区老年人组织运动频率	非常频繁	12	4.2
	经常有	23	8.1
	偶尔有	76	26.7
	很少	57	20.0
	从未有	117	41.1
	合计	285	100.0

续表

运动项目及参加次数		人数（人）	比重（%）
社区老年人运动状况满意度	很满意	6	2.1
	满意	74	26.0
	一般	47	16.5
	不满意	99	34.7
	很不满意	59	20.7
	合计	285	100.0

如表2-31所示，当被问及未来是否有运动计划时，有66.7%的被访者表示没有计划，说明大部分老年人运动健身意识较为薄弱，相关社区或部门应该多宣传、举办老年人运动相关活动，让更多的老年人重视健身和运动。在对文化程度和未来是否有运动计划进行关联分析时，从交叉表可以看出，高中及高中以上的被访老人在未来制订运动计划占有较高比例，占73%。进一步对两者进行卡方检验，从表2-32看出显著性为0.036<0.05，表明文化程度和是否制订运动计划之间有显著的相关性，且呈正相关，即文化程度越高，在未来有运动计划的概率越高。

表2-31　　　　文化程度与未来是否制订运动计划交叉表（人）

文化程度	未来有运动计划	未来没有运动计划	合计
大专及本科以上	21	45	66
中专或高中	48	66	114
初中	17	38	55
初中以下	8	42	50
合计	94	191	285

表2-32　　　　文化程度与未来是否制订运动计划卡方检验

项目	值	df	渐进 Sig.（双侧）
皮尔逊卡方	22.106	12	0.036
似然比	21.353	12	0.045
线性和线性组合	0.942	1	0.332

二、老年人运动的特点

在运动次数方面，每天都参加运动的老年人居多。这有益于保持老年人良好的身体状况，进而在增强体质的同时增加老年人的生活满意度、幸福感。

在运动时间方面，每次运动 1~2 小时的老年人最多，占总人数的 51%；每次运动 1 小时以内的人数占总人数的 32.6%；运动 2 小时以上的人数占总人数的 14.1%。由此可见，兰州市城市老年人每次锻炼的时间主要还是集中在 1 小时到 2 小时。另外通过走访还了解到，很多兰州市城市老年人运动时间稍长就会感觉腰酸腿疼，身体易疲劳的特点不允许老年人进行长时间的体育活动。可见每次较短的锻炼时间对于兰州市城市老年人还是比较适宜的，这也符合老年人易疲劳的身体特点。

在运动的时间段方面，选择在早上运动的人最多，占总人数的 58%，而在其他时间段，中午或晚上运动的老年人加起来只占总人数的 42%，这说明大多数的老年人喜欢在早上参加运动。另外通过访谈了解到城市老年人一般多集中在清晨进行体育活动的原因主要是老年人睡眠时间少，大部分还承担了大部分的家务甚至还要做饭、接送孩子上下学，时间有限，早上时间相对来说比较充裕。但有研究表明，早晨人体的兴奋性相对其他时间较低，关节较为僵硬，不宜进行剧烈运动。上午是某些疾病如心脏病等的高发期，晚上由于光线等因素容易造成损伤，下午时间相对比较适宜，所以应该尽可能地建议和鼓励老年人在下午进行活动锻炼。

三、结论与建议

（一）结论

1. 不同年龄不同性别的老年人参与运动情况并无明显差异

在兰州市老年人中，参加体育运动的性别比例基本相同，并且各年龄段人数相差不大。兰州市老年人受教育情况主要集中在高中或中专阶段，受教育程度越高，越有利于对于一些健康、文明的体育活动的举办和推广。所有人都认可运动对于健康是有正面影响的。

2. 老年人比较喜欢运动且运动伙伴一般是朋友

在所调查的样本中，老年人参加运动的初衷大部分是因为对运动的喜爱和对健康的关注。兰州市老年人参加体育活动的组织化程度不高，大部分都是和朋友家人自由组织的群体，而且还有相当一部分人独自运动，缺少团队组织。兰州市城市老年人的身体健康情况尚需提高，学历与健康情况之间有相关关系，即不同学历的老年人，其健康情况有显著差异。

3. 老年人运动方面花费较低且喜欢户外有氧运动

兰州市老年人参加体育运动的项目中，运动的主要项目以简单易行、技术水平要求较低且不需要专门场地和设施的项目为主。如散步，是男女老年人都选择的比例最大的，健身价值较高的一些项目，由于缺乏有效的组织和引导，开展的不够广泛。由于甘肃省经济比较落后，老人在运动中的消费很低。最能影响被访问老人不进行运动的因素是缺乏时间。参与体育运动的老年人的文化程度等一些客观因素都对老年人的体育运动有一定的影响。

(二) 建议

1. 进行体育运动之前要了解当前身体状况

老年人在运动之前应该注意自己的健康水平，不能盲目进行活动，如果身体感觉不适，不能勉强运动，可以适度进行散步等轻微运动，以免发生意外。要根据自己身体的实际情况，安全锻炼。

2. 老年人进行体育运动时要有针对性

根据老年人的身体特点，首先，选择慢跑、快走等有氧运动对老年人的心肺功能有良好作用；其次，适当进行一些力量和柔韧性锻炼对老年人的肌肉、关节和韧带都有好处，而且能够提高老年人身体机能，预防运动损伤。

3. 老年人运动时要注意天气情况

每天进行适度的运动是一种良好的生活习惯，但是出门运动应该注意天气变化。在天气特别潮湿、寒冷或者在夏天天气特别炎热以及有大风的时候，是不适宜进行运动的。在恶劣的天气环境下运动很容易导致生病或运动损伤。

4. 老年人在运动时，要结合自身情况

有些老年人在和年轻人一起运动时，面对年轻人，总有一种不服老的心态。在心理的作用下，他们往往会勉强做一些太猛、太快的动作，这是十分危险的。随着年龄的增长，老年人的生理机能必然下降，老年人应该清楚地认识到这一点，不要一时冲动而做出违背身体功能的危险动作，不要盲目与年轻人较真。

5. 老年人在运动中的负荷要循序渐进

老年人心肺功能下降，并且相当一部分老年人伴有心血管疾病，运动中猛增运动量或用力过大都会对心脏产生较大影响，容易导致心脑血管病暴发；另外，运动要注意呼吸自然、顺畅，屏气用力可能会发生头晕甚至晕厥。因此，老年人运动时一定要注意强度适中。

6. 老年人运动时最好有人陪护防止发生意外

老年人在进行运动时，要注意安全，如果出现心慌、心绞痛、胸闷等现象，应马上停止，情况严重时，应该立即就医。

7. 要有规律地运动

参加锻炼的老年人应该养成良好的习惯，形成一定的运动规律，这对健康是非常重要的。运动时应该保持适当的运动量和一定的运动时间。通过调查，我们发现，兰州市的老年人大多都在早晨运动，因为老年人大多睡眠时间少，很多还承担了大部分的家务甚至还要做饭、接送孩子上下学，时间有限；但是早上时间相对来说比较充裕。但有研究表明，早晨人体的兴奋性相对其他时间较低，关节较为僵硬，不宜进行剧烈运动；上午是某些疾病如心脏病等的高发期；晚上由于光线等因素容易造成损伤；下午时间相对其他时间比较适宜，所以我们建议和鼓励老年人在下午进行锻炼活动。

8. 运动结束后注意放松、营养补充以及休息

运动结束后，身体会有能量损失和肌肉疲劳，但很多人忽视了运动后的放松活动，放松活动对身体疲劳恢复非常有帮助。当然运动后也要及时补充营养，恢复身体能量，同时还要注意好好休息。

9. 加强社区老年人体育活动的组织管理

缺少组织是影响老年人运动的原因之一，由于缺少组织者，社区老年人进行运动时往往没有合理的规划，活动形式杂乱，锻炼者各自为政，场地干扰大，使得原本紧张的运动场地更为紧缺。因此，要想社区老人多进行运动就得加强体育活动的组织。社区老人体育活动的组织管理，我们可以依靠居委会宣传实施。

第三节　兰州市老年人幸福感调查

一、调查方案及实施

（一）调查方法

本调查在兰州市区各街道、小区、公园等老年活动中心展开，主要采用多阶段抽样方法，第一阶段抽取西固、安宁、七里河、城关四区，第二阶段在四个区各抽取部分街道、公园等活动中心，城关区主要抽取了天水路、五泉路、渭源路，七里河区主要抽取了敦煌路、西津西路，安宁区主要抽取了十里店街道、安宁西路，西固区主要抽取了福利路、公园路。由于老年人防范意识较强，第三阶

段只能在老人集中的地方实施,方便抽样。

(二)调查对象

调查对象为年龄在60岁及以上的老年人,回收问卷中60~69岁组53人,70~79岁组56人,80~89岁组14人,90岁及以上2人。调查方法采用问卷调查、观察法和深度访谈的方式展开,按照右手原则面对面发放问卷并收回,为确保不问卷质量、问卷回收率、排除文化程度、读写不方便等问题的影响,问卷由调查人员逐条解读题目,调查对象选择后再由调查人员填写。

二、老年人幸福感现状分析

(一)老年人基本情况分析

1. 问卷信度

由表2-33可知,问卷量表信度为0.876,说明问卷的信度满足可靠性假设,问卷的信度较好,可以进行统计分析。

表 2-33　　　　　　　　　　问卷信度分析

克伦巴赫系数	样本个数
0.876	39

2. 问卷基本情况

本次调查共发放问卷150份,收回问卷145份,经过人工筛选和处理有效问卷有125份。其中,男性53人,女性72人。具体见图2-16、图2-17。

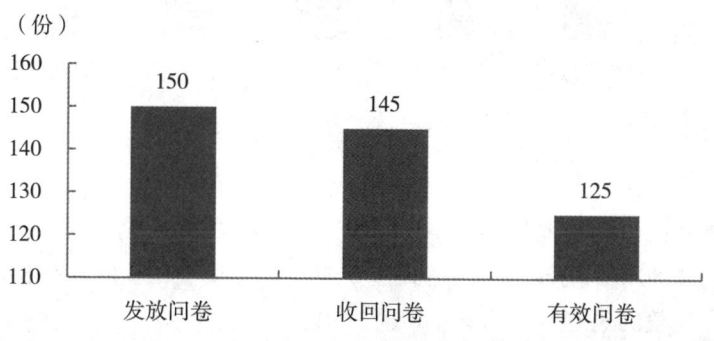

图 2-16　问卷收回情况

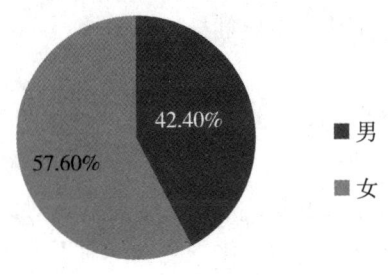

图 2-17 男女比例

3. 被调查者基本情况

本次调查中的学历分布情况如图 2-18，初中到大专及高职的人占比较高，其次是小学及以下，占总数的 14.40%，大学本科及以上的只占总人数的 8.00%，被调查的人大部分都接受过初中及以上的教育，只有一小部分是小学及以下学历，结合当时的时代背景，接受过高等教育的人比较少。

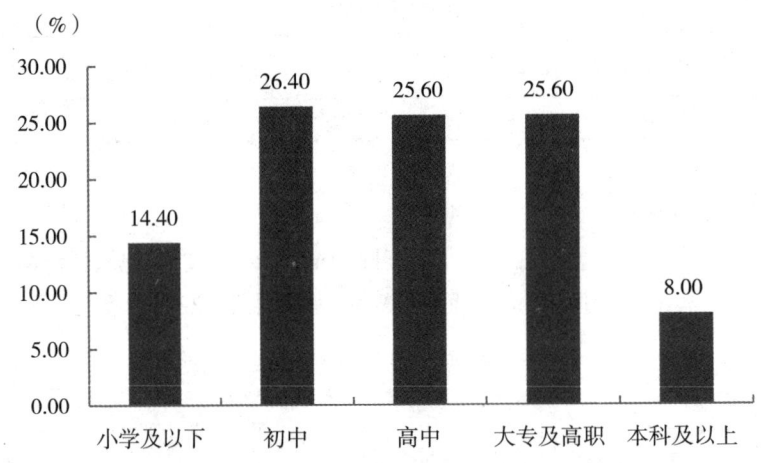

图 2-18 学历分布情况

被调查者的婚姻状况如图 2-19 所示，有 99.2% 的人是已婚，丧偶的 6 人，占总人数的 4.80%，离异、未婚的只占 0.80%，在接受调查的人中，多数被调查者都有一个完整的家庭。

第二章 中老年人生活状况——以兰州市城区为例的系列调查

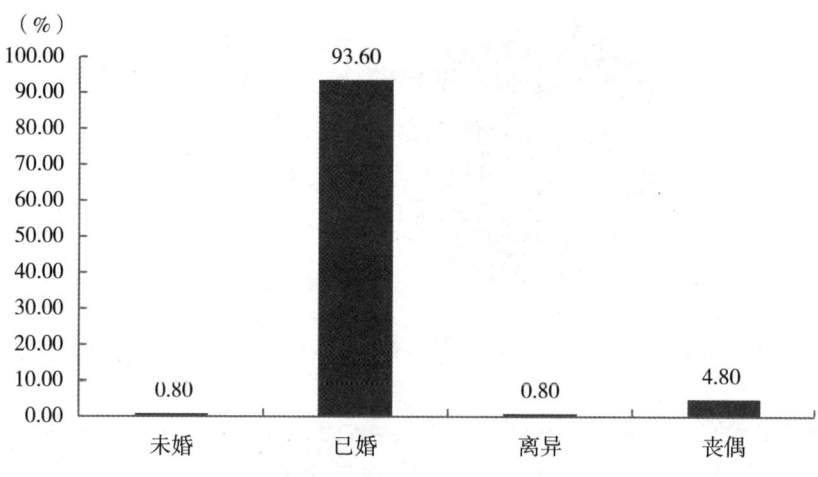

图 2-19 婚姻状况

被调查者的家庭成员情况如图 2-20 所示，69.6% 的老年人都有一个圆满的大家庭，其中三世同堂的家庭占 31.20%，受国家计划生育政策的影响，一子一女和独生子女的比例占到了总人数的 55.20%。

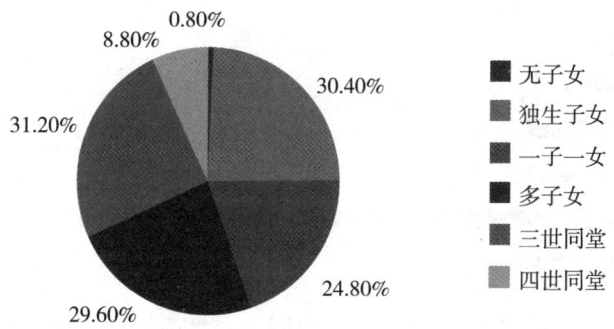

图 2-20 被调查者家庭组成分布

被调查者中有 59.2% 的人与子女居住，40.8% 的人与子女分开居住，详见图 2-21，这与老年人身体状况和生活自理能力有较大关系。

51

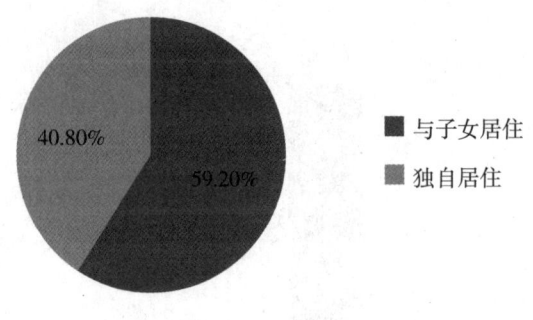

图 2-21 居住方式

被调查者的职业主要是企业职工占总人数的 52%，政府机关、个体户和文化教育从业人员共占总调查人数的 30.4%，在科研单位从事过工作的占总人数的 1.6%，其中军事单位的在本次调查中没有被涉及，从事其他职业的人数有 6.4%，详见图 2-22。

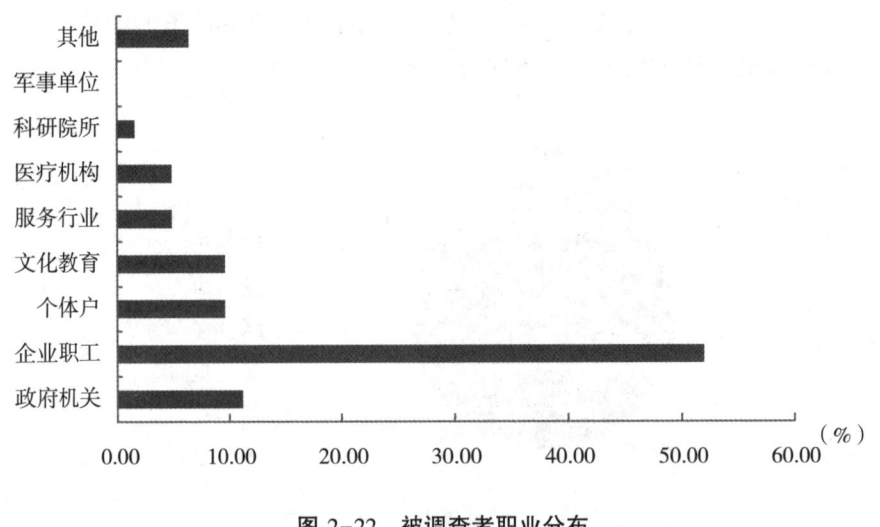

图 2-22 被调查者职业分布

如图 2-23 所示，被调查者大多都是政府机关以及企业员工，这与我们调查地点多在职工家属院有很大的关系，他们的退休金收入主要集中在 1000~5000 元，占总人数的 80.80%，5000 元以上的占总人数的 9.60%，退休收入与之前所从事的职业息息相关，与学历也有着一定的联系。

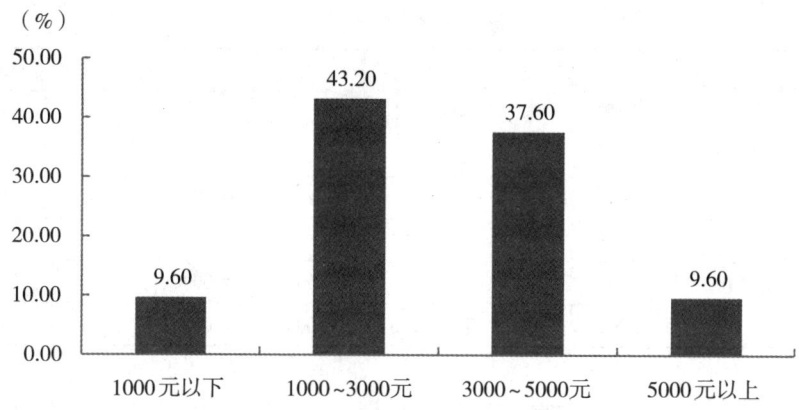

图 2-23 被调查者月收入分布

（二）幸福感影响因素分析

1. 幸福需要好心态加好身体

表 2-34 是不同年龄阶段与一级指标身心健康的列联表，表中的数据为平均满意度，研究的二级指标为身体健康、良好的心态、消极的因素和交流锻炼，二级指标身体健康的拓展指标为睡眠质量、身体健康情况、生活自理能力。二级指标消极的因素的拓展指标为沮丧郁闷的频率、情绪受外界影响的波动程度。二级指标交流锻炼的拓展指标为和其他老人交流的频率，参加户外活动、社区活动的频率和自由支配的时间。

表 2-34　　　　　　　　　身心健康列联表

年龄（岁）	身体健康	良好的心态	消极的因素	交流锻炼	合计
60~69	4.230	4.510	1.180	3.580	13.500
70~79	3.760	4.460	1.900	3.560	13.680
80~89	3.620	4.360	1.600	3.050	12.630
90 以上	4.170	5.000	1.830	2.690	13.690
合计	15.780	18.330	6.510	12.880	53.500

在对应分析中，可以提取 3 个特征值。根据表 2-35 可知，第一维度解释了列联表的 65.1%，第二维度解释了列联表的 34.5%，两个维度总共解释了列联表的 99.6%。因此，最终提取的两个维度是可行的。

表 2-35　　　　　　　　　身心健康因素总览表

维度	奇异值	惯量	卡方	渐进 Sig.	惯量比例		置信奇异值	
					解释	累计	标准差	相关 2
1	0.072	0.005			0.651	0.651	0.131	−0.083
2	0.052	0.003			0.345	0.996	0.138	
3	0.005	0.000			0.004	1.000		
合计		0.008	0.425	1.000	1.000	1.000		

表 2-36 与表 2-37，主要输出各类别在各维度上的得分，由行点概览表可以看出，60~69 岁对第一维度影响的差异最大，达到 58.3%，70~79 岁对第二维度影响的差异最大，达到 57.2%。四个年龄阶段的两维度分别共解释了 100%、99.7%、80.2%、99.9%。这四个阶段的损失信息普遍比较小，解释度均比较高。

表 2-36　　　　　　　　　身心健康因素的行点概览

年龄（岁）	质量	维中的得分		惯量	贡献				
					点对维惯量		维对点惯量		
		1	2		1	2	1	2	合计
60~69	0.252	−0.408	0.172	0.003	0.583	0.142	0.886	0.114	1.000
70~79	0.256	0.022	−0.342	0.002	0.002	0.572	0.006	0.991	0.997
80~89	0.236	0.045	−0.066	0.000	0.007	0.020	0.310	0.492	0.802
90 以上	0.256	0.339	0.234	0.003	0.409	0.267	0.743	0.257	0.999
合计	1.000			0.008	1.000	1.000			

由列点概览表可以看出，消极的因素对第一维度影响的差异最大，达到 49.1%，消极的因素与交流锻炼对第二维度影响的差异并居第一，达到 31.6%，而且由最后三列可以看出这四个因素的两维度分别解释了 98.3%、97.8%、99.9%、100%，损失信息非常小，效果较好。从表 2-36、表 2-37 可以看出，身心健康因素的四个指标在第一和第二维度上分布的比较离散，四个年龄阶段在第一和第二维度上分布的也比较离散，对应分析图中不同点间的距离说明了两变量各取值水平间的关系，距离越近则相关性越强，总体来看，60~69 岁、80~89 岁和 90 岁以上指标距离良好的心态与身体健康较近，说明 60~69 岁、80~89 岁和 90 岁以上的老人认为具有良好的心态和拥有健康的身体将对个人的幸福感产生

极大的影响。70~79 岁的老人则认为交流锻炼是提升个人幸福感的较大影响因素。

表 2-37　　　　　　　　　　身心健康因素的列点概览

因素	质量	维中得分		惯量	贡献				
					点对维惯量		维对点惯量		
		1	2		1	2	1	2	合计
身体健康	0.295	-0.059	0.211	0.001	0.014	0.251	0.096	0.888	0.983
良好的心态	0.343	0.113	0.133	0.001	0.060	0.116	0.484	0.494	0.978
消极的因素	0.122	0.539	-0.369	0.003	0.491	0.316	0.745	0.254	0.999
交流锻炼	0.241	-0.360	-0.262	0.003	0.434	0.316	0.722	0.278	1.000
合计	1.000			0.008	1.000	1.000			

2. 物质保障为老人幸福感保驾护航

表 2-38 是不同年龄阶段与一级指标物质保障的列联表，表中的数据为平均满意度，合计为行列有效边际值，是相应的合计数据；研究的二级指标为经济水平、医疗水平、养老制度和住房条件，二级指标养老制度的拓展指标为公共优惠政策、政府养老体系制度以及养老机构现状。显示了接受调查的不同区域的兰州市老年人对各项指标的满意度。

表 2-38　　　　　　　　　　物质保障的列联表

年龄（岁）	经济水平	医疗水平	养老制度	住房条件	合计
60~69	3.640	2.790	3.160	3.770	13.360
70~79	3.660	3.250	3.290	3.880	14.080
80~89	3.640	3.070	2.880	3.430	13.020
90 以上	4.500	4.000	4.000	4.500	17.000
合计	15.440	13.110	13.330	15.580	57.460

在对应分析中，提取了 3 个特征值。根据表 2-39 可知，第一维度解释了列联表的 68.9%，第二维度解释了列联表的 27.4%，两个维度总共解释了列联表的 96.3%的信息。因此，最终提取的两个维度是可行的。

表 2-39　　　　　　　　　　　物质保障因素总览表

维度	奇异值	惯量	卡方	渐进 Sig.	惯量比例		置信奇异值	
					解释	累计	标准差	相关 2
1	0.027	0.001			0.689	0.689	0.130	−0.010
2	0.017	0.000			0.274	0.963	0.132	
3	0.006	0.000			0.037	1.000		
合计		0.001	0.062	1.000	1.000	1.000		

表 2-40 与表 2-41，由行点概览表可以看出，60~69 岁对第一维度影响的差异最大，达到 66.5%，80~89 岁对第二维度影响的差异最大，达到 50.4%。最后三列是两维度对行变量各分类差异的解释程度，四个年龄阶段的两维度分别共解释了 99.8%、79.9%、99.5%、87.5%。这四个阶段的损失信息普遍比较小，解释度均比较高，物质保障因素的四个指标与年龄的四个阶段在第一和第二维度上分布的均比较离散。总体可知，60~69 岁距离住房条件较近，说明 60~69 岁的老人对住房条件比较满意；70~79 岁的老人对养老制度产生较高的满意感，80~89 岁的老人认为具有较高的经济水平将对个人的幸福感产生较大的影响；90 岁以上的老人认为高水平的医疗条件与优良的养老制度会产生较多的幸福感。

表 2-40　　　　　　　　　　　物质保障因素的行点概览

年龄	质量	维中的得分		惯量	贡献				
		1	2		点对维惯量		维对点惯量		
					1	2	1	2	合计
60~69	0.233	−0.279	0.074	0.001	0.665	0.075	0.955	0.043	0.998
70~79	0.245	−0.008	−0.136	0.000	0.001	0.265	0.004	0.795	0.799
80~89	0.227	0.166	0.196	0.000	0.228	0.504	0.530	0.465	0.995
90 以上	0.296	0.099	−0.095	0.000	0.106	0.156	0.552	0.323	0.875
合计	1.000			0.001	1.000	1.000			

由列点概览表可以看出，医疗水平对第一维度影响的差异最大，达到 65.8%，经济水平对第二维度影响的差异最大，达到 66.4%，而且由最后三列可以看出这四个因素的两维度分别共解释了 98.6%、99.7%、88.4%、91.5%，损失信息非常小，效果很好。

表 2-41　　　　　　　　　物质保障因素的列点概览

因素	质量	维中的得分		惯量	贡献				
					点对维惯量		维对点惯量		
		1	2		1	2	1	2	合计
经济水平	0.269	0.009	0.206	0.000	0.001	0.664	0.003	0.984	0.986
医疗水平	0.228	0.280	-0.073	0.001	0.658	0.070	0.956	0.041	0.997
养老制度	0.232	-0.096	-0.138	0.000	0.078	0.256	0.385	0.500	0.884
住房条件	0.271	-0.163	-0.025	0.000	0.263	0.010	0.902	0.014	0.915
合计	1.000			0.001	1.000	1.000			

3. 幸福源于生活中的不计较

从雷达图（见图 2-24、图 2-25）可以直观地看出评价对象的状况，因而可以直接用雷达图进行定性评价。雷达图图形的大小反映了评价对象状况的好坏，可进行评价对象的诊断和控制。从图 2-25 可以看出接受调查的男性和女性老人在日常生活方面的六个指标的满意度没有明显性别差异。由图 2-24 我们可以看出，90 岁以上的老人去医院体检的频率相对于其他年龄段比较高，60~69 年龄段的老人去医院体检的频率指标所对应的线圈覆盖的面积是最小的，说明被调查老年人很少去医院体检。随着年龄的增长，老人们的身体状况越来越差，对身边人的依赖感逐渐上升，尤其是高龄老人更加需要子女照顾。所以我们进一步调查了老人与家庭成员之间的相处融洽度，融洽度指标所对应的线圈覆盖的面积也比较大，说明老人对这一指标的满意度也比较高。而对目前生活质量的总体满意度指标所对应的线圈覆盖面积是最大的，这说明被调查的老年人对目前生活质量总体持满意的态度。而且，这四个年龄段对目前生活质量的总体满意度基本相同。生活中难免与人产生矛盾，但老人们的整体幸福感较高，说明幸福源自生活中的不计较。

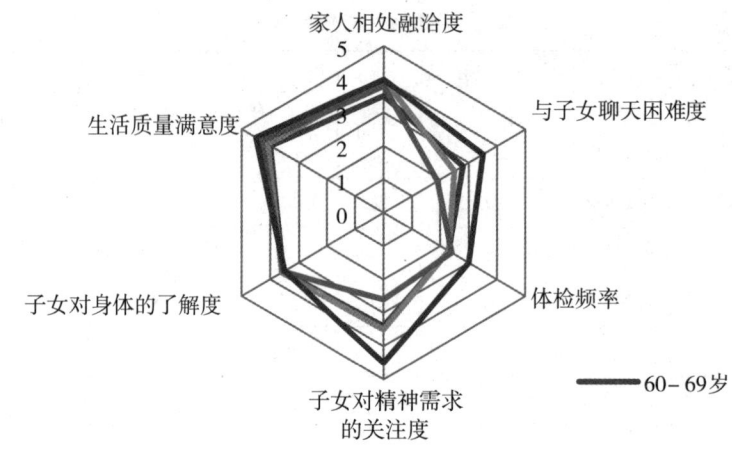

图 2-24 日常生活指标

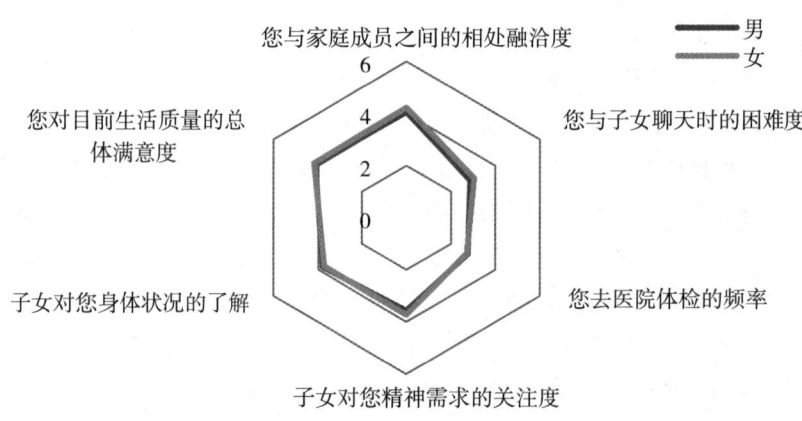

图 2-25 日常生活指标性别对比

4. 稳定的社会环境增加老人幸福感

表 2-42 是不同的年龄阶段与一级指标社会环境的列联表。表中的数据为平均满意度，研究的二级指标为生活环境、社区、社会秩序和公共安全，二级指标社会环境的拓展指标为居住环境、本地自然环境和本地自然环境的治理，二级指标社区的拓展指标为社区治安、社区基础设施及物业管理，二级指标社会秩序的拓展指标为交通秩序、交通便捷情况及水电、银行、通信等生活服务，二级指标公共安全的拓展指标为社会犯罪率，餐饮食品安全及本地生产质量管理。

表 2-42　　　　　　　　　　社会环境列联表

年龄（岁）	因素				合计
	生活环境	社区	社会秩序	公共安全	
60~69	3.824	3.321	3.623	3.214	13.981
70~79	3.625	3.250	3.768	3.179	13.821
80~89	4.119	3.524	3.929	3.214	14.786
90 以上	4.333	3.167	3.333	4.167	15.000
合计	15.901	13.261	14.652	13.773	57.588

在对应分析中，维度=最小分类数-1，即 4×4 的列联表可以得到行列维度最小值减去 1 的维度，即此对应分析的解的维度为 3，即提取了 3 个特征值，我们可以发现第一维度解释了列联表的 94.7%，第二维度解释了列联表的 4.9%，前两个维度就解释了 99.6% 的信息，因此，最终提取的两个维度是可行的，信息丢失很少。详见表 2-43。

表 2-43　　　　　　　　　　社会环境因素总览表

维度	奇异值	惯量	卡方	渐进 Sig.	惯量比例		置信奇异值	
					解释	累计	标准差	相关
								2
1	0.067	0.004			0.947	0.947	0.132	-0.006
2	0.015	0.000			0.49	0.996	0.131	
3	0.004	0.000			0.04	1.000		
合计		0.005	0.272	1.000	1.000	1.000		

表 2-44 和表 2-45，主要输出各类别在各维度上的得分，最主要的对应图，将依据这两组维度得分进行绘制。由行点概览表可以看出，90 岁以上对第一维度影响的差异最大，达到 72.7%，70~79 岁对第二维度影响的差异最大，达到 60.3%。最后三列是两维度对行变量各分类差异的解释程度，四个年龄阶段的两维度分别解释了 92.6% 以上，这四个阶段的损失信息普遍比较小，解释度均比较高。

表 2-44　　　　　　　　　　社会环境因素的行点概览

年龄（岁）	质量	维中的得分		惯量	贡　献				
					点对维惯量		维对点惯量		
		1	2		1	2	1	2	合计
60~69	0.243	-0.097	-0.032	0.000	0.034	0.016	0.904	0.022	0.926
70~79	0.240	-0.167	0.195	0.001	0.100	0.603	0.761	0.237	0.998
80~89	0.257	-0.190	-0.150	0.001	0.139	0.380	0.871	0.123	0.994
90 以上	0.260	0.432	-0.002	0.003	0.727	0.000	1.000	0.000	1.000
合计	1.000			0.005	1.000	1.000			

由列概览表可以看出，公共安全对第一维度影响的差异最大，达到 50.2%，生活环境对第二维度影响的差异最大，达到 55.2%，而且由最后三列可以看出这四个因素的两维度分别解释了 98% 以上，损失信息非常小，效果很好。

表 2-45　　　　　　　　　　社会环境因素的列点概览

因素	质量	维中的得分		惯量	贡　献				
					点对维惯量		维对点惯量		
		1	2		1	2	1	2	合计
生活环境	0.276	0.105	-0.174	0.000	0.045	0.552	0.609	0.384	0.993
社区	0.230	-0.189	-0.036	0.001	0.123	0.020	0.972	0.008	0.980
社会秩序	0.254	-0.295	0.104	0.002	0.330	0.181	0.970	0.027	0.997
公共安全	0.239	0.375	0.126	0.002	0.502	0.248	0.975	0.025	1.000
合计	1.000			0.005	1.000	1.000			

从表 2-44、表 2-45 可知，社会环境因素的四个指标在第一和第二维度上分布的比较离散，四个年龄阶段在第一和第二维度上分布的也比较离散，80~89 岁和 60~69 岁比较集中；对应分析图中不同点间的距离说明了两变量各取值水平间的关系，距离越近则相关性越强。总体来看，80~89 岁和 60~69 岁距离社区较近，说明 80~89 岁和 60~69 岁的老人对社区方面比较满意；90 岁以上的老人对生活环境方面及公共安全方面产生的幸福感高于其他两个因素，比较满意，70~79 岁的老人对社会环境方面产生较高的满意感，在社会环境方面比较满意。

5. 自我价值实现提升老人幸福感

从图 2-26 可以看出当前生活的幸福感指标所对应的线圈覆盖的面积最大，

这说明接受调查的老年人觉得当前生活的幸福感比较高，而且可以清晰地看出，这四个年龄段的老人觉得当前生活的幸福程度差不多；广泛的兴趣爱好指标所对应的线圈覆盖的面积最小，说明被调查老年人兴趣较专一，而且，90岁以上的老人的兴趣相对于其他年龄段较广泛，80~89岁年龄段的老人兴趣不太广泛。从图2-27可以看出接受调查的老人对自我实现价值方面所对应的四个指标的满意度几乎没有性别上的差异。

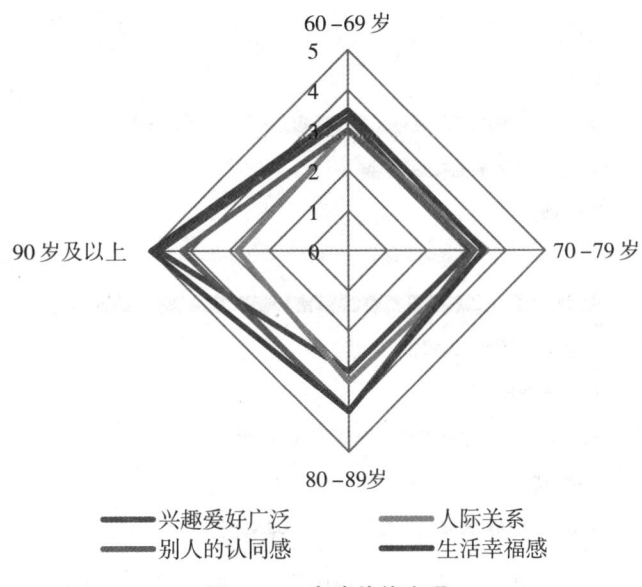

图 2-26 自我价值实现

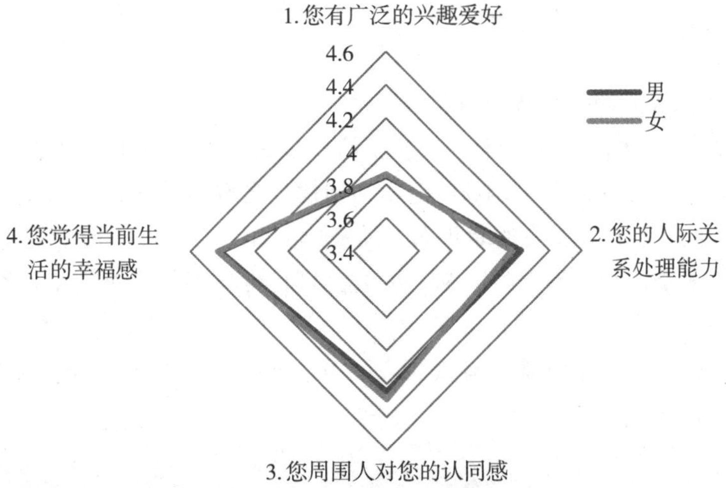

图 2-27 自我价值实现性别比

如图2-28，老年人每天进行的文化、体育、娱乐活动众多，其形式丰富多样。其中，较常见的有体育锻炼，占比60%；看电视听广播，占比52.8%；养动植物和读书看报分别占比44%和40.8%；听曲唱戏占比30%左右。可以看出大部分老年人生活怡然自得，多样化的文体活动是他们的精神食粮，同时也丰富了他们的日常生活。

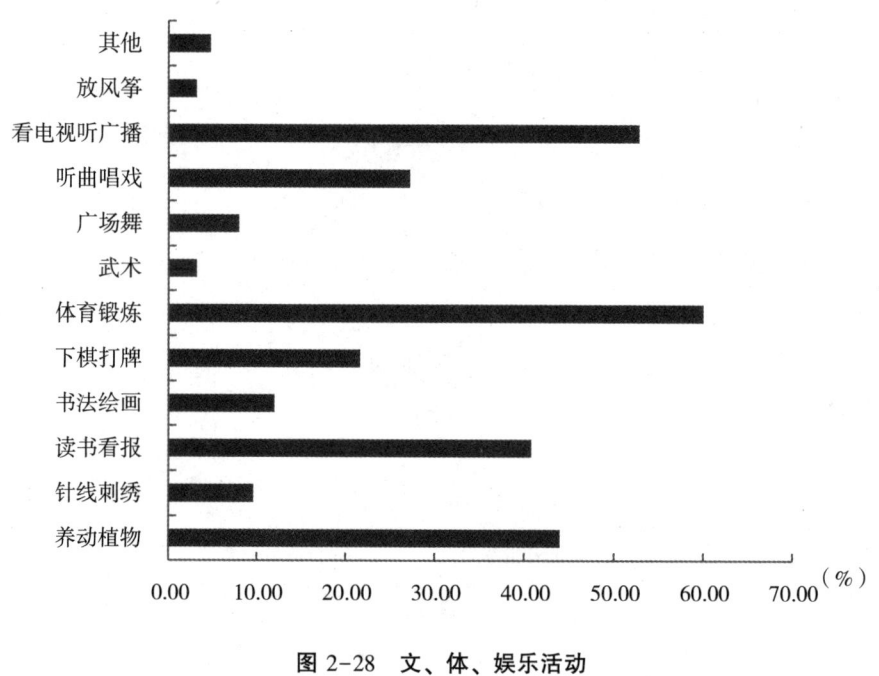

图2-28 文、体、娱乐活动

6. 社会保障方面的担忧不可忽视

如图2-29，超过一半的老年人在生活中没有担忧，其中男性居多，可以认为男性的心态较豁达，而30.4%的老年人担忧自身健康问题，21.6%的老年人担忧社会保障问题，10%左右的老年人有经济压力和子女发展方面的担忧，小部分老人担心住房条件和生活照料问题。虽然在我们的调查中空巢老人不多，但有些老人依然存在这方面的担忧，提醒我们不可忽视住房条件和生活照料方面的问题。有关政府部门也应该贯彻落实相应政策，充分实现为老人提供安全、舒适、健康环境的目标。

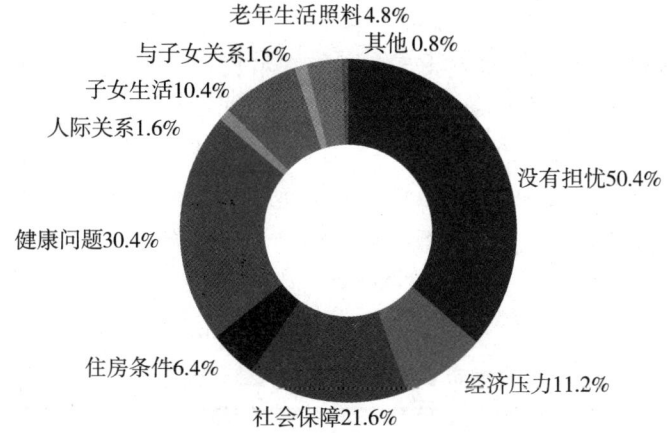

图 2-29 生活中的主要担忧

7. 幸福感获取途径众多

如图 2-30 所示,68% 的老年人认为稳定的社会局势可能增加幸福感,60.8% 的老年人认为良好的心态可能增加幸福感,超过 50% 的老年人选择家庭和睦作为增加幸福感的因素之一,45% 左右的老年人将好的居住环境、丰富的户外活动和经济充裕作为增加幸福感的选项。幸福感的获取途径众多,其来源包括国家、家庭和个人。不同学历、不同阅历的老年人获得幸福感的方向类似,只是具体实现的方式不同而已。

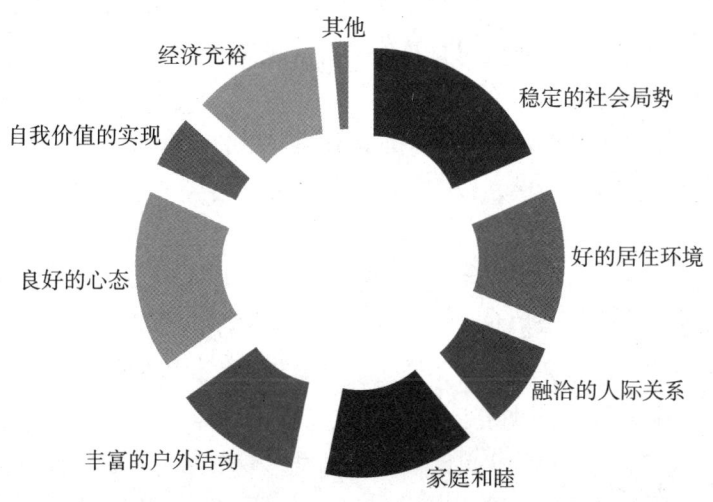

图 2-30 可能增加幸福感的选项

8. 老年人幸福指数统计

如表2-46所示，1分表示非常不幸福，2分表示不幸福，3分表示一般，4分表示幸福，5分表示非常幸福。本研究发现老年人幸福指数平均分为4.424，0.8%的老年人认为非常不幸福，10.4%的老年人认为不幸福也不痛苦，33.6%的老年人认为幸福，55.2%的老年人认为非常幸福。有关怎样提高老年人的幸福指数，老年人的建议与意见集中在社区文化活动、社会治安管理、政府保障、职工待遇几方面。

表2-46　　　　　　　　兰州市老年人幸福指数人数分布表

幸福感打分	人数（人）	人数比重（%）
1	1	0.8
2	0	0
3	13	10.4
4	42	33.6
5	69	55.2
合计	125	100.0

三、提升老年人幸福感的对策建议

主观幸福感是源于老年人对自身情况的主观评价，我们认为提升老年人的主观幸福感水平，应从以下三方面入手：

首先，应建立完善的医疗与养老保障体系，减轻老年人的医疗经济负担，使老年人老有所养、老有所医。营造尊重老年人的社会风气，给予老年人更多的关爱与支持。

其次，发挥社区对老年人主观幸福感提升的优势作用。社区作为老年人日常活动的主要场所，必须承担起老年人健康管理与健康促进的工作，为老年人提供连续的、优质的医疗服务。应对不同阶段的老年人提供针对性的健康指导，增强老年人的自我保健意识，做好老年人社区护理与康复工作。同时还要为丰富老年人的生活提供支持，创建老年健身娱乐活动室，鼓励老年人参加社区活动，增强老年群体的人际交往能力。关注老年人心理健康，定期开展老年人心理疏导活动，防止老年人产生心理障碍疾病。

最后，老年人自身要培养多种兴趣爱好，多参加社会集体活动。家庭成员尤其是子女应该多与父母交流，多陪伴老人，让他们感受到来自家庭的安全感与归属感。全社会都应为提升老年人的生活质量与幸福感做出努力，共同营造良好的尊老爱老的社会氛围，真正实现"健康老龄化"。

第四节 兰州市城区老年人阅读现状调查研究

一、方案设计

（一）调查总体界定

本次调查的主要目的是研究兰州市老年人的阅读现状。掌握其阅读习惯和阅读行为，和他们的阅读需求，进而根据研究所得结论设计适合老年人的阅读策略，使得相关部门为老年人提供更好的服务。

故在本次调查对象的界定上，依据我国老年人权益保障法第二条规定"本法所称老年人是指六十周岁以上的公民"，将年龄在 60 岁及以上的人群确定为本研究的调查对象。同时，根据本研究了解兰州市老年人阅读状况的目的，将调查对象进一步限定为有阅读行为的、60 岁及以上的兰州市老年人。

（二）调查内容

本研究主要从老年人的基本信息、阅读行为以及阅读行为影响因素三个部分展开调查。第一部分是有关年龄、性别、受教育程度以及工作状态等老年人口学基本特征的问题，了解他们的客观情况；第二部分是有关老年人的阅读态度、阅读载体、阅读目的、阅读时长、阅读时段、阅读场所、阅读偏好、读物获取方式、书刊价格认知、阅读深度等状况；第三部分旨在了解老年人阅读的影响因素。

（三）抽样方法与样本量

1. 抽样方法

由于兰州市是典型"带状城市"，东西狭长，南北不阔，且红古区地处偏远、人口稀疏，所以仅针对兰州市的城关区、七里河区、西固区和安宁区的市民进行调查。同时，结合此次调查范围大、被调查对象分布范围广的特点，我们采用多阶段抽样方法。根据多阶段抽样方法的特点，编制的抽样框主要有三个，分别是区域抽样框、街道抽样框、个体抽样框。其中：区域抽样框由 4 个初级抽样单元（行政区）构成，街道抽样框由初级抽样单元（4 个行政区）所包含的 63 个二级抽样单元（街道）构成，个体抽样框由基本抽样单元（老年人市民）构成。

调查对象的抽取综合采用分层抽样、判断抽样和偶遇抽样方法。其次，根据老年人常见活动场所确定问卷发放地点，主要在社区、养老院、老年活动中心等地。

2. 样本量的确定

抽样调查中，样本量 n 的确定受总体规模 N、置信水平 $1-\alpha$、绝对误差限 d 和总体方差 S^2 的影响。在本次抽样调查中，综合考虑样本代表性、经济成本及预计有效回答率（假定为85%）等因素，设计有效样本为400人。

二、调查的主要结果

（一）调查样本的基本特征

由表2-47可知：

第一，在性别分布上，本次调查较为均匀，但男性比例略高，这与公开场所中男性比女性更容易接受调查有关。

第二，被调查对象中60~69岁的低龄老年人所占比例最大，70~79岁中龄组次之，80岁以上的高龄组比例最小。这既与调查主要在公开场所开展、低龄老年人外出活动较多有关，也与我国老龄化的年龄分布状况基本一致。

表2-47　　　　　　　　　调查样本的基本特征

项目	特征属性	数量	比重（%）
性别	男	226	56.5
	女	174	43.5
年龄	60~69岁	154	38.5
	70~79岁	142	35.5
	80岁以上	104	26
受教育程度	小学	78	19.5
	初中	138	34.5
	高中	142	35.5
	大学及以上	42	10.5
工作状态	尚在工作	23	5.75
	已退休	377	94.25

第三，本次调查由于有阅读行为的条件限制，没有设置未上学不识字的选项，但结果依然显示89.5%的老人为高中及高中以下文化水平，其中54%还是初中及以下，本科及以上的比例不足20%。尽管这些情况要好于普查结果，但很大程度上是源于调查的范围限制，总体上仍然反映出被调查老年人的受教育水平偏低。

第四，在工作状态上，被调查老年人中退休的比例很高。

总体上样本的分布较为均匀，与老年总体特征保持了较好的一致性，具有一定的代表性。

(二) 老年人阅读基本状况

1. 老年人对阅读的态度分析

由表2-48可知，本次受访的老年群体，对于阅读大多数持肯定态度，认为阅读有助于保持大脑活跃、充实老年生活，不认可老年就没必要读书及阅读对身体不好的观点。在老年群体休闲活动呈现多元化趋势的情况下，阅读仍然在他们心中占据了重要的位置。总体而言，老年人对阅读的态度倾向是较为积极的，但同时也再次反映出他们并不会将阅读作为唯一认可的休闲活动，他们有更多样化的休闲活动选择。

表2-48　　　　　　　　老年人阅读态度倾向（%）

态度	老年了就没有必要读书了	阅读可以充实老年生活	阅读对身体不好	阅读可以保持大脑活跃	阅读就是打发时间而已，如果不阅读会空虚无聊	比起阅读我更喜欢其他休闲活动
非常同意	2.1	26.3	2.3	25.7	3.7	10.1
同意	11.6	39.9	10.1	45.7	24.9	33.9
中立	18.6	25.9	20.6	24.4	33.4	40.9
不同意	34.2	6.0	38.0	5.1	27.6	11.9
非常不同意	33.6	2.0	29.0	2.0	10.3	3.2
总计	100.0	100.0	100.0	100.0	100.0	100.0

2. 老年人对阅读载体的利用状况

由图2-31看出，当前阅读载体类型丰富，但从老年人的载体选择来看传统载体如报刊、图书仍占据了绝对地位。此外，户外的报刊栏等也是老年人选择较多的阅读载体，表明老年人普遍倾向选择纸质阅读载体。在新兴载体的选择中，网络位居第一，是纸质载体之后的首要选择。可以看出随着网络的多年普及，老年群体对网络阅读的接触和应用也在逐步增加。手机阅读紧随网络阅读之后，尽管它与网络阅读的选择比例都远低于纸质载体，但它显示出老年人对这两类新媒体有一定的接受度。

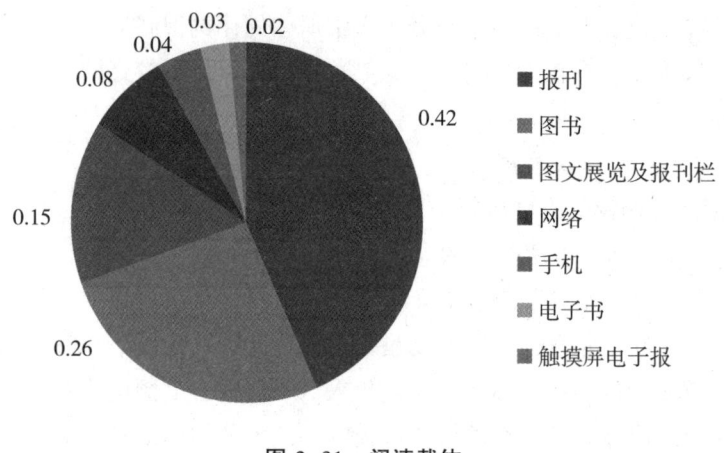

图 2-31　阅读载体

3. 老年人阅读的目的

从图 2-32 可见，老年人阅读目的非常多样，"了解时事"的高比例显示出老年人对社会的热切关注；"休闲消遣"位居第二，是老年人的休闲生活状态在阅读上的充分展现；"学习知识"和"兴趣爱好"等表现了老年人对阅读的积极态度，通过阅读来保持身体和精神健康，这与老年人阅读态度的分析结论基本一致。"教育子孙"也有较高比例，反映了我国老年人较多承担隔代抚养和教育责任的现状；而"解决问题、完成工作""研究和写作"的频率很低，这与多数老年人退出工作岗位的状态相吻合。

4. 老年人的阅读时间

从图 2-33 可以看出，大多数老年人会选择 8：00 到 12：00 来阅读，有 130 人，其次是 14：00 到 18：00，有 86 人。说明很多老年人通常会选择在早上或者下午阅读相关读物，这与老年人对自身视力的保护有很大关系。

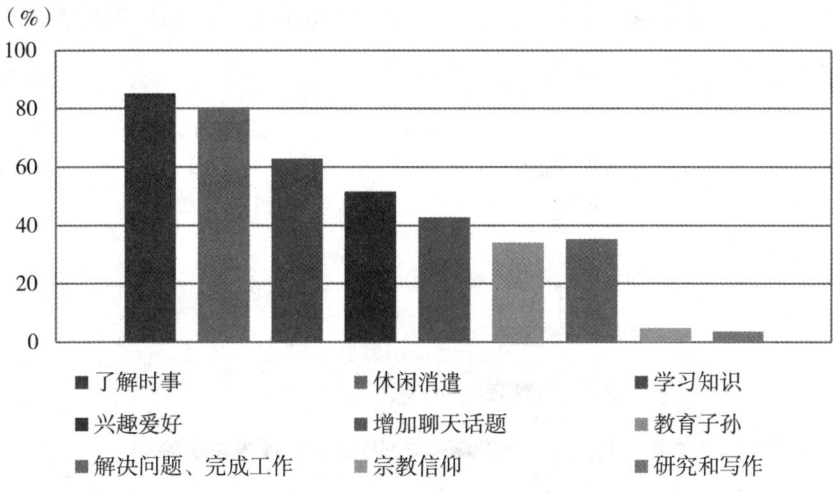

图 2-32 阅读目的

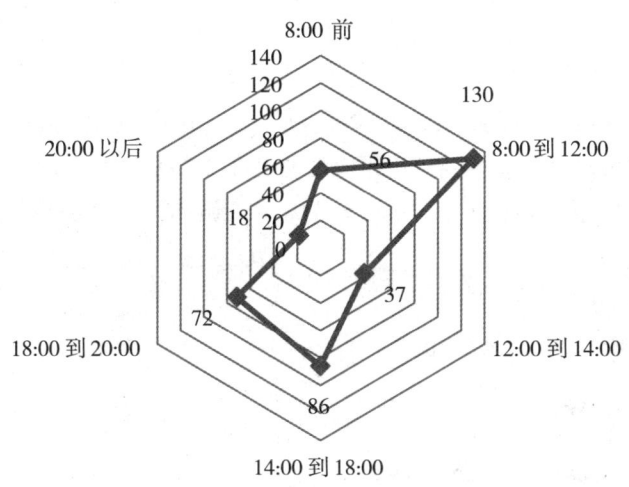

图 2-33 阅读时长和时间

5. 老年人的阅读场所

由图 2-34 可以得出,绝大多数老年人在自己或亲戚朋友家中阅读,这与他们以居家为主的养老方式有关。在其他场所的选择中,"书店"的比例相对较高,这与书店尤其是新华书店、图书大厦更易为人们熟知且免费、环境安静等因素有关;"工作单位"也有一定的选择比例,从与老年人的交谈中了解到这与单位设立离退休干部活动中心或图书室等有关,老年人在此不仅能阅读书报刊,而且能够相互交流,因而对他们具有一定的吸引力;"图书馆"选择比例排在第四,显示出它在老年人中具有一定的认知和利用。

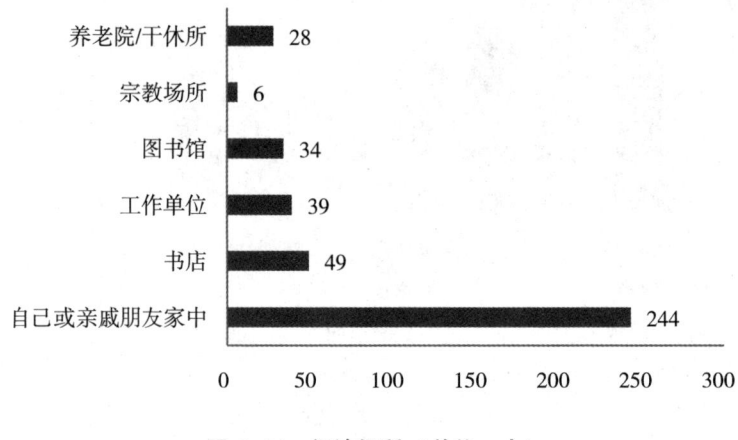

图 2-34　阅读场所（单位：人）

6. 老年人的阅读内容

从图2-35来看,老年人的阅读内容比较分散,说明他们的阅读兴趣多样。医疗保健是选择最多的内容,这与身体健康成为老年阶段关注重点有关;时事政治、社会人文和历史传记也相对比较集中,这与老年人"了解时事"的阅读目的吻合。

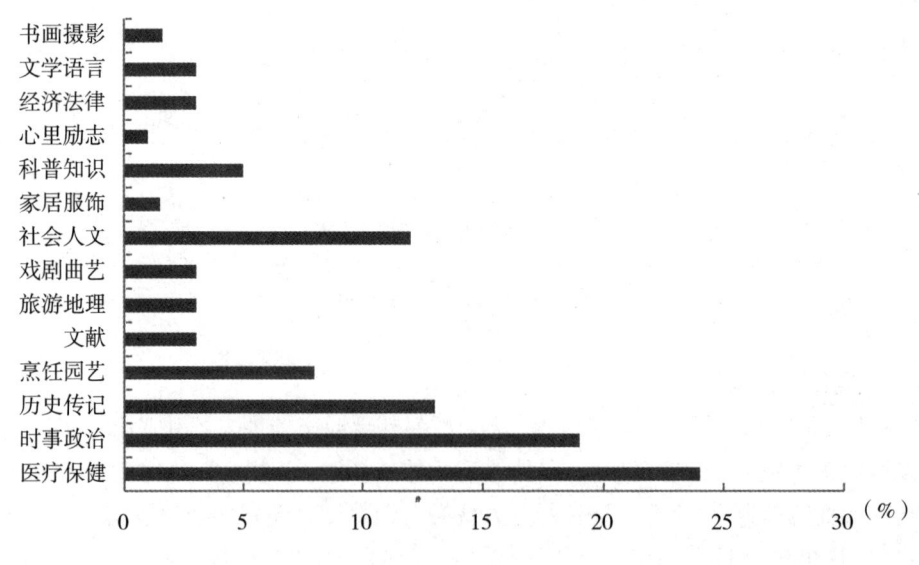

图 2-35　阅读内容

7. 老年人读物的获取方式

从图2-36可以看出读物的获取方式中自费的比例最高，说明老年人以自给自足的方式为主。他们也会选择向他人借阅、到单位借阅、通过报刊栏阅读等方式，说明老年人在获取读物时追求免费、方便。可能基于同样的考虑，使得图书馆借阅也有一定选择比例，如果图书馆的分布或服务能够更加便捷，相信老年人对图书馆阅读服务会有更多利用。也有一部分选择上网和手机，再次说明老年人对新的阅读载体有一定程度的接触，但接触率仍有待提高。

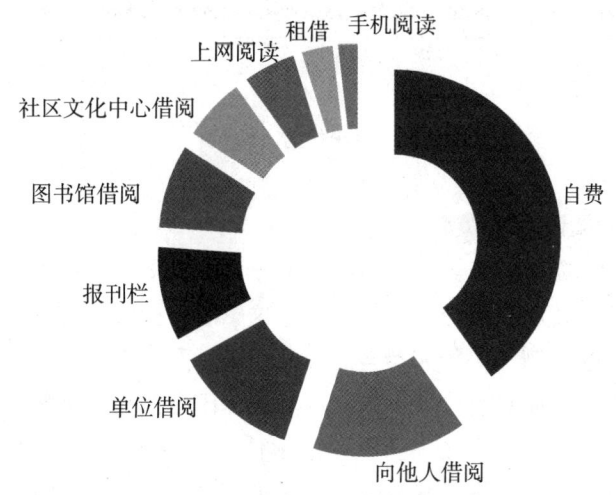

图2-36　获取方式

8. 老年人的阅读后续行为

在阅读之余，老年人的后续行为在一定意义上反映了他们对阅读的投入程度，也反映了他们的读书方法。从图2-37来看，什么都不做的有135人，是仅以观览为主的阅读方式；有后续行为的选择中，交流心得、剪报、图书收藏、做读书笔记的选择较多，这说明老年人采取了多种方式来加深阅读，阅读投入度较高；从"交流心得"居第二的情况看，他们不仅将阅读所得进行内化，而且乐于分享。

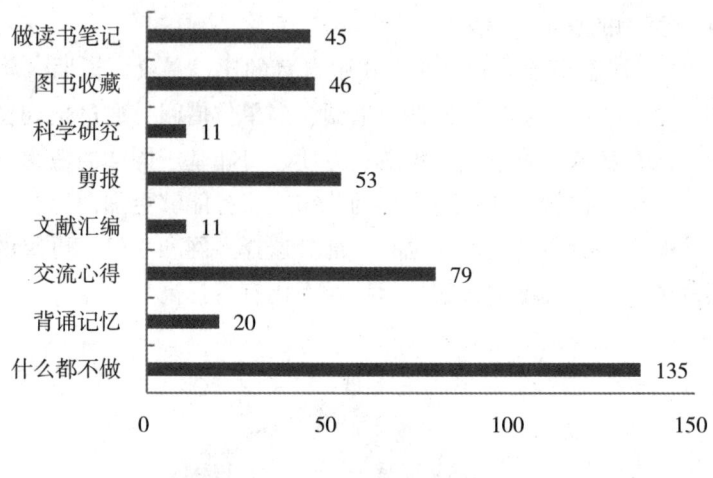

图 2-37 后续行为（单位：人）

9. 老年人的阅读影响因素

从图 2-38 中的影响因素来看，忙于家务、带孩子是首要原因，老年人退休后从工作角色更多转向家庭照顾者的角色，这影响了他们在阅读上投入的时间和精力；身体不好也限制了老年人参与阅读的积极性乃至客观条件，朗读服务、有声书对老年人而言可能更有价值；更喜欢其他休闲方式表明老年人有多样化的休闲活动选择，阅读仅是其中之一；不知道读什么表明老年人的阅读指向性较弱，这为外部机构开展读物的推荐和宣传提供了可能性。

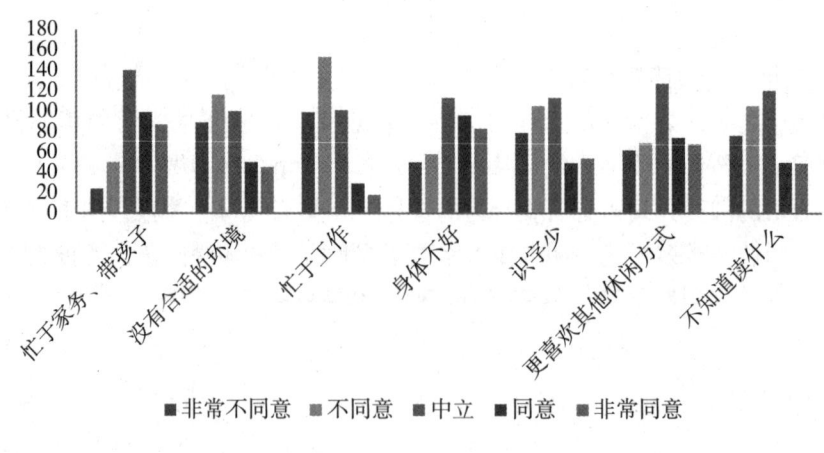

图 2-38 影响因素

三、总结

（一）主要结论

本研究通过对老年人的阅读状况进行调查，从四个部分进行分析：第一部分从性别、年龄、受教育程度、工作状态四个方面了解老年人的基本特征；第二部分从生理、心理和社会三个方面了解老年人自我感受的健康状况；第三部分从阅读态度、阅读载体、阅读目的、阅读时长、阅读时段、阅读场所、阅读偏好、阅读物获取方式、书刊价格认知、阅读深度等方面了解老年人阅读的主要特征；第四部分了解老年人阅读行为的影响因素。最后得出以下五个结论：

1. 老年人仍是积极的阅读者

老年人认为阅读能保持大脑活跃并且能够充实生活，其对阅读做出了积极的评价；老年人阅读的自主性强，能够积极采取多种读书方法加深阅读，并选择多种方式解决阅读困难；老年人在追求自得的阅读目的下，主要以了解时事、增长知识、满足自我兴趣为主。其在选择读物方面也以自身兴趣为主，使阅读回归阅读的本质，体现了阅读的纯粹性。

2. 老年人以休闲放松的状态参与阅读

与其他群体不同，阅读是老年人休闲活动的众多选择之一。参与其他休闲活动会在一定程度上影响老年人对阅读投入的时间和精力；因为工作和研究需要而阅读的比例大大降低；阅读时长较短；在阅读方面并不强求透彻理解，解决阅读困难的意识不是特别强烈。以上特征可以看作老年人退休后，从工作状态转变为休闲状态、从工作角色为主转变为家庭角色为主在阅读上的体现，也是老年期身体机能下降所带来的适应性变化。

3. 老年人的阅读特征具有一定的稳定性和持续性

通过研究发现：阅读态度方面，阅读在老年人中占据了较重要的地位但不占据首要地位。阅读载体方面，虽然阅读载体类型丰富但从老年人的载体选择来看，传统载体如报刊、图书仍占据绝对地位。阅读目的方面，了解时事和增长知识占据了老年人阅读动机的首要地位。阅读时段方面，8时到12时是老年人进行阅读的集中时段。

阅读场所方面，绝大多数老年人选择在家中阅读；在其他场所的选择中，选择书店的比例相对较高；而选择图书馆的人数比例排第四。阅读内容方面，老年人的阅读兴趣多样，阅读内容比较分散。阅读物选择方面，老年人主要通过随意翻阅和依据兴趣来选取读物，并且通过研究发现老年人以自给自足的自费方式获取读物。

通过对老年人阅读特征的分析,结合其他学者的研究,如陈勃、李贤亮,发现老年人的阅读特征有很大的相似性。

这说明老年人的阅读特征较为稳定,并且具有一定的延续性。

4. 老年人对网络、手机等新阅读载体有一定的接触

随着多元化时代的到来和新兴阅读载体不断出现,处身其中的老年人也难免受其影响。调查发现老年人在新兴阅读载体的选择中,网络位居第一,是纸质媒体之后的主要选择。手机阅读紧随网络阅读之后,尽管它与网络阅读的比例都远低于纸质载体,但它显示出老年人对这两类新媒体有一定的接受度。

结合中国互联网络信息中心多年的调查结果可以看出随着网络的普及,老年群体对网络阅读的接触和应用在逐步增加。

5. 忙于家务是影响老年人阅读的首要因素

老年人退休后从工作角色更多转向家庭照顾者的角色。调查发现78.3%的老年人选择做家务影响了他们在阅读上投入的时间和精力;其次是找不到和无法获得读物影响其阅读;身体不好也限制了老年人参与阅读的积极性;通过老年人多样的休闲方式和休闲活动以及其不知道读什么、随意翻阅等特征,发现老年人的阅读指向性较弱。

(二) 对策及建议

随着老龄化形势进一步发展,过去未被充分重视的老年人在图书馆潜在用户中的比重将越来越大,而阅读是他们在图书馆的重要活动,因而了解老年人阅读状况是促进老年阅读的基础。因此本文将从老年人、社会、自媒体三个视角,针对研究结论提出以下三个建议:

1. 自身视角:勇于接受与改变

通过研究发现,随着时间的推移,老年人的阅读呈现出稳定性和持续性。并且在阅读特征分析中发现,更多的老年人存在阅读获取能力差等问题,因此老年人应从自身出发,尝试更多新的阅读方式,寻找更多新的阅读途径,并调整自身阅读态度。

2. 社会视角:提供专门平台

通过研究发现,找不到和无法获得读物会影响老年人的阅读行为。而找不到读物这一问题反映了老年人在读物检索方面存在困难,无法获得读物反映了老年人在读物的获取上遇到问题。而信息的有效检索和有效获取正是图书馆的核心能力,因此图书馆可设立专门的老年人阅读服务平台或者设立专门的老年人阅读专

区，为老年人阅读提供更多有价值的服务。

在老年人阅读特征的研究中发现，老年人在进行阅读时存在不知道读什么等阅读指向性较弱的问题。因此社区图书馆、老年活动中心、养老院图书室等应通过开展图书展览或图书检索等活动，并设立老年人图书导读式服务，以此提高老年人获取读物的能力。同时，由于老年人阅读的自主性较强并且乐意交流阅读心得，因而在阅读促进方式上，可建立老年读者自我组织、参与和交流的读书等活动。

3. 自媒体视角：加强特色服务

通过研究发现，在阅读载体的选择上虽然网络阅读的比例远低于纸质载体，但随着互联网的普及以及多元化时代的到来，老年人开始逐渐接受并使用网络载体进行阅读。由此说明互联网和手机今后在老年人中有一定扩散的空间。因此自媒体可通过研究老年人对数字阅读的态度、阅读效果和心理体验及其变化等，了解老年人在数字阅读上的接受程度，从而实现电子阅读的推广。

在老年人阅读行为影响因素的研究中发现，身体不好限制了其阅读的积极性，因此可通过开发一些老年人专用阅读 APP 或者设立有声书等，让更多老年人进行无障碍阅读。

第五节　兰州市城区中老年人在线支付状况调查

一、调查设计

(一) 抽样框的确定

兰州市是甘肃省的省会，地处甘肃的中心，它既有甘肃应有的平原地形也有着因靠近四川而有的山区地形，有一部分地区人口稀疏，所以本次调查仅针对兰州市的城关区、七里河区、西固区和安宁区的中老年市民，根据本次调查人群的特殊性，我们采用分层抽样的方法。在抽样过程中，我们通过四个地区的人口比（见表2-49），确定本次调查的抽样框。

抽样调查中，样本量 n 的确定受总体规模、置信水平、绝对误差限和总体方差的影响。在本次调查中，综合考虑兰州市人口年龄分布、经济成本和预计有效回答率（假定为90%）等因素，设计抽样规模为1000人。

表 2-49　　2017 年兰州市各区人口数量及实际问卷发放数

城　区	总人口（万人）	总人口占比（%）	实际发放问卷份数（份）
城关区	127.78	51.257	513
七里河区	56.06	22.488	225
西固区	36.6	14.682	147
安宁区	28.85	11.573	115
总计	249.29	100.000	1000

（二）数据分析方法

此调查数据分析主要采用 SPSS21.0 与 EXCEL 对实际问卷所反馈的数据进行统计分析。基于研究目的，采取了以下几种分析方法：

1. 描述性统计方法

描述性统计方法是将研究中所得的数据加以整理、归类、简化，或绘制成图表，一次描述和归纳数据的特征及变量之间的关系的一种最基本的统计方法。描述集中趋势的统计量，如百分数、众数等。本文针对影响中老年人对在线支付使用情况影响因素给出比重、众数等基本的描述性分析。

2. 关联性分析

关联性分析是研究变量之间关系紧密程度的统计方法。在统计分析中常利用交叉表定量地描述多个变量之间线性关系的关联程度。本文拟通过关联性分析研究影响兰州市中老年人对在线支付使用情况与居住区域、收入、年龄职业等的相关关系。

3. 列联表分析

列联表是观测数据按两个或更多属性分类时所列出的人数表。又称交互分类表，所谓交互分类表，是指同时依据两个变量的值，将所研究的个案分类。交互分类的目的是将两变量分组，然后比较各组的分布状况，以寻找变量间的关系。

4. 卡方检验

卡方检验是用途非常广的一种假设检验方法，它在分类资料统计推断中的应用包括：两个率或两个构成比比较的卡方检验；多个率或多个构成比比较的卡方检验以及分类资料的相关分析等。

5. 相合性检验

相合性检验是度量列连表有序属性之间相合关系的一种检验方法，相合关系主要分正相合与负相合。其中正相合是指：属性 A 比较大的个体，属性 B 也往往比较大;负相合是指属性 A 比较大的个体,属性 B 却往往比较小。本论文主要采用 Gamma 系数,γ 的值介于-1 和 1,其值越接近于 1 越倾向于认为正相合,越接近于-1 越倾向于认为负相合;当其绝对值越接近于 0 时表明两变量有很小或没有相关性,绝对值越接近于 1,两变量关联性越强。

6. 有偏比较

在分析数据的过程中,我们会遇到有些变量之间合起来与分开的分析结果稍有偏差的情况,这时我们应根据实际情况来选择是否进行有偏比较,或者规避混杂因素,避免有偏比较。

7. 对应分析

对应分析也称关联分析、R-Q 型因子分析,是近年发展起来的一种多元相依变量统计分析技术,通过分析定性变量构成的交互汇总表来解释变量间的联系,可以揭示同一变量的各个类型之间的变异以及不同变量各个类别之间的对应关系。

(三) 问卷的信度与样本构成

克隆巴赫系数=0.808,在满意度检验变量间内部信度上,用克隆巴赫系数来进行检验。三个维度的所有问题设置的克隆巴赫系数都大于 0.7,足以保证了问卷问题内部信度。

此调查对性别、年龄、学历、职业与是否使用在线支付进行 logistic 回归,以研究性别、年龄、学历、职业对是否使用在线支付的解释程度,通过计算内戈尔科 R 平方为 0.427,表明回归模型可以解释因变量的总方差为 42.7%,拟合优度值>0.05,表明接受观测数据和预测数据之间没有显著差异的零假设,可以认为模型与数据拟合度较好,由上述分析可以得到该回归方程对选项的分类,其准确度为 75.1%。

432 名使用在线支付的被调查者被正确预测,133 名使用在线支付的被调查者没有被正确预测,正确率为 76.5%,274 名没有使用在线支付的被调查者被正确预测,101 名没有使用在线支付的被调查者没有被正确预测,正确率为 73.1%,模型的总正确率为 75.1%。性别、年龄、学历、职业与是否使用在线支付之间的函数关系式,同时可以看出学历水平越高,越偏向于使用在线支付。

1. 问卷基本信息的信度检验(见表 2-50、表 2-51、表 2-52、表 2-53)

表 2-50 信度检验模型概述

步骤	-2 对数近似	考克斯 & 斯奈尔 R 平方	内戈尔科 R 平方
1	971.995	0.317	0.427

表 2-51 信度检验分类表

观察值			预测值		正确比重（%）
			是否使用过在线支付		
			是	否	
步骤 1	是否使用过在线支付	是	432	133	76.5
		否	101	274	73.1
	整体比重				75.1

表 2-52 信度检验方程式中的变数

		系数	标准误	瓦尔德	自由度	显著性	指数化系数
步骤 1	年龄	1.168	0.104	126.415	1	0.000	3.245
	学历	-7.93	0.118	45.509	1	0.000	0.453
0.810	职业	-2.11	0.056	13.901	1	0.000	0.810

表 2-53 信度检验方程式中的系数

自变量	常数	年龄	学历	职业
系数	10.673	126.415	45.509	13.901
显著性	0.001	0.000	0.000	0.000

2. 样本构成

本次调查共发放问卷 1000 份，回收后经仔细审核，最终确定 940 份有效问卷，有效率为 94%，详见表 2-54。其中使用过在线支付平台的用户有 565 名，占总数的 60%，未曾使用过的用户有 375 名，占总数的 40%。

（1）性别分布

男女比例大概为 1∶1，说明在本次调查中抽样较为客观。

表 2-54　　　　　　　　　问卷基本信息收集情况

样本变量	样本特征	样本数（份）	比重（%）
性别	男	528	56.2
	女	412	43.8
年龄	50~59 岁	181	19.3
	59~69 岁	262	27.9
	69~79 岁	338	36.0
	79 岁及以上	159	16.9
职业	公职人员	205	21.8
	企业管理人员	124	13.2
	教师	119	12.7
	个体户	154	16.4
	工人	338	36.0
学历	高中及以下	480	51.1
	大专	207	22.0
	本科	239	25.4
	研究生及以上	14	1.5
居住地区	城关区	490	52.1
	七里河区	210	22.3
	安宁区	98	10.4
	西固区	142	15.1

（2）年龄分布

虽然我们的调查人群分布是中老年人，但侧重调查的是老年人，所以年龄在 69 岁以上的受访者所占的比例相对较大，占总受访者的 52.8%，59~69 岁的受访者所占的比例为 27.9%，相对来讲年龄在 50~59 岁的受访者所占比例较小，占总受访者的 19.3%。

（3）职业分布

在所调查的样本中，兰州市市民的职业存在多样性，市民职业有公职人员、企业管理人员、教师、个体户及工人，在受访者中工人所占的比例最大，共有 338 人，占总受访者的 36.0%，其次为公职人员所占比例相对较大，占总受访者的 21.8%，其余各职业人员比例相差不大。

(4) 学历分布

受访者的学历分布相对比较集中,主要是高中及以下的受访者所占的比例大,占到了总受访者的一半以上,其他学历的受访者较少,且差异也较大,尤其是研究生及以上学历的受访者,只有 14 人,仅占总受访者的 1.5%,造成这一差异的原因可能是兰州市总体的发展不协调。

(5) 区域分布

各区域所得样本量与实际计划样本量差异不大,由于兰州市各个区域之间人口数量存在差异,根据不同区域的人口数所占比例分配计划样本量及回收如表 2-55 所示:

表 2-55　　　　　　　　　　样本分配及回收

调查区域	2017年人口(万人)	人口比重(%)	计划样本量(份)	回收(份)
城关区	127.78	51.257	513	490
七里河区	56.06	22.488	225	210
西固区	36.6	14.682	147	142
安宁区	28.85	11.573	115	98
共计	249.29	100	1000	940

二、在线使用的基本情况

(一) 总体使用及区域使用差异情况

1. 兰州市中老年人整体使用在线支付分析

图 2-39 结果显示,在所调查的兰州市中老年人中,使用过在线支付平台的人占 60.10%,从未使用的人占 39.90%,即兰州市中老年人在线支付平台使用率超过一半。在线支付平台的出现在某种程度上改变了人们的生活方式——"现金支付"到"移动支付",而这种改变为人们日常生活提供了极大的便利。数据表明,随着在线支付的日益普及,在线支付并非只受到年轻一代的青睐,中老年人也逐渐成为其使用群体。

第二章　中老年人生活状况——以兰州市城区为例的系列调查

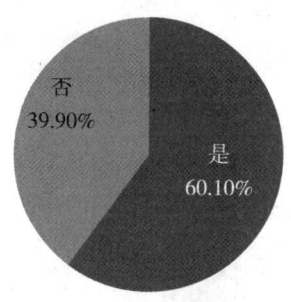

图 2-39　兰州市中老年人对在线支付平台的总体使用情况

2. 兰州市不同地区中老年人在线支付分析

由图 2-40 可知，在调查的所有人群中，在线支付使用的主要人群集中在城关区，有 298 人，占比 31.7%；其次是七里河区和西固区，分别有 114 人和 112 人，分别占比 12.1% 和 11.9%，安宁区使用人数最少只有 41 人，占比 4.4%。这说明中老年人在线支付的使用情况存在一定的区域差异，市中心在线支付使用率普遍高于偏远地区。

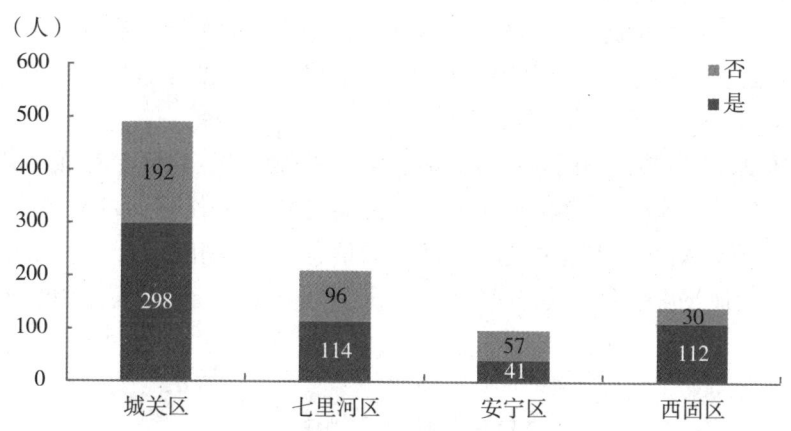

图 2-40　居住地区是否使用在线支付的关系图

（二）总体使用差异及相关关系
1. 用户使用情况调查
（1）用户使用原因分析（见图 2-41）

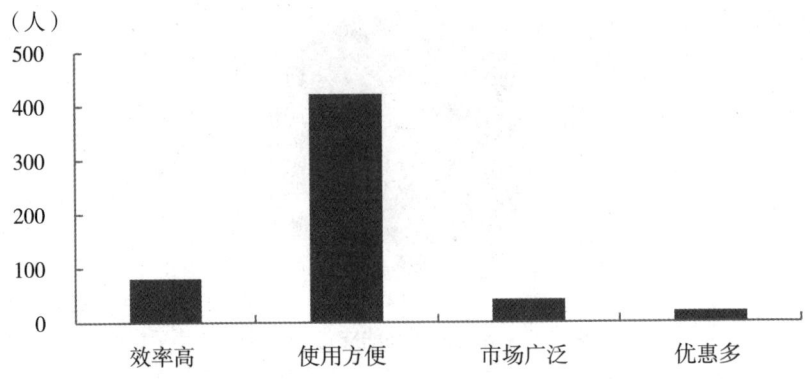

图 2-41　用户使用原因

从图 2-41 可以看出，中老年人选择使用在线支付平台的原因较为集中。绝大多数中老年人使用在线支付是由于它自身的便捷性和灵活性，并且平台操作简易才能真正适合中老年人群体。此外，高效性也是中老年人选择这种支付方式的重要原因，相比于传统支付，移动支付省去了许多支付中间环节，中老年人也不用再为其他问题（如现金丢失、零钱不足）担心，大大提高了支付效率。同时，只有极少数人因其广泛的市场和优惠政策而使用，原因可能是各在线支付平台并没有提供过多的优惠政策，其市场状况也不在中老年人的考虑范围之内。

（2）在线支付平台选择分析

由表 2-56 可知，不同年龄段的中老年人所选择的支付平台存在差异。主要表现在：年龄在 50~59 岁和 60~69 岁的中老年人偏好使用支付宝和微信平台，而 70~79 岁以及 79 岁以上的老年人使用微信者居多；相比之下，使用银联和财付通以及其他支付平台的人普遍较少，可见银联与财付通还没有在中老年群体中普及。

表 2-56　　　　　　　不同年龄对 APP 的选择（%）

年龄 & 平台		是否使用支付宝	是否使用银联	是否使用财付通	是否使用微信支付	是否使用其他支付方式
50~59 岁	年龄内占比	62.10	34.30	1.20	95.30	5.30
	平台占比	31.90	34.10	4.10	30.80	45.00
60~69 岁	年龄内占比	65.70	16.40	14.90	95.50	3.00
	平台占比	40.10	19.40	61.20	36.70	30.00

续表

年龄 & 平台		是否使用支付宝	是否使用银联	是否使用财付通	是否使用微信支付	是否使用其他支付方式
70~79 岁	年龄内占比	47.00	40.50	7.10	86.30	3.00
	平台占比	24.00	40.00	24.50	27.70	25.00
80 岁及以上	年龄内占比	48.10	40.70	18.50	92.60	0.00
	平台占比	4.00	6.50	10.20	4.80	0.00

（3）支付平台相关服务与选择分析

手机充值服务：由表 2-57 可知，移动支付手机充值服务主要集中在年龄段为 60~69 岁的中老年人。随着年龄的增加，手机使用频率会慢慢降低，间接导致相应阶段的老年人不用经常充值手机费用。总体来看，在线支付中用于手机充值的人占总使用人数的 75%，由此可见中老年人使用在手机充值方面使用在线支付具有普遍性，手机充值也可能会成为每一个人进行充值时的首选。

表 2-57　　　　不同年龄对手机充值服务的使用（人）

年 龄	手机充值		合计
	是	否	
50~59 岁	126	43	169
60~69 岁	138	63	201
70~79 岁	142	26	168
80 岁及以上	18	9	27
合计	424	141	565

信用卡还款服务：由图 2-42 可知，中老年群体在线支付中用于信用卡还账的人普遍较少，这一特征尤其在年龄段为 70 岁及以上的老年人中最为明显。其原因可能是中老年人在生活中一般不使用信用卡来消费，也可能是一部分家庭中子女会替老人来结还信用卡消费额。

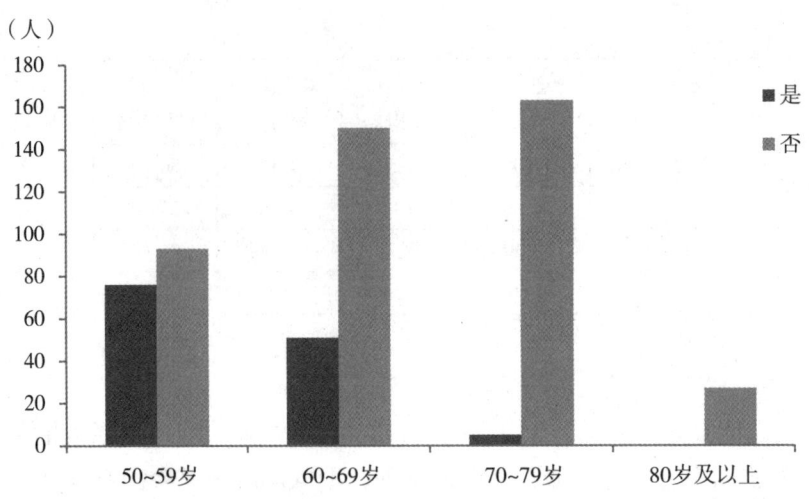

图 2-42　不同年龄对信用卡还款服务的使用

生活缴费服务：由表 2-58 可知，约 45% 的中老年人也会用在线支付平台进行生活缴费。从年龄特征来看，50~69 岁阶段有超过一半的人会用在线支付自行处理生活缴费问题，相比之下 70~79 岁的老年人很少使用生活缴费服务，即随着年龄的增长生活缴费呈下降趋势。这与老年人的生活和居住方式有很大的关系，若老年人选择与子女同住或者年岁偏高，生活缴费等问题一般会由子女代劳，以至于这些中老年群体无须此项支付服务。另外，由于比较看重信息安全问题，部分老年人对使用在线支付仍有所怀疑与顾虑，导致他们并没有体会到各种服务的优点，进而延续之前的生活习惯。

表 2-58　不同年龄对水电气有线电视服务的使用（人）

年　龄	缴水电煤气有线电视费		合计
	是	否	
50~59 岁	99	70	169
60~69 岁	110	91	201
70~79 岁	33	135	168
80 岁及以上	14	13	27
合计	256	309	565

彩票服务：由图 2-43 可知，在中老年群体中几乎没有人会使用在线支付彩票服务。从社会层面来看，彩票一般具有福利性质，服务社会、传播公益；而就

个人而言,痴迷于彩票会在一定程度上影响正常生活。再加上中老年群体对彩票本身不是很了解,所以很少有老年人去关注或接触彩票服务。

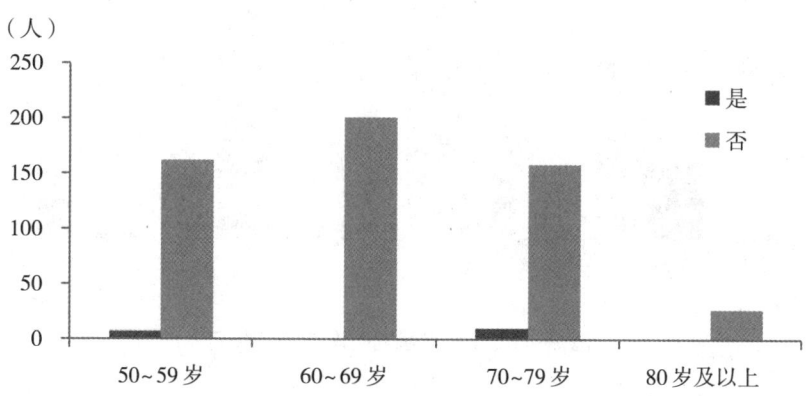

图 2-43 不同年龄对彩票服务的使用

条码支付服务:随着人们生活方式的转变,条码支付已经进入日常生活的方方面面。但表 2-59 结果显示,除个别以外,绝大多数中老年人并不会使用条码支付服务。原因可能是许多中老年人在购买生活用品时比较习惯用现金支付。

表 2-59　　　　　　　不同年龄对条码支付服务的使用(人)

年　龄	条码支付		合计
	是	否	
50~59 岁	28	141	169
60~69 岁	42	159	201
70~79 岁	12	156	168
80 岁及以上	5	22	27
合计	87	478	565

打车服务:由图 2-44 可知,大部分中老年人在需要乘车时也不会使用在线支付打车服务,原因可能是中老年人对此项在线服务不太了解或者大多数老年人在乘车时一般会使用现金。另外,在使用打车服务的中老年群体中年龄在 50~69 岁的人占比极高,只有极个别的年岁达到 70 岁以上的老年人会使用打车服务,可能是由于越年长,乘车外出机会越少所致。

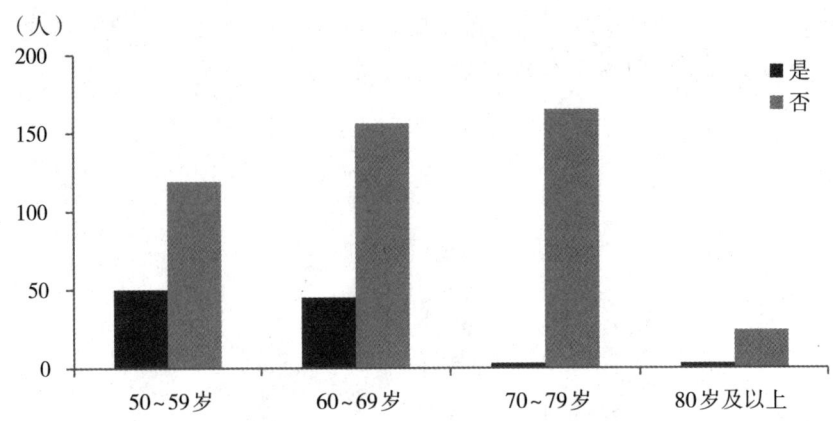

图 2-44　不同年龄对打车服务的使用

购票服务：由表 2-60 可知，与其他在线支付服务相比，在线购票服务在中老年群体中较为常用，占比达到 42.3%，并且购票需求存在着一定年龄分布特征，即年龄相对偏低的中老年人对在线支付购票有较强的需求。间接说明观看电影是中老年人生活中的一种文娱方式。

表 2-60　　　　　　不同年龄对购买电影票服务的使用（人）

年　龄	购买电影票		合计
	是	否	
50~59 岁	98	71	169
60~69 岁	65	136	201
70~79 岁	72	96	168
80 岁及以上	4	23	27
合计	239	326	565

(4) 职业与月均支出关系分析

由表 2-61 可知，在使用在线支付的中老年群体中工人占的比重最大，公职人员紧跟其后，企业管理人员最少。从职业与月支付均额分布交叉分析，平均每月使用在线支付金额 300 元及以下的人群中工人最多，并且与其他人群相差较大；平均每月使用在线支付金额为 300~800 元的人群中同样是工人最多，但差距较小；平均每月使用在线支付金额为 800~1500 元的人群中教师较多，但与其他人群差距较小；平均每月使用在线支付金额为 1500 元以上的公职人员最多。

一系列数据表明,职业与月均支出有较强的相关性。职业的状况在很大程度上限制着中老年人的收入,进而限制了月均消费,即使老人们会使用在线支付,在线消费额度也会受到相应的影响。职业层次越高,工资月均收入越高,在线支付金额也就越高。

表 2-61　　　　　　　　不同职业与月均支出分析（人）

职业	平均每月使用在线支付的金额				合计
	300元及以下	300~800元	800~1500元	1500元及以上	
公职人员	26	33	27	39	125
企业管理人员	2	29	18	19	68
教师	12	16	38	26	92
个体户	20	48	17	14	99
工人	72	52	21	36	181
合计	132	178	121	134	565

（5）不同职业对月均支出的影响

由图 2-45 可知,使用在线支付的人群中工人所占比重最高（36%）,教师与企业管理人员所占比重最小（13%）,说明工人对在线支付平台的接受度较高,而教师与企业管理人员使用在线支付平台占比相对较低。一方面,各个职业人数分布本身存在一定的差异性,导致在线支付使用率不尽相同;另一方面,不同职业对在线支付有不同程度的需求,致使中老年人对在线支付有不同的接触情况。

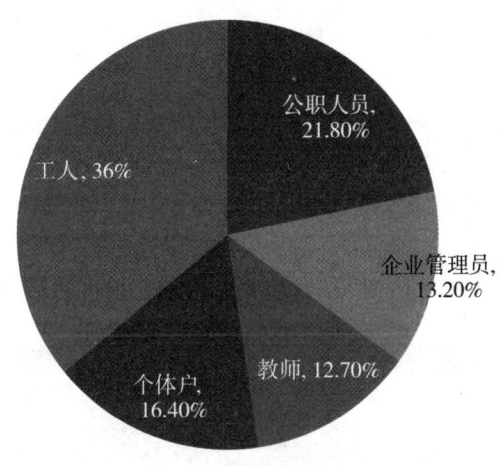

图 2-45　在线支付职业分布图

由图 2-46 可知，平均每月使用在线支付金额为 300~800 元的所占比重最大（31.50%），金额为 800~1500 元的所占比重最小（21.40%），说明在线支付中用于消费的都是小规模的交易，体现出中老年人对在线支付平台仍有所保留，还持怀疑与尝试的态度，并没有在心理上真正接受并使用它。

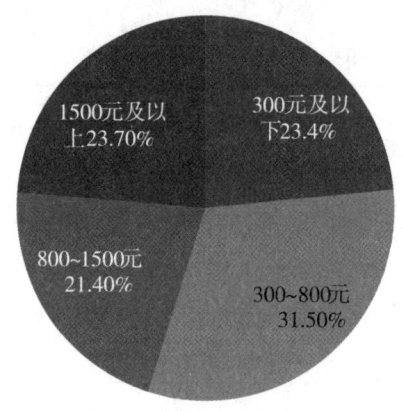

图 2-46　在线支付金额分布

2. 非用户对于在线支付平台的看法

（1）不使用在线支付的原因

由图 2-47 可以看出，不使用在线支付原因中最多的是操作复杂和担心交易安全，因中老年人对新事物的接受能力普遍较差，同时对安全的敏感度高于年轻群体，所以主要的问题在于操作复杂和交易安全。

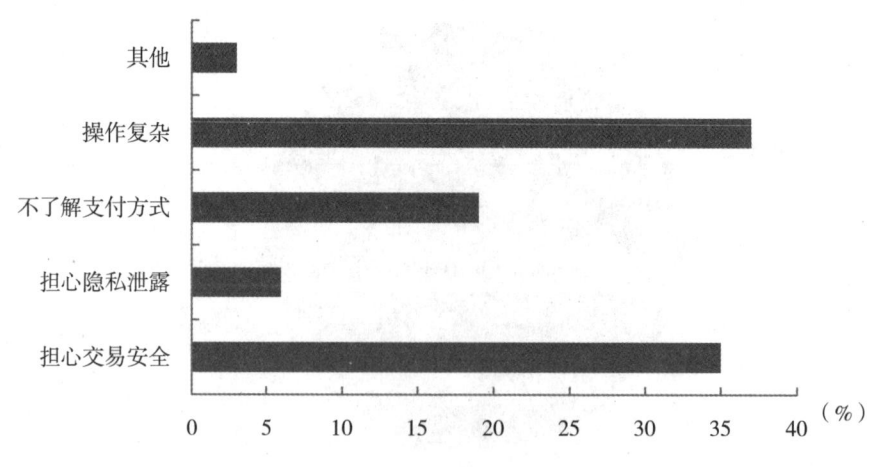

图 2-47　不使用在线支付的原因

(2) 年龄和接受在线支付的方式

由表 2-62 可以看出，年龄在 50~59 岁的人群，在亲朋好友推荐、优惠活动、受到专业培训和其他等接受在线支付使用方式上没有明显的区别；年龄在 59~69 岁的人群选择在线支付更多是源自亲朋好友的推荐和专业培训；年龄在 69~79 岁和 79 岁以上群体接受方式的相似性很高，大多都是以亲朋好友的推荐、受到专业培训及其他方式来接受并使用在线支付平台。

表 2-62　　　　　　　　年龄和接受在线支付的方式（人）

年　龄	期待参与的方式				合计
	亲朋好友推荐	优惠活动	受到专业培训	其他	
50~59 岁	4	2	6	0	12
59~69 岁	60	6	56	0	122
69~79 岁	135	30	189	156	510
79 岁及以上	200	32	164	132	528
合计	399	70	415	288	1172

相比之下，优惠活动推荐方式的选择很少，可以看出接受在线支付使用方式中优惠活动的推荐方式对没有使用在线支付使用的人群没有直接的影响；根据调查过程中的了解，选择其他方式的人都是年龄偏大的人群，其中有一部分人不使用在线支付平台，但也有一部分人是因在生活中基本用不到或者不需要平台中的一些服务，希望平台可以提供专门供老年人使用的操作简单的便民服务软件。

3. 在线支付平台用户与非用户之间的比较

针对不同年龄阶段对在线支付的使用情况，结合现阶段中国人口老龄化的现状分析，由于目前我国人口老龄化在不断地加剧，但随着我国经济的持续快速增长，人们的总体生活水平在稳步上升，中老年人的需求更具差异性和多样化。由于未富先老和未备先老的矛盾突出，在 50~69 岁年龄阶段的兰州市市民中有 65.5% 的市民表示使用过在线支付，但是同时有 19.5% 的市民表示没有使用过在线支付，而在 69 岁及以上的受访者中只有 34.5% 的受访者表示使用过，而 80.5% 的受访者表示没有使用过在线支付，由数据可以分析得到随着年龄的增长对于在线支付的使用程度呈现正向增长。所以结合我国人口老龄化的发展趋势，以应对未来我国在线支付猛烈发展的冲击，应该从改善中老年人使用在线支付的情况出发，去刺激老年群体使用率。

表 2-63　　　　　　　在线支付平台用户与非用户之间的比较

年龄 & 是否使用		是否使用		总计
		是	否	
年龄	50~69 岁			
	总计（人）	370	73	443
	年龄内占比（%）	83.5	16.5	100
	使用占比（%）	65.5	19.5	47.1
	69 岁及以上			
	总计（人）	195	302	497
	年龄内占比（%）	39.2	60.8	100
	使用占比（%）	34.5	80.5	52.9

三、兰州市中老年人对在线支付使用的接受度

（一）中老年人最担心的问题

由图 2-48 可知在使用过程中，中老年人最担心的问题是泄露个人信息和隐私，因为泄露的个人信息易被不法分子用来做相关的犯罪事件，而信息的主人将承担这些后果，其次是因技术问题造成资金损失，有些中老年人因年岁已高各方面身体机能呈下降趋势，在操作过程中稍有不慎就会操作失误从而造成财产丢失。

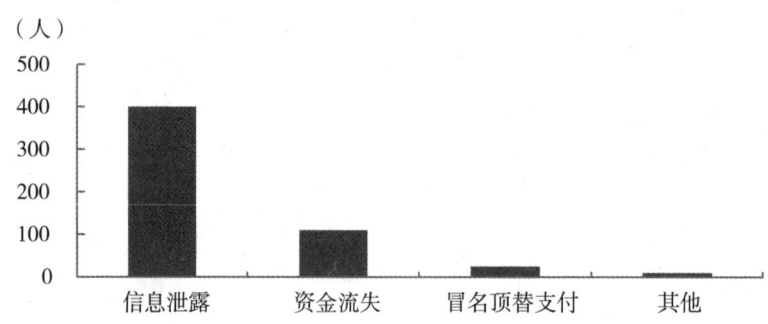

图 2-48　年龄和使用在线支付过程中所担心的问题

（二）在线支付 APP 的接受度分析

由表 2-64 可知，微信有较强的社交功能，使其在中老年群体中被广泛使用。

表 2-64　　平均每月使用在线支付的金额——平台下的 APP 交叉列表

平均每月使用在线支付的金额	平台下的 APP					总计
	支付宝	银联	财付通	微信支付	其他支付方式	
300 元及以下	62	25	4	118	2	132
300～800 元	115	34	32	166	3	178
800～1500 元	74	74	4	121	4	121
1500 元及以上	78	37	9	118	11	134
总计	329	170	49	523	20	565

在中老年群体使用的在线支付平台中，微信支付占总用户的 92.56%。在线支付平台的月平均支付金额在 300～800 元的用户多于其他金额的用户，说明支付宝多数用于小额支付。银联支付、财付通以及其他支付方式，使用人群较少，普及性不及微信和支付宝。

根据表 2-65，位数的个数等于变量的最小分类数减 1，惯量类似于因子分析中的特征值对应的方差，奇异值是惯量的特征值；"惯量比例"变量一栏中，"解释"的惯量比例类似于因子分析中的方差贡献率，而"累计"类似方差累计贡献率，这几个指标反映了每个维度的因子重要性和解释能力，在表中，卡方统计量的值为 82.367，相应的 $P=0.000<0.05$，说明二维列连表的行（月平均支出）与列（APP 的类别）之间有较强的相关性。

表 2-65　　平均每月使用在线支付的金额——平台下的 APP

维度	奇异值	惯量	卡方	显著性	惯量比例		置性奇异值
					解释	累计	标准差
1	0.135	0.018			1.000	1.000	0.042
2	0.362	0.131			1.000	1.000	0.043
3	0.230	0.053			1.000	1.000	0.043
4	0.167	0.028			1.000	1.000	0.025
5	0.147	0.022			1.000	1.000	0.049
总计		0.252	82.367	0.024			

（三）居住地区和月均使用金额独立性分析

首先，对居住地区和月均使用金额的关系做出假设：

H_0：居住地区和平均每月使用金额没有显著关系

H_1：居住地区和平均每月使用金额有显著关系

由表 2-67 可知，在 0.05 水平下，检验结果为 $\chi^2 = 359.947 > \chi^2_{0.05}(9) = 16.919$，$P=0<0.05$，所以拒绝原假设，认为居住地区和平均每月使用金额有显著关系。由表 2-66 中的数据可以看出，城关区月平均使用金额集中在 300~800 元及 300 元以下，占总调查比例人数比较高，说明城关区在线支付情况并不是很好，据统计，城关区经济发展程度及地区居民学历都相对较高，但在线支付金额却不高，说明该地区可能存在店铺提供在线支付交易或者软件使用中有安全方面的问题，侧面反映出城关区所需生活物品较全，各种便民服务也较方便，居民很少在线购物和在线缴费等，七里河区使用金额在 800~1500 元的人数是最多的，说明七里河区在线支付的使用普及度较高，安宁区和西固区中老年人使用在线支付的月消费额都相对较高，可以看出此地区居民生活缴费及购物等可能不是很便利，所以在线支付的金额相对较高。因此，居住地区和平均每月使用金额有很大关系，建议在线支付平台着重发展城关区居民的在线支付使用，因为此地居民具有生活水平和学历高的优势，使用在线平台相对容易，所以发展前景应该很好。

表 2-66　　　　　　　居住地区和平均每月使用金额

居住地区 & 支付金额		平均每月使用在线支付的金额				合计（人）
		300 元及以下（人）	300~800 元（人）	800~1500 元（人）	1500 元以上（人）	
居住地区	城关区	283	284	64	98	729
	七里河区	42	60	92	76	270
	安宁区	9	19	16	36	80
	西固区	7	14	77	84	182
合　计		341	377	249	294	1261

表 2-67　　　　　　　居住地区和平均每月使用金额检验值

项　目	值	df	渐进 Sig.（双侧）
皮尔逊卡方	359.947	9	0.000
似然比	380.271	9	0.000
线性和线性组合	259.398	1	0.000
有效案例中的 N	1261		

(四) 了解在线支付程度和不使用原因相关性检验

同样,对在线支付了解程度和不使用原因的相关性做出假设:

$H_0: \mu_1 = \mu_2$

$H_1: \mu_1 \neq \mu_2$

由表 2-68 可知,在 $\alpha = 0.05$ 水平下,$P = 0 < 0.05$,且 $t = 24.502 > t_{0.05}(1141)$,所以拒绝原假设,接受备择假设。所以,了解在线支付和不使用在线原因有很强的相关性。因此,在线支付平台应该加大推广力度,加大中老年人对在线支付的了解,改变对平台的看法,能够尽可能地为愿意试用又存在困惑的人答疑,减少甚至消除他们的疑虑,使其加入平台中来。

表 2-68　　　　　了解程度和不使用原因检验结果明细

变量	是否成对差分					T统计量	自由度	渐进 Sig.(双侧)
	均值	标准差	均值的标注差	差分的95%置信区间				
				下限	上限			
了解程度和不使用原因	1.123	1.550	0.046	1.034	1.213	24.50	1141	0.000

(五) 不同年龄段非用户参与在线支付的方式

由表 2-69 和表 2-70 可知,对不同年龄段非用户参与在线支付的方式进行方差分析,得到 $F = 0.005 < 0.05$,拒绝原假设,说明年龄与期待方式有显著关系,且不使用在线支付平台的中老年人期待参与的方式大多为亲朋好友的推荐以及受到专业的培训,可见如果有针对性地进行在线支付平台的相关专业培训,让中老年人有一定的了解,他们还是愿意接受的,并有可能会使用。

表 2-69　　　　　　　年龄与期待的参与方式

期待参与方式	样本量(人)	均值	标准差	标准误	均值的95%置信区间		极小值	极大值
					下限	上限		
亲朋好友推荐	129	3.09	0.861	0.076	2.94	3.24	1	4
优惠活动	23	3.04	0.928	0.194	2.64	3.44	1	4
受到专业培训	138	3.01	0.824	0.07	2.87	3.15	1	4
其他	85	3.39	0.49	0.053	3.28	3.49	3	4

表 2-70　　　　　　　　　　单因素方差分析

项　目	平方和	自由度	均方	F 值	显著性
组间	8.088	3	2.696	4.406	0.005
组内	227.021	371	0.612		
总数	235.109	374			

四、兰州市中老年人对在线支付使用的满意度

（一）年龄和对在线支付平台的满意度分析

对中老年人年龄与在线支付初步使用情况的满意程度进行卡方独立性检验：

H_0：中老年人年龄对于在线支付初步使用情况的满意度无影响

H_1：中老年人年龄对于在线支付初步使用情况的满意度有影响

如表 2-71 所示，由卡方检验得 $P<0.05$，故中老年人年龄对在线支付初步使用情况的满意度有显著影响。由以上关联性分析得出，中老年年龄与在线支付初步使用情况的满意度具有一定的关联性，并且为正相关。因此可以得出随着年龄的增长，中老年人对于在线支付的初步使用情况更倾向于便捷。

表 2-71　　　　　　　　年龄和对在线支付平台的满意度

项　目	值	Df	渐进 Sig.（双侧）
皮尔逊卡方	112.286	9	0.000
似然比	126.926	9	0.000

（二）年龄和对优惠活动满意度的多重比较分析

表 2-72 主要针对不同年龄对于在线支付平台推出的优惠活动满意度进行方差分析，分析结果显示 $P=0.045<0.05$，所以可以得知年龄与优惠程度满意度呈显著相关，因此不同年龄段的中老年人对于优惠活动的满意程度存在差异。

表 2-72　　　　　　　　　对优惠活动的满意程度

项　目	平方和	自由度	均方	F 值	显著性
组间	7.549	3	2.516	2.699	0.045
组内	523.078	561	0.932		
总数	530.627	564			

对其进行事后比较分析可得（见表 2-73），1vs1 与 2vs1 呈显著状态，说明 50~59 岁与 59~69 岁两个年龄段的人相对年龄较小，对优惠活动的关注度较高并对其感到满意，其他年龄段的人应算为老年，对优惠等事务的敏感程度相对较低，对优惠活动并不关注。

表 2-73　　　　　　不同年龄和对优惠活动满意程度的分析

(I) 年龄	(J) 年龄	均值差 (I-J)	标准误	显著性	95%置信区间	
					下限	上限
50~59 岁	59~69	-0.286*	0.101	0.005	-0.48	-0.09
	69~79	-0.149	0.105	0.156	-0.36	0.06
	79 以上	-0.182	0.2	0.363	-0.58	0.21
59~69 岁	50~59	0.286*	0.101	0.005	0.09	0.48
	69~79	0.137	0.101	0.175	-0.06	0.34
	79 以上	0.104	0.198	0.6	-0.28	0.49
69~79 岁	50~59	0.149	0.105	0.156	-0.06	0.36
	59~69	-0.137	0.101	0.175	-0.34	0.06
	79 以上	-0.033	0.2	0.869	-0.43	0.36
79 岁及以上	50~59	0.182	0.363		-0.21	0.58
	59~69	-0.104	0.198	0.6	-0.49	0.28
	69~79	0.033	0.2	0.869	-0.36	0.43

（三）在线支付使用满意度的影响因素分析

如表 2-74 和表 2-75 所示，我们将在线支付使用满意度的影响因素进行因子分析。

表 2-74　　　　　　　　　　KMO 和巴特莱特的检验

KMO 度量		0.774
巴特莱特的球形度检验	近似卡方	1663.253
	Df	21
	Sig	0.000

表 2-75　　　　　　　　　　旋转后的因子矩阵

因素	主成分 1	主成分 2
安全	0.439	0.581
快捷	0.847	0.065
费用低	0.697	−0.480
适合绝大多数情况	0.563	−0.629
更容易操作和使用	0.823	0.115
比网银支付快捷	0.784	0.074
很容易熟练使用	0.733	0.333

表 2-74 结果表明 KMO 球形度检验值为 0.774 表明适合做因子分析，检验显著性水平为 0.000<0.05，则拒绝原假设，说明存在相关关系。通过方差旋转方法得出两个主成分并将其命名为安全性和有用性，为影响满意度的两个因素。两者可以累计解释 66.8% 的样本方差，说明作为影响满意度的两个因素对样本的解释较为有效。

（四）在线支付特征满意度相合性分析

如表 2-76 所示，在使用在线支付的人群中，均有五分之三的人群对在线支付快捷和可提高交易效率的满意程度是非常满意和满意。由此可见，一半多的居民对在线支付在快捷方面与可提高交易效率方面还是比较认可的，所以在线支付应该继续发挥这方面优势，这样会得到更多人的认可。

H_0：在线支付的快捷与居民觉得可提高交易效率的满意度不相关

H_1：在线支付的快捷与居民觉得可提高交易效率的满意度相关

Gamma 系数反映两个有序变量间的对称相关性，其值在 −1~1。当其值在 −1~0，两者呈负相关。其值在 0~1，两者呈正相关。由 SPSS 计算可知：Gamma 系数的值为 0.276，两者呈正相关。故拒绝原假设，接受备择假设，因此可以得出在线支付推出的优惠活动与居民觉得费用低的满意度呈正相关。详见表 2-77。

表 2-76　　　　　　　　对在线支付特征满意度分析

优惠活动 满意程度	费用低					合计
	非常满意	满意	一般	不满意	非常不满意	
非常满意	91	37	9	0	0	137
满意	79	79	55	11	3	227
一般	25	67	49	4	0	145
不满意	29	6	0	0	0	35
非常不满意	0	11	0	0	0	11
合计	224	200	113	15	3	555

表 2-77　　　　　　对在线支付特征满意度分析相合性检验值

	项　目	值	渐进标准误差	近似值 T	近似值 Sig.
按标量	φ	0.497			0.000
	克莱默的 V	0.249			0.000
	相依系数	0.445			0.000
按顺序	Γ	0.276	0.049	5.567	0.000
	斯皮尔曼相关性	0.226	0.040	5.452	0.000c
按区间	皮尔逊的 R	0.155	0.036	3.685	0.000c
有效案例中的 N		555			

五、结论及建议

（一）结论

1. 在线支付的优点

在线支付灵活便捷。用户只要申请了在线支付功能，便可足不出户完成整个支付与结算过程。交易时间成本低，可以减少往返银行的交通时间和支付处理时间。移动支付不仅可以为移动运营商带来增值收益，也可以为金融系统带来中间业务收入，利于调整价值链，优化产业资源布局。

2. 阻碍在线支付的因素

随着我国电商不断发展及人们安全意识提高，各在线支付工具的安全保障有较大提升，人群对其信赖程度较高。对安全问题有较多担忧的人群多使用网银直接支付进行网购，但此类所占比例很少。而且，少数人群不使用网上支付工具的主要原因是习惯问题，并非对网上支付工具心存疑虑。所以，安全因素并不能成为人群选择支付工具的重要因素，但前提是网上支付工具的安全能得到强有力的保障。

3. 在线支付的现状

在线支付已在中老年群体中占据较重要地位，普及率已达60%，市场占有率超六成，经分析此次调查中的数据，在线支付在群体中虽然未完全普及，但已经是常态化，他们选择在线支付的原因主要是在线支付更加方便快捷，且在网上买东西并无真正花钱的感觉，也从另一方面促进消费，带动产业链。所以，方便是在线支付工具在解决安全问题后最重要的方面，人们更倾向于只使用一种在线支付工具解决所有支付问题。

4. 在线支付仍存在的缺陷

虽然在线支付在中老年群体中的普及率已经提高较多，但在没有使用的人群中有很大一部分人是因为操作复杂，担心由于自己错误的操作造成财产损失并且无法弥补，导致他们思想上是接受这种支付方式，但迟迟不敢付诸行动。

（二）建议

1. 加强巩固安全问题

由于在线支付平台是一种新兴的支付方式，目前还没有明确的定义、规范的法律法规，因此存在许多漏洞，使不法分子有机可乘，且目前的在线支付平台鱼龙混杂，质量参差不齐，对于法律意识逐渐薄弱的中老年人存在较大的安全隐患，所以应尽快制定专门的法规制度，提高支付平台相关的市场准入标准，以保证在线支付平台的安全性。

2. 简化在线支付平台的操作系统，增加针对性操作

尽可能地简化在线支付平台的界面、操作系统，使用户对其所需的操作一目了然，对于老年人群增加相应的老年版APP，增加类似语音识别等功能，以免有些老年人因不会操作而放弃使用。

3. 适当增加优惠活动

对中老年群体可推出超市扫码付款等活动以增加其在线支付的频率与欲望。

第三章　养老模式选择及影响因素
——来自甘肃省的调查研究

第一节　甘肃中老年养老模式选择及影响因素的调查

一、调查设计

（一）调查总体界定

本调查的主要目的是通过调查甘肃省中老年选择的养老模式和养老保障需求，得出养老模式选择的原因及养老需求的影响因素。根据联合国世界卫生组织对年龄的划分标准，将人的一生分为 5 个年龄段，即：44 岁以下为青年人，45 岁至 59 岁为中年人，60 岁至 74 岁为年轻的老人，75 岁至 89 岁为老年人，90 岁以上为长寿老年人。所以本项研究的调查对象为甘肃省 14 个地州市 45 岁以上的所有中老年人。

（二）调查内容

本次调查主要分为三个部分，分别为基本信息、养老模式选择及原因、养老需求的影响因素。从性别、年龄、工作、受教育程度、现居住地、婚姻状况、人均月收入、家中居住人数和主要经济来源等基本信息，了解被访问人的家庭基本情况，与养老模式选择及原因和养老需求的影响因素进行相关性分析；从目前最大福利需求、需要的社会服务、提供日常照料的人选、养老方式（居家养老、社区养老、机构养老、旅居养老、虚拟养老）的选择等内容，了解甘肃省中老年人对养老模式的选择，并使用多项逻辑回归对其进行分析，从而得出甘肃省中老年人养老模式选择及其原因；从经济保障、健康保障和情感保障的需求程度，利用结构方程模型对三种因素进行拟合，从而得出甘肃省中老年人养老需求的影响因素。

（三）抽样方法

本次调查我们采用两阶段抽样方法，第一阶段是分层抽样方法，根据甘肃省的各个通信运营商所提供的各地市号段（以表 3-1 中张掖市部分号段为例），在 EXCEL 内生成 50 万个电话号码，然后由各地市的人口比例计算出各地市的样本，从中随机抽取电话号码，共抽取 2 万个号码，导入 AthenaCati 电话系统样本框内；第二阶段是等距抽样方法，通过 AthenaCati 电话调查系统在样本框内抽取样本，所有抽取样本均由系统在样本框中随机抽取，对抽取的样本进行电话调查，由系统拨打样本号码，访员记录调查结果。

表 3-1　　　　　　　　甘肃省各地市部分号段

所属地市	联通号段	移动号段	电信号段
张掖	1304292 1315014	1368936 1381975	1336936 1899363
兰州	1300870 1319583	1360930 1373931	1890931 1899329
白银	1310943 1302872	1380930 1390943	1890943 1899338
定西	1302876 1310944	1380932 1390932	1330932 1899327
甘南藏族自治州	1309930 1320941	1390941 1389395	1332124 1890941
嘉峪关	1310947 1320947	1820947 1821979	1332126 1535217
酒泉	1301410 1319597	1330937 1533949	1510170 1520937
临夏回族自治州	1302877 1320930	1351930 1373930	1330930 1891930
陇南	1313939 1320944	1373939 1383098	1891944 1336939
平凉	1303417 1311933	1519332 1502593	1332130 1899337
庆阳	1303419 1320934	1391958 1383040	1330934 1535210
天水	1303411 1322043	1373938 1351908	1890938 1332138

续表

所属地市	联通号段	移动号段	电信号段
武威	1301413	1383050	1336935
	1320935	1389356	1560935
金昌	1310945	1373935	1332125
	1323935	1388409	1533971

本次调查 AthenaCati 电话系统内共有 2 万个样本,调查已完成样本为 9988,样本完成率为 50.06%;有效样本为 2827,有效样本率为 28.30%。详见表 3-2。

表 3-2　　　　　　　　甘肃省各地市样本量分配

甘肃省各市	人口（万人）	样本量（个）	甘肃省各市	人口（万人）	样本量（个）
兰州	361.6163	2828	武威	181.5054	1420
天水	326.2548	2552	白银	170.8751	1337
定西	269.8622	2110	张掖	119.9515	938
陇南	256.7718	2009	酒泉	109.5947	857
庆阳	221.1191	1731	甘南藏族自治州	68.01	533
平凉	206.8033	1618	金昌	46.405	363
临夏回族自治州	194.6677	1522	嘉峪关	23.1853	182

二、调查数据分析

（一）问卷信效度检验

1. 信度检验

检验信度采用的方法为克隆巴赫（L. J. Cronbach）所创的 α 系数。通常 α 系数的值在 0 和 1 之间。如果 α 系数不超过 0.6,一般认为内部一致信度不足;达到 0.7~0.8 时表示量表具有相当的信度,达到 0.8~0.9 时说明量表信度很好。现对问卷进行信度分析,分析结果见表 3-3,得到问卷的 Alpha 值（即克隆巴赫系数值）为 0.706>0.7,问卷整体的信度很好。

表 3-3　　　　　　　　　α 系数与问卷质量对应表

克隆巴赫系数 α 范围	子问卷	总问卷
α<0.5	不理想，舍弃	非常不理想，舍弃
0.5≤α<0.6	可接受，但需修改	不理想，重新编制或修订
0.6≤α<0.7	可以接受	勉强接受，但需修改
0.7≤α<0.8	信度高	可以接受
0.8≤α<0.9	信度很高	信度高
α≥0.9	信度极高	信度很高

注：α 代表克隆巴赫系数

2. 效度检验

效度（Validity）即测量的正确性。测量的效度越高，表示测量的结果越能显现其所测量内容的真正特征。KMO 指标的判断原则见表 3-4。

现采用结构效度分析法对问卷进行因子分析。结果如表 3-4 所示，可以看到在因子分析中，KMO = 0.788 > 0.7。此外，巴特莱特检验的 χ^2 值为 22866.951，自由度为 4950。sig = 0.000 < 0.05，表明本次调查所用问卷的结构内容效度较好，并且适合做因子分析。

表 3-4　　　　　　　　　KMO 指标的判断原则

KMO 统计量	因素分析适合性
0.50 以下	无法接受
0.50 以上	可悲的
0.60 以上	平庸的
0.70 以上	中度的
0.80 以上	良好的
0.90 以上	极佳的

（二）基本信息分布

此次调查主要研究甘肃省中老年人养老需求的影响因素以及养老模式选择的影响因素，为了对本次调研的样本数据有整体的了解，通过对 2827 个有效样本的分析得出如表 3-5 所示样本总体基本特征信息情况。

第三章 养老模式选择及影响因素——来自甘肃省的调查研究

（三）描述性统计分析

1. 中老年人日常照料意愿分析（见图3-1）

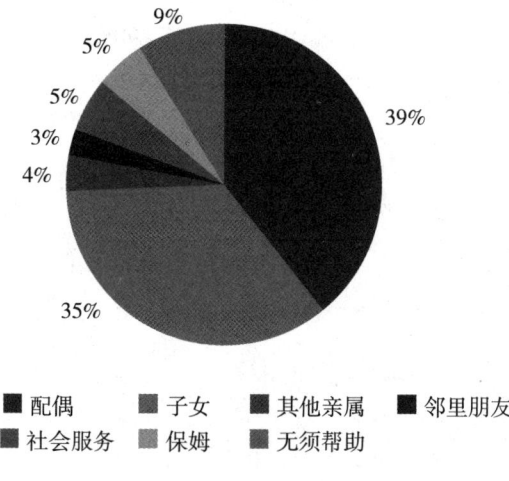

图 3-1 养老模式选择及居家养老原因分析

表 3-5 样本总体基本特征信息情况

变量	子变量	人数（人）	百分比（%）
年龄	45~49 岁	728	25.78
	49~59 岁	810	28.68
	59~69 岁	764	27.05
	69~79 岁	348	12.32
	79 岁及以上	174	6.16
性别	男	1504	53.26
	女	1320	46.74
受教育程度	初中及以下	995	35.23
	高中（含中专、大专、技校）	701	24.82
	本科	851	30.13
	硕士及以上	277	9.81
从事工作	政府干部或职员	352	12.46
	事业单位人员	547	19.37
	企业人员	391	13.85

续表

变量	子变量	人数（人）	百分比（%）
	个体工商人员	339	12.00
	农民	807	28.58
	其他	388	13.74
婚姻状况	未婚	313	11.08
	已婚	2155	76.31
	离异	157	5.56
	丧偶	199	7.05
子女个数	0 人	322	11.40
	1~2 人	1654	58.57
	3~4 人	608	21.53
	4 人以上	240	8.50
家中居住人数	独居	312	11.05
	2 人	844	29.89
	3 人	637	22.56
	4 人及以上	1031	36.51
现居住地	城镇	1477	52.30
	农村	1347	47.70
主要经济来源	自己的工资或退休金	2005	71.00%
	子女供养	407	14.41%
	社会养老保险	229	8.11%
	政府补助	183	6.48%
家庭人均月收入	500 元及以下	351	12.43%
	500~1000 元	528	18.70%
	1000~2000 元	681	24.11%
	2000 元及以上	1264	44.76%

中老年人生活较为独立，如图 3-1 所示，有 1107 人选择希望配偶提供日常照料，占总人数比例 39.2%。此外，有 35.13%的中老年人选择希望子女提供日常照料，8.92%的中老年人选择无须帮助，其余少部分人数平均分布在希望其他亲属、邻里朋友、社会服务、保姆提供日常照料。

2. 中老年人养老模式选择分析

总体样本中，优先选择居家养老的人数较多，总共有 1834 人，约占 64.94%，他们选择此类养老方式的原因主要是花费少、自由度高。在调查中，通过与中老年群体的交谈发现，目前中老年人普遍不愿意拖累子女，不愿意给子女增加负担，有些老年人甚至愿意外出打工，依靠自己的劳动减轻子女的负担。详见图 3-2。

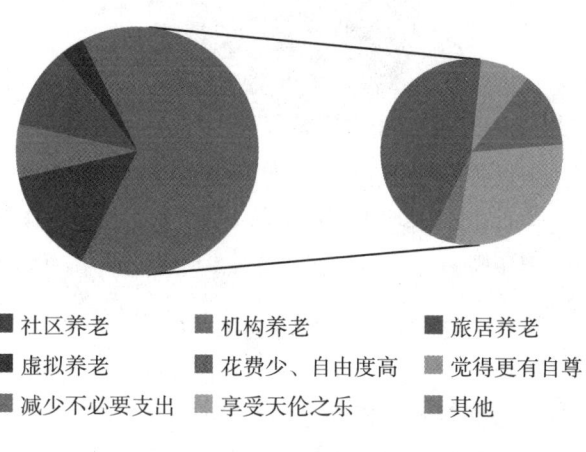

图 3-2 养老模式选择及居家养老原因分析

其次是社区养老，总共有 395 人，约占总人数的 13.99%。选择社区养老方式主要有两个原因：第一个原因是上门服务便利，选择该项的人数为 131 人，第二个原因是成本、花费低，选择该项人数为 120 人。详见图 3-3。

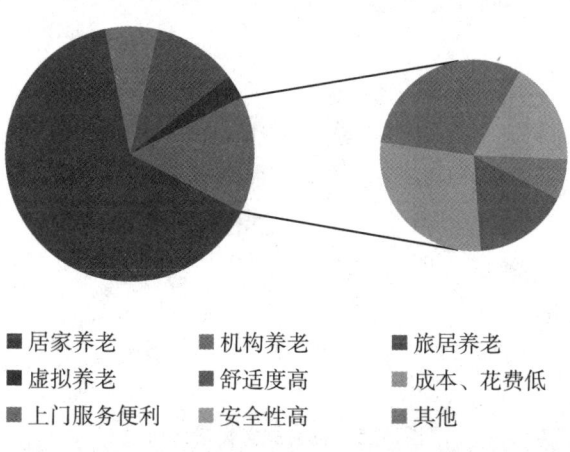

图 3-3 养老模式选择及社区养老原因分析

虚拟养老的选择人数较少，仅为 87 人，占比为 3.08%。选择该养老方式的人思想较为超前，选择这种方式主要为提高个人生活质量。详见图 3-4。

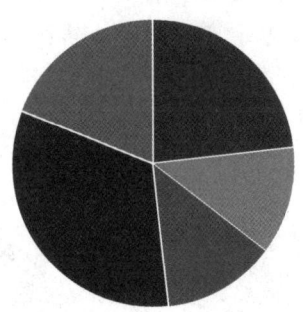

■ 减轻子女养老负担　　■ 降低政府养老成本
■ 可有效便捷地享用各种资源　　■ 提高个人生活质量
■ 其他

图 3-4　虚拟养老选择原因分析

3. 中老年人社会服务需求分析（见图 3-5）

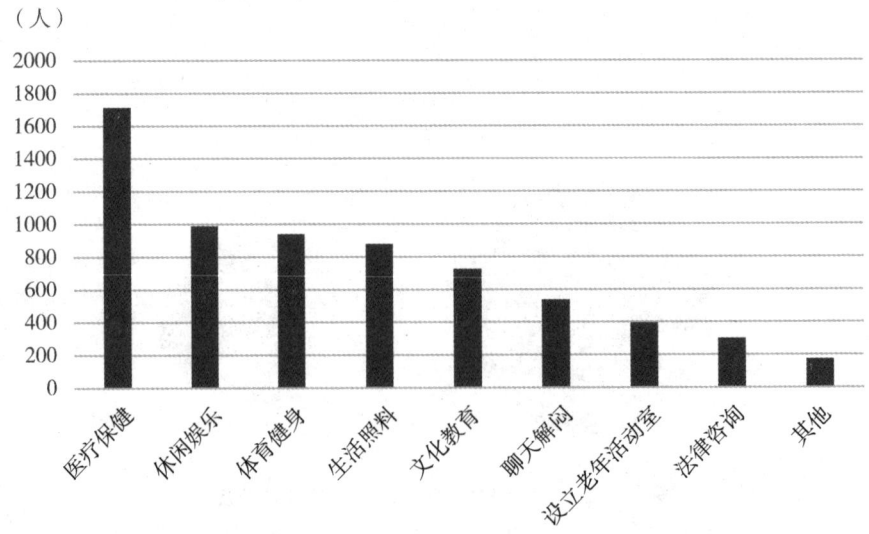

图 3-5　社会服务需求分析

在日常生活中，中老年人所需要的主要社会服务为医疗保健，选择该选项的人数为1715，占比约为25.77%，可见目前甘肃省针对中老年人的医疗保健服务有待提高，以满足中老年人需求；其次是体育健身和休闲娱乐，占比分别为14.14%、14.88%。中老年人是一支全新的生力军，随着中老年人生活水平的提高、消费能力的增强，目前社区中存在的中老年人所需娱乐活动设施不齐全、质量不高等问题已逐渐成为突出问题。

4. 对新兴养老模式的了解

目前相关专家和权威机构提出了许多新型养老模式与概念，本研究想了解甘肃省中老年人是否听说过一些相关的新型养老模式，主要针对集中半智能养老、虚拟养老、全智能养老的了解情况进行调查。智能养老的概念最早由英国生命信托基金会提出，该养老模式基于物联网技术，使老年人的日常生活处于远程监控状态；虚拟养老是指政府建立一个信息服务平台，按照老年人的需求提供相关服务。调查结果显示（见图3-6），大部分中老年人并没有听说过此类新型养老模式，只有少部分人听说过这三种养老模式，其中听过集中半智能养老、虚拟养老、全智能养老的人数分别为324、395、294人，占比分别为10.44%、12.73%、9.47%。

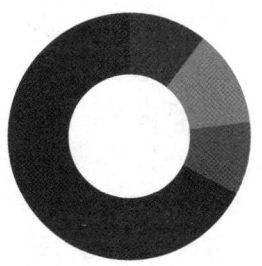

■集中半智能养老　■虚拟养老　■全智能养老　■都没有

图 3-6　新兴养老模式了解情况分析

5. 中老年人养老模式选择情况

（1）养老方式与从事的工作

中老年人当前从事的工作或退休前从事时间最长的工作，影响着中老年人养老模式的选择，根据表3-6统计结果可知，不同的工作对当前或未来养老模式的选择，存在着不同的影响。

表 3-6　　　　　　　　从事工作与养老模式选择情况统计

	居家养老（人）	比重（%）	社区养老（人）	比重（%）	机构养老（人）	比重（%）	旅居养老（人）	比重（%）	虚拟养老（人）	比重（%）	总计
企业人员	216	55.24	65	16.62	35	8.95	58	14.83	17	4.35	391
政府干部或职员	209	59.38	52	14.77	27	7.67	54	15.34	10	2.84	352
个体工商人员	201	59.29	60	17.70	26	7.67	42	12.39	10	2.95	339
农民	638	79.06	88	10.90	35	4.34	36	4.46	10	1.24	807
事业单位人员	313	57.22	77	14.08	49	8.96	83	15.17	25	4.57	547
其他	257	66.24	53	13.66	24	6.19	39	10.05	15	3.87	388

企业人员和农民在养老模式的选择上人数由多到少的顺序依次为"居家养老—社区养老—旅居养老—机构养老—虚拟养老",而任职政府干部或职员和事业单位人员的群体养老模式的选择排序依次为"居家养老—旅居养老—社区养老—机构养老—虚拟养老"。此外,居家养老在各个行业下的选择量均为最高,虚拟养老最低。农民群体选择居家养老的人数尤为突出,占该群体总数的79.06%。

(2) 养老方式与婚姻状况

中老年人的婚姻状况,影响着中老年人养老模式的选择,根据图3-7的分析结果可知,已婚群体和未婚群体在养老模式的选择上人数由多到少的顺序依次为"居家养老—社区养老—旅居养老—机构养老—虚拟养老";丧偶群体养老模式的选择排序为"居家养老—旅居养老—社区养老—机构养老—虚拟养老";离异群体养老模式的选择排序为"居家养老—旅居养老—机构养老—社区养老—虚拟养老"。居家养老的选择量在各个婚姻状态下均为最高,虚拟养老最低。

本部分利用对甘肃省中老年人的电话抽样调查数据,采用描述性统计分析的方法,对该地区中老年人的养老意愿和中老年人养老方式的选择进行了系统性分析。分析结果表明,由于花费和生活自由方面的影响,中老年人普遍选择居家养老方式,且多数人希望配偶提供日常生活照料;中老年人对于医疗保健的社会服务需求度较高;从事的工作岗位、婚姻状况对养老方式的选择有着一定的影响;调查显示对于目前兴起的新型养老模式,该地区大部分中老年人持不了解态度,但仍有部分中老年人会选择新型养老模式,选择虚拟养老模式的中老年人认为该养老模式可以提高个人生活质量。

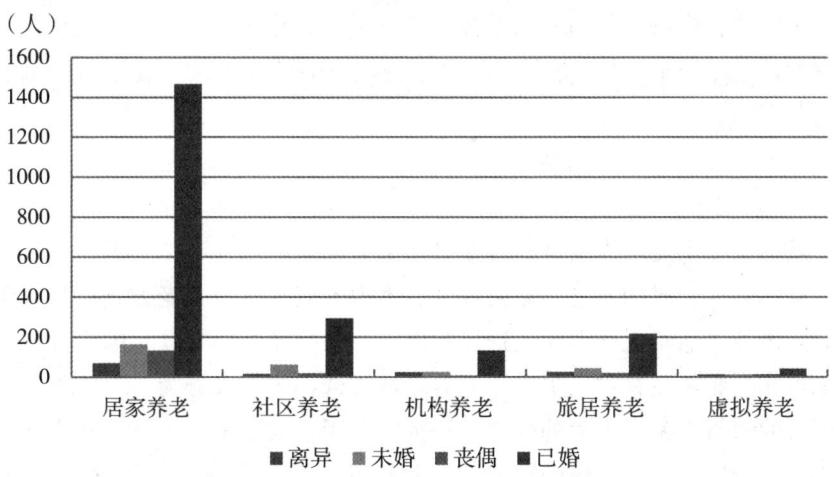

图 3-7 婚姻状况与养老模式选择情况分析

(四) 养老模式选择的逻辑回归模型

1. 模型方法

为了探索甘肃省中老年人养老模式选择的影响因素,首先需要看看数据类型,根据获得数据的观察可以看出,需要研究的因变量是一种分类变量,即居家养老、社区养老、机构养老、旅居养老、虚拟养老。根据经验而言,因变量和自变量之间,一般不具有线性关系,可以考虑一种非线性回归模型,逻辑回归模型。

设 P 为某个事件发生的概率,$1-P$ 为此事件不发生的概率,则 P 的取值范围为 $0\sim1$。在这样的情况下,对于 $P/1-P$ 这一比例取以 e 为底的自然对数,就可以实现对于 P 的逻辑回归(又作逻辑回归模型),可以记为 $LogitP$,$LogitP$ 的取值范围为 $(-\infty,+\infty)$,以 $LogitP$ 为因变量建立回归方程:

$$LogitP = \alpha + \beta_1 X_1 + \cdots + \beta_p X_p \quad \text{式 (3.1)}$$

变形之后,可以得到 P 和自变量的相关关系:

$$P = \frac{e^{(\alpha+\beta_1 X_1+\cdots+\beta_p X_p)}}{1+e^{(\alpha+\beta_1 X_1+\cdots+\beta_p X_p)}} = \frac{1}{1+e^{(\alpha+\beta_1 X_1+\cdots+\beta_p X_p)}} \quad \text{式 (3.2)}$$

其中:P 为事件发生的概率;r 为自然对数底数;α 为回归常数,意思是当所有自变量的取值全是零的时候,事件发生和不发生的概率比的自然对数值;β 为回归系数;X 为解释变量,即自变量,表示可能影响事件发生概率的各种因素。

一般情况下,当自变量的回归系数为正值时,意味着事件发生的概率和不发生的概率比值大于1,也就是说事件发生的概率增加,此项自变量对于因变量的影响为正向的,当自变量的回归系数为负值时,意味着事件发生的概率和不发生的概率的比值小于1,也就是说事件发生的概率降低,此项自变量对于因变量的影响为负向的。

2. 变量选取赋值与卡方检验

(1) 变量选取和赋值

变量的选取主要从因变量和自变量两个方面来进行。其中:因变量是指居家养老、社区养老、机构养老、旅居养老、虚拟养老这几个养老方式;自变量主要是影响甘肃省中老年人养老模式选择的因素。根据已有的文献和国内外的研究成果,把可能会影响到甘肃省中老年人养老模式选择的因素分为三个大类,分别是个人因素的变量、家庭因素的变量、经济状况因素的变量。个人因素变量包括性别、年龄、受教育程度、婚姻状况等几个方面;家庭因素的变量,主要包括中老年人的子女个数以及目前居住地的共同居住人口;经济状况因素的变量是指跟经济资源支持有关的变量,主要是指收入水平、收入来源两个方面。三个大类的变量总共包括八个因素,这些都作为可能会影响到因变量养老模式选择的自变量被纳入模型中。

这些变量中,个人因素变量里的性别、婚姻状况,经济状况因素里的收入来源,这几项变量都是分类变量;而个人因素里的年龄,经济状况因素里的收入水平,家庭因素里的中老年人的子女个数和目前居住地共同居住人口,这几个变量都属于连续变量。为了研究方便,在进行数据录入的时候,将其按照等距的原则,转换为分类变量进行分析。其中受教育程度变量属于定序变量,该变量在进行分析的时候,作为协变量进入回归模型。各个变量的赋值如表3-7所示:

表 3-7 变量赋值表

变量名称	赋值
性别	1=男,0=女
年龄	1=45~49岁,2=49~59岁,3=59~69岁,4=69~79岁,5=79岁及以上
受教育程度	1=初中及以下,2=高中(含中专、大专、技校),3=本科,4=硕士及以上
婚姻状况	1=有配偶,0=无配偶
子女个数	1=无子女,2=1~2个子女,3=3~4个子女,4=4个子女以上
共同居住人数	1=独居,2=2个,3=3个,4=4人及以上
收入水平(家庭人均月收入)	1=500元及以下,2=500~1000元,3=1000~2000元,4=2000元及以上
收入来源	1=靠自己,2=靠子女,3=靠社会和政府资助

(2) 卡方检验

卡方检验是一种利用实际观测到的频数与期望频数之间的差异来确定变量之间是否独立的检验方法。一般是利用四格表进行分析，首先是假设行变量和列变量之间是独立的，计算出期望频数，然后利用直接观测到的数据与期望频数之间的差异构建出一个卡方统计量，如果卡方统计量超过临界值，说明差异过大，假设不成立，即两个变量是不独立的。

在利用 SPSS 进行卡方检测时，一般除了看到卡方值之外，还会看到 P 值，P 值可以观测到显著水平。我们给定一个显著水平，然后根据 P 值的大小来做出决策，如果 P 值小于给定值，认为在原假设的情况下，统计量的实际观测值发生的可能性很小，通常情况下，一个概率十分小的事件是不太可能发生的，如果发生了，就说明原假设有问题，需要拒绝原假设，可以得出变量间不独立的结果，反之，则认为变量独立。下文中会利用卡方检验的结果来处理模型的自变量是否与因变量相关的问题，具体分析结果会随之显示。

3. 影响甘肃省中老年养老模式选择因素的列联表分析

(1) 个人因素

上文曾经提到过，影响甘肃省中老年养老模式选择的个人因素主要包括性别、年龄、文化水平和婚姻情况四个因素，本小节会分别对四个因素与中老年养老模式选择进行交叉的列联表分析，以确定互相之间的相关性情况，同时利用卡方检验分析各个因素和养老模式之间的独立性，以确定是否把该元素纳入回归方程。

如表 3-8 所示：女性选择居家养老模式的占到女性人数的 62.1%，选择社区养老的占到 14.2%，机构养老占到 7.3%，旅居养老占到 12.8%，虚拟养老占到 3.5%；男性选择居家养老的占到 67.4%，选择社区养老的占到 13.8%，选择机构养老的占到 6.6%，选择旅居养老的占到 9.5%，选择虚拟养老的占到 2.7%。这些选择与总人数选择的趋势大体相当，但还是可以看出，男性比女性更加偏向于居家养老，女性选择旅居养老和社区养老、机构养老、虚拟养老的比男性多。可能的原因是相比于男性而言，女性因为眼界开阔，更容易接受比较新的事物。性别因素与养老模式的皮尔逊卡方检验结果显示，卡方值为 11.972，P（P = 0.018）值小于 0.05，原假设不成立，拒绝原假设，说明性别与养老模式选择不独立，即二者相关，性别因素可以进入回归模型。

表 3-8　　　　　　　　　养老模式选择因素列联表

性别	频数与频率	居家养老	社区养老	机构养老	旅居养老	虚拟养老	合计
男	人数（人）	1014	207	99	143	41	1504
	百分比（%）	67.4	13.8	6.6	9.5	2.7	100.0
女	人数（人）	820	188	97	169	46	1320
	百分比（%）	62.1	14.2	7.3	12.8	3.5	100.0
合计	人数（人）	1834	395	196	312	87	2824
	百分比（%）	64.9	14.0	6.9	11.0	3.1	100.0

从表 3-9 中能够看出，45~49 岁的人群，选择居家养老的有 62.5%，49~59 岁的有 65.6%，59~69 岁的有 64.1%，69~79 岁的有 69.5%，70 岁以上的达到了 66.7%，可以明显看出，随着年龄的增加，选择居家养老的人群比例有上升的趋势；而选择社区养老和机构养老的人群比例则是随着年龄的增加逐渐下降；选择新型养老模式虚拟养老所占比例较小。可能的原因是随着年龄的增加，老年人凭借自己获得收入的水平下降，更加愿意选择居家养老，虚拟养老作为一种新型的养老模式，在甘肃省中老年人群中的普及率较低。年龄和养老模式选择的皮尔逊卡方检验得出的卡方值为 18.604，P（$P=0.029$）值小于 0.05，原假设不成立，拒绝原假设，年龄与养老模式选择不独立，年龄因素可以进入回归模型。

表 3-9　　　　　　甘肃省中老年年龄和养老模式选择交叉表

年龄	频数与频率	居家养老	社区养老	机构养老	旅居养老	虚拟养老	合计
45~49 岁	人数（人）	455	114	55	82	22	728
	百分比（%）	62.5	15.7	7.6	11.3	3.0	100.0
49~59 岁	人数（人）	531	112	57	83	27	810
	百分比（%）	65.6	13.8	7.0	10.2	3.3	100.0
59~69 岁	人数（人）	490	108	53	90	23	764
	百分比（%）	64.1	14.1	6.9	11.8	3.0	100.0
69~79 岁	人数（人）	242	45	24	31	6	348
	百分比（%）	69.5	12.9	6.9	8.9	1.7	100.0
79 岁以上	人数（人）	116	16	7	26	9	174
	百分比（%）	66.7	9.2	4.0	14.9	5.2	100.0
合计	人数（人）	1834	395	196	312	87	2824
	百分比（%）	64.9	14.0	6.9	11.0	3.1	100.0

第三章　养老模式选择及影响因素——来自甘肃省的调查研究

从表3-10中可以看出，文化水平越高，选择居家养老的比例越低，本科学历及以上的人群，选择居家养老模式的比率分别只有58.4%和44.4%，低于总数中的64.9%；而相对于居家养老模式而言，选择旅居养老和虚拟养老模式的人群比率随着文化水平的提高都有所提升，特别是虚拟养老。针对这一现象分析，一个可能的原因是随着文化水平的提高，人群接受新生事物的能力逐渐提升，受到传统的养儿防老理念的影响越少，除了居家养老之外，还愿意尝试一些新型的养老模式，如虚拟养老、旅居养老。文化水平与养老模式选择的皮尔逊卡方检验中卡方值为195.987，P（$P=0.000$）值小于0.05，原假设不成立，此项列入回归方程。

表3-10　　　甘肃省中老年受教育程度和养老模式选择交叉表

教育程度	频数与频率	居家养老	社区养老	机构养老	旅居养老	虚拟养老	合计
初中及以下	人数（人）	764	121	47	46	17	995
	百分比（%）	76.8	12.2	4.7	4.6	1.7	100.0
高中（含大专）	人数（人）	450	99	54	77	21	701
	百分比（%）	64.2	14.1	7.7	11.0	3.0	100.0
本科	人数（人）	497	143	69	115	27	851
	百分比（%）	58.4	16.8	8.1	13.5	3.2	100.0
硕士及以上	人数（人）	123	32	26	74	22	277
	百分比（%）	44.4	11.6	9.4	26.7	7.9	100.0
合计	人数（人）	1834	395	196	312	87	2824
	百分比（%）	64.9	14.0	6.9	11.0	3.1	100.0

表3-11显示，甘肃省中老年居民中有配偶的人群中有68.0%的人选择居家养老，13.6%的人选择社区养老，6.2%的人选择机构养老，10.1%的人选择旅居养老，2.0%的人选择虚拟养老；无配偶的人群中有55.0%的人选择家庭养老，6.4%的人选择虚拟养老。同时，婚姻情况因素和养老模式选择的皮尔逊卡方检验的卡方值为60.697，P（$P=0.000$）值小于0.05，原假设成立，说明婚姻情况与养老模式选择相互独立，把婚姻情况因素纳入回归方程。

（2）家庭因素

表3-12显示出了子女个数与甘肃省中老年居民选择养老模式的关系，其中无子女的选择居家养老的占50.0%，选择社区养老的占18.3%，选择机构养老的

占 9.6%，选择旅居养老的占 17.1%，选择虚拟养老的占 5.0%；而有 1~2 个子女的选择居家养老的占 65.7%。值得注意的是，有 3~4 个子女的选择居家养老的高达 70.1%；有 4 个以上子女的居民，选择居家养老的达到 66.7%，选择社区养老的占 8.3%，选择机构养老的只有 5.0%，选择旅居养老的有 14.6%，选择虚拟养老的只有 5.4%。可以很明显地看出，子女个数对于甘肃省中老年居民选择养老模式还是有很大的影响的。一个可能的原因是，有子女的老人在家庭里有依靠，更愿意选择居家养老，而无子女的在家庭中可能没有依靠，更青睐于依靠社区、机构或旅居养老。观察子女个数和养老模式选择的皮尔逊卡方检验可以看到，卡方值为 66.680，P（$P=0.000$）值小于 0.05，说明可以拒绝原假设，二者相关，可以把子女个数作为一个因变量纳入回归模型进一步论证。

表 3-11　　甘肃省中老年婚姻状况和养老模式选择交叉表

婚姻状况	频数与频率	居家养老	社区养老	机构养老	旅居养老	虚拟养老	合计
无配偶	人数（人）	368	101	62	95	43	669
	百分比（%）	55.0	15.1	9.3	14.2	6.4	100.0
有配偶	人数（人）	1466	294	134	217	44	2155
	百分比（%）	68.0	13.6	6.2	10.1	2.0	100.0
合计	人数（人）	1834	395	196	312	87	2824
	百分比（%）	64.9	14.0	6.9	11.0	3.1	100.0

表 3-12　　甘肃省中老年子女数量和养老模式选择交叉表

子女人数	频数与频率	居家养老	社区养老	机构养老	旅居养老	虚拟养老	合计
0 人	人数（人）	161	59	31	55	16	322
	百分比（%）	50.0	18.3	9.6	17.1	5.0	100.0
1~2 人	人数（人）	1087	237	118	178	34	1654
	百分比（%）	65.7	14.3	7.1	10.8	2.1	100.0
3~4 人	人数（人）	426	79	35	44	24	608
	百分比（%）	70.1	13.0	5.8	7.2	3.9	100.0
4 人以上	人数（人）	160	20	12	35	13	240
	百分比（%）	66.7	8.3	5.0	14.6	5.4	100.0
合计	人数（人）	1834	395	196	312	87	2824
	百分比（%）	64.9	14.0	6.9	11.0	3.1	100.0

表 3-13 显示出了共同居住人数与养老模式选择的关系,从中我们可以很明显地看出来,独居的人选择居家养老的比率为 59.6%,两人同居的选择居家养老的有 67.9%,3 人同居的有 60.8%,4 人及以上的为 66.7%。随着共同居住人数的增多,选择居家养老模式的人有增加的趋势。数据显示与一开始的假设基本相符,随着居住人数的增多,老人会越偏向于选择居家养老,可能的原因是,老年人在共同居住人口比较多的时候,更能感受到家庭的温暖,就更偏向选择居家养老。同时,从共同居住人数因素与养老模式选择的皮尔逊卡方检验中可以看到,卡方值为 40.557,P ($P=0.000$) 值小于 0.05,认为原假设不成立,拒绝原假设,得出共同居住人数与养老模式相关,可把此项因素作为因变量列入回归模型。

表 3-13 甘肃省中老年家庭居住人数和养老模式选择交叉表

居住人数	频数与频率	居家养老	社区养老	机构养老	旅居养老	虚拟养老	合计
独居	人数(人)	186	35	29	42	20	312
	百分比(%)	59.6	11.2	9.3	13.5	6.4	100.0%
2 人	人数(人)	573	105	50	99	17	844
	百分比(%)	67.9	12.4	5.9	11.7	2.0	100.0%
3 人	人数(人)	387	110	57	61	22	637
	百分比(%)	60.8	17.3	8.9	9.6	3.5	100.0%
4 人及以上	人数(人)	688	145	60	110	28	1031
	百分比(%)	66.7	14.1	5.8	10.7	2.7	100.0%
合计	人数(人)	1834	395	196	312	87	2824
	百分比(%)	64.9	14.0	6.9	11.0	3.1	100.0

(3) 经济状况因素

从表 3-14 中可以看出,家庭人均月收入水平处于 500 元以下的,有 78.6% 的人选择居家养老,10.5% 的人选择社区养老,5.7% 的人选择机构养老,3.7% 的人选择旅居养老,只有 1.4% 的人选择虚拟养老;而家庭人均月收入水平在 500~1000 元、1000~2000 元之间的两组人,选择居家养老的分别是 69.9%、64.8%;家庭人均月收入水平在 2000 元以上的,选择居家养老的人相对较少,但在该收入水平下选择居家养老的居民仍然占有较大比重。选择虚拟养老的为 3.1%,依然占有较小比例,一个可能的原因是家庭人均月收入在 500 元以下的样本数量较少,而选择到的样本中大部分人都比较偏向居家养老。而通过卡方检验可以看到卡方值为 91.475，P（P=0.000）值小于 0.05，所以拒绝原假设，说明收入水平与居民养老模式选择相关，可以把收入水平因素纳入回归模型进一步论证。

表 3-14　　甘肃省中老年家庭人均月收入和养老模式选择交叉表

人均月收入	频数与频率	居家养老	社区养老	机构养老	旅居养老	虚拟养老	合计
500 元及以下	人数（人）	276	37	20	13	5	351
	百分比（%）	78.6	10.5	5.7	3.7	1.4	100.0
500~1000 元	人数（人）	369	70	46	29	14	528
	百分比（%）	69.9	13.3	8.7	5.5	2.7	100.0
1000~2000 元	人数（人）	441	102	48	68	22	681
	百分比（%）	64.8	15.0	7.0	10.0	3.2	100.0
2000 元以上	人数（人）	748	186	82	202	46	1264
	百分比（%）	59.2	14.7	6.5	16.0	3.6	100.0
合计	人数（人）	1834	395	196	312	87	2824
	百分比（%）	64.9	14.0	6.9	11.0	3.1	100.0

从收入来源和养老模式选择交叉表中可以看出，收入来源主要靠自己工资或退休金的人群，有 65.5% 的人选择居家养老，而收入来源于子女的，选择居家养老的比率为 69.5%，来源于社会或者政府的，选择居家养老的比率为 57.8%，三者比率还是有一定差距的；而对于社区养老而言，来源于政府和社会的有 17.2% 的选择社区养老；旅居养老的人群中，经济来源于自己的选择该种养老方式的最多；选择虚拟养老的人群中，经济来源于社会和政府的人群占有较高的比例。

从交叉表可以明显地看出，收入来源对于甘肃省中老年居民选择养老模式有着很显著的影响，同时，我们又进一步观察了皮尔逊卡方检验中的卡方值，卡方值为 52.621，P（P=0.000）值小于 0.05，收入来源与养老模式选择不独立，把收入来源作为因变量纳入回归模型。

综上所述，在通过对于各个因素的列联表分析和皮尔逊卡方检验之后，我们共筛选出 8 个因素纳入回归模型。

4. 多元逻辑回归分析

（1）共线性诊断和拟合

逻辑回归分析要求各个自变量之间不存在共线性，在做回归分析之前，首先要进行共线性诊断。共线性诊断的主要指标有四个,分别是容忍度、方差膨胀因子、特征根和条件指数。容忍度越小,说明此项自变量能够更精确地被其他变量预测,共线性越严重,如果自变量的容忍度小于 0.1,那么自变量之间可能存在严重的共线性,而我们将本文所用的自变量进行检测之后,得出的所有容忍度都大于 0.1;方差膨胀因子是容忍度的倒数,本文所使用的几个自变量,方差膨胀因子都较小,最小的为 1.030,最大的为 1.114;特征根指标指出,如果有很多维度的特征根的值等于零,则可能存在比较严重的共线性,本文所用的变量的特征值都大于 0;条件指数,当有条件指数大于 30 时,说明存在多重共线性,而本文的变量的这一指标都小于 30。综上,所用的自变量不存在多重共线性。

在做好共线性检验之后,我们要看一下模型的整体质量,模型的质量要利用模型的拟合优度来进行衡量。

表 3-15 是模型拟合信息表,此表显示的是整个模型的拟合情况,是否显著,读取最后一列,显著性值 P ($P=0.000$) 小于 0.05,说明模型有统计意义,模型通过检验。

表 3-15　　　　　　　　　　　模型拟合信息表

模型	拟合标准	似然比检验		
	-2 倍对数似然值	卡方	df	显著水平
仅截距	4810.009			
最终	4418.733	391.276	72	0.000

表 3-16 是拟合优度表,说明模型能很好地拟合原始数据,最后一列皮尔逊卡方显著性值为 0.983,接近于 1,概率较大,原假设成立,说明模型对原始数据的拟合通过检验。

表 3-16　　　　　　　　　　　　拟合优度表

	卡方	df	显著水平
皮尔逊	6249.506	6096	0.983
偏差	3736.799	6096	1.000

(2) 逻辑回归分析

因为我们需要研究的因变量养老模式选择分为五类,所以在做回归分析时,选用了多项逻辑回归模型，多项逻辑回归模型在用 SPSS 进行分析时，需要选定参照组，一般都是选择具有代表性的且样本数量最多的作为参照组，在本文的研究中，因为居家养老模式的样本量最多，将其选做参照组，对社区养老、机构养老、旅居养老、虚拟养老四组模型进行分析。其中因变量里的性别、职业、婚姻状况等属于分类变量，直接进入因子变量，而年龄、受教育程度、收入水平、子女个数、共同居住人数等属于有序变量，进入协变量中进行统计分析。

从表 3-17 中可以看出，以居家养老为参照物，除了家庭因素下的共同居住人数对于选择旅居养老影响不显著，性别对于选择虚拟养老模式的影响较弱外，其余 6 个因素影响均显著。以居家养老为参照物，对于选择旅居养老影响比较显著的有受教育程度、月收入水平、性别、婚姻状况这四个因素；以居家养老为参照物，对于选择机构养老影响比较显著的是受教育程度、婚姻状况和在经济来源上靠自己、年龄四个因素；以居家养老为参照物，对于选择社区养老模式影响较为显著的因素有五个因素，分别是教育程度、子女人数、月收入水平、靠自己或靠子女。表 3-17 中的 B 代表自变量的偏回归系数，一般来说，该系数为正，说明自变量对于因变量有正的效应，该系数为负，代表自变量对于因变量有负的效应。Exp（B）是 OR 值，OR 既 odds ratio，是指比值比。odds 指某个事件发生的概率与不发生的概率之比，OR 就是指两个比值的比。一般情况下，逻辑回归中，OR 值=1，表示该自变量对于因变量不起作用；OR 值大于 1，表示该自变量对因变量起到正面作用；OR 值小于 1，表示该自变量对于因变量起到负面作用。

表 3-17　　　　　　　　　参数估计表

养老模式 a		B	标准误	Wald	显著水平	Exp（B）
虚拟养老 /居家养老	截距	-4.616	0.687	45.120	0.000	
	年龄	-0.204	0.102	3.979	0.046	0.815**
	受教育程度	0.671	0.120	31.016	0.000	1.955***
	子女人数	-0.882	0.135	4.360	0.037	1.326**
	居住人数	-0.126	0.107	1.386	0.239	0.881
	月收入水平	0.396	0.130	9.233	0.002	1.486***
	男	-0.383	0.228	2.812	0.094	0.682*
	无配偶	0.987	0.236	25.197	0.000	3.276***
	靠自己	-1.769	0.284	38.919	0.000	0.171***
	靠子女	-0.870	0.353	6.058	0.014	0.419**

续表

养老模式 a		B	标准误	Wald	显著水平	Exp（B）
旅居养老/居家养老	截距	-3.856	0.428	81.297	0.000	
	年龄	-0.004	0.058	0.006	0.939	0.996
	受教育程度	0.567	0.070	64.817	0.000	1.762***
	子女人数	-0.034	0.090	0.146	0.703	0.966
	居住人数	-0.076	0.063	1.466	0.226	0.927
	月收入水平	0.928	0.080	28.715	0.000	1.534***
	男	-0.411	0.128	10.319	0.001	0.663***
	无配偶	0.495	0.149	11.097	0.001	1.641***
	靠自己	-0.283	0.212	1.780	0.182	0.754
	靠子女	-0.166	0.268	0.383	0.536	0.847
机构养老/居家养老	截距	-1.742	0.465	14.008	0.000	
	年龄	-0.122	0.072	2.901	0.089	0.885*
	受教育程度	0.438	0.083	28.049	0.000	1.550***
	子女人数	-0.679	0.110	2.644	0.100	0.836*
	居住人数	-0.063	0.075	0.717	0.397	0.939
	月收入水平	-0.008	0.079	0.011	0.915	0.992
	男	-0.179	0.153	1.370	0.242	0.836
	无配偶	0.886	0.178	4.733	0.030	1.472**
	靠自己	-0.870	0.217	12.606	0.000	0.463***
	靠子女	-0.201	0.258	0.609	0.435	0.818
社区养老/居家养老	截距	-1.379	0.355	15.093	0.000	
	年龄	-0.069	0.053	1.684	0.194	0.933
	受教育程度	0.175	0.062	7.823	0.005	1.191***
	子女人数	-0.833	0.085	7.443	0.006	0.792***
	居住人数	0.089	0.057	2.483	0.115	1.093
	月收入水平	0.144	0.060	5.713	0.017	1.154**
	男	-0.007	0.113	0.898	0.343	0.899
	无配偶	0.216	0.139	2.421	0.120	1.241
	靠自己	-0.622	0.164	14.389	0.000	0.537***
	靠子女	-0.961	0.211	7.063	0.008	0.571***

注：a. 参考类别是：居家养老。b. 因为此参数冗余，所以将其设为零。c. ***表示<0.01，**表示<0.05，*表示<0.1

第一，就个人情况因素的影响而言，从参数估计表中可以看出，有无配偶，对于甘肃省中老年在进行虚拟养老与居家养老的选择上有明显的差异，偏回归系数为0.987，符号为正，说明相比较居家养老而言，无配偶的中老年更偏向于虚拟养老。可能的原因是相比有配偶的中老年人，无配偶的中老年人更需要必要的医疗保护、社会需求保障和情感呵护。虚拟养老作为一种新兴的养老模式，在受教育程度不同的情况下，甘肃省中老年居民在进行虚拟养老与居家养老的选择上，具有明显的差异，偏回归系数为0.671，符号为正，OR值为1.955，说明相比较居家养老而言，受教育程度越高的人更偏向于虚拟养老。可能的原因是受教育程度越高的人，思想一般都比较开明，对于新事物的获取能力比较强，同时他们的谋生能力较强，所以相对于受教育程度低的人，在比较虚拟养老和居家养老时，会更偏向虚拟养老。

在旅居养老和居家养老的比较中，性别、年龄、受教育程度、婚姻状况没有表现出显著性影响，不管是男性还是女性，不管受教育程度如何、不管有无配偶，他们在选择旅居养老和居家养老的时候，都具有一定的趋同性。

在机构养老与居家养老的比较中，就婚姻状况而言，偏回归系数为0.886，符号为正，OR值为1.472，显然无配偶的人相比居家养老而言，更青睐于机构养老，最可能的原因是机构养老让老年人能够找到很多年龄相仿的同龄人消遣娱乐，满足他们的精神寄托。从表中的性别因素可以看出，性别在机构养老和居家养老之间选择的影响不显著，同时我们又发现，社区养老与居家养老相比，也有着很相似的地方，偏回归系数为-0.007，也是不显著的。

第二，就经济情况因素而言，从参数估计表中可以看出，甘肃省中老年在旅居养老和居家养老的选择上会因为收入水平的不同而有着显著的差异，偏回归系数为0.928，即收入水平越高的人，相较于居家养老，更青睐于旅居养老。可能的原因是，经济上较为独立自由，有钱有闲的老年高端消费群体的增长，让他们更愿意选择这种身心健康的养老模式。

甘肃省中老年在虚拟养老和居家养老的选择上，经济来源依靠子女的中老年人更倾向于选择居家养老，其偏回归系数为-0.870，影响显著，原因可能是老年后经济不独立的老年人更加依赖子女，故更倾向选择在家中养老。

机构养老与居家养老，月收入水平对其影响不显著，偏回归系数为-0.008，可见，收入的高低不影响中老年人对机构养老与居家养老的选择。可能原因是，随着经济水平的提高，机构养老的费用并不是人们选择养老方式的首要因素。

从表3-17可见，经济来源依靠子女的中老年人，偏回归系数为-0.870，回归效果显著，他们更倾向于选择居家养老，这一结论也与在虚拟养老与居家养老的选择上的结论相符，说明在虚拟养老、机构养老、居家养老的选择上，经济来源依靠子女的更倾向于选择居家养老。

在社区养老和居家养老的选择上，月收入水平对其影响不显著；收入来源靠子女的中老年人，其偏回归系数为-0.961，影响显著，且收入来源靠子女的中老年人更倾向于选择居家养老，与前述结论相符。

第三，就家庭情况因素而言，分析参数估计表可得，对于虚拟养老和居家养老，子女人数对其影响显著，偏回归系数为-0.882，即子女人数不同，更倾向于选择的养老方式不同，分析原因可知，子女人数少的中老年人更担心在家养老会给子女带来较大的负担，他们更倾向于选择居家养老以外的其他养老方式。在旅居养老和居家养老的选择上，子女人数和居住人数对中老年人的影响均不显著。

对于机构养老和居家养老，子女人数对其影响显著，偏回归系数为-0.679，子女人数越多的，更倾向于选择居家养老，可见，子女越少的中老年人更倾向于选择居家养老。此外，对于社区养老和居家养老，子女人数对其影响显著，偏回归系数为-0.833，子女人数越多，更倾向于选择居家养老，子女人数越少，更倾向于选择选择社区养老，这也与上述结论相符。

（五）养老需求的影响因素总体分析

在进行总体分析之前，本项研究先对数据进行了标准化处理，为进一步了解各变量的可靠性和有效性做准备。对于通过因变量的可靠性检验克隆巴赫系数所筛选出的观察指标，进行验证性因子分析。最后将符合适配值要求的因变量带入结构方程模型进行拟合。具体流程如图3-8所示：

1. 变量的可靠性检验

先对量表部分的"经济保障需求""健康保障需求""情感保障需求"分别进行变量的可靠性检验，得到该变量的克隆巴赫系数。通过对比项总计统计量中的项已删除的克隆巴赫系数，删除部分指标之后，变量各指标的克隆巴赫系数会达到最大，其后删除任意一个指标时，系数再也不能有所提高，表明该变量的可靠性检验达到最优。根据各指标实际意义的重合性删除这些指标，其余指标用于建立结构方程的测量模型。最后结果如表3-18所示：

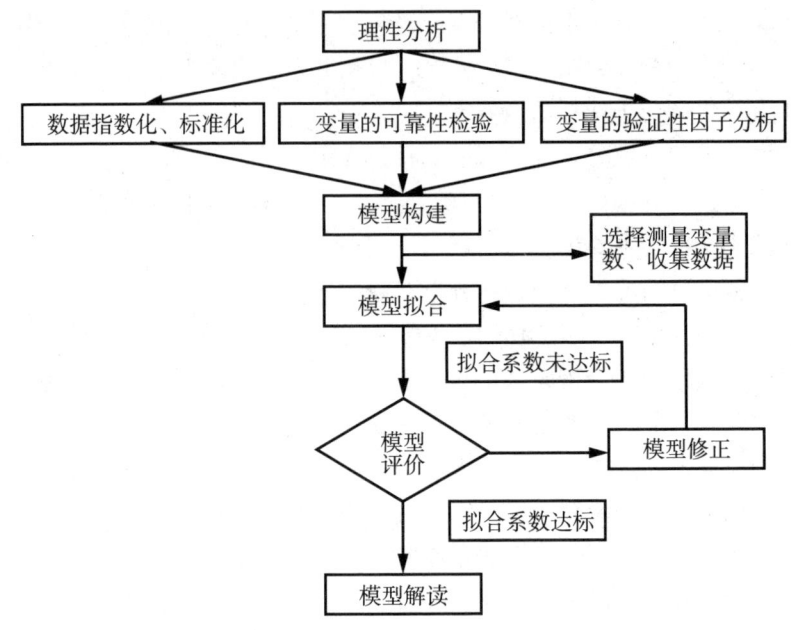

图 3-8　结构方程模型分析步骤图

表 3-18　α 系数与修正

变量	克隆巴赫系数	删除指标	删除指标后的克隆巴赫系数
经济保障需求	0.630	F6、F8	0.779
健康保障需求	0.644	H7	0.683
情感保障需求	0.700	S2、S6、S7、S8、S9	0.804

2. 变量的验证性因子分析

模型拟合一般从测量模型入手，分别拟合每一个变量，剔除路径系数（即因子载荷）过小、相关性过低、统计检验不显著和理论意义有重叠的指标；在每一个变量都达到较理想的拟合程度后，再考虑结构模型，对整体模型进行拟合。基于上述可靠性检验确定了数据的内部一致性，选取最后筛选出的变量和测量指标进行验证性因子分析。详见图 3-9、图 3-10、图 3-11。

第三章 养老模式选择及影响因素——来自甘肃省的调查研究

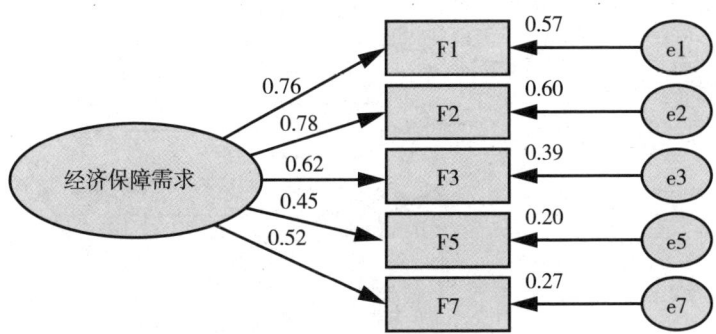

卡方值=60.142（p=0.000）自由度=5
GFI=0.992 RMSEA=0.063
CFI=0.984 AGFI=0.975
CN=520.000

图 3-9 经济保障需求验证性因子分析

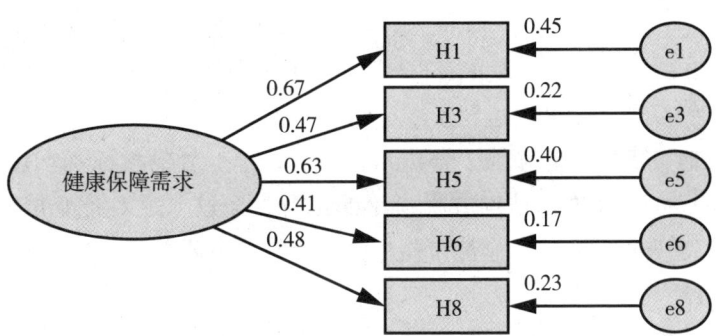

卡方值=26.978（p=0.000）自由度=5
GFI=0.996 RMSEA=0.039
CFI=0.988 AGFI=0.988
CN=1159.000

图 3-10 健康保障需求验证性因子分析

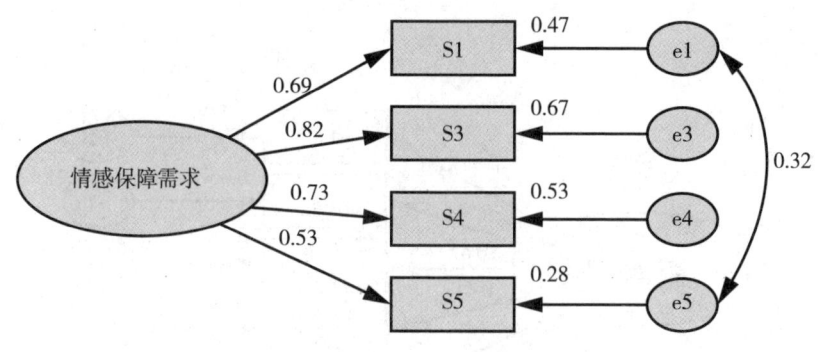

图3-11 情感保障需求验证性因子分析

模型检验结果显示：模型可以辨识收敛，标准化估计值模型图中没有出现负的误差方差，表示没有违反模型辨认规则，模型整体适配度卡方值均适配标准，GFI值符合大于0.900的适配标准，RMSEA值<0.080，符合理想标准，CFI值符合大于0.900的适配标准，AGFI符合大于0.900的适配标准，CN的值>200达到适配标准，所以上述变量均达到了适配标准。

综合考虑可靠性检验和因子分析结果以及每个变量的指标不宜过多等原则，筛选合适的指标变量进行结构方程模型的拟合。经过上述对各变量的拟合与调整，最终确定3个变量，14个测量指标，进行结构方程的拟合。

3. 结构模型的拟合

在对测量模型各变量进行拟合后，根据理论结构模型建立初始的结构方程模型再进行模型的拟合以及修正，最终建构的假设模型估计结果为：模型可以辨识收敛，标准化估计值模型图中没有出现负的误差方差，表示没有违反模型辨认规则。模型整体适配度卡方值为792.505（显著性值P=0.000<0.05），模型自由度为74，GFI值等于0.959（符合大于0.900的适配标准），RMSEA值等于0.059<0.080，符合理想标准，CFI值等于0.941（符合大于0.900的适配标准），AGFI值等于0.942（符合大于0.900的适配标准），CN的值为339>200达到适配标准。总体而言，最终模型基本达到了适配标准（见图3-12）。

第三章 养老模式选择及影响因素——来自甘肃省的调查研究

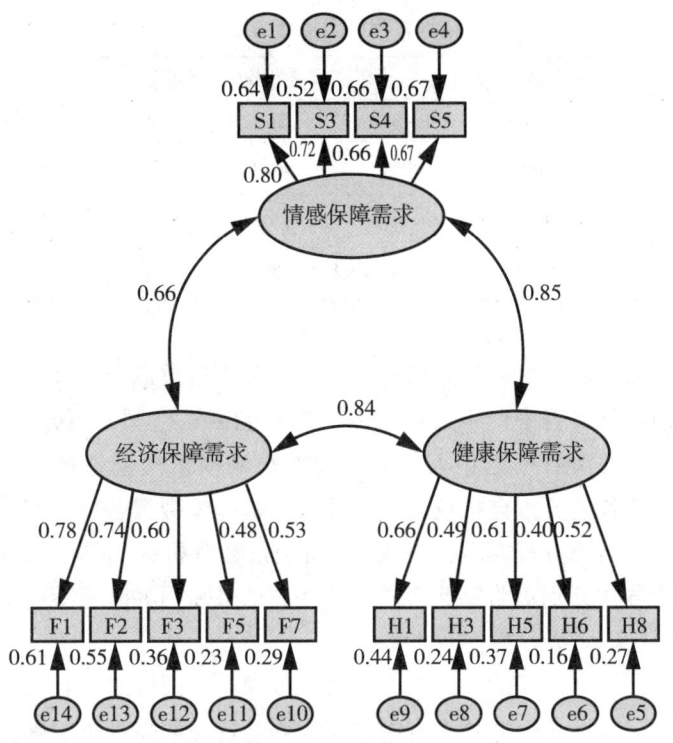

图 3-12 最终模型拟合图

4. 模型的评估

观察变量带入模型拟合，最终模型达到了适配标准。塔巴尼克（Tabachnick）与菲德尔（Fidell）认为适配良好的模型是样本协方差矩阵与估计总体协方差矩阵间的差异，当两者差异小或差异不显著时则假设模型的契合度良好。以下适配度替代测量值是很多学者使用的指标：GFI、CFI、RMSEA，GFI、CFI 适配值达到 0.9 以上是一个标准的适配，达到 0.95 以上则为良好适配；RMSEA 适配值介于 0.05 到 0.08 之间为标准适配，小于 0.05 为良好适配。由表 3-19 可知，模型的适配指数基本达到标准，模型与数据的契合度基本良好。

表 3-19　　　　　　　　结构方程模型拟合指数表

拟合指数	绝对适配度指数			比较适配度指数		简约适配度指数	
	卡方	GFI	RMSEA	TLI	CFI	PNFI	PGFI
标准	<3	>0.9	<0.06	>0.9	>0.9	>0.5	>0.5
拟合模型	792.505	0.959	0.059	0.928	0.941	0.761	0.676
拟合判断	是	是	是	是	是	是	是

本项调查通过验证性因子分析的方法，从基本参数拟合标准和整体模型拟合度两方面分别对甘肃省中老年人养老需求的影响因素模型的拟合情况进行检验。检验结果表明，甘肃省中老年人养老选择的影响因素模型基本符合参数拟合标准，并且模型的各主要拟合指数都较为理想，整体模型拟合得很好，概念模型结构较为合理。以结构方程模型软件 Amos 路径系数分析得出的结果为基础，通过统计显著性的方式分别对路径关系进行验证，结果表明各路径系数均显著。

（六）养老需求影响因素的对比分析

在上述总体拟合模型的基础上，为进一步探讨不同群组对甘肃省中老年人养老选择的影响因素，从而对甘肃省中老年人养老选择的需求影响因素模型进行优化，本研究选取了基本信息中的"性别"作为调节变量，通过对收集的数据在Amos21.0中进行多群组分析，对预设模型在不同群体之间的适配性进行评估，从而进一步做出对比分析，评价本次研究所提出的预设模型在不同群体之间是否相等或具有参数不变性，试图找出这四个变量分别对模型中各变量间是否存在显著影响，并得到最终优化后的模型，男性和女性群体的对比分析结果见图 3-13 和图 3-14。

在上述研究的基础上，本项研究分别对男性和女性进行结构方程的拟合，通过建构方程模型和模型的拟合以及修正，得到阅读行为影响因素。

通过对路径系数和非标准化路径系数显著性检验表的判断，得到经济保障需求、健康保障需求、情感保障需求均对男性的养老选择有显著性正向影响。其中经济保障需求和情感保障需求对男性养老选择的影响因素较大。这表明对于男性而言，养老选择受到物质生活状况、个人经济状况、情感需求、人际关系相处等方面的直接影响。

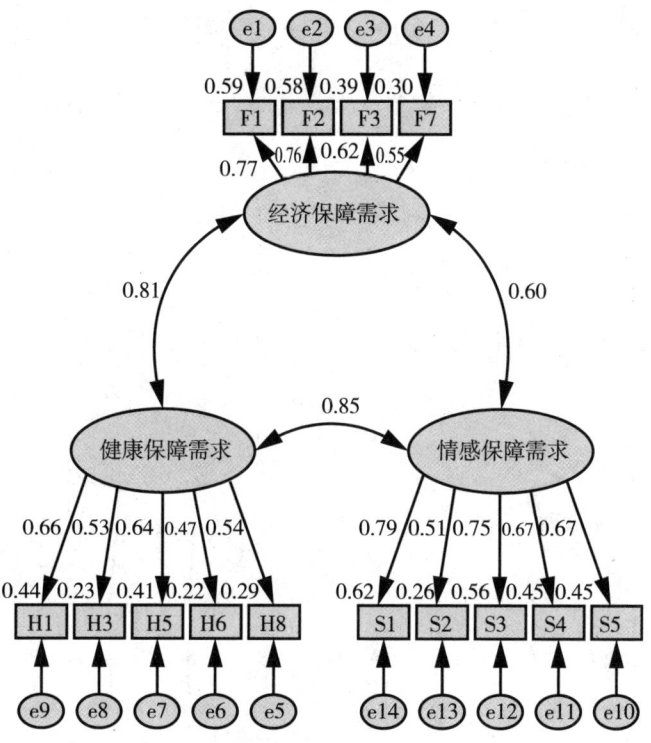

Standardized estimates
男性养老选择；模型：Default model
卡方值=559.099（p=0.000）自由度=74
GFI=0.943 RMSEA=0.066
CFI=0.931 AGFI=0.920
CN=256.000

图 3-13 男性群组模型拟合图

女性在经济保障需求、健康保障需求、情感保障需求方面均有显著性正向影响。其中情感保障需求对女性养老选择的影响因素较大，这表明对于女性而言，与家人相处融洽，以及与子女间的情感会对女性养老选择有显著的直接影响。

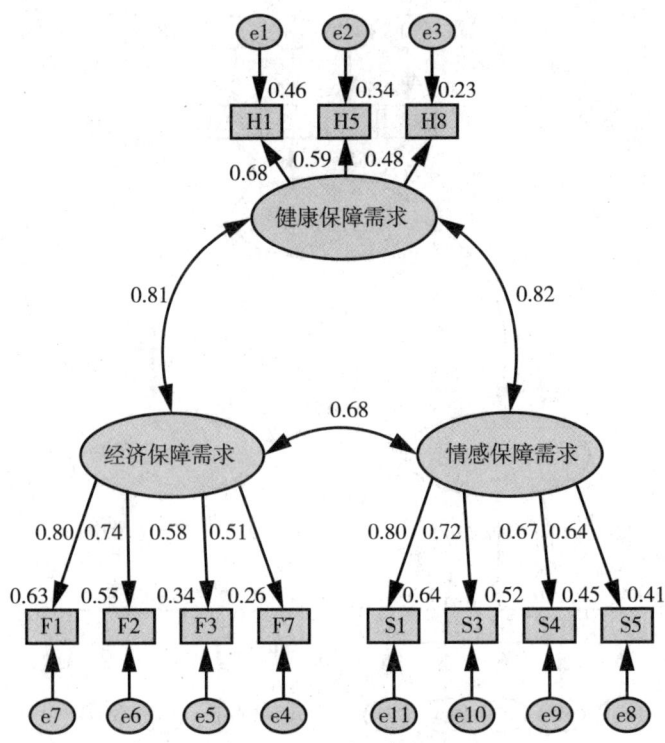

图 3-14 女性群组模型拟合图

由表 3-20 可以看出男性与女性在经济保障需求方面的影响因素相同，都会受到自己物质生活状况、每月收入、个人经济状况，以及医疗费用的影响；在健康保障需求方面，男性、女性都会受到自身健康状况、睡眠质量，以及办理医疗保险的影响，此外男性还会受到看病是否便利以及是否经常运动的影响；在情感保障需求方面，男性、女性均会受到家庭状况以及与子女相处情况的影响，而男性是否愿意与子女同住对其养老原则也对其有很大影响。

表 3-20　　　　　　　　显著性检验表

影响因素		男性		影响因素		女性	
		p-value	显著性			p-value	显著性
经济保障需求	F1	***	显著	经济保障需求	F1	***	显著
	F2	***	显著		F2	***	显著
	F3	***	显著		F3	***	显著
	F7	***	显著		F7	***	显著
健康保障需求	H1	***	显著	健康保障需求	H1	***	显著
	H3	***	显著		H5	***	显著
	H5	***	显著		H8	***	显著
	H6	***	显著				
	H8	***	显著				
情感保障需求	S1	***	显著	情感保障需求	S1	***	显著
	S2	***	显著		S3	***	显著
	S3	***	显著		S4	***	显著
	S4	***	显著		S5	***	显著
	S5	***	显著				

三、甘肃省中老年养老现状和改善建议

（一）甘肃省中老年养老现状

1. 甘肃省中老年人生活较为独立，社会医疗保健服务有待提高

通过对甘肃省中老年人希望谁来提供日常照料的描述性统计分析，进一步明确了甘肃省中老年人对养老所持的态度，从调查数据中我们可以看出，甘肃省中老年人普遍希望配偶提供日常生活照料，其次希望子女提供日常照料或是无须帮助，而仅有少部分中老年人选择希望其他亲属、邻里朋友、社会服务、保姆提供日常照料。

在日常生活中，甘肃省中老年人所需要的主要社会服务为医疗保健，可见目前甘肃省针对中老年人的医疗保健服务有待提高；其次为体育健身和休闲娱乐，

中老年人是一支全新的生力军，随着中老年人生活水平的提高，消费能力的增强，目前社区中存在的中老年人所需娱乐活动设施不齐全、质量不高等问题日益突出。

2. 居家养老为主要养老模式、新型养老模式普及度较低

对甘肃省中老年人的养老模式选择调查来看，甘肃省中老年人养老体系主要还是以居家养老为主、社区养老为辅。探寻大部分甘肃省中老年人选择居家养老方式的原因，我们发现选择此类养老方式的中老年人认为花费少、自由度高。调查中通过与中老年群体的交谈发现，目前中老年人普遍认为不愿意拖累子女，不愿意给子女增加负担，有些老年人甚至愿意继续外出打工，依靠自己的劳动减轻子女的负担。

尽管目前相关专家和权威机构提出了许多新型养老模式与概念，但通过对集中半智能养老、虚拟养老、全智能养老的了解情况进行调查后发现，大部分中老年人并没有听说过此类新型养老模式，只有少部分人听说过这三种养老模式，而会选择这三种养老模式的人数则更少，仅占总体的 3.08%。这表明甘肃省在新型养老模式的宣传普及方面相较于其他省份还处于落后水平，中老年人依旧更愿意选择传统的养老模式。

3. 不同特征的中老年人选择的养老模式有明显的差异

从回归分析的结果中，我们可以看到，在比较甘肃省中老年人关于各种养老方式的选择时，因为各个因素的影响，表现出较大的差异性。针对影响甘肃省中老年人养老模式选择的因素，根据回归分析的结果可以看到，性别、年龄、受教育程度、婚姻状况等个人因素，收入水平、收入来源等经济情况，子女个数、共同居住人数等家庭情况对于甘肃省中老年养老模式选择有比较显著的影响。其中，相对于居家养老而言，女性、年龄较小、文化水平较高、无配偶、收入水平较高、收入来源依靠政府或社会保险、子女人数较少的甘肃省中老年居民比较偏向虚拟养老；同时，与居家养老相比，文化水平高、女性、无配偶、收入水平高的人，更加偏向选择旅居养老；年龄小、受教育程度高、无配偶、收入水平低、收入来源依靠子女、子女人数较少的更加青睐机构养老；受教育程度高、女性、收入水平高、子女人数少、经济来源依靠政府或社会保险的中老年人更偏重于社区养老。

4. 情感保障需求成为首要关注的问题

本次调查中，通过对受访者进行养老需求影响因素的调查结果显示，情感保障问题是中老年人最为关注的问题，对于养老需求的直接影响最大。其中与家人

的相处是否融洽、对子女提供的照顾是否满意、子女不在身边会希望他们来探望、对自己处理的人际关系是否满意等因素更是影响情感需求的主要观察变量。这表明随着现在社会的快速发展，中老年人的养老需求已经不局限于经济保障和情感保障，而是更偏向于情感上的慰藉与保护。情感问题将会是未来中老年人养老需求的重点。

5. 男性在养老需求方面考虑的因素更多

对不同性别群组进行深度分析后，得出如下结论：影响男性养老需求的主要因素是经济保障需求和情感保障需求，而影响女性养老需求的主要因素则是情感保障需求。这表明在养老需求方面，影响男性养老需求的因素更多，男性会更多地考虑个人经济状况和物质生活是否满意、与周围其他老年人相比状况如何、自己的费用能否负担起日常医疗费用、与家人的相处是否融洽，以及是否愿意与子女同住。除此之外，在健康保障需求方面，男性考虑的因素要明显多于女性。说明就现在社会而言，男性更在意自己将来的养老环境、健康保健以及养老模式等方面的选择。

（二）甘肃省中老年养老现状改善建议

1. 居家养老模式为主，优化普及新型模式

如前文所说，以虚拟养老为例作为比较，甘肃省中老年人养老模式中，男性、年龄较大、文化水平较低、有配偶、收入水平较低、收入来源依靠自己或子女的、子女人数较多的甘肃省中老年居民比较偏向居家养老。但是其实应该看到，即使不具有这些特征的人群，也有很高的概率选择居家养老，居家养老在相当长一段时间内，应该还是甘肃省中老年养老模式的首要选择。出现这种现象的原因前文已经提到过，客观上是因为大部分老人收入水平普遍不高，无法支撑旅居养老、虚拟养老、社区养老等，而且待遇水平也都不足以让老年人应对老年人的需求，不管是经济支撑、生活照料还是精神慰藉，对于这些中老年人而言，只能选择居家养老模式；主观上是因为中老年人一直以来都受到中国儒家的孝道文化的影响，对于虚拟养老、旅居养老等新生事物的接受度不高，也不愿意在老年时期去养老院或者敬老院这样的机构去安度晚年，所以更加偏向居家养老。

在这样的形势之下，我们应该充分认识和关注到甘肃省中老年人的需求，不能激进地推行社会养老模式，而是应该在一定程度上继续坚持居家养老的主体地位。为了能够保持居家养老的主体地位，在政策制度上，要不断完善相关的法律法规，比如《婚姻法》《老年人权益保障法》等法律法规中涉及子女赡养的责任和义务的地方，要加强解释和宣传，让更多的人了解到孝道不仅仅是道德问题，

更是法律问题,也是子女应该承担的责任和义务,为居家养老的发展提供制度保障;在思想上,在中老年人群中要提倡孝道文化,将中华民族传统美德中的尊老、爱老、敬老的精神不断发扬和宣传,可以利用小型的宣传栏进行街道或村庄宣传,同时充分利用现代化的网络信息技能,通过电信资源发布各种敬老爱老的栏目,在充分宣传的同时,也可以考虑进行一定的物质奖励以表彰笃行孝道的人物,造成榜样效应。

2. 加大养老服务投入,完善养老服务体系

甘肃省作为西部欠发达地区养老模式多元化发展过程中投入不足是其发展完善的重要制约因素,尤其是社区居家养老模式及机构养老模式都需要不少资金投入,社区居家养老模式所需建设的必要配套设施,所需配套的医疗保健,日间照料护理专业人员的培训都需要不少资金投入,社会机构养老模式所需建设的养老院、敬老院、托老所、老年公寓等,所需的服务人员,所需的养老机构维持也都需要不少资金投入。因此,政府应首先在财政支出方面加大对多元化养老模式构建完善的投入,抓住当前财政资金支出更多向民生领域倾斜的契机,提高财政用于养老服务方面支出的比重。与此同时,积极引导民间资本,甚至外资进入养老服务产业,引导企业更多地担负社会责任,积极向社会养老机构进行捐赠,或者捐建社会机构养老设施,全方位加大养老服务投入,为完善多元化养老模式提供资金支持。

3. 重视养老服务培训,建立人才培养机制

根据相关资料显示,在我国老龄化背景下,以及养老模式多元化发展趋势下,我国养老服务人才也极其匮乏。调查结果显示,在日常生活中,甘肃省中老年人所需要的主要社会服务为医疗保健,占比约为25.77%,他们渴望得到更多的社会服务。与此同时,一些大中专院校培养的养老服务人才,也因为养老服务行业的待遇、编制、工作环境、提升机会等因素而最终大部分没有选择养老服务行业。

因此,应在全社会营造一种"爱老、敬老"的氛围,并培养青少年热爱老年事业。要建立立体式的养老服务人才培养机制,大量培养养老服务人才,借助本科院校及科研院所培养养老服务产业战略发展规划人才,借助高职院校培养养老服务产业管理服务人才,借助中职院校培养老年服务产业技术人才及护理人才。发展老年服务产业人才教育培训产业,加强对养老服务人才的短期技能培训,形成全方位、立体式的养老服务产业人才教育培训体系,为多元化养老模式完善提供人才支持。

4. 重视老人精神需求，加强老人情感慰藉

研究结果显示，当前甘肃省内中老年人对情感保障的需求尤为迫切。主要体现在中老年人大都选择居家养老作为自己的养老模式，他们认为此方式花费少、自由度高。而调查中通过与中老年群体的交谈发现，目前中老年人普遍不愿意与子女同住，主要是不愿意拖累子女，不愿意给子女增加负担，有些老年人甚至愿意继续外出打工，依靠自己的劳动减轻子女的负担。由此可见，尽管中老年人不需要子女刻意留在身边，但这并不意味着中老年人不需要情感慰藉。因为对于现代社会而言，人们对于经济方面的需求开始减少，相反受到传统的养儿防老文化的影响，子女对中老年人提供经济支持、生活照料和精神慰藉，确实是其养老需求的主要影响因素。所以从家庭角度而言，需要重视老年人的精神需求，多花时间去陪伴老人，营造融洽的家庭相处氛围；从社会角度而言，政府需要更多地关注中老年人生活、定期组织社会活动及专家咨询等方式与老年人进行必要的思想沟通排解其情感孤独和心理障碍，加强老人的情感慰藉。

5. 针对群体性别差异，按需提供照料服务

通过调查发现，男性和女性中老年人对于养老需求的影响因素也不尽相同。尽管男性和女性都会受到自己物质生活状况、自身健康状况、每月收入、睡眠质量、个人经济状况以及负担医疗费用、办理医疗保险等方面的影响，但男性还会受到看病是否便利以及是否能够经常运动的影响。这表明虽然基本生活保障和经济保障仍然是老年生活的核心因素，但政府应制定相关政策提高养老金水平，例如适当提高养老保险缴费水平、适当延迟退休年龄等。此外，政府和社会应该建立系统的补贴机制，按照生活困难程度划分不同的补贴档次，为经济困难的老年人提供相应水平的补助。

面对人口老龄化和家庭结构小型化的快速发展趋势，各地政府应规划构建老年照料服务体系，根据登记的老年人的性别和需求，将老年照料服务划分为不同档次，有针对性地满足中老年人的照料需求。

第二节 兰州市农村老年人对集体养老意愿的调查

一、调查方案设计

（一）调查方法

结构方程模型具有理论先验性。与传统的统计建模分析方法相比，结构方程模型具备更多的优点，如允许自变量含有测量误差；可同时处理多个因变量；可在一个模型中同时处理因素的测量关系和因素之间的结构关系；允许更具弹性的模型设定等。为此，采用抽样调查对农村老人集体养老模式选择意愿开展调查，采用结构方程模型分析方法分析其影响因素。本研究设计了 5 个潜变量（经济支持力、照料支持力、精神支持力、居家养老感受、集体养老选模式选择意愿）和 24 个观测变量（家庭收入额度、家庭收入稳定度、零花钱额度、日常开销剩余额度、饮食条件、饮食规律、作息规律、身体状况、睡眠质量、运动状况、与子女联系频率、子女关心度、婚姻状况、邻里关系、居住环境、交通情况、经济供养、开支状况、日常照料、舒适的居住环境、温馨的生活环境、便利的交通条件、文化娱乐服务、生活起居服务）。

（二）抽样调查基本步骤

第一阶段：从兰州市抽乡镇。

由于安宁区和城关区无乡镇，所以以兰州市的七里河区、西固区、红古区、永登县、榆中县、皋兰县为第一阶段抽样框，按分层随机抽样的方法，按照比例分配抽取每层的样本量。七里河区、西固区、红古区、永登县、榆中县、皋兰县入样乡镇数分别为 1、1、1、3、3、1，分别为彭家坪镇、金沟乡、平安镇、秦川镇、中川镇、龙泉寺镇、小康营乡、城关镇、定远镇、石川镇等 10 个乡镇，具体结果见表 3-21。

表 3-21　　　　　　　　　　抽样依据表

区、县名称	乡镇数	入样乡镇数
七里河区	6	1
西固区	6	1
红古区	4	1
永登县	18	3
榆中县	20	3
皋兰县	7	1
合计	61	10

第二阶段（等距抽样）：从乡镇抽村。

利用等距抽样从第一阶段中抽到的初级单元中抽取二级单元，对初级单元采用无关标志排队，对抽取的乡镇中的村数进行编号，然后确定一个随机起点，进行抽样，抽取 11 个村：浪街村、杨家咀村、岗子村、石门沟、中川社区、赖家坡村、龙泉村、深沟村、陈家庄村、城关村、定远村。

第三阶段（整群抽样）：抽选具体的样本。

将第二阶段抽到的 11 个村看成 11 个群，考虑到调查对象是乡村老年人的特殊性，并结合实际的地理位置和调查费用，在可操作化的基础上，具体选择了榆中县定远镇的定远村和永登县龙泉寺镇的龙泉村为两个样本群，对两个村内"在兰州市农村生活的 60 岁及以上的老年人"实施全面调查。

根据杜子芳的经验方法，有效样本量达到 400 及以上时，对百万及亿万总体都具有较好的代表性，因此，此次调查发放问卷 485 份，收回 440 份，有效问卷为 423 份，问卷有效率为 87.22%。

调查实施时间为 2019 年 4 月 25 日至 5 月 20 日，调查方法为上门面访和街头拦截式访问。

二、调查结果分析

（一）被调查者基本信息分析

1. 样本的性别比例适中（见图 3-15）

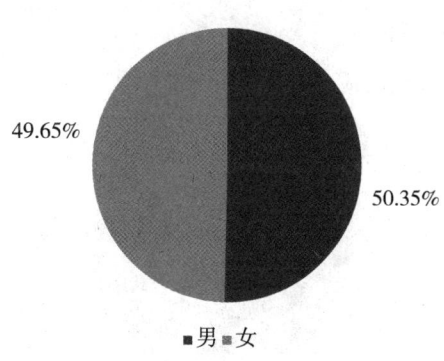

图 3-15 性别比例

通过对兰州市农村老人养老模式的调查，性别分布如图 3-15 所示，男性占比为 50.35%，女性占比为 49.65%，性别差异不大。

2. 样本年龄主要集中在 65~74 岁（见图 3-16）

通过对农村老年人的调查，年龄分布如图 3-16 所示，年龄在 60~64 岁的占 17.26%，在 65~69 岁的占 27.66%，有 37.35% 的老人在 70~74 岁，75 岁及以上的老人约占 18%。由此发现，农村老人的年龄大多都在 70~74 岁。

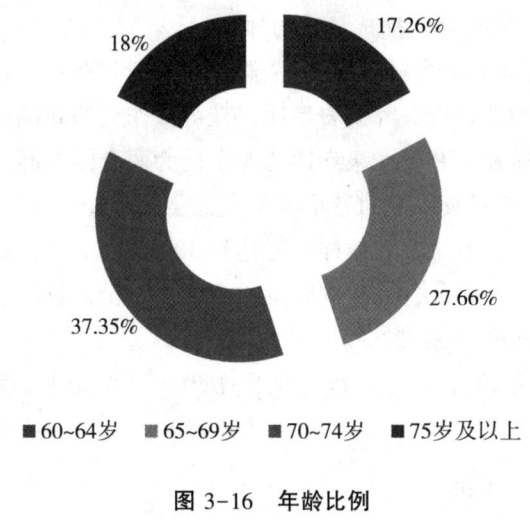

图 3-16　年龄比例

3. 农村老年人大多有 2~4 个子女（见图 3-17）

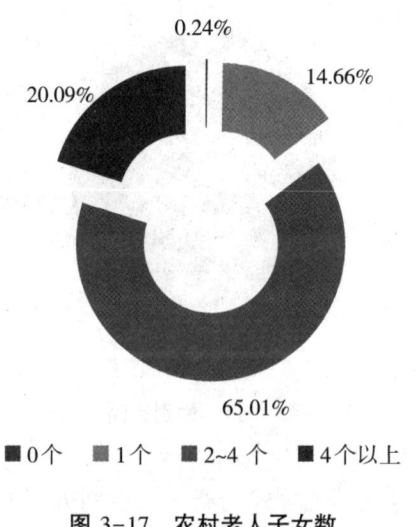

图 3-17　农村老人子女数

中国传统的生育观点大致为三条：早婚早育、多子多福、重男轻女。以多育为核心的传统生育观念长期以来支配着中国普通民众的生育行为，对中国传统社会的各个方面都产生了重大影响。如图3-17所示，没有子女的老人占0.24%，14.66%的老人有一个子女，65.01%的老人有2~4个子女，20.09%的老人有4个以上的子女。由此发现，农村老人多数有2~4个子女。

4. 大多数农村老人的经济来源为子女赡养（见表3-22）

表3-22　　　　　　　　农村老人主要生活经济来源表

		回应		观察值（%）
		人数（人）	比重（%）	
当前生活经济主要来源	退休金	60	7.7	14.3
	房屋租金	45	5.8	10.7
	子女赡养	312	40.2	74.3
	老伴供养	159	20.5	37.9
	低保	90	11.6	21.4
	仍然工作	16	2.1	3.8
	政府有关福利补助	94	12.1	22.4
统计		776	100.0	184.8

由表3-22知，有40.2%的老人生活经济来源为子女赡养。这一结果表明，农村老人没有固定的经济来源，所以在养老花费方面大多数老人只能听从子女的安排。

5. 家庭耕地面积大多有6~10亩

在中国人的眼中，有着不同于西方的深厚的土地情怀。大多数农民认为有地才踏实。由图3-18知，有41.37%的家庭的耕地面积在6~10亩之间，而家里没有耕地的家庭占10.4%，家庭耕地面积达到11亩以上的占21.99%。26.24%的家庭耕地面积在1~5亩之间。由此得知，大多数农村家庭耕地面积有6~10亩。

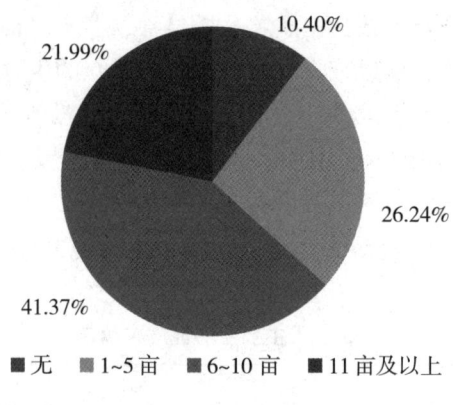

图 3-18 耕地面积

6. 打工是农村家庭收入的主要来源（见图 3-19）

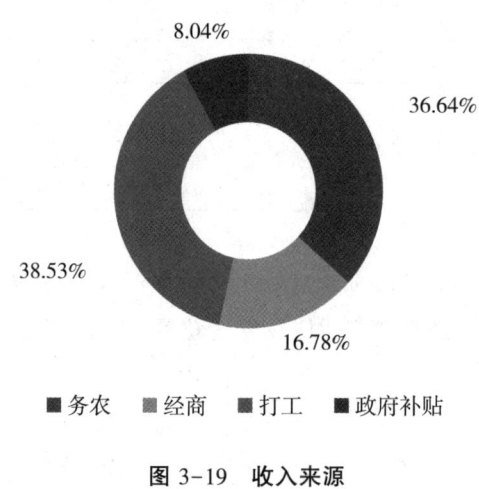

图 3-19 收入来源

甘肃农村生态环境较为恶劣，水资源匮乏，传统农业发展相对缓慢，农村家庭中的大部分青壮年外出打工谋生，这使得打工收入成为大部分农村家庭收入的主要来源。农村家庭主要收入来源的调查结果如图 3-19 所示，38.53%农村家庭主要收入来源于打工，36.64%的农村家庭以务农为主要收入来源，有 16.78%农村家庭以经商作为家庭收入主要来源，仅有 8.04%的农村家庭以政府补贴作为家庭收入主要来源。

7. 农村大多家庭年收入在 1~2 万元（见图 3-20）

如图 3-20 所示的家庭年收入比例，年收入在 1 万元以下的占 13.48%，在 1 万~2 万元的占 30.73%，在 2 万~5 万元的占 28.13%，在 5 万~10 万元的占 16.08%，在 10 万元以上的占 11.58%。

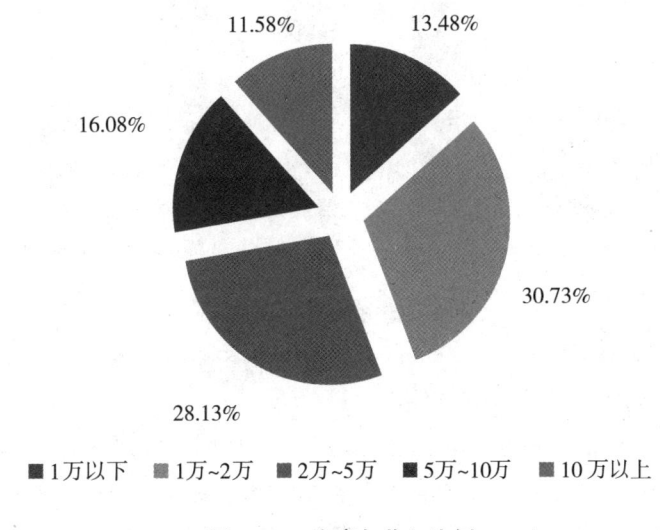

图 3-20　家庭年收入比例

（二）生活环境分析

1. 大多数老人对现居住地交通比较满意

如图 3-21 所示，在对居住地附近交通便利满意度的调查中发现，有 29.79% 的人对现居住地交通便利感到满意，8.98% 的人对居住地交通情况感到非常满意，30.73% 的人对交通便利感到一般，大体来说，多数农村老人对居住地交通便利度还是满意的。其原因主要有以下两点：其一，农村老人很少外出，即使外出他们也不会留心关注道路状况；其二，甘肃省农村公路建设取得成功，人们即便生活在农村，若有外出需要也有公交车可以乘坐。感到不满意与极不满意的人数分别占 23.40%，7.09%，说明有 30% 左右的人出行不方便，因此，农村公路建设还需不断推进。

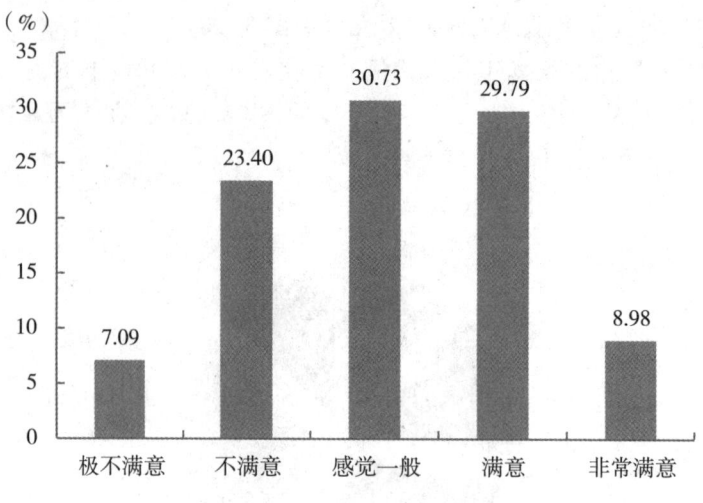

图 3-21　交通便利满意度

2. 大部分老年人认为购物方便

在对居住地附近购物方便满意度的调查中，如图 3-22 所示，有 29.55% 的被调查者认为满意，有 10.64% 的被调查者认为非常满意，极不满意的人数仅占 9.22%。据了解，居住地附近总有分散的或集中的购物便利店，大大方便了人们日常购物，因此大部分人持满意态度。

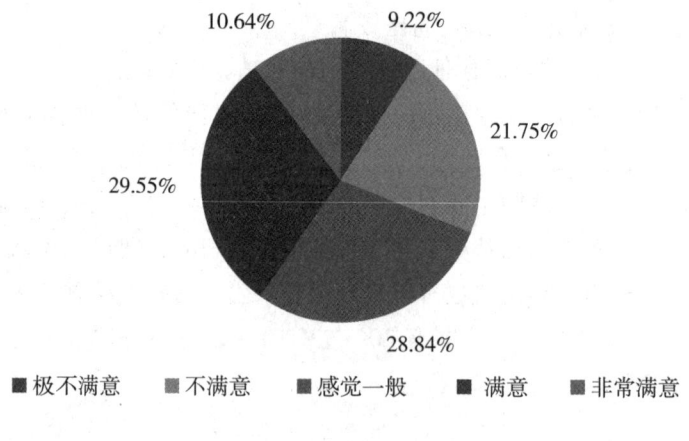

图 3-22　购物便利满意度

3. 近一半老年人对居住地卫生环境感到满意

如图 3-23 所示，在对居住地周边卫生环境满意度的调查中，有 40.90% 的人感到满意，6.86% 的人感到非常满意，37.35% 的人对周边居住环境感觉一般，13.48% 的人不满意居住地的环境，1.42% 的人对居住地环境感到极不满意。说明大部分老人对居住地卫生环境感到满意，愿意接受现居住环境。

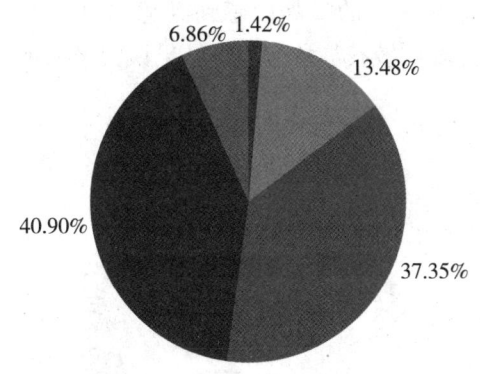

图 3-23　卫生环境满意度

4. 对空气质量感到满意的老人占比达 60% 以上

如图 3-24 所示，在对空气质量满意度的调查中，有 51.54% 的被调查者对空气质量感到满意，13.95% 的农村老人对空气质量感到非常满意，对空气质量不满意与极不满意的老人占比不到 10%。这表明，农村空气质量状况总体比较好，适合老人们生存。

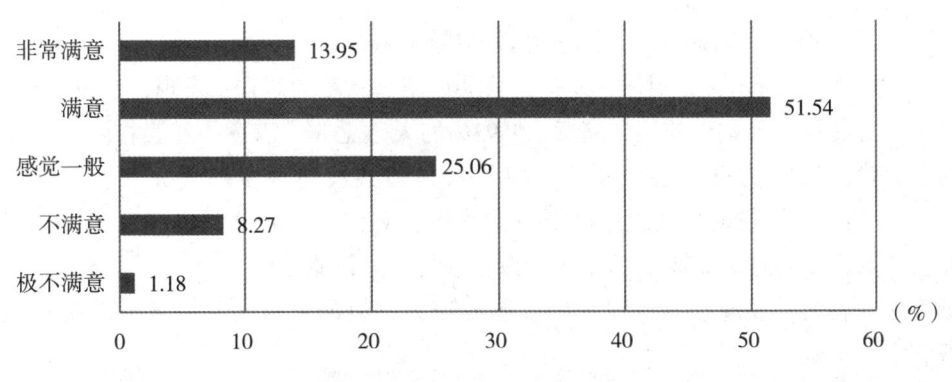

图 3-24　空气质量满意度

5. 60%以上老人对居住地的安静程度表示满意

如图3-25所示,在对居住地周边安静程度的满意度调查中,有40.43%的老人表示满意,20.33%的老人感到非常满意,28.37%的老人对周边安静程度感到一般。对安静程度不满意的老人占9.22%,极不满意的老人仅占1.65%。农村没有高楼大厦、钢筋水泥和车水马龙的嘈杂声,与城镇相比,农村更宁静、惬意,所以大多数农村老人对居住地的安静度感到满意,而考虑到老人身体及精神状况,老人们的居住地是要比较安静的,分析结果说明老人现居住地还是比较适合老人居住的。

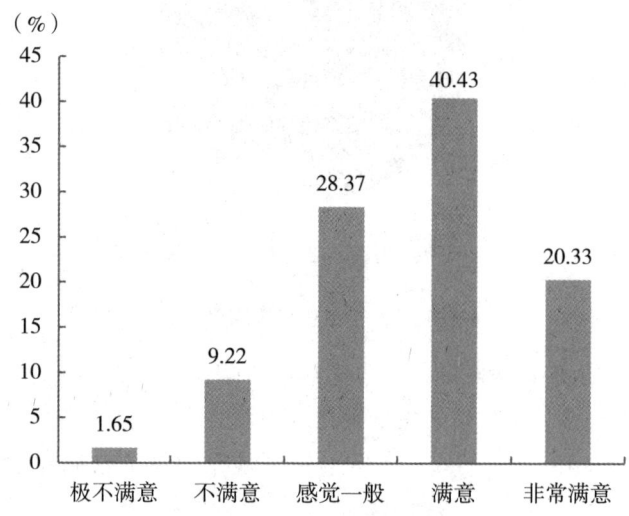

图3-25 安静程度满意度

6. 大部分老人对居住地周边公共设施感到一般

如图3-26所示,在对居住地周边公共设施满意度的调查中发现,有30.26%的人对居住地的公共设施感到满意,9.93%的人感觉非常满意。随着甘肃省对农村公共设施改善力度的逐渐增大,使得农村公共设施逐步趋于完善。但仍有37.83%的人对居住地公共设施状况感到一般,对公共设施感到不满意和极不满意的人数占比超过了20%,这是因为改善农村公共设施建设不是一蹴而就的,不断完善农村公共设施需要大量时间,部分较为偏僻的乡村公共设施还需进一步改善。

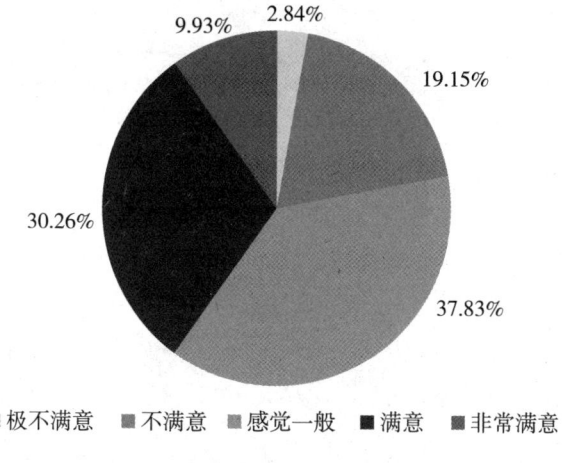

图 3-26 公共设施满意度

(三) 医疗状况分析

1. 多数农村老人认为居住地医疗设施有待提高

由于甘肃省农村经济基础薄弱,卫生资源有限,医疗卫生人才短缺,农民收入水平较低,地方财政支持十分有限,医疗卫生整体现状不容乐观。如图 3-27 所示,在对居住地周边医疗设施满意度的调查中,24.35%的人认为满意,6.62%的人认为非常满意,可见农村现有医疗设施可以基本满足人们日常医疗需求。但有部分老人患有常见的老年病,需要长期服药控制病情,定期去医院检查,现有的农村医疗资源不足以满足老人的就医需求,所以 41.37%的老人对居住地医疗条件感到一般,23.40%的人不满意居住地的医疗条件,甚至有 4.26%的人极不满意居住地医疗条件。所以,政府还应加大对乡镇医疗设施的建设力度,方便当地村民"看小病"。

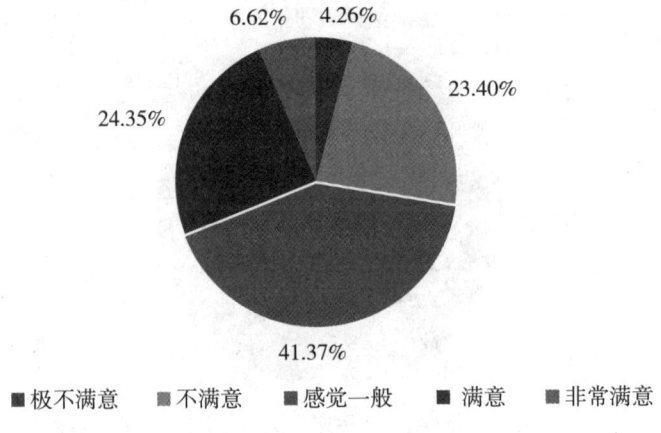

图 3-27 医疗状况满意度

2. "小病不去大病去"是大多数农村老人的就医观念

农村老人生病就医情况分布如图 3-28 所示,超过一半的农村老人的就医观点是小病忍一忍,大病才去医院救治。这是因为,大多数农村老人不舍得花钱看病,他们普遍认为一些小病小痛不值得花钱,能省则省。有 20.09% 的老人在生病时,不论大病小病都不去医院。生活在农村的老人思想落后,文化水平低,有些农村老人相信所谓的"偏方治大病"的说法,当自己生病时,会选择用所谓的民间偏方给自己"治病"。仅有 17.97% 的农村老人会每年定期去医院检查。结果表明,农村老人的就医观念有待提高。由于大多数农村老人的经济来源为子女赡养,因怕给自己的子女增加经济负担,这使得他们即使生病了,也不愿意去正规医院及时就医。

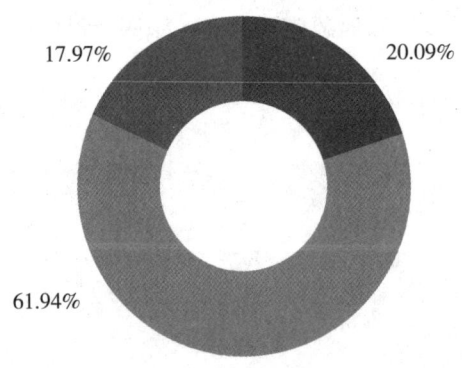

图 3-28 生病去医院的情况

第三章 养老模式选择及影响因素——来自甘肃省的调查研究

3. 大部分农村老人的年医疗费用在 1000~3000 元以上

如图 3-29 所示,农村老人年医疗费用在 1000 元以下占 15.37%,1000~2000 元之间占 37.83%,2000~3000 元之间占 36.41%,3000 元以上占比最少,仅有 10.40%。因为有医保政策,可以看出农村老人的年医疗费用不是很高,一般农村家庭可以负担得起。

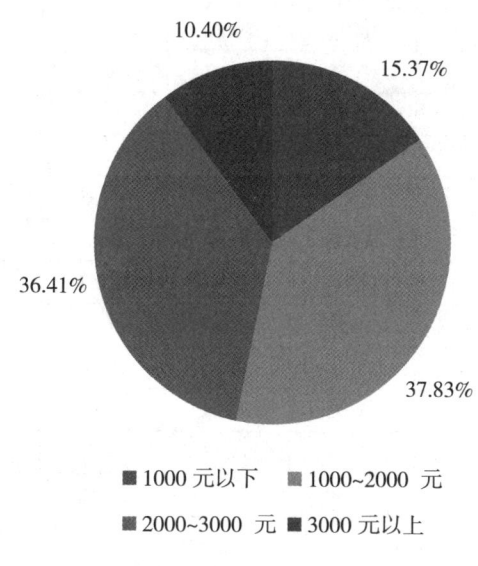

图 3-29 年医疗费用分布图

4. 75 岁及以上老年人每年医疗费用在 3000 元以上的男性比女性居多

由表 3-23 可见,男性与女性年医疗费用 2000 元以下的人数占比最多的是 60~64 岁人群;男性与女性年医疗费用 3000 元以上的人数占比最多的是 75 及以上岁人群。说明高龄老年人生病的概率大,花销也较多。

表 3-23　　　　　年龄＊年医疗费用＊性别交叉列联表（%）

性别			年医疗费用（元/人）				合计
			1000 以下	1000~2000	2000~3000	3000 以上	
男	年龄（岁）	60~64	23.53	44.12	20.59	11.76	15.96
		65~69	16.67	42.59	37.04	3.70	25.35
		70~74	18.39	36.78	31.04	13.79	40.85
		75 及以上	18.42	34.22	23.68	23.68	17.84
	合计		18.78	38.97	29.58	12.68	100.00
女	年龄（岁）	60~64	17.95	43.59	20.51	17.95	18.57
		65~69	14.29	28.57	47.62	9.52	30.00
		70~74	8.45	38.03	40.85	12.68	33.81
		75 及以上	8.11	40.54	37.84	13.51	17.62
	合计		11.90	36.67	38.57	12.86	100.00
合计	年龄（岁）	60~64	20.55	43.84	20.55	15.07	17.26
		65~69	15.38	35.04	42.74	6.84	27.66
		70~74	13.93	37.34	35.44	13.29	37.35
		75 及以上	13.33	37.33	30.67	18.67	17.73
	合计		14.49	39.96	33.42	12.13	100.00

卡方测试结果见表3-24所示，男性与女性的卡方测试结果分别为：0.0282、0.030，均小于显著性水平0.05，因此男性、女性年医疗费用与年龄有显著性差异。总体卡方的概率值为0.0088，小于显著性水平0.05，因此年医疗费用与年龄、性别有显著性差异。

表 3-24　　　　　年龄＊年医疗费用＊性别卡方测试

性别		数值	df	渐进显著性（双侧）
男	皮尔逊卡方	10.911[b]	9	0.0282
	概似比	11.540	9	0.241
	线性和线性组合	2.711	1	0.100
	有效观察个数	213		

续表

性别		数值	df	渐进显著性（双侧）
女	皮尔逊卡方	10.559c	9	0.0307
	概似比	11.131	9	0.267
	线性和线性组合	1.017	1	0.313
	有效观察个数	210		
合计	皮尔逊卡方	15.090a	9	0.0088
	概似比	15.805	9	0.071
	线性和线性组合	3.174	1	0.075
	有效观察个数	423		

5. 60~69岁老年人每年定期去医院检查的人数女性比男性居多

表3-25表明，男性与女性生病大病小病都不去医院的人数占比最多的是70~74岁人群，而每年定期去医院检查的人数占比最多的是69岁以下人群，说明刚步入老年的人群更注重身体的健康状况，而大多数老人都不太重视大病，只有小病才去医院。

表3-25　年龄＊生病是否去医院＊性别交叉列表（%）

性别			生病是否去医院			合计
			大病小病都不去	小病不去大病去	每年定期去医院检查	
男	年龄	60~64	8.82	73.53	17.65	15.96
		65~69	18.52	62.96	18.52	25.35
		70~74	27.59	62.07	10.34	40.85
		75及以上	15.79	63.16	21.05	17.84
	合计		20.19	64.32	15.49	100.00
女	年龄	60~64	28.21	46.15	25.64	18.57
		65~69	7.94	63.49	28.57	30.00
		70~74	25.35	63.38	11.27	33.81
		75及以上	21.62	59.46	18.92	17.62
	合计		20.00	59.52	20.48	100.00

续表

性别		生病是否去医院			合计
		大病小病都不去	小病不去大病去	每年定期去医院检查	
合计	年龄 60~64	19.18	58.90	21.92	17.26
	65~69	12.82	63.25	23.93	27.66
	70~74	26.58	62.66	10.76	37.35
	75 及以上	18.67	61.33	20.00	17.73
	合计	20.09	61.94	17.97	100.00

如表 3-26 所示，卡方检验结果：男性的卡方检验结果为 0.225，大于显著性水平 0.05，因此男性生病是否去医院的情况与年龄无明显关系；女性的卡方检验结果为 0.030，小于显著性水平 0.05，因此女性生病去医院的情况与年龄有显著性差异；总的卡方检验结果为 0.026，小于显著性水平 0.05，因此调查对象生病去医院的情况与性别和年龄均有显著性差异。

表 3-26　　　　年龄 * 生病是否去医院 * 性别卡方测试

性别		数值	df	渐进显著性（双侧）
男	皮尔逊卡方	8.180b	6	0.225
	概似比	8.634	6	0.195
	线性和线性组合	0.909	1	0.340
	有效观察值个数	213		
女	皮尔逊卡方	13.986c	6	0.030
	概似比	15.539	6	0.016
	线性和线性组合	1.592	1	0.207
	有效观察值个数	210		
总计	皮尔逊卡方	14.347a	6	0.026
	概似比	15.007	6	0.020
	线性和线性组合	2.621	1	0.105
	有效观察值个数	423		

（四）养老选择偏好分析

1. 60~64 岁人群愿意在养老方面投入资金 1000 元以下男性占比多于女性

由表 3-27 可知,男性与女性愿意在养老方面投入的资金 1000 元以下人数占比最多是 60~64 岁人群,愿意投入的资金在 3000 元以上的人数占比最小的也是 60~64 岁人群,占比为 0,这表明刚步入老年的老人都不太愿意在养老方面投入过多资金。

表 3-27　年龄 * 愿意在养老方面投入的资金 * 性别交叉列表(%)

性别			愿意在养老方面投入的资金				合计
			1000 元以下	1000~2000 元	2000~3000 元	3000 元以上	
男	年龄	60~64 岁	70.59	20.59	8.82	0.00	15.96
		65~69	59.26	31.48	5.56	3.70	25.35
		70~74 岁	44.83	42.53	10.34	2.30	40.85
		75 岁及以上	52.63	26.32	10.53	10.52	17.84
	合计		53.99	33.33	8.92	3.76	100.00
女	年龄	60~64 岁	43.59	43.59	12.82	0.00	18.57
		65~69	49.20	38.10	7.94	4.76	30.00
		70~74 岁	53.52	42.25	2.82	1.41	33.81
		75 岁及以上	54.05	29.73	10.81	5.41	17.62
	合计		50.48	39.05	7.61	2.86	100.00
合计	年龄	60~64 岁	56.16	32.88	10.96	0.00	17.26
		65~69 岁	53.85	35.04	6.84	4.27	27.66
		70~74 岁	48.73	42.41	6.96	1.90	37.35
		75 岁及以上	53.33	28.00	10.67	8.00	17.73
	合计		52.25	36.17	8.27	3.31	100.00

如表 3-28 所示,卡方检验结果分析:男性与女性卡方的概率值分别为:0.084、0.423 均大于显著性水平 0.05,所以男性、女性愿意在养老方面投入的资金与年龄无显著性差异,总体卡方的概率值为 0.107,大于显著性水平 0.05,所以调查对象愿意在养老方面投入的资金与年龄和性别无显著性差异。

表 3-28　　　　　　　　　　　卡方测试

性别		数值	df	渐进显著性（双侧）
男	皮尔逊卡方	15.260[b]	9	0.084
	概似比	15.220	9	0.085
	线性和线性组合	6.030	1	0.014
	有效观察值个数	213		
女	皮尔逊卡方	9.155[c]	9	0.423
	概似比	10.549	9	0.308
	线性和线性组合	0.384	1	0.536
	有效观察值个数	210		
合计	皮尔逊卡方	14.459[a]	9	0.107
	概似比	15.565	9	0.077
	线性和线性组合	1.798	1	0.180
	有效观察值个数	423		

2. 60~64 岁人群不愿意接受集体养老模式的女性占比多于男性

由表 3-29 可知，男性与女性愿意接受集体养老模式占比最多的是 75 岁及以上人群，不愿意接受集体养老模式占比最多的是 60~64 岁人群，这表明老年人群不愿意过早地去过集体生活。

表 3-29　　　年龄 * 是否愿意接受集体养老模式 * 性别卡方测试

性别			是否愿意接受集体养老模式			合计
			愿意	不愿意	缺失值	
男	年龄	60~64 岁	38.24	58.82	1	15.96
		65~69 岁	24.07	75.93	0	25.35
		70~74 岁	33.33	65.52	1	40.85
		75 岁及以上	34.21	65.79	0	17.84
	合计		31.92	67.14	2	100.00
女	年龄	60~64 岁	25.64	74.36	0	18.66
		65~69 岁	28.10	61.90	1	30.14
		70~74 岁	41.43	57.14	1	33.50
		75 岁及以上	51.35	48.65	0	17.70
	合计		38.76	60.29	2	100.00

第三章 养老模式选择及影响因素——来自甘肃省的调查研究

续表

性别			是否愿意接受集体养老模式			合计
			愿意	不愿意	缺失值	
合计	年龄	60~64 岁	29.51	69.12	1	17.30
		65~69 岁	26.77	64.38	1	27.73
		70~74 岁	36.94	61.78	2	37.20
		75 岁及以上	42.67	57.33	0	17.77
	合计		35.31	63.74	4	100.00

表 3-30 表明,卡方检验表明男性、女性、总体的卡方概率值分别为：0.550、0.334、0.624 均大于显著性水平 0.05,因此,男性、女性分别在不同年龄下接受集体养老模式的情况并无显著性差异,且不同性别下不同年龄的调查对象接受集体养老模式的情况无显著性差异。

表 3-30 年龄 * 是否愿意接受集体养老模式 * 性别交叉列表（%）

性别		数值	df	渐进显著性（双侧）
男	皮尔逊卡方	4.955b	6	0.550
	概似比	5.347	6	0.500
	线性和线性组合	0.090	1	0.764
	有效观察个数	213		
女	皮尔逊卡方	6.863c	6	0.334
	概似比	7.590	6	0.270
	线性和线性组合	5.099	1	0.024
	有效观察个数	209		
合计	皮尔逊卡方	4.388a	6	0.624
	概似比	5.040	6	0.539
	线性和线性组合	3.157	1	0.076
	有效观察个数	422		

3. 居家养老成为被访者最主要的选择方式

如图 3-30 所示,通过对农村老人更倾向于哪种养老模式的调查发现,69.27% 的老人倾向于居家养老,26.24% 的老人倾向于农村集体养老,倾向于机构养老和租房入养老院养老分别占2.60%和1.89%。由此得出,农村老人更倾向于居家养老。而多数老人选择居家养老的原因是,传统的观念和地方风俗习惯让他们觉得"金窝银窝不如自己的草窝"。熟悉的生活环境和社交人群等,也是他们选择居家养老的一个原因。老年人选择居家养老,精神需求、物质需求以及心理需求上给予足够的安全感,在提高生活质量的同时,又可以减少不必要的支出,还可以使老人感受到家庭和社区的熟悉氛围。这些原因都促使老人们更倾向于居家养老。

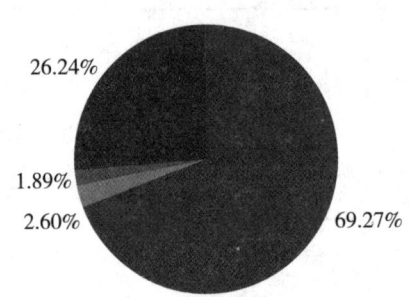

图 3-30 养老选择偏好分布图

三、集体养老模式选择意愿的多变量多关系分析

(一) 数据降维处理

因子分析的核心是用较少的互相独立的因子反映原有变量的绝大部分信息。可以将这一思想用数学模型来表示。设原有变量 $x_1, x_2, x_3, \cdots, x_p$,且每个变量(经标准化处理后)的均值为0,标准差为1。现将每个原有变量用$k(k<p)$个因子 $f_1, f_2, f_3, \cdots, f_k$(标准化值)的线性组合来表示,则有

$$\begin{cases} x_1 = a_{11}f_1 + a_{12}f_2 + a_{13}f_3 + \cdots + a_{1k}f_k + \varepsilon_1 \\ x_2 = a_{21}f_1 + a_{22}f_2 + a_{23}f_3 + \cdots + a_{2k}f_k + \varepsilon_2 \\ x_3 = a_{31}f_1 + a_{32}f_2 + a_{33}f_3 + \cdots + a_{3k}f_k + \varepsilon_3 \\ \vdots \\ x_p = a_{p1}f_1 + a_{p2}f_2 + a_{p3}f_3 + \cdots + a_{pk}f_k + \varepsilon_p \end{cases} \quad 式(3.3)$$

式(3.3)为因子分析数学模型。

下面使用SPSS进行巴特莱特球度检验和KMO检验,判断因子分析的条件是

否满足，如表 3-31 所示。

表 3-31　　　　　　　　　KMO 与巴特莱特检验

KMO 取样适切性量数		0.892
巴特莱特球度检验	近似卡方	5162.23
	自由度	300
	显著性	0

巴特莱特球度检验统计量的观测值为 5162.253，相应的概率 P 值接近 0。取显著性水平 $\alpha = 0.05$，由于概率 P 值小于显著性水平 α，则认为相关系数矩阵与单位矩阵有显著差异。同时，KMO 值为 0.892，根据 Kaiser 给出的 KMO 度量标准可知原有变量适合进行因子分析。

根据原有变量相关系数矩阵采用主成分分析法提取因子，并重新解释因子。

由表 3-32 可知，家庭收入额度、家庭收入稳定度、零花钱额度、日常开销剩余额度、饮食条件，在第 1 个因子上有较高的载荷，第 1 个因子主要解释了这几个变量，可解释为经济支持力；饮食规律、作息规律、身体状况、睡眠质量、运动状况，在第 2 个因子上有较高的载荷，第 2 个因子主要解释了这几个变量，可解释为照料支持力；与子女联系频率、子女关心度、婚姻状况、邻里关系，在第 3 个因子上有较高的载荷，第 3 个因子主要解释了这几个变量，可解释为精神支持力；居住环境、交通条件、经济供养、开支状况、日常照料，在第 4 个因子上有较高的载荷，第 4 个因子主要解释了这几个变量，可解释为现养老体验；舒适的居住环境、温馨的生活环境、便利的交通条件、文化娱乐服务、生活起居服务，在第 5 个因子上有较高的载荷，第 5 个因子主要解释了这几个变量，可解释为集体养老选择意愿。

表 3-32　　　　　　　　　　旋转元件矩阵

	1	2	3	4	5
家庭收入额度	0.211	0.824	0.116	0.069	0.022
家庭收入稳定度	0.330	0.820	0.122	0.025	-0.045
零花钱额度	0.129	0.753	0.125	0.182	0.217
日常开销剩余额度	0.365	0.742	0.050	0.126	0.171
饮食条件	0.151	0.678	0.183	0.202	0.004

续表

	1	2	3	4	5
饮食规律	0.134	0.219	0.762	0.241	0.087
作息规律	0.138	0.133	0.826	0.208	0.040
身体状况	0.160	0.091	0.744	0.127	0.282
睡眠质量	0.165	0.084	0.776	0.251	0.265
运动状况	0.399	0.130	0.608	0.063	0.201
与子女联系频率	0.120	0.197	0.086	0.749	0.073
子女关心度	0.064	0.307	0.075	0.684	0.083
婚姻状况	0.000	0.032	0.172	0.733	0.237
邻里关系	-0.069	-0.051	0.201	0.695	0.078
居住环境	0.794	0.181	0.216	0.058	0.172
交通	0.803	0.180	0.253	0.025	0.166
经济供养	0.834	0.271	0.165	-0.038	0.081
开支状况	0.820	0.301	0.112	-0.066	0.083
日常照料	0.687	0.184	0.068	0.116	-0.229
舒适的居住环境	0.106	0.024	0.124	0.057	0.742
温馨的生活环境	0.130	-0.015	0.123	0.016	0.824
便利的交通条件	-0.010	0.093	0.146	0.158	0.732
文化娱乐服务	0.112	0.122	0.185	0.162	0.644
生活起居服务	-0.100	0.068	0.057	0.256	0.578

(二) 构建集体养老模式选择意愿模型

1. 模型设定

全体变量的验证性因子分析模型是由外生潜变量（经济支持力、照料支持力、精神支持力）、内生潜变量（现养老体验、养老选择偏好）构成。

农村老年人对集体养老模式选择意愿模型如图 3-31 所示。

模型的拟合：根据农村老年人养老选择偏好影响因素理论结构模型（见图 3-31）建立初始的结构方程模型进行模型的拟合，初始构建的假设模型估计结果为模型可以辨识收敛。具体模型适配度指标中，卡方（Chi-square）为 842.499（显著性 p 值=0.000<0.05），模型自由度为 242，卡方自由度比值（CMIN/DF）为 3.481（未符合小于 3.00 的理想标准），GFI 值等于 0.813（未符合大于 0.90 的适配标准），RMSEA 值等于 0.084（未符合小于 0.08 的适配标准），CFI 值等

于 0.873（未符合大于 0.90 的适配标准），PNFI 值、PGFI 值均大于 0.50（符合大于 0.50 的适配标准）。整体而言，假设模型与样本数据的契合度不佳，需要对模型进行修正。

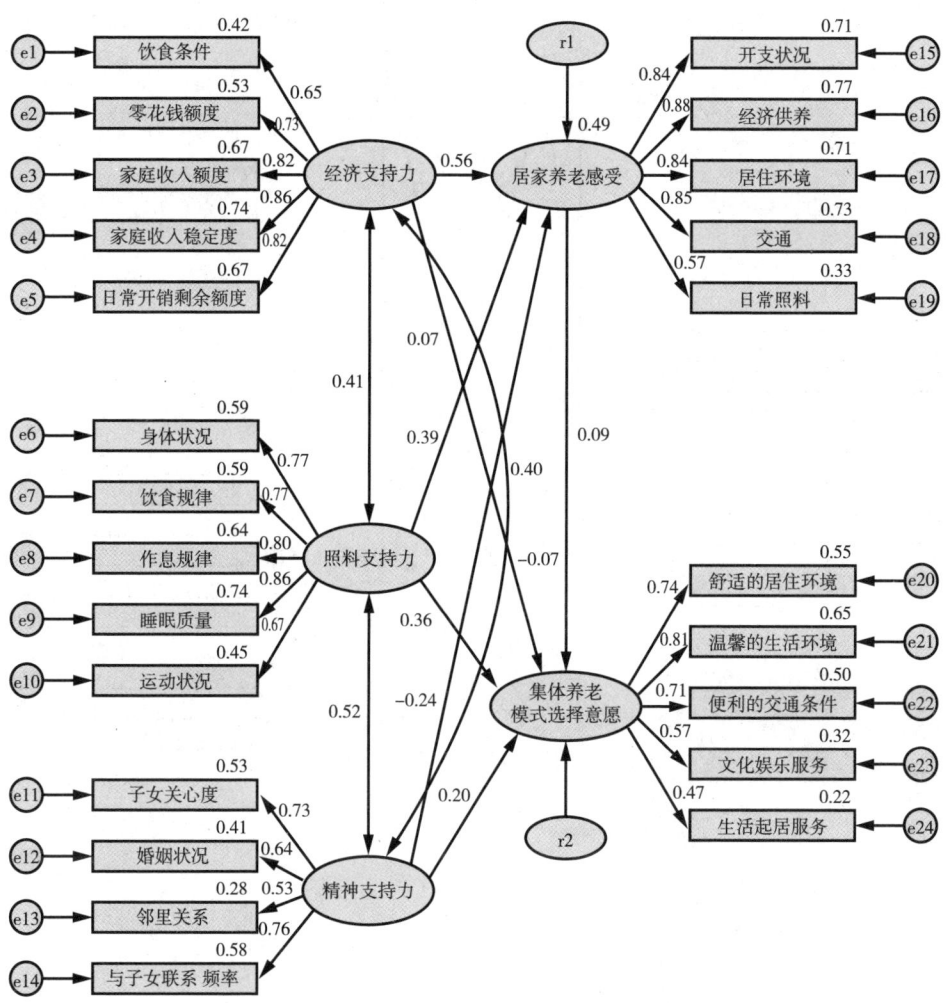

图 3-31　第一次拟合模型图

2. 模型修正

当假设模型进行参数估计后，发现假设理论模型与观察数据适配度不佳时，研究者可以对模型进行适当修正，如图 3-32 所示，修正的目的在于模型适配度的改善（吴明隆，2009）。

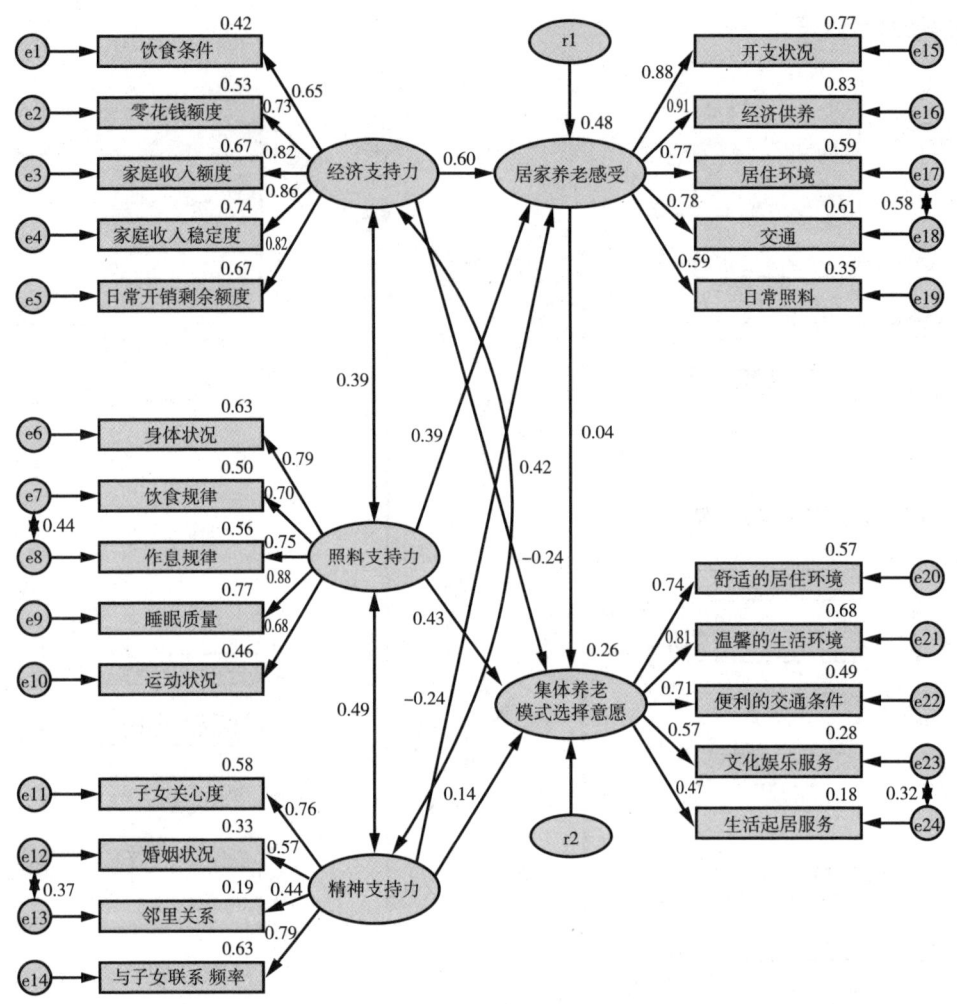

图 3-32 最终拟合图

表 3-33 是对结构模型的拟合指标，其中 RMSEA = 0.066，IFI = 0.964，CFI = 0.953，PNFI = 0.759，PGFI = 0.688，CMIN/DF = 2.527，均达到理想值，而 GFI 未达到理想值，但在可接受范围内。

第三章 养老模式选择及影响因素——来自甘肃省的调查研究

表 3-33　　　　　　　　　结构模型拟合指标

拟合指标	GFI	RMSEA	IFI	CFI	PNFI	PGFI	CMIN/DF
理想值	>0.9 以上	<0.08	≥0.95 以上	≥0.95 以上	>0.5 以上	>0.5 以上	<3
拟合度	0.867	0.066	0.964	0.953	0.759	0.688	2.527

3. 理论假设检验分析结果（见表3-34）

由表 3-34 所示，经济支持力对居家养老感受、照料支持力对居家养老感受、精神支持力对居家养老感受、精神支持力对婚姻状况、精神支持力对邻里关系、精神支持力对与子女联系频率、照料支持力对集体养老选意愿、经济支持力对零花钱额度、经济支持力对日常开销额度、照料支持力对饮食规律、照料支持力对作息规律、照料支持力对睡眠质量有显著影响；居家养老感受对集体养老选择意愿、经济支持力对集体养老选择意愿、精神支持力对集体养老选择意愿的影响不显著。

表 3-34　　　　　　　　　理论假设检验（摘选）

路径关系	非标准化路径系数估计	S.E.	C.R.	P	显著性	标准化路径系数估计
居家养老感受←经济支持力	1.076	0.124	8.708	***	显著	0.595
居家养老感受←照料支持力	0.437	0.078	5.599	***	显著	0.337
居家养老感受←精神支持力	-0.373	0.102	-3.662	***	显著	-0.237
集体养老选择意愿←居家养老感受	0.025	0.047	0.530	0.596	不显著	0.044
集体养老选择意愿←经济支持力	-0.059	0.087	-0.678	0.498	不显著	-0.058
集体养老选择意愿←照料支持力	0.309	0.059	5.248	***	显著	0.426
集体养老选择意愿←精神支持力	0.126	0.071	1.770	0.077	不显著	0.143
花钱额度←经济支持力	1.167	0.100	11.716	***	显著	0.726
日常开销剩余额度←经济支持力	1.380	0.107	12.877	***	显著	0.820
饮食规律←照料支持力	0.799	0.059	13.587	***	显著	0.704
作息规律←照料支持力	0.933	0.064	14.572	***	显著	0.745
睡眠质量←照料支持力	1.086	0.062	17.441	***	显著	0.879
婚姻状况←精神支持力	0.739	0.078	9.457	***	显著	0.570
邻里关系←精神支持力	0.591	0.081	7.312	***	显著	0.440
与子女联系频率←精神支持力	0.914	0.078	11.713	***	显著	0.792

4. 假设检验结果（见表 3-35）

由表 3-35 可知，经济支持力直接影响现养老体验、照料支持力会直接影响现养老体验、精神支持力会直接影响现养老体验、精神支持力会直接影响婚姻状况、精神支持力会直接影响邻里关系、精神支持力会直接影响与子女联系频率、照料支持力会直接影响集体养老选择意愿、经济支持力会直接影响零花钱额度、经济支持力会直接影响日常开销剩余额度、照料支持力会直接影响饮食规律、照料支持力会直接影响作息规律、照料支持力会直接影响睡眠质量的结论均成立；而现养老体验会直接影响集体养老选择意愿、经济支持力会直接影响集体养老选择意愿、精神支持力会直接影响集体养老选择意愿的结论不成立。

表 3-35　　假设检验结果（摘选）

修正后假设	结论
经济支持力会直接影响现养老体验	成立
照料支持力会直接影响现养老体验	成立
精神支持力会直接影响现养老体验	成立
现养老体验会直接影响集体养老选择意愿	不成立
经济支持力会直接影响集体养老选择意愿	不成立
照料支持力会直接影响集体养老选择意愿	成立
精神支持力会直接影响集体养老选择意愿	不成立
经济支持力会直接影响零花钱额度	成立
经济支持力会直接影响日常开销剩余额度	成立
照料支持力会直接影响饮食规律	成立
照料支持力会直接影响作息规律	成立
照料支持力会直接影响睡眠质量	成立
精神支持力会直接影响婚姻状况	成立
精神支持力会直接影响邻里关系	成立
精神支持力会直接影响与子女联系频率	成立

（三）集体养老模式选择意愿的结构方程模型结论

假设经济支持力、照料支持力、精神支持力对居家养老感受有影响；经济支持力、照料支持力、精神支持力和居家养老感受对集体养老模式选择意愿有影响。研究表明，照料支持力、经济支持力对居家养老感受影响显著；照料支持力对集体养老模式选择意愿影响显著。

1. 集体养老模式能提供的照料越好老年人越愿意选择

照料支持力对集体养老模式选择意愿的标准化路径系数达到 0.26。大多数老年人认为自己目前的身体状况不能独立生活，需要不同程度的照顾。同时，集体养老模式具有提供生活起居服务的特点，对老年人来说十分必要。老年人认为可提供的照料支持力越好，就越愿意到该处去养老。

2. 经济条件越好越不愿意选择集体养老

经济支持力对集体养老模式选择意愿的标准化路径系数为 -0.058，但经济支持力的路径回归系数 t 的检验未达到显著水平。说明经济支持力虽然对集体养老模式选择意愿存在一定的负影响，但此种影响并不显著。经济条件越好，能提供的养老选择也就越多且经济条件好的家庭，可以为老人提供更好的养老照料。所以，经济条件越好，越不愿意选择集体养老模式。

3. 居家养老感受对集体养老模式选择意愿几乎无影响

居家养老感受对集体养老模式选择意愿的标准化路径系数为 0.044。但居家养老感受的路径回归系数 t 的检验未达到显著水平。表明，老年人在居家养老方式下的感受对集体养老模式选择意愿几乎没有影响。此次调查发现，即使有些老人认为他们的子女并不能为他们提供良好的照顾，但是由于中国人强烈的土地情怀和落叶归根的思想，使得大部分老人倾向于居家养老，对集体养老模式难以接受。

4. 老年人的生活态度越积极越愿意选择集体养老

精神支持力对集体养老模式选择意愿的标准化路径的系数为 0.143，但精神支持力的路径回归系数 t 的检验未达到显著水平。说明精神支持力虽然对集体养老模式选择意愿存在一定的正影响，但此种影响并不显著。精神支持力可以影响老人的生活态度，精神支持力越好，表明老人的生活态度就越积极，因此也就更易于融入和适应集体生活。所以，精神支持力越好，就越愿意接受集体养老模式。

四、结论与建议

（一）结论

1. 传统思想影响养老选择观念

在访问调查中，很多农村老年人不愿意接受集体养老的原因主要有以下三点：其一，大多数农村老年人因为害怕子女将其送到集体养老机构后被邻居笑话；其二，因为大多数农村老年人有 2~4 个子女，传统的思想使他们认为自己老了就应该由这些子女负责照顾；其三，大多数农村老年人有着强烈的"落叶归根"的情感诉求，他们认为自己生活了一辈子的地方是最好的，无论如何都不愿意离开。所以，这就导致尽管农村的医疗设施、基础设施等条件并不能满足老年人的需求，但绝大部分农村老年人更愿意选择家庭养老的传统模式。

2. 农村医疗保障有待提升

对农村老人的医疗保障、社会福利落实力度不够。传统的合作医疗不能满足农民日益增长的医疗需求。随着农民收入水平的不断增高，农民对医疗服务的需求水平也在不断提高，而传统的低消费、低待遇水平的合作医疗已经不能满足客观需求。医疗服务价格的迅速上涨也进一步加剧了供给和需求之间的矛盾。当农民发生大病时，为数不多的合作医疗基金只能提供很低比例的补偿。因此，农民们觉得，合作医疗不能解决大病的医疗费用问题，而小病完全可以自己支付。所以，农村医疗保障有待提升。

3. 社会养老体系不够完善

农村老年人普遍认为居家的现状有待提升且大部分农村老年人对集体养老方式感到不放心。农村老年人对集体养老所能提供的床位、医疗服务、生活起居服务存在质疑。目前我国社会养老服务体系基本构架有待加强。首先，居家养老服务不完善。目前我国居家养老所能提供的服务对于老年人的心理呵护、精神慰藉以及社会参与支持等方面的项目十分欠缺。其次，集体养老床位等设施不足。目前我国部分养老机构居住环境有待改善，适合老年人康复、医疗、娱乐的设施数量不足且种类较为单一，难以有效保证为老年人提供优质的服务。

4. 大多数农村老年人感到孤独

老年人的物质需求得不到满足是我国现今养老问题的重要方面，但是与之相比更广泛的问题是社会普遍漠视老年人的精神需求。因大多数农村老年人的子女靠外出务工谋生，常年不能陪伴在老人身边导致生活在农村的老年人缺少子女精神上的关怀，农村老年人大多希望子女能够常回家看看。社会压力以及养老压力使得子女生活压力较大，年轻人必须投入更多的时间工作、参与社会竞争等，对父母的精神世界一无所知。例如青壮年农民工外出务工，留守儿童和留守老人相依为命，老年人的精神需求子女无从知晓。就父母而言，中国父母不善表达，子女年幼时不懂如何表达自己对子女的爱，而今不懂如何表达自己被爱的需求，因此容易造成子女和父母之间的隔阂。老年人的精神需求得不到满足既有老年人和子女之间沟通的原因，也有来自社会的压力。

(二) 建议

1. 建议集体养老机构提供专业的医疗照顾

在此次调查中,大多数老年人认为自己在不同程度上需要他人的照顾。然而,居家养老方式由于农村医疗设施和基础设施不完善,导致农村老年人不能享受到便利的医疗照顾,并且根据调查得出的结论——集体模式养老能提供的照料越好老年人就越愿意选择集体养老。所以,集体养老机构能否提供专业的医疗服务和护理服务就显得尤为关键。在此,对集体养老机构提出以下建议:

(1) 聘用专业的人员负责老人的照料和医疗照顾。

(2) 定期对聘用人员进行专业知识的考核。

(3) 不断完善现有的医疗设施。

2. 建议政府进一步完善农村医疗设施建设

(1) 健全多渠道补偿政策。把公立医院对口支援、分工协作支出纳入财政补偿范围。进一步加快医改资金预算执行进度,将相应比例的国家基本公共卫生服务经费拨付给乡村医生。合理制定村卫生所一般诊疗费标准以及新农合支付标准和办法,给予乡镇卫生所执业医生定额补助。

(2) 完善医保政策。充分发挥医保付费方式的机制效应,调动医疗机构和医务人员积极性,提高基层就诊医保报销比例。适当拉开不同级别医疗卫生机构的价差,促进患者合理分流。

(3) 结合新型农村社会养老保险制度,对符合新农保待遇领取条件的乡村医生发放养老金,妥善解决好退休乡村医生的保障问题。

(4) 加快基层医护人才培养。培训经费财政给予定额补助,加强县级医疗卫生人才培养,采取多种形式加强乡村医生岗位培训和医学教育,鼓励乡村医生向执业助理医师转化。

3. 政府应加大对现有养老机构的监管

(1) 健全民办养老机构的相关法律法规。目前我国的《老年人权益保障法》和民政部出台的《养老机构管理办法》中存在相关规定宽泛、空洞、不具有操作性的问题,而一些地方制定的民办养老机构的相关规定更是质量不一。目前的这些法律法规难以满足我国民办养老机构可持续发展的需要,无法确保养老服务的质量。因此,健全我国民办养老机构的相关法律法规,细化规定,提升现有法律法规的质量,以及确保民办养老机构政府监管的可操作性,迫在眉睫。立法质量提升的内容,包括老年人精神慰藉、老年人长期护理、老年事业的经费保障、医养结合的推广、对社区养老机构的监督管理等等。

（2）加强民办养老机构的事后监督。科学的监督机制是事前监督、事中监督和事后监督的有机统一。政府监管民办养老机构，必须杜绝"暗箱操作"，要公正、公平、公开，尤其要加强民办养老机构的事后监督。一要明确并完善监管的标准，特别是关于监管主体、监管方式、监管标准等的规定，强化事中事后的监督。二要加强各个监管主体彼此之间的沟通与协作，建立综合的协调机制，布局监督合力。三要建立联合的惩戒机制，除民政部门，其他的质检、环保、消防、卫生等部门应在遵循相关法律法规的前提下，互相配合，共享信息，提高违规的成本。四要充分利用大数据来实现政府部门的定向监管与精准监管。

（3）建立公平透明的评估机制和信息公开机制。民办养老机构评估机制的建立，要以老年人的需求为导向，并根据评估结果制定针对民办养老机构的有效奖惩措施。同时，要提高相关信息公开的范围和深度，提升民办养老机构运营的透明度，拓宽社会公众监督的渠道，提升民办养老机构的公信力，减少法律监督的成本。对于民办养老机构公开信息的内容、公开信息的途径、公开信息的方式以及公开信息时的违法行为的责任追究等，都要有明确的规定。

4. 建议加强对老人的精神关怀

（1）对于子女外出务工的老年人，一方面要呼吁其子女关注父母的精神需求，另一方面社会福利部门和政府相关部门应定期对老年人送去关怀。

（2）对于目前大量的空巢老人，社会各界的慈善团体应加大对空巢老人精神需求的关注，定期组织空巢老人参加文艺活动，填补空巢老人的情感空白。

（3）鼓励老年人培养兴趣爱好，老年人精神空虚的一个重要原因是个人生活单调，因此子女和社会要协助老年人培养兴趣爱好，组织老年人参加文艺活动，开展老年集体书画展、歌曲舞蹈比赛等。

第四章 中老年群体的需求特征
——基于西北地区 CATI 数据的分析

第一节 甘肃省中老年群体的需求特征

一、CATI 调查的可行性与科学性

(一) CATI 调查的发展历程

本调查的研究对象是甘肃省 55 岁及以上的中老年人口。为了更方便地选择出有效样本，本课题采用了创新型的方法——CATI 系统。CATI 系统发展起步较早，在 1929 年盖普洛以造府访问的方法，进行了一项广播收听率的调查，同时以电话访问作验证，发现造府访问与电话访问的调查结果几乎一致，直到 1940 年，CATI 系统经过了它的蛰伏期。从 1941 年到 1960 年，电话普及率上升，由 37% 提升至 78%，因美国的缘故，使电话调查逐渐在检讨公共政策和行销两方面扮演起重要的角色，CATI 系统在此期间经历了萌芽期。而从 1961 年至今，以电话访问为主的正式研究纷纷出现在探讨电话民意调查中，CATI 系统走向了它的蓬勃时期。

(二) CATI 调查的特点

CATI 系统是一个由电话、计算机、访员组成一体的访问系统。整套系统的硬件包括：一台起总控作用的计算机，若干台与主机相连的 CRT 终端，耳机式电话和鼠标，若干台起监视作用的计算机和配备的音响设备，等等。整套系统的软件包括：预览式呼出和智能预拨号系统，项目管理系统，问卷设计系统，项目监控，工作站监控（监听、录音和发消息）和简单统计系统。经过培训的访员戴上耳机（代替电话），坐在计算机（CAT）前，面对屏幕上的问卷，向电话那头的被访者读出问题，并将受访者的回答结果通过鼠标或键盘记录到计算机中去。

监督员既可在现场检查和指导访员的工作，也可在其他的房间通过监控设备随机了解访员的情况。

（三）CATI 系统的优势

本课题采用 CATI 系统的优势是：控制了时间和空间误差、控制了随机误差、减少中间环节对统计数据的影响和干扰、降低访员的主观偏差、减少数据汇总过程中的误差、提高数据质量。与此同时，在使用 CATI 系统时也应注意以下几方面的问题：做好访员的挑选与培训、问卷设计的工作，选择有效的描述性图表，访员也要选择合理的访问时间，监听访员，防止访员作弊，注意保存好数据。

由于我国信息调查能力的逐步增强，使用 CATI 系统后的成果显著。CATI 系统具备速度快、效率高，访问过程自动化控制，成本低，方便灵活等特点。而现如今，我国大多数调查者还是使用传统的纸质版问卷调查或者拦截访问等方式抽取样本，使用 CATI 系统来抽取所需样本仍未被广泛使用。所以，本课题在确定好调查问卷之后，采用了 CATI 系统来进行抽样。

（四）CATI 调查的操作流程

在信息飞速发展的大背景下，甘肃省的手机覆盖率接近 100%，仅移动电话用户达 2100 万人，占全省总人口数的 80%。为了确保样本的代表性，本课题从甘肃省移动、联通等各大通信商分给甘肃省的手机号段内，从 CATI 系统中随机生成相当于甘肃省总人口数 2600 万个手机号码作为抽样框，例如，甘肃省移动 139 号段共计 92 个，那么，在 CATI 系统中移动 139 手机号码就会随机产生 92 万个，同理可随机产生出移动、联通等各大通信商的其他号段的手机号码个数，利用 CATI 系统自带的等距抽样的功能，按照组距为 500，抽出了 52000 个样本，然后采用 CATI 系统自带的自动拨号功能，由于有空号、无人接听、拒接等一系列情况，加之 55 周岁及以上年龄筛选，最终拨通 5000 个电话号码，剔除中途挂断或其他错误的问卷，最后得到了 3529 个有效样本。

二、甘肃省中老年人 CATI 调查的基本数据分析

中老年人的需求是否具有明显的城乡差异是一个值得研究的层面。城乡居民的主要差异在哪里？通过所调查的 3529 个样本，对其中的城市居民 1702 人，农村居民 1827 人从物质、精神等各方面加以分析。

（一）城乡中老年人口比例均衡

由图 4-1 和图 4-2 可以看出农村中老年人口占总样本的 52%，城镇中老年人口占 48%，基本各占一半，而且在各个年龄段城镇人口和乡村人口数基本持

平。这样最终结果将不会由于调查比例的不均而造成误差,并且能够由此反映出城乡之间的物质、环境等差异并没有造成城乡中老年人口结构性的失调。

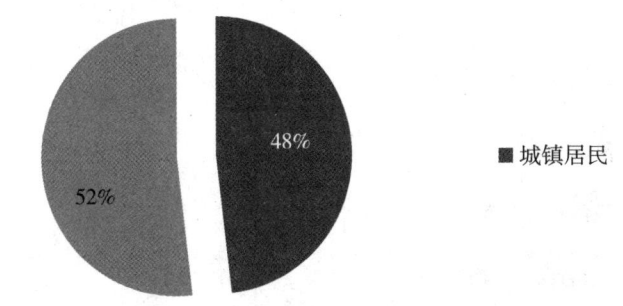

图 4-1 城镇农村老年人口比例

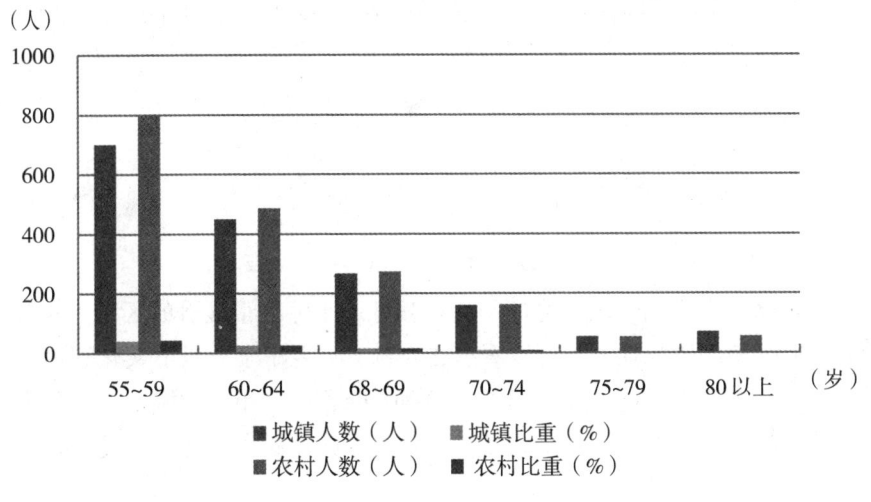

图 4-2 城乡老年人口结构

(二)城镇中老年人均月收入比农村中老年多

由图 4-3 可以看出在所调查的人群中高收入居民的比例相对而言还是比较低,农村居民仅占了 1.7%,而城镇居民也才占所调查人数的 5.3%。但是在低收入人群中,城乡差距非常大,人均月收入 1000 元以下的农村居民占所调查的人数近 30%,而城市居民仅仅占了 10%。除过高收入者和低收入者,收入在 1000~2000 元的农村居民占比 11.6%,城镇居民占比 13.7%;收入在 2000~3000 元的农村居民占比 5.7%,城镇居民占比 10.7%;收入在 3000~4000 元的农村居民占比2.5%，城市居民占比7.6%。我们可以看出，除了1000元以下收入的农村居民高于城市居民，其他收入阶层都低于城市居民，由此我们可推断出，城乡中老年人的收入有很大的差距。

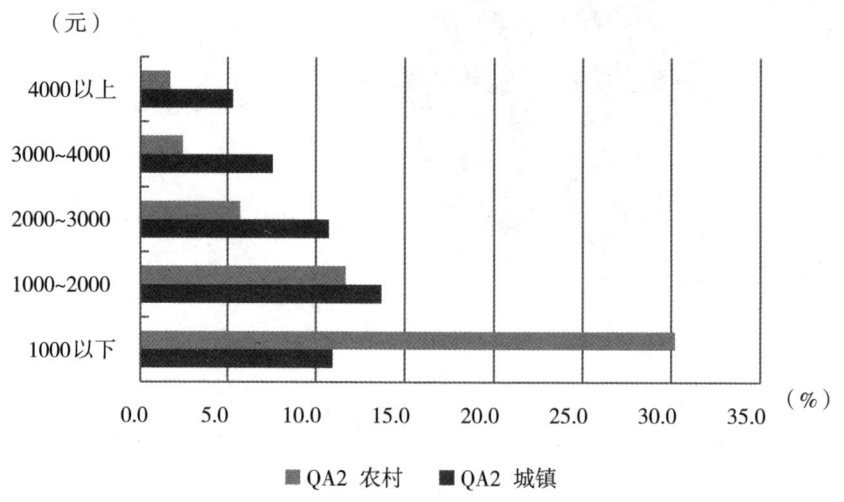

图4-3 城镇农村中老年人均月收入情况

（三）城镇中老年人口文化程度高于农村中老年人口

由图4-4可以看出，城乡之间的文化教育水平存在很显著的区别，农村人口的受教育程度整体较为低下，可以看出在农村，只有小学及以下文化程度的人口比例是最大的，远远超过了城镇同等文化程度的人口；相反，城镇中老年人口普遍拥有较高的文化程度，大专及大专以上的人口比重最大，远远超过了农村。

第四章 中老年群体的需求特征——基于西北地区 CATI 数据的分析

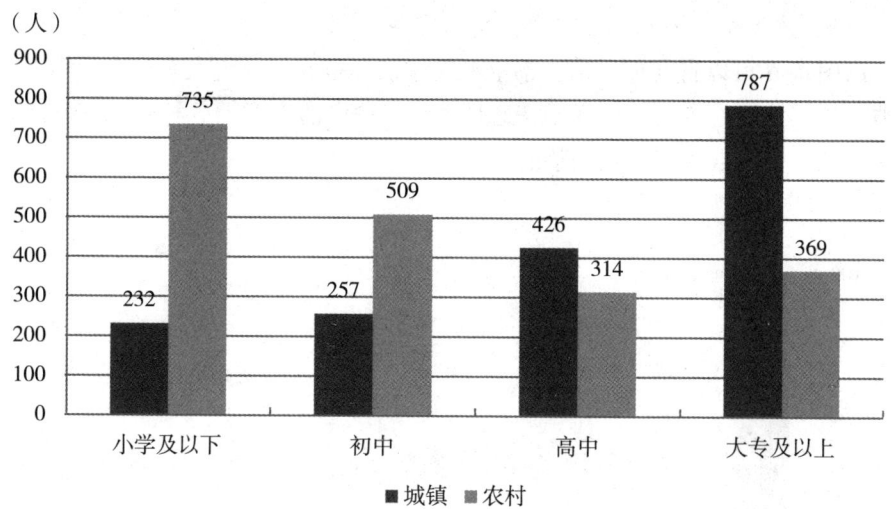

图 4-4　城镇农村中老年人口文化程度情况

（四）农村中老年人工作类型集中于个体和其他

由图 4-5 可以非常清晰地发现，在城镇各个行业中老年人口的分布较为均匀，不存在某个行业人口分布特别集中；在农村，一些收入稳定的职业，比如在政府部门、事业单位、国企、民企工作的中老年人口比例非常低，总计只占到总人口的 20% 左右，而大量的中老年人口都集中在个体或者其他中，比例高达 80% 左右。因此可以做出一些初步推断：农村中老年人群承担或者抵御各种生活、经济风险的能力较之城镇十分不足。

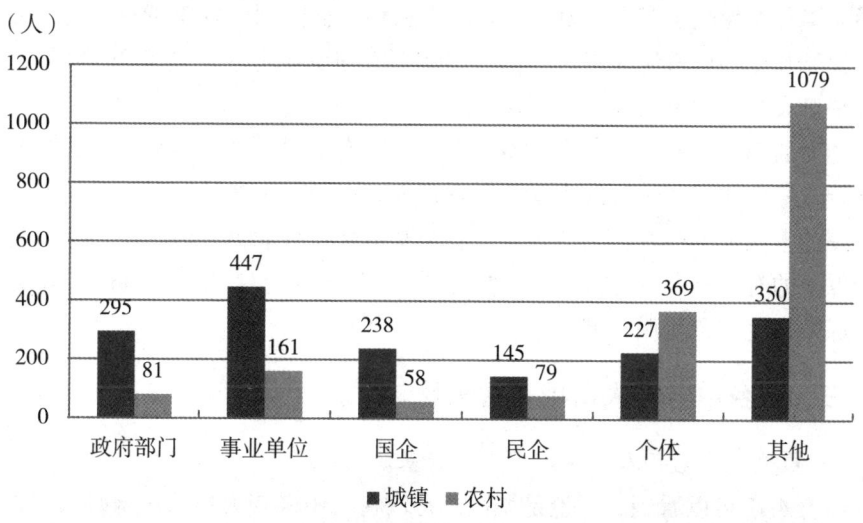

图 4-5　城镇农村中老年人口工作状况

167

(五) 城乡中老年人口 85% 都是家庭完整

由图 4-6 可以直观地看出，不论是在城镇还是农村，绝大多数中老年人都是已婚人口，独居的老人比例很低，这是由于老一辈的人婚姻观相对保守，离婚再婚率很低，大多数家庭是很完整的。

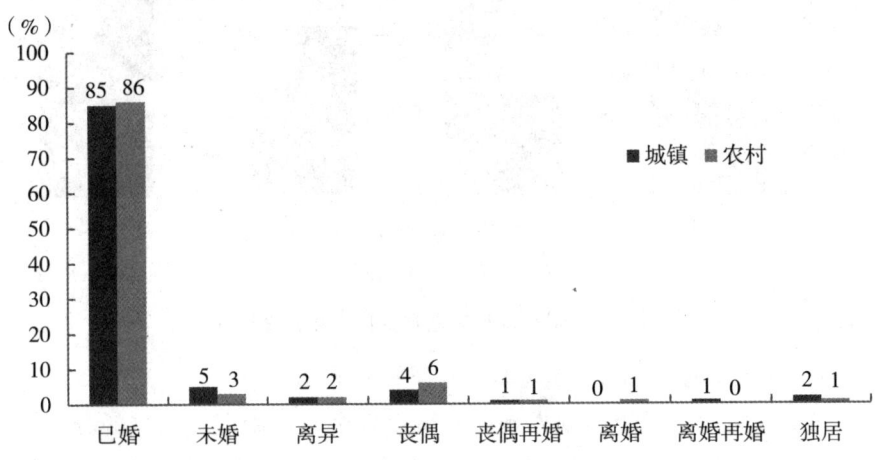

图 4-6 城镇农村中老年人口婚姻状况

总之，老年人口的经济保障问题在任何时候、任何国家和地区都存在，对于经济相对欠发达的、老年人口增长迅速的甘肃来说，问题显得更加突出。而且甘肃的城镇养老保险制度建立时间不长，农村养老保险制度处于试点，对于稳定的社会保障基金筹措机制尚未建立的经济欠发达地区来说，养老金筹措渠道单一，资金缺口大。农村老人养老金保障不仅受农村经济发展水平的制约，而且受子女供养能力的制约；城镇老年人虽然绝大多数享有退休金或养老金，但经济收入受所在企业经营状况和物价等因素的影响较大。由于我国各地农村的经济发展水平和农民的收入水平存在很大的差异，农民交纳保费的能力有限，制约了农村社会养老保险的有效运行。就全国来讲，目前社会化养老保险在农村仍不具普及意义，保障程度和覆盖面较低。

三、城乡中老年人口精神需求比较

(一) 城乡中老年人口休闲方式状况基本相同

由表 4-1 可以看到，无论是城镇还是农村，中老年人口的休闲娱乐方式都显得比较单一。其中大多数中老年人口选择上网或者看电视（实际上考虑到上网的中老年人很少，所以以看电视为主），城镇中老年人上网看电视人数为663人，在农村，上网看电视人数高达830人，这一数量占据绝对的优势。同时，我们发现参与朋友聚会和体育锻炼的中老年人口数量最低，一方面可能是由于上了年纪身体素质减弱甚至行动不便；另一方面结合在家看电视人数数量巨大更加显示出中老年人口在社交层面的缺乏和精神的空虚。另外，值得注意的是城镇中老年人因为文化程度相对较高，因此在看书看报这一比例上几乎超过了农村中老年人一倍。

表 4-1　　　　　　　城乡中老年人口休闲方式（人）

休闲方式	读书看报	上网或看电视	与朋友聚会	参加体育运动	其他
城镇	632	663	322	250	239
农村	358	830	247	129	465

（二）城乡中老年人口理想中的老年生活具有趋同性

由表4-2可以清晰地发现，无论是城镇还是农村，绝大多数中老年人都希望自己的晚年生活是儿孙绕膝，其乐融融。其中，城镇中老年人达到983人，特别是在农村这一数量更是高达1101人，是由于农村传统家庭观念较城镇更加保守。这一高比例反映了中老年人口对家庭的重视程度非常高，同时从侧面反映了中老年人内心对家庭温暖的渴望。另外，与老伴携手度过的比例次之（城镇中老年人选择与老伴携手共度人数为740人，农村为833人）也可以反映出这一情况。一个人安享晚年这一比例最低且城镇农村差异不大，这更加说明了老年人害怕孤独，渴望温暖。

表 4-2　　　　　　　城乡中老年人口理想中的老年生活（人）

理想生活	一个人安享晚年	儿孙绕膝其乐融融	参加社会活动	与老伴携手共度	其他
城镇	279	983	609	740	117
农村	232	1101	430	833	135

（三）中老年人精神生活所遇到的最大问题都是子女不在身边

由表4-3可得，在所调查的样本中，城镇中老年人口共计有1702人，精神生活遇到的最大问题为寂寞问题的人数为233人，占比为13.7%；精神生活遇到的最大问题为精神空虚问题的人数为 181 人,占比为 10.6%;精神生活遇到的最大问题为子女不在身边的问题的人数为 530 人,占比为 31.1%;精神生活遇到的最大问题为中老年活动太少的问题的人数为 191 人,占比为 11.2%;精神生活遇到的最大问题为健康状况问题的人数为 388 人,占比为 22.8%;精神生活遇到的最大问题为其他问题的人数为 179 人,占比为 10.5%。其中,子女不在身边的问题占比较大。农村中老年人口共计有 1827 人,精神生活遇到的最大问题为寂寞问题的人数为 182 人,占比为 10.0%;精神生活遇到的最大问题为精神空虚问题的人数为 122 人,占比为 6.7%;精神生活遇到的最大问题为子女不在身边的问题人数为 712 人,占比为 39.0%;精神生活遇到的最大问题为中老年活动太少问题的人数为 167 人,占比为 9.1%;精神生活遇到的最大问题为健康状况问题的人数为 474 人,占比为 25.9%;精神生活遇到的最大问题为其他问题的人数为 170 人,占比为 9.3%。其中,子女不在身边问题占比较大。综合来看,城镇和农村老人精神生活遇到的最大问题都为子女不在身边,说明城乡居民精神生活遇到的问题没有显著性差异。

表 4-3　城乡中老年人精神生活遇到的最大问题交叉制表

遇到问题		寂寞	精神空虚	子女不在身边	老年活动太少	健康状况	其他	合计
城镇	人数（人）	233	181	530	191	388	179	1702
	比重（%）	13.7	10.6	31.1	11.2	22.8	10.5	100.0
农村	人数（人）	182	122	712	167	474	170	1827
	比重（%）	10.0	6.7	39.0	9.1	25.9	9.3	100.0

由图 4-7 我们可以发现,城乡中老年人口在精神问题上情况基本一致。进一步发现,令人意外的是似乎中老年人在寂寞和精神空虚这两方面比例不高,在 5%左右,而在生活中遇到的最大问题是子女不在身边的高达 40%左右,健康状况次之,大约为 15%。综上可以得出一个结论:无论是城镇还是农村,比起自身的寂寞和精神空虚,中老年人更需要子女在身边的照顾和温暖,由于子女都有自己的工作与家庭,或者在外地上学等情况,无法陪伴在父母身边,而老人最希望的却是子女的陪伴。自身的寂寞和空虚可以通过休闲方式改善,但子女不在身边却是一个没法很好解决的问题,这成为中老年人精神生活中最大的困扰。这也印证了中老年人渴望的是家庭的温暖和关怀。

第四章　中老年群体的需求特征——基于西北地区 CATI 数据的分析

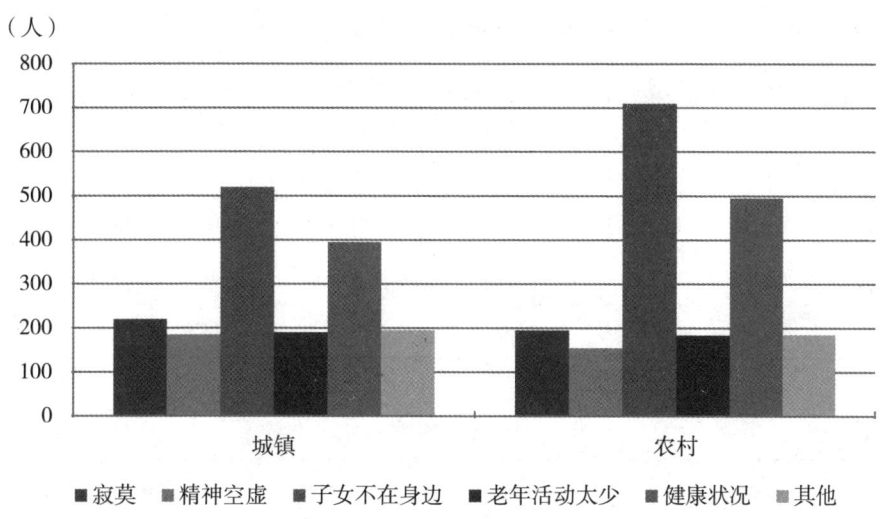

图 4-7　城乡中老年人精神生活遇到的最大问题交叉图

（四）城乡中老年人对于影响精神生活因素的看法有显著差异

由表 4-5 可得，皮尔逊卡方检验的值为 71.522，渐进的 sig. 是 0.00<0.05，则认为现居地与影响中老年人精神生活因素之间有相关关系，即对城乡中老年人来说，影响两者精神的生活因素有显著差异。

表 4-4 表明，在所调查的样本中，城镇中老年人口共计有 1702 人，影响因素为物质条件的人数为 320 人，占比为 18.8%；影响因素为与家人及朋友的关系的人数为 388 人，占比为 22.8%；影响因素为社会及政府的政策制度的人数为 203 人，占比为 11.9%；影响因素为中老年人自身的心态的人数为 647 人，占比为 38.0%；影响因素为其他的人数为 144 人，占比为 8.5%。其中，中老年人自身的心态因素占比较大。农村中老年人口共计有 1827 人，影响因素为物质条件的人数为 524 人，占比为 28.7%；影响因素为与家人及朋友的关系的人数为 425 人，占比为 23.3%；影响因素为社会及政府的政策制度的人数为 244 人，占比为 13.4%；影响因素为中老年人自身的心态的人数为 492 人，占比为 26.9%；影响因素为其他的人数为 142 人，占比为 7.8%。其中，物质条件因素占比较大。这说明城乡中老年人口的影响精神生活的因素有显著性差异。

表 4-4　　　　　　　城乡中老年人精神生活因素交叉制表

影响因素		物质条件	与家人及朋友关系	社会及政府的政策制度	老年人自身的心态	其他	合计
城镇	人数（人）	320	388	203	647	144	1702
	比重（%）	18.8	22.8	11.9	38.0	8.5	100.0
农村	人数（人）	524	425	244	492	142	1827
	比重（%）	28.7	23.3	13.4	26.9	7.8	100.0

表 4-5　　　　　　　　　　卡方检验

检验	数值	自由度	渐进 Sig.（双侧）
皮尔逊卡方	71.522[a]	4	0.000
似然比	71.994	4	0.000
有效案例中的个数	3529		

a. 0 单元格（0%）的期望计数少于 5。最小期望计数为 137.93。

由图 4-8 可以看出，城镇的中老年人认为自身的心态是影响自身精神生活的最大因素，其比例高达 38%，远远超过了其他因素。这说明城镇生活观念还是相对进步的。城镇的中老年人从收入、文化水平、工作稳定性上来看都有相对优势，因此其独立性更强，更注重心态的问题。在农村的中老年人中，物质条件成为最大的影响因素，这与农村物质发展程度不高有关，当物资相对匮乏时就会首先阻碍人的更进一步的精神需求。

第四章 中老年群体的需求特征——基于西北地区 CATI 数据的分析

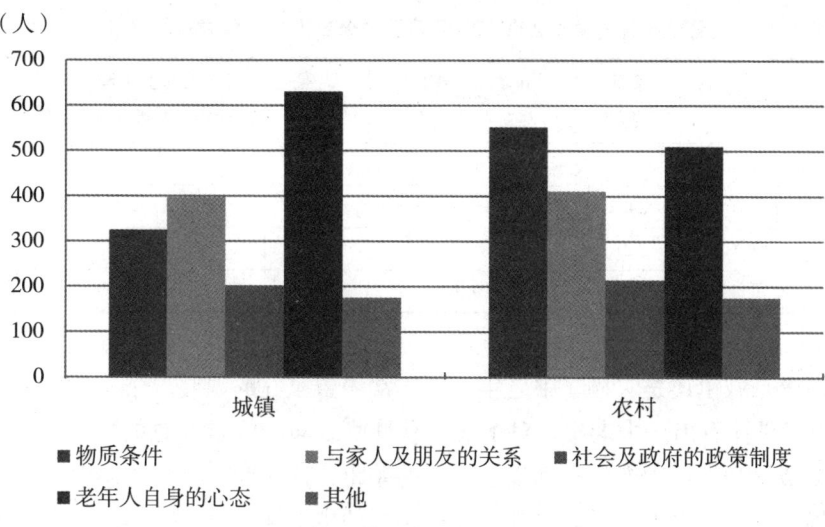

图 4-8　城乡影响中老年人精神生活因素

（五）城乡中老年人对子女孝敬方式的选择都是经常沟通

表 4-6 表明，在所调查的样本中，城镇中老年人口共计有 1702 人，子女的做法为常伴身边的人数为 412 人，占比为 24.2%；子女的做法为引导老人寻找合适的兴趣爱好与交友圈的人数为 273 人，占比为 16.0%；子女的做法为经常沟通的人数为 723 人，占比为 42.5%；子女的做法为对老人的生活持理解态度，并提供足够空间的人数为 294 人，占比为 17.3%。其中，选择经常沟通行为的占比最大。农村中老年人口共计有 1827 人，子女的做法为常伴身边的人数为 528 人，占比为 28.9%；子女的做法为引导老人寻找合适的兴趣爱好与交友圈的人数为 184 人，占比为 10.1%；子女的做法为经常沟通的人数为 875 人，占比为 47.9%；子女的做法为对老人的生活持理解态度，并提供足够空间的人数为 240 人，占比为 13.1%。其中，选择经常沟通行为的占比最大。说明不同现居地中老年人，对子女孝敬方式的选择没有显著性差异。

表 4-6　现居地与子女怎么做有助于满足中老年人精神需求交叉制表

子女做法		常伴身边	引导老人寻找兴趣爱好与交友圈	经常沟通	对老人的生活理解并提供足够空间	合计
城镇	人数（人）	412	273	723	294	1702
	比重（%）	24.2	16.0	42.5	17.3	100.0
农村	人数（人）	528	184	875	240	1827
	比重（%）	28.9	10.1	47.9	13.1	100.0

不论是城镇还是农村，中老年人都非常渴望家庭的温暖、子女的关怀。由图 4-9 可以具体看出。中老年人对子女具有哪些方面的需求。总的来看，无论哪一种因素城镇和农村中老年人都没有显著的差距，这说明中老年人口对子女的需求与外界环境没有太大关系。另外，几乎半数的中老年人（城镇 42%，农村 48%）都觉得与子女经常沟通是最大的需求。这一比例超过了单纯的陪伴身边（城镇 24%，农村 29%），这说明中老年人真正需求的是更进一步的内心的情感沟通而不是单纯的陪伴身边。

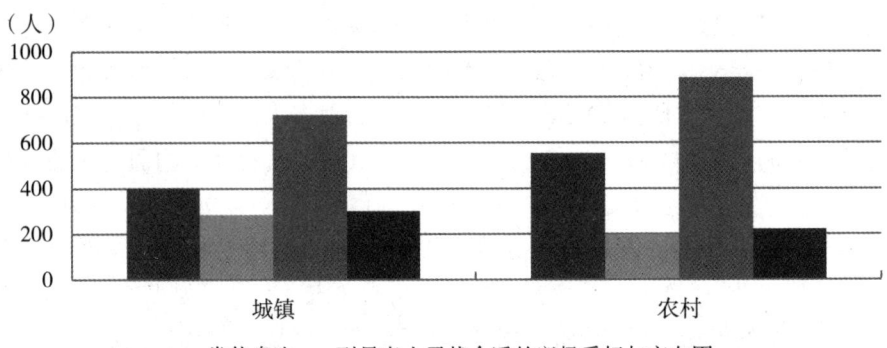

图 4-9　现居地与子女怎么做有助于满足中老年人精神需求

(六) 城乡老人最希望医疗保障得到改善

表 4-7 表明，在所调查的样本中，城镇中老年人口共计有 1702 人，中老年人最希望改善的问题为医疗保障问题的人数为 520 人，占比为 30.6%；中老年人最希望改善的问题为文娱活动问题的人数为 305 人，占比为 17.9%；中老年人最希望改善的问题为经济条件问题的人数为 324 人，占比为 19.0%；中老年人最希

望改善的问题为养老保险问题的人数为 251 人，占比为 14.7%；中老年人最希望改善的问题为家庭关系问题的人数为 144 人，占比为 8.5%；中老年人最希望改善的问题为其他问题的人数为 158 人，占比为 9.3%。其中，医疗保障问题占比较大。农村中老年人口共计有 1827 人，中老年人最希望改善的问题为医疗保障问题的人数为 525 人，占比为 28.7%；中老年人最希望改善的问题为文娱活动问题的人数为 209 人，占比为 11.4%；中老年人最希望改善的问题为经济条件问题的人数为 524 人，占比为 28.7%；中老年人最希望改善的问题为养老保险问题的人数 277 人，占比为 15.2%；中老年人最希望改善的问题为家庭关系问题的人数为 157 人，占比为 8.6%；中老年人最希望改善的问题为其他问题的人数为 135 人，占比为 7.4%。其中，医疗保障和经济条件两个问题占比较大。

由表 4-8 可得，运用 K-S 检验因变量的 sig = 0.200 > 0.05，所以人数这个因变量是服从正态分布的。

由表 4-8、表 4-9 因子效应检验的方差分析表可得，第一行校正模型是对整个方差分析模型的检验。其原假设是模型中的因子（现居地和城乡中老年人最希望改善的问题）对因变量（人数）无显著影响。由于显著性水平 Sig. 接近于 0，表明该模型是显著的。

表 4-7　　　　　　　　城乡中老年人最希望改善的问题交叉制表

希望改善的问题		医疗保障	文娱活动	经济条件	养老保险	家庭关系	其他	合计
城镇	人数（人）	520	305	324	251	144	158	1702
	比重（%）	30.6	17.9	19.0	14.7	8.5	9.3	100.0
农村	人数（人）	525	209	524	277	157	135	1827
	比重（%）	28.7	11.4	28.7	15.2	8.6	7.4	100.0

表 4-8　　　　　　　　　　正态性检验

N	K-S[a]			S-W		
	统计量	df	Sig.	统计量	df	Sig.
	0.182	12	0.200*	0.841	12	0.028

a. Lilliefors 显著水平修正，*. 这是真实显著水平的下限。

表 4-9　　　　　　　　　　主体间因子表

现居地	1.00	城镇	6
	2.00	农村	6
城乡中老年人最希望改善的问题	1.00	医疗保障	2
	2.00	文娱活动	2
	3.00	经济条件	2
	4.00	养老保险	2
	5.00	家庭关系	2
	6.00	其他	2

从表 4-10 可以看出，城乡中老年人最希望改善的问题相关系数为 0.905，相关性很高，检验城乡中老年人最希望改善的问题因子的显著性水平接近于 0，所以城乡中老年人最希望改善的问题有显著性差异。

由于中老年人体弱多病，因此在最希望改善的问题上，城镇和农村中老年人都选择了医疗保障这一项。说明中老年人对医疗健康方面最为重视和关心。另外值得注意的是，农村中老年人希望对经济条件有所改善的比例也很高，这也反映了当下农村的基础设施条件还有待提高，人们的生活水平还有待提高。

综上，在城镇，有 60% 以上的中老年人口有稳定的离、退休工资，其关心的问题是医疗问题。由于城市生活成本的不断提高，以及在职人员工资水平的提高，推高了医疗成本。报销制度仍然缺乏针对性和科学性，只有住院者才能报销一定比例的住院费，在平时小病的治疗、身体检查方面并没有直接针对中老年人的优惠或者照顾。

表 4-10　　　　　　　　　主体间效应的检验

源	III 型平方和	df	均方	F	Sig.
校正模型	228761.500a	6	38126.917	7.941	0.019
截距	1037820.083	1	1037820.083	216.164	0.000
现居地	1302.083	1	1302.083	0.271	0.625
城乡中老年人最希望改善的问题	227459.417	5	45491.883	9.475	0.014
误差	24005.417	5	4801.083		
总计	1290587.000	12			
校正的总计	252766.917	11			

因变量：人数，a. R 方 = 0.905（调整 R 方 = 0.791），0.905 的来源。

在农村，中老年人在身体和精神上都承担着甚至比青壮年还沉重的压力。绝大多数中老年人没有离退休工资，他们丧失了耕种能力之后，几乎没有任何经济来源，只能依靠家庭养老。甘肃省农村经济发展相对落后，农村中老年人口不仅生活水平最低、及时的医疗条件难以保障，绝大多数由于村中青壮年劳动力外出打工，还要承担抚养孙子孙女，繁重的农业劳动等重担。而且在农村，80 岁及以上高龄老人的养老问题尤其严峻，中老年人口补贴标准仍不能涉及或满足高龄老人的需要。另外，残疾老年人、鳏寡老年人等问题，在农村都极为严重。

四、城乡中老年人口物质需求的比较

（一）城镇中老年人每月消费支出比农村中老年人多

由表 4-12 可得，皮尔逊卡方检验的值为 381.528，渐进的 sig. 是 0.000＜0.05，则认为现居地与中老年人消费支出之间有相关关系，即城镇与农村的中老年人，其消费支出有显著差异。

表 4-11 表明，在所调查的样本中，城镇中老年人口共计有 1702 人，月消费支出 500 元以下的人数为 270 人，占比为 15.9%；月消费支出 500~1000 元的人数为 608 人，占比为 35.7%；月消费支出 1000~2000 元的人数为 559 人，占比为 32.8%；月消费支出 2000~3000 元的人数为 166 人，占比为 9.8%；月消费支出 3000 元以上的人数为 99 人，占比为 5.8%。

表 4-11　　　　　　城乡中老年人消费支出交叉制表

消费支（百元）		5 以下	5~10	10~20	20~30	30 以上	合计
城镇	人数（人）	270	608	559	166	99	1702
	比重（%）	15.9	35.7	32.8	9.8	5.8	100
农村	人数（人）	784	627	284	79	53	1827
	人比重（%）	42.9	34.3	15.5	4.3	2.9	100

表 4-12　　　　　　　　卡方检验

检验	值	df	渐进 Sig.（双侧）
皮尔逊卡方	381.528[a]	4	0.000
似然比	394.639	4	0.000
有效案例中的 N	3529		

其中，月消费支出 500~1000 元的中老年人占比较大。农村中老年人口共计有 1827 人，月消费支出 500 元以下的人数为 784 人，占比为 42.9%；月消费支出 500~1000 元的人数为 627 人，占比为 34.3%；月消费支出 1000~2000 元的人数为 284 人，占比为 15.5%；月消费支出 2000~3000 元的人数为 79 人，占比为 4.3%；月消费支出 3000 元以上的人数为 53 人，占比为 2.9%。其中，月消费支出 500 元以下的中老年人占比较大。

由图 4-10 可以看出城乡中老年人每月的消费支出情况具有一定的差异。由于城乡经济发展水平有一定差距，农村中老年人的消费呈一个明显的下降趋势，每月花费在 500 元以下的比例最大，几乎接近了 50%，这反映了在农村物质消费水平是很低的。一方面由于农村自身经济收入水平低；另一方面也是因为农村整体的市场匮乏。而后随着消费水平的升高，其相应的比例依次降低。城镇中老年人消费水平的分布出现了一个"中间大两端小的结构"，超低或者超高的消费比例都不大，而大部分中老年人的消费集中在 500~2000 元（约占 80%），这反映了在城镇物质消费水平较为集中和平均，且整体水平比较可观，原因是城镇收入较高，且市场较为充分。

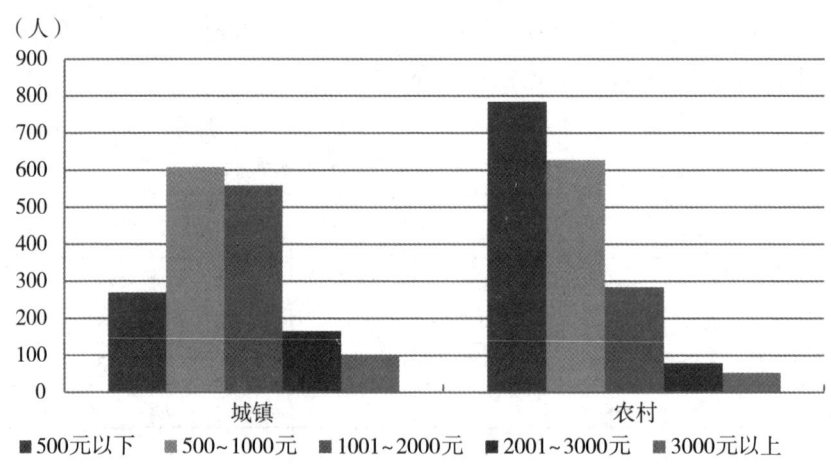

图 4-10　城乡中老年人消费支出

（二）城乡中老年人不能及时就医的原因均为医院距家远

表 4-13 表明，在所调查的样本中，城镇中老年人口共计有 1702 人，由于医院距家远而不能及时就医的人数为 1125 人，占比为 66.1%；由于经济条件差而不能及时就医的人数为 415 人，占比为 24.4%；由于行动不便而不能及时就医的

人数为115人，占比为6.8%；由于其他原因而不能及时就医的人数为47人，占比为2.8%，其中，由于医院距家远而不能及时就医的占比最大。农村中老年人口共计有1827人，由于医院距家远而不能及时就医的人数为1071人，占比为58.6%；由于经济条件差而不能及时就医的人数为441人，占比为24.1%；由于行动不便而不能及时就医的人数为256人，占比为14.0%；由于其他原因而不能及时就医的人数为59人，占比为3.2%，其中，由于医院距家远而不能及时就医的占比最大。所以，不同的现居地与中老年人口不能及时就医的原因没有显著性差异。

表4-13　　　　　　城乡中老年人不能及时就医的原因交叉制表

原因		医院距家远	经济条件差	行动不便	其他	合计
城镇	人数（人）	1125	415	115	47	1702
	比重（%）	66.1	24.4	6.8	2.8	100.0
农村	人数（人）	1071	441	256	59	1827
	比重（%）	58.6	24.1	14.0	3.2	100.0

由于中老年人身体状况不理想，就医问题是中老年人面对的最大问题。在图4-11中我们发现实际上超过半数的中老年人在就医方面没有遇到太大的阻碍，这跟广泛实行的医疗保障政策有很大关系。另外值得一提的是，医院距离远这一比例在遇到的问题中算是最大的，反映出现在医疗资源分配很不均匀，好的医院往往集中在省会及以上城市，因此导致了这一不便利因素。

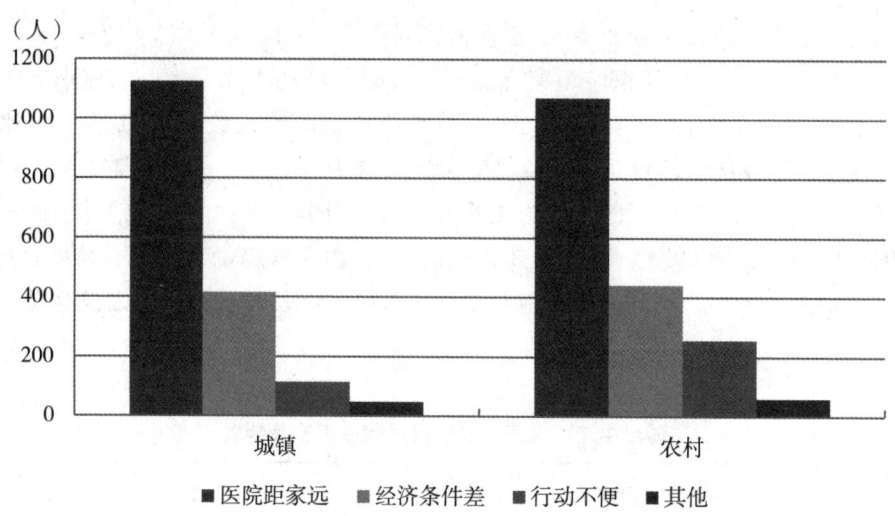

图 4-11 城乡中老年人不能及时就医的原因交叉图

（三）城镇的中老年人认为中老年用品质量差，农村中老年人认为价格昂贵

由表 4-15 可得，皮尔逊卡方检验的值为 71.551，渐进的 sig. 是 0.00<0.05，则认为不同现居地中老年人对市场上中老年人用品存在问题的看法有显著性差异。

表 4-14 表明，在所调查的样本中，城镇中老年人口共计 1702 人，认为中老年人用品价格昂贵的有 471 人，占比为 27.7%；认为中老年人用品种类少的有 160 人，占比为 9.4%；认为中老年人用品质量差的有 584 人，占比为 34.3%；认为中老年人用品不适用的有 258 人，占比为 15.2%；认为中老年人用品不够美观的有 19 人，占比为 1.1%；认为有其他问题的人数为 210 人，占比为 12.3%。其中，认为质量差的中老年人数占比最大。农村中老年人口共计 1827 人，认为中老年人用品价格昂贵的有 667 人，占比为 36.5%；认为中老年人用品种类少的有 118 人，占比为 6.5%；认为中老年人用品质量差的有 460 人，占比为 25.2%；认为中老年人用品不适用的有 257 人，占比为 14.1%；认为中老年人用品不够美观的有 13 人，占比为 0.7%；认为有其他问题的有 312 人，占比为 17.1%。其中，认为价格昂贵的中老年人数占比最大。综上比较，不同现居地中老年人对市场上中老年人用品存在问题的看法有显著性差异。

第四章 中老年群体的需求特征——基于西北地区 CATI 数据的分析

表 4-14　城乡中老年人对市场上中老年用品存在问题的看法交叉表

城乡人数		价格昂贵	种类少	质量差	不适用	不够美观	其他	合计
城镇	人数（人）	471	160	584	258	19	210	1702
	比重（%）	27.7	9.4	34.3	15.2	1.1	12.3	100.0
农村	人数（人）	667	118	460	257	13	312	1827
	比重（%）	36.5	6.4	25.2	14.1	0.7	17.1	100.0

表 4-15　卡方检验

检验	值	df	渐进 Sig.（双侧）
皮尔逊卡方	71.551a	5	0.000
似然比	71.824	5	0.000
有效案例中的 N	3529		

a. 0 单元格（0.0%）的期望计数少于 5。最小期望计数为 15.43。

近年来，以保健品为主的中老年人用品市场非常火热。各种类型的商品、用品琳琅满目，但随之而来的还有市场不完善、质量参差不齐的问题。通过图 4-12 就可以清晰地看出在这个问题上中老年人最关心就是价格和质量。在城市中由于经济条件相对较好，因此产品质量差成为首先面临的问题，反映出城市中老年人并不缺乏购买能力而是需求更好质量的产品；农村中最大的问题是产品价格昂贵，由于受经济发展水平限制，中老年人对老年用品的需求受阻于其高昂的价格。因此在农村，更需要物美价廉的产品。

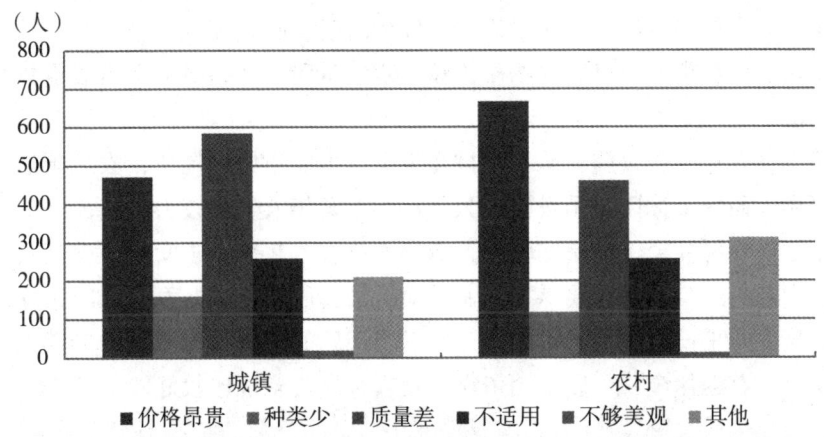

图 4-12　城乡中老年人对市场上老年人用品存在问题的看法交叉图

(四）城乡中老年人幸福感普遍较高

表4-16表明，在所调查的样本中，城镇中老年人口共计1702人，觉得很幸福的人数为622人，占比为36.5%；觉得幸福的人数为743人，占比为43.7%；觉得一般的人数为273人，占比为16.0%；觉得不幸福的人数为50人，占比为2.9%；觉得很不幸福的人数为14人，占比为0.8%。其中，觉得幸福的占比最大。农村中老年人口共计1827人，觉得很幸福的人数为581人，占比为31.8%；觉得幸福的人数为773人，占比为42.3%；觉得一般的人数为384人，占比为21.0%；觉得不幸福的人数为70人，占比为3.8%；觉得很不幸福的人数为19人，占比为1.0%。其中，觉得幸福的占比最大。

表4-16　　　　　　　　城乡中老年人幸福感交叉表

	幸福感	很幸福	幸福	一般	不幸福	很不幸福	合计
城镇	人数（人）	622	743	273	50	14	1702
	比重（%）	36.55	43.65	16.04	2.94	0.82	100.0
农村	人数（人）	581	773	384	70	19	1827
	比重（%）	31.80	42.31	21.02	3.83	1.04	100.0

整体上看，不论是城镇还是农村，中老年人幸福的比例还是很高的，这与整个社会经济发展和福利保障不断健全完善有很大关系。另外，农村中老年人口很幸福人数比城镇低5%左右，农村不幸福中老年人口数量占比多于城镇。由此可见城镇中老年人口相比于农村人口较为幸福，主要原因我认为有以下几点：

第一，农村中老年人口相对于城市较为落后，收入较低，农村人口处于温饱满足阶段。而城市人口已进入物质比较丰富的阶段，开始追求生活质量较高的中老年生活。

第二，农村基础设施较差，农村几乎没有中老年休闲场所，农忙干活，农闲无事可做。而城市休闲娱乐设施较为丰富，中老年人生活较为丰富。

第三，农村社会保障措施较差，老年人口收入几乎靠子女，子女又长期在外工作，中老年人口几乎既要承担农业活动，又要照顾留守儿童，同时医疗保障较差，大病也几乎没有医治的可能性，要忍受疾病的折磨。而城镇中老年人口有较大比例的人有退休金，可以不用依靠子女，医疗措施也比较好。

五、甘肃省中老年人口需求特质的聚类分析

依据对3529位被调查者的数据聚类后的谱系图（见图4-13），可将中老年人口分为三类。

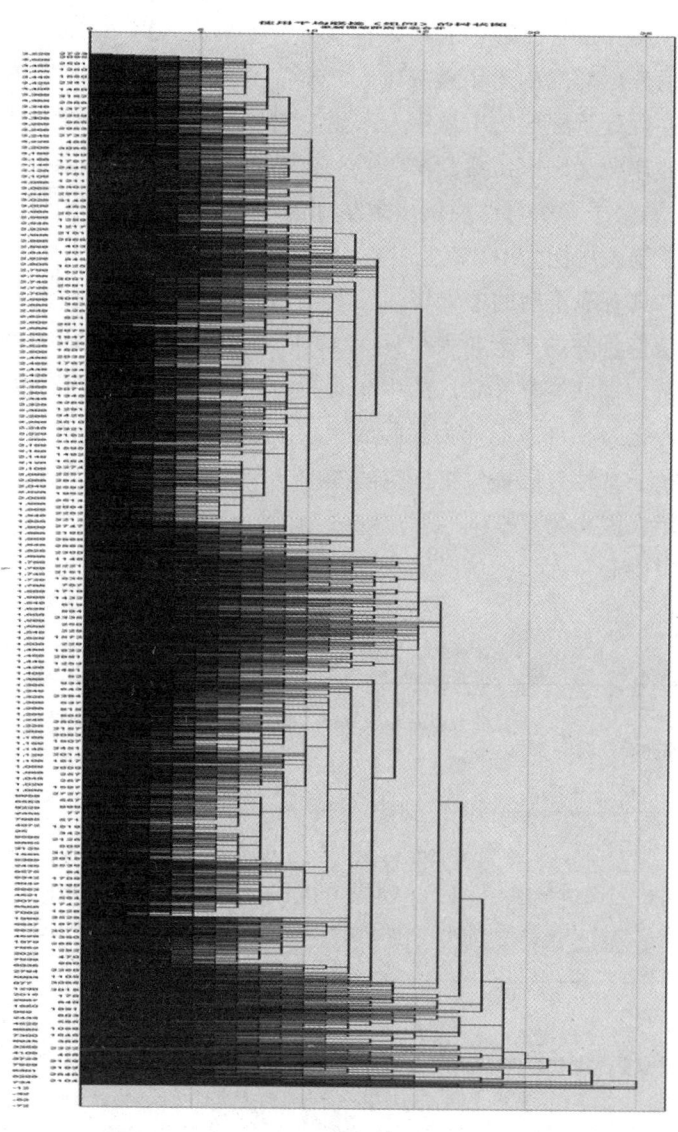

图4-13 聚类谱系图

第一类：具有依赖性的中老年人，其中，年龄在 55~64 岁的中老年人占比 69%；无宗教信仰的中老年人占比为 78%；月收入在 2000 元以下的中老年人占比为 67%；婚姻状况完整的中老年人占比为 86%；文化程度在初中以下的中老年人占比为 51%；职业为生产工人及其他的中老年人占比为 52%；与配偶或子女居住的中老年人占比为 85%；感到幸福及以上的中老年人占比为 77%。

第二类：具有独立性的中老年人，其中，年龄在 60~70 岁的中老年人占比为 75%；无宗教信仰的中老年人占比为 75%；月收入在 3000 元左右的中老年人占比为 50%；现处于独居的中老年人占比为 75%；文化程度高中以上的中老年人占比为 75%；职业为国家机关党群组织、企事业单位负责人和专业技术人员的占比为 100%；希望子女给自己提供更多空间的中老年人占比为 51%；幸福感一般及以下的中老年人占比为 100%。

第三类：具有双重性的中老年人，其中，年龄在 80 岁及以上的中老年人占比为 71%；信仰佛教的中老年人占比为 57%；月收入 4000 元以上的中老年人占比为 71%；婚姻现状完整和独居的中老年人占比各为 50%；文化程度大专及以上的中老年人占比为 57%；职业为教师或军人的中老年人占比为 43%；希望子女常伴身边和希望子女给自己提供更多空间的中老年人占比各为 29% 和 43%；幸福感一般的中老年人占比为 57%。

对于甘肃中老年人口的聚类结果的特点归纳见表 4-17。

表 4-17　　　　　中老年人口需求特质分类的特点

第一类	具有依赖性的中老年人	年龄在 60 岁左右，收入低，基本在一线工作，文化程度不高，婚姻完整，子女多在身边，幸福指数较高
第二类	具有独立性的中老年人	年龄在 65 岁左右，收入一般，工作多为公务员、国家部门负责人等，文化程度较高，基本处于独居状态，希望子女给自己多些空间，幸福指数不高
第三类	具有双重性的中老年人	年龄在 80 岁以上，收入高，工作多为教师、军人等，文化程度很高，婚姻完整和独居基本各占一半，既希望子女给自己更多的空间，又希望子女会常回去看望，幸福指数一般

六、满足中老年群体需求的主要任务

针对甘肃省中老年人口的需求问题，政府应该从以下几方面着力，不断提高农村中老年人的精神生活质量，满足他们的心理需求，从而更好地促进社会的和谐。

1. 政府加大号召力度

政府及相关部门应号召全社会每一成员都来关心我们的中老年人。进一步加大关注老年人精神需求和精神文化生活的力度。政府及相关部门应该加大中老年人娱乐设施方面的投入，进一步完善中老年文体设施和道德约束。加强对农村青年的思想政治教育和传统道德教育，用道德观念和舆论力量来约束。满足农村中老年人精神生活和心理需求的任务任重而道远，它需要社会各方面的力量共同努力去实现。

2. 注重外部引导和约束

中老年人精神需求的满足，很多都属于道德调整的范畴。然而，并不是说中老年人精神需求的满足只能通过道德来调整。事实上，法规制度等外部约束具有非常大的作用，尤其对于缺乏孝心的人来说更是如此。例如，可以通过评选和表彰模范家庭，树立典型和榜样，形成正气。我国近年来评选孝老爱亲道德模范的做法，就起到了很好的作用，应该坚持下去，并且鼓励各地组织相应的评选活动。再就是通过制定法规制度，对子女的责任和义务做出规定，要求子女向老人提供精神支持和慰藉，对人们的行为加以规范和约束，对那些不孝敬老人的子女给予严厉惩处，狠杀邪风。这样做的目的，一是惩戒本人，二是教育他人，形成孝敬老人光荣、不孝敬老人可耻的社会风气。加强"孝道"文化宣传，提高民众家庭养老意识。社会要大力倡导敬老养老之风，弘扬传统美德，表彰敬老养老楷模，谴责不尽孝道行为，让"家家有老人，人人都要老"的理念深入人心，使子女应承担的赡养和照料老人的义务落到实处。

3. 依法维护中老年人合法权益

无论是来自社会的歧视、欺负中老年人的违法行为，还是来自子女拒不赡养老人的失德忘本，均可通过法律程序使自身合法权益不受侵犯。如今，不少中老年人并不缺钱，缺的是精神赡养，少的是亲情滋养，害怕的是独守空房的冷清，惧怕的是黑夜来临的孤寂。尤其在农村绝大多数人忽视中老年人精神赡养需求。1999年5月29日颁布的《甘肃省实施〈中华人民共和国老年人权益保障法〉办法》（以下简称《办法》）对赡养人的义务做了具体明确的规定，包括经济上供养、生活上关心照料以及精神慰藉。因此，必须把《中华人民共和国老年人权益保障法》和《办法》的有关规定落到实处，互相配合，齐心协力，进一步做好"空巢老人"养老保障、医疗保障、精神需求保障等合法权益的维护工作，建立老年人合法权益法律援助制度，帮助老年人运用法律武器维护自身的合法权益。

4. 解决经济生活首要问题

要实现农村中老年人对精神生活的追求，首先必须解决他们的经济生活问题。大多数的农村中老年人的经济来源主要还是来自子女的赡养费用，因此要想逐步推进中老年人精神生活建设，必须首先解决他们的经济生活问题，要因地制宜，改变综合环境，不断探索农业生产规模化、产业化的经营方式，提高科学技术在农牧业生产中的应用率，积极改变农村经济发展环境，是从根本上解决农村中老年人生活困境的现实路径。

5. 加强农村社保和医疗合作建设

要加强农村社会保障制度建设和农村合作医疗建设，为农村中老年人的生活提供基本的生活保障和医疗保障。把合乎条件的中老年人全体纳入保障范畴，并斟酌中老年人的特色和需求，给予优待和照料。实施最低生活保障可对低收入中老年人降低养老门槛，提高补贴尺度。新型农村分工医疗可斟酌减免70岁以上老年人的参合费用，并对加入单干医疗的老年人在集体账户计入金额及报销比例等方面予以优惠，适当扩展老年人常见慢性疾病门诊报销的病种。医疗卫生机构应为急重病低收入老年人开拓绿色通道，探索农村老年人非缴费型养老金制度，对不享受社会保障待遇的农村80岁以上高龄老年人可采用发放生活补助等方法，保障老年人的基本生活和基本医疗需要。同时也要进一步完善农村合作医疗制度，使他们"老有所依"。只有在老年人的基本物质生活得到保障和身体健康的基础上，其精神生活才能得到更好满足。

6. 进一步发挥村委会的作用

要进一步发挥村委会的作用，为农村中老年人精神生活建设提供必要的支持。村民委员会可以定期组织农村中老年人开展一些文化活动，丰富中老年人的闲暇生活。在村委会的带领和发动下，建立村中的中老年人文化活动室，给农村的中老年人提供一个开展文化娱乐活动的场所，使得中老年人乐于组织活动。同时村委会在组织安排上，要专门设立中老年人工作小组，有专人负责中老年人的大小事宜。充分发挥村委会的能力和作用，消除对中老年人的歧视和偏见，建立一种新型的养老文化。

7. 正确认识子女在老年人情感和精神慰藉需求中的重要位置

第四章 中老年群体的需求特征——基于西北地区 CATI 数据的分析

在物质生活已经基本满足需求的当今社会，中老年人不仅有精神需求，而且精神需求在中老年人需求体系中还占有非常重要的位置。这既是人的特有需求，更是辛辛苦苦劳作一生，为家庭、子女和社会都做出贡献的中老年人赢得尊重，有尊严地生活下去的精神支柱。认识到这一点，是更好地满足中老年人精神需求的思想基础。同时强调子女在满足中老年人情感和精神慰藉需求中的责任和义务。老年人含辛茹苦地把子女养育大，在他们年老时，子女理应给予回报。这属于起码的感情交流或交换。在社会经济发展水平不断提高的现实情况下，多数家庭都具备了满足中老年人物质需求的条件，基本上都能向父母提供足够的生活资料，因此，满足中老年人基本生活已经不算什么难事，甚至可以说能够轻而易举地实现。但是，在家庭子女数减少、独生子女家庭增加、家庭核心化趋势加快、人口流动性增强的当代社会，空巢老人越来越多，他们最希望子孙绕膝，享受"天伦之乐"。如果不能实现这一点，退而求其次，也希望不在身边的子女能时刻牵挂着他们，能经常倾听他们的心声，给予他们精神上的慰藉。

8. 加强年轻人对长辈的关怀意识

要对农村年轻人进行"物质供养"和"精神慰藉"的双重责任教育，使中老年人的精神生活和心理需求得到实际的支持。子女也要多关心长辈，这不仅仅只是物质方面的，精神方面也是不可或缺的。农村中大部分年轻人都外出打工，于是出现了大批的留守老人，其中，有的老人希望忙碌的子女能做到每周探望或者打电话问候一下他们，希望子女能够在家照顾他们，当问及他们有心事想向谁倾诉时，他们大多数选择了家人。因此子女要认识到对于老年人来说，仅仅给予一些经济上的补贴是不够的，老年人还需要子女的陪伴与关怀。子女的关怀是提供中老年人精神生活的一个重要来源之一。

第二节 陕西省中老年群体需求特征

一、陕西省的人口年龄结构

人口的年龄结构构成是人口的重要特征之一。人口年龄的变动构成一系列连续的变量序列，对经济和社会的发展都会产生很大的影响，是影响未来经济和社会发展的重要因素。

人口统计的年龄结构一般采用的方法是将人口结构分为三类，第一类是 0～14 岁的少年儿童人口，第二类是 15～64 岁的劳动力人口，第三类是 65 岁以上的老年人口,各个年龄组的人口在其总人口中所占的比重就构成该人口的年龄结构。

根据陕西省历年的普查数据如表4-18所示,0~14岁的少年人口比重总体上呈现下降的趋势。第一次人口普查(1953年)比重为36.17%,二普(1964年)比重呈现出上升的趋势,上升至占陕西省总人口的41.26%,三普(1982年)之后就呈现出不断下降的趋势,第六次人口普查(2000年)下降至14.71%。

对处于15~64岁这个区间的劳动力人口来说,从第一次人口普查以来总体呈现出上升的趋势,从第一次人口普查(1953年)的59.25%,到第六次人口普查已经增加至76.76%。

另外,对处于65岁以上的老年组人口来说从第一次人口普查至今,呈现出波动上升的趋势。根据1953年第一次人口普查数据可知,当时65岁以上占总人口比为4.04%,第二次人口普查降到3.51%,第三次人口普查升至4.57%,第四次人口普查升至5.15%,第五次人口普查升至5.94%,2010年第六次人口普查比重上升至8.53%。根据国际上对一个地区老龄化的看法,当一个国家或地区60岁以上老年人口占人口总数的10%,或65岁以上老年人口占人口总数的7%,即意味着这个国家或地区的人口处于老龄化社会。由此可见,2010年陕西省老龄化问题凸显。

表4-18　　　　　　　陕西省历年年龄结构普查数据(%)

年 份	各年龄段人口比重			总抚养比	少年儿童	老年人口
	0~14岁	15~64岁	65岁及以上			
1953	36.17	59.25	4.04	68.78	61.96	6.82
1964	41.26	55.23	3.51	81.06	74.71	6.35
1982	33.06	62.40	4.57	60.30	52.98	7.32
1990	28.88	65.98	5.15	51.57	43.77	7.80
2000	25.02	69.04	5.94	44.84	36.24	8.60
2010	14.71	76.76	8.53	30.27	19.16	11.11

二、陕西省中老年群体调查数据分析

(一)年龄特征

对所得到的原始数据进行汇总,我们可以得到数据的年龄频数分布表,如表4-19所示。本次调查年龄分布特征为以低龄中老年人口为主,平均年龄为61.74

岁。其中50~95岁的低龄中年人口所占比例最大,为52.03%,占总调查人口的一半以上,80岁及以上的高龄老年人口在中老年人口总数中所占比例最小,仅为2.44%。

表4-19　　　　　　　　　　中老年人年龄构成

年龄（岁）	55~59	60~64	65~69	70~74	75~79	80以上
人数（人）	128	56	30	17	9	6
比重（%）	52.03	22.76	12.20	6.91	3.66	2.44

（二）居住地

在246份调查问卷中,居住在城镇的中老年人口数高于居住在农村的中老年人口数,占63%,而居住在农村的中老年人口仅占了37%。

（三）婚姻状况

调查结果显示,此次调查中老年人的婚姻状况很好,有87.8%的中老年人表示已婚,占到了4/5以上,仅仅有4.47%的中老年人未婚;有1.22%的中老年人离异,而离婚再婚的仅占0.41%;丧偶的中老年人数占2.85%,而丧偶再婚的仅有0.41%;另外有2.44%的中老年人表示自己独居。详见表4-20。

表4-20　　　　　　　　　　中老年人婚姻状况

状况	已婚	未婚	离异	丧偶	丧偶再婚	离婚	离婚再婚	独居
人数（人）	216	11	3	7	1	1	1	6
比重（%）	87.80	4.47	1.22	2.85	0.41	0.41	0.41	2.44

（四）收入情况

随着年龄的递增,中老年人退休后主要靠退休金、积蓄和养老金维持生活和消费等的支出,所以月收入普遍都不会很高。月收入在1000元以下的中老年人数占35.4%,在1000~2000元的占23.6%,在2000~3000元的占20.3%,3000~4000元的占13%,4000元以上的仅仅占了7.7%。详见表4-21。

表 4-21　　　　　　　　中老年人收入状况

收入（元）	1000 以下	1000~2000	2000~3000	3000~4000	4000 以上
人数（人）	87	58	50	32	19
比重（%）	35.37	23.58	20.33	13.01	7.72

（五）文化程度

我国中老年人口的受教育程度目前存在着很大的差别。此次调查结果显示，陕西中老年人口的受教育程度整体来看还不错，有 40.7% 的中老年人学历是大专以上，占 1/3 以上；学历为高中（中职、职高、技校）的占 20.7%；初中学历的占 22.8%；小学及以下学历的仅占了 15.9%。所以，陕西省中老年人口的文化程度整体水平还是较高的。详见表 4-22。

表 4-22　　　　　　　　中老年人文化程度

学历	小学及以下	初中	高中（中职、职高、技校）	大专及以上
人数（人）	39	56	51	100
比重（%）	15.85	22.76	20.73	40.65

三、陕西省中老年人需求状况分析

（一）娱乐方式多样化

在向中老年人询问他们日常打发闲暇时间的方式的时候，人们都对自己的闲暇生活有着不同的安排，大致可以分为以下五类：读书看报、上网看电视、与朋友聚会（聊天）、参加体育运动、其他。根据调查结果我们可以看出：总的来看上网或者看电视的人数最多，占比最大，为 33.4%；其次为读书看报，占比为 21.4%；紧随其后的是参加体育锻炼，占比为 16.9%；与朋友聚会占比为 13.4%；没有列出来的其他类占比为 14.8%。详见表 4-23。

表 4-23　　　　　　陕西省中老年人口闲暇时间打发情况

活动项目	读书看报	上网或看电视	与朋友聚会（聊天）	参加体育运动	其他	合计
人数（人）	62	97	39	49	43	290
比重（%）	21.38	33.45	13.45	16.89	14.83	100

根据上述数据可以看出，陕西省中老年人打发闲暇时间的方式比较多样化，这从另一方面说明陕西省中老年人的精神面貌比较好，在闲暇时间参加一些活动也有助于中老年人身心健康的发展。

(二) 子女陪伴的期望

当我们询问他们老年生活希望怎样度过时，他们也有不同的回答，大致可以分成以下五种情况：一个人安享晚年、儿孙绕膝、参加社会活动、与老伴一起度过、其他。

其中，老人希望老年生活能够和儿女一起度过的占比最高，为31.50%；其次为和老伴一起度过，占比为31.25%；还有一大部分中老年人希望自己的老年生活可以更加有意义，能够继续参加社会活动，发挥自己的余热，占比为24.75%；我们可以看到，老人基本是不愿意一个人安享晚年的，占比仅为7.50%。详见表4-24。

表4-24　　　　陕西省中老年人口老年生活度过情况

晚年生活方式	一个人安享晚年	儿孙绕膝其乐融融	参加社会活动发挥余热	与老伴携手度过	其他
人数（人）	30	126	99	125	20
比重（%）	7.50	31.50	24.75	31.25	5.00

根据上述数据我们可以看到他们都是比较排斥一个人孤独生活的，他们希望自己的晚年生活可以有人来陪伴，儿女、老伴一起度过这两种方式占的比重最高。还有一部分人希望能够在晚年时期继续参加社会活动，发挥自己的余热。由此可以看出陕西省中老年人们思想觉悟比较高，希望能够继续服务社会，社会可以适当地安排一些适合低龄老人的工作，这样老人们的晚年生活就不会感到太过空虚，让他们知道自己的存在对于社会还是很有价值的。

(三) 精神生活主要问题——子女不在身边

随着人口的老龄化快速增长，城镇和农村不同地区的中老年人口的精神生活有很大的区别。在问到他们对影响老年人精神生活因素的观点时，农村中老年人口选择子女不在身边的比重较高，占40.7%，达到了1/3以上；选健康状况的占14.3%；选老年活动太少的占13.2%；选自身寂寞的占9.9%；选精神空虚的占5.5%，选其他的占16.5%。而对于城镇中老年人来说，也是选择子女不在身边的比重较高，占30.3%；其次是健康状况，占23.2%；选老年活动太少的占16.8%；选自身寂寞的占7.1%；选精神空虚的占3.4%；选其他的占14.2%。详见图4-14。

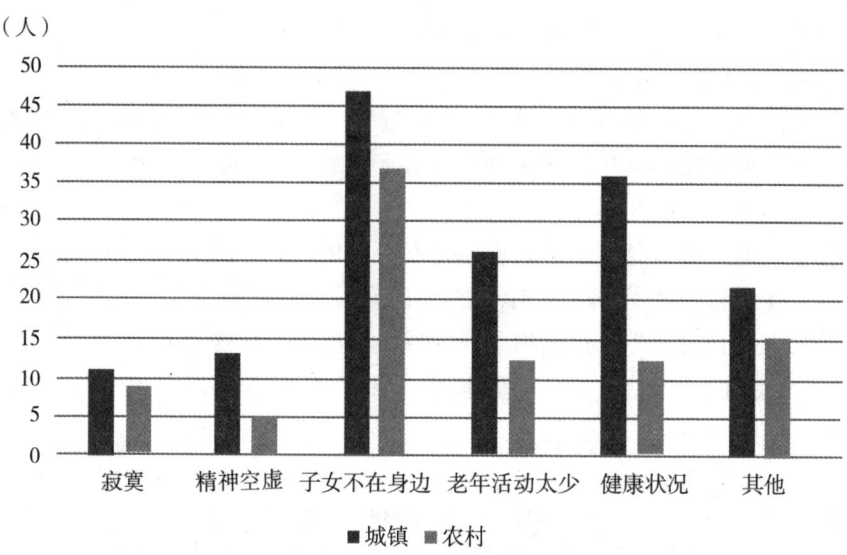

图4-14 中老年人精神生活遇到的问题

由调查结果分析可得，不管是城镇还是农村的中老年人，他们都认为子女不在身边才是影响他们精神生活的最主要因素，其次是健康状况。但是相比较而言，与农村中老年人相比，城镇中老年人认为健康状况对精神生活的影响更大。老年活动太少也是影响其精神生活的因素，城镇与农村的中老年人对此项的选择基本差不多，最后是精神空虚和寂寞，不管是城镇的还是农村的中老年人，这两项的比例都比较少。

所以要解决中老年人的精神生活问题，重点还是在儿女身上，作为子女，应该多关心老人。或许对于许多子女来说，他们认为只要给老人提供足够的物质生活，提供足够的生活费，老人的生活消费就满足了，这种想法是错误的。中老年人的消费不仅包括物质消费，还包括精神消费，并且精神消费远比物质消费要来的重要得多，一个人的生活可以没有特别充裕的物质保障，但绝对不能没有精神的支撑，所以精神消费是特别重要的。子女不要一味地只注重父母的物质生活，还是多关注他们的精神需求。

（四）自身心态是影响精神生活的主要因素

所有被调查的中老年人基本上都认为自己的心态是影响精神生活的主要因素，但是在每个年龄阶段调查的样本都有着自己的特点，我们将数据按调查对象的年龄阶段展开分析。我们发现：55~59岁这个年龄段的中老年人认为"老年人自身的心态"是影响精神生活的第一因素，"社会及政府的政策制度"是影响老年人精神生活的第二因素，再次是"家人与朋友的关系"，最后为"物质条件"；60~64岁这个年龄阶段的中老年人认为"老年人自身的心态"是第一因素，其次是"家人及朋友的关系"，然后是"社会及政府的政策制度"，最后为"物质条件"；65~69岁年龄段的中老年人同样认为"老年人自身的心态"是影响精神生活的第一因素，其次是"物质条件"，然后为"其他"，剩下的基本持平；70~75岁年龄段的中老年人认为，影响精神生活的第一因素为"老人自身的心态"，其他并没有什么很明显的区别；80岁以上的人认为"物质条件"和"家人及朋友的关系"是影响老年人精神生活的第一因素。详见图4-15所示。

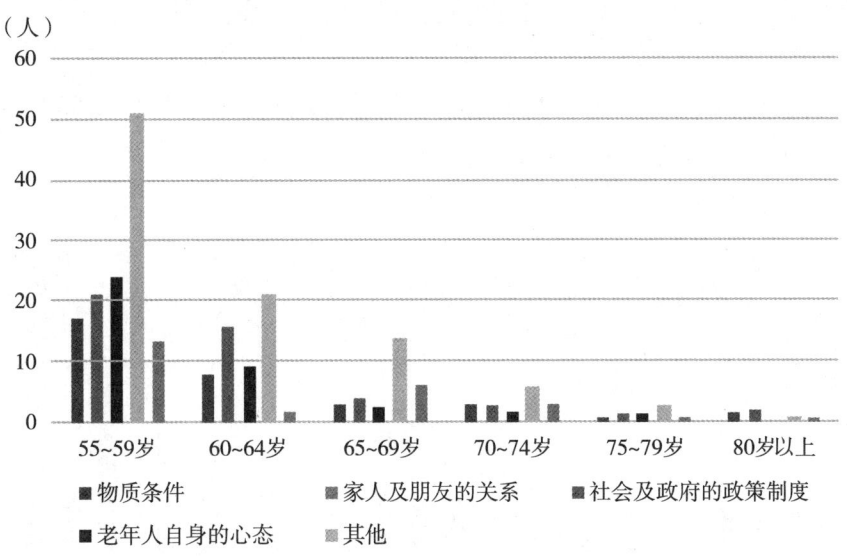

图4-15 影响老人精神生活的主要因素

综上所述，我们可以看出基本上各个年龄段的老人都认为自身的心态是第一因素，而剩余的四个因素因年龄段的不同影响力度不同。

之所以自身的心态是第一因素，从内因上来分析，主要还是由于中老年人自身对于身体衰老和社会角色转换的不适应所造成的，有一定的心理落差，根源于中老年人没有对自身角色进行正确的认识和定位。老年人在进入老年生活以后，社会角色的改变、生理机制的老化、家庭地位的变化再加上子女观念的变化,这都对中老年人产生了不小的冲击。尤其是工作的变化,刚刚从工作岗位上退休在家之后,他们感觉好像一下子从社会生活中脱离了出来,造成心理上难以承受,很多老年人不适应这种迅速的角色转变,在老年群体中这是一个普遍现象。

(五)沟通是满足精神需求的主要途径

我们都知道子女对老人的关心和陪伴非常重要,如果老人能够在晚年生活中经常得到子女的关心和陪伴,那么这个老人的内心世界一定是很幸福的。但是子女究竟应该怎么做才最有助于中老年人的精神需求呢?我们对此做了一系列调查。调查结果显示:城镇的中老年人认为子女经常与老人沟通对于满足老年人精神需求是最重要的,占的比重是最高的,大概占40.6%;其次是儿女常伴身边,占比大概为27.1%,对老人的生活持理解态度,并为老人提供足够空间的占18.1%;最后是引导老人寻找合适的兴趣爱好与交友圈的占14.2%。居住在农村的老人与居住在城镇的老人的认知度是差不多的,他们也认为子女经常与老人沟通对于满足老年人精神需求的比重是最高的,占47.3%,几乎达到了1/2;其次是儿女常伴身边,占25.3%;紧随着的是引导老人寻找合适的兴趣爱好与交友圈的占14.3%;最后是对老人的生活持理解态度,并为老人提供足够的空间占13.2%。详见图4-16所示。

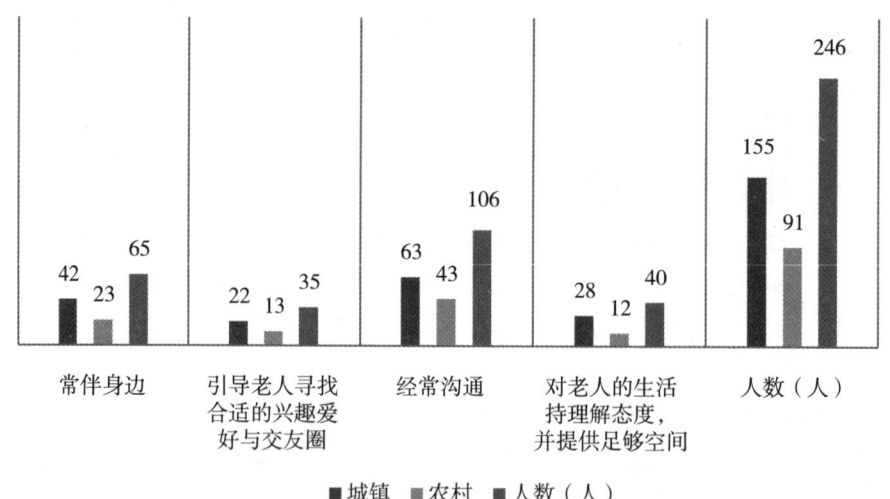

图4-16 城镇、农村两地区子女对满足老年人精神需求的做法

由数据分析可以知道,不管是在农村还是在城镇,老人都认为只有子女常常

与老人沟通以及常伴身边才最有助于满足中老年人的精神需求,其他几项差异并不是很大。很多老人在晚年生活因为子女工作等原因缺少必要的陪伴和交流,老人经常会感到寂寞和空虚,这样很容易对他们晚年的精神生活造成很不好的影响,所以子女的陪伴可以说对老人的精神需求健康特别的重要。

而随着经济社会的发展,不论是农村还是城镇,户与户之间不再像以前那种生活方式了。城镇中家庭处于独门独户,来往很少,子女也大都忙于自己的工作,往往会忽视与老人之间的交流;而农村中,基本上都是子女外出工作,造成"空巢"老人这样的社会问题,缺少与子女之间的交流。不得不说这种生活方式不利于老年人的身心健康,老人们退休后从社会走向家庭,生活也由职业型转变为休闲型,社会活动范围也相对缩小,从而容易出现心理失衡。随着年龄增长,他们渴望情感关爱,企盼心灵慰藉,希望人们走进老年人的内心世界,给他们带来幸福、快乐、充实的生活。由此看来,老年人不仅要求有满意的物质赡养,而且要有满意的精神赡养,子女在这里扮演了一个很重要的角色。

(六)城乡医疗状况展现差异

随着年龄的增长,人们的身体机能日渐下降,中老年人的体质和体力都大不如前,尤其是高龄老人,他们在思维意识和动作协调方面也较低龄老人差,中老年人的身体状况与他们的医疗状况密切相关。调查结果显示,居住在城镇的老人有一半以上的人都按时体检就医,占比为58.1%(见图4-17所示);有37.4%的老人只有在重大疾病时才去医院就医;仅仅有4.5%的老人因为条件限制不能及时就医。而居住在城镇的老人只有36.3%的老人按时体检就医;有一半以上的老人只有在重大疾病时才去医院,占57.1%;有6.6%的老人因为条件限制不能及时就医。

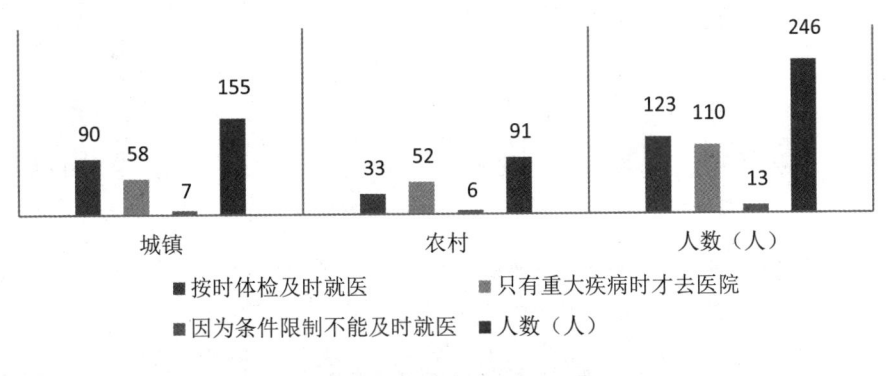

图4-17 城镇、农村两地区老人医疗状况

相比较而言，居住在城镇的老人的医疗状况明显比居住在农村的要好。按时体检就医的城镇老人比例与只有重大疾病时才去医院的农村老人比例差不多，按时体检就医的农村老人比例与只有重大疾病时才去医院的城镇老人比例差不多，这形成了一个鲜明的对比。造成此种情况的原因很可能与他们的经济条件有关，只有经济条件好了，才能按时去医院检查。因为条件的限制不能及时就医的农村老人比重高于城镇人口。为了老年人群体的身体健康，需要加大力度完善医疗保障制度，减少患病群体的医疗负担，让人们形成一个定时体检、有病就医的健康观念。

（七）收入影响幸福感

调查显示，陕西地区收入在1000元以下的中老年人占总体的35.4%。其中，这部分收入阶层表示很幸福的比重为31.03%，表示幸福的比重为37.93%，认为幸福程度一般人数占总体的22.99%，认为不幸福甚至很不幸福的人数仅占8.05%；收入在1000~2000元的中老年人占总体的31.03%，其中认为很幸福的人数占比为39.66%，认为一般的占比为20.69%，认为不幸福或很不幸福的占8.62%；收入在2000~3000元的中老年比重为20.3%，其中，有48%的人认为很幸福，30%的人认为较幸福，20%的人认为幸福指数一般，而在这部分收入范围的老人中仅仅2%的人认为不幸福；收入达到3000~4000元的中老年人占到总体的13.0%，其中，认为很幸福的人数占31.25%，认为幸福的人数占56.25%，认为一般的人数占6.25%，认为很不幸福的占6.25%；收入4000元或4000元以上的中老年人仅占7.7%，这部分人中，很幸福的指数高达73.68%，还有21.05%的人表示较幸福，较不幸福的人数占5.26%。详见图4-18所示。

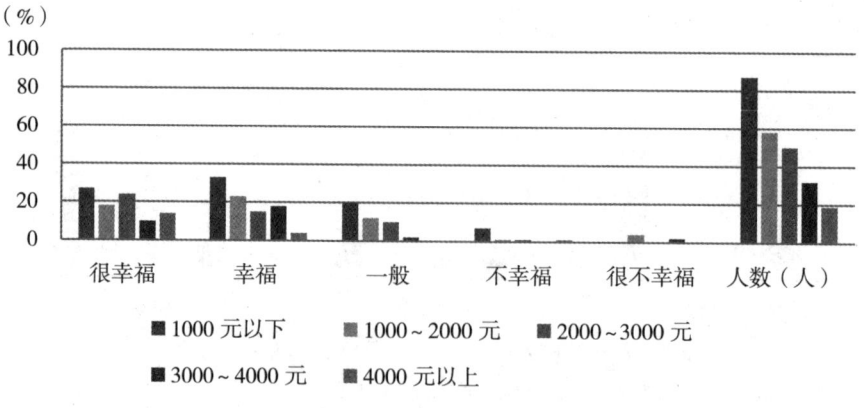

图4-18　收入与幸福感分析

第四章 中老年群体的需求特征——基于西北地区 CATI 数据的分析

根据上述数据，我们可以看到在陕西地区中老年人口中也存在着贫富差距，并且收入越高的中老年人对生活的幸福感比重越高，这主要是经济条件的丰裕造成的心灵满足感。所以提升中老年人的经济状况对满足其精神消费有非常大的影响。然而，目前，收入在 1000 元以下的中老年人口比重最多，存在着贫富差距这一现象。

（八）陕西省中老年人主观幸福感皮尔森卡方检验分析

对于两个变量的推断，主要是判断这两个变量是否独立，这就是皮尔森卡方独立性检验。如果研究的为两个分类变量，每个变量都有很多类别，通常将两个变量多个类别的频数用交叉表的形式表示出来。其中一个放在行的位置，称为行变量；另一个放在列的位置上，称为列变量。这种有两个或两个以上分类变量交叉分类的频数分布表称为列联表。一个由 r 行和 c 列组成的列联表也称为 $r \times c$ 列联表。对列联表的两个分类变量进行分析，通常是判断两个变量是否独立。该检验的原假设是：两个分类独立（无关），如果原假设被拒绝，则表明这两个变量不独立，或者说两个变量相关。卡方独立性检验的统计量为：

$$\chi^2 = \sum \sum \frac{(f_0 - f_e)^2}{f_e} \qquad 式（4.4）$$

式（4.4）中，f_0 为观察频数，f_e 为期望频数，该统计量服从自由度为 $(r-1)(c-1)$ 的 χ^2 分布；r 为行数，c 为列数。

陕西省中老年人口需求调查中，对于人们是否幸福这个问题，将这个问题的选择设置了五个不同的维度，分别是很幸福、幸福、一般、不幸福、很不幸福。考虑幸福感与物质条件、精神消费之间的关系。可以大致将幸福感分为两个类别：一为幸福，包括很幸福、幸福这两个维度；二为不幸福，包括一般、不幸福、很不幸福这三个维度。首先考虑幸福感与居住地之间的关系，居住地包括城镇和农村，列联表如表 4-25 所示：

表 4-25　　陕西省中老年居住地与幸福感的期望频数计算表（人）

幸福感	农村	城镇	合计
幸福	64	122	186
不幸福	27	33	60
合计	91	155	246

由 spss23.0 输出的结果如表 4-26 所示：

表 4-26　　　陕西省中老年居住地与幸福感的卡方独立性检验

检验方法	值	自由度	渐进显著性（双侧）
皮尔逊卡方	2.183[a]	1	0.140
连续性修正[b]	1.753	1	0.186
似然比	2.149	1	0.143

原假设为：居住地与幸福感独立。根据表 4-26 可以看到我们不能够拒绝原假设（p 值>0.05），即陕西省中老年居住地与幸福与否无关。将各个指标与幸福感进行检验，得出结果如表 4-27 所示：

表 4-27　　　陕西省中老年各指标与幸福感的卡方独立性检验

指标	皮尔逊卡方值	自由度	渐进显著性（双侧）
信仰	3.287[a]	1	0.070
收入	13.917[a]	4	0.008
学历	10.221[a]	3	0.017
年龄	5.536[a]	5	0.354

根据表 4-27 可以看出，陕西省中老年收入与幸福感呈现出显著相关的关系，这与之前的收入影响幸福感相呼应，另一方面也证明结论的正确性。这主要是因为经济条件的丰裕造成的心灵满足感，所以提升老年人的经济状况对满足其精神消费有非常大的影响。

四、总结

根据以上数据分析可以看到，陕西省中老年人的需求呈现出多层次、多样化的特点，需要建立多层次、多方面的养老社会支持机制，针对不同地区、不同收入、不同性别的需求类别和需求倾向提供不同的解决方案，具体问题具体分析。例如，针对农村和城镇之间的医疗状况差距，应当建立和完善农村养老保障体系，尽快建立健全农村社会保障制度，加快农村地区医疗保障制度建设，这才是解决农村养老问题的重中之重。另外，国家应当积极调整财政分配格局，财政支出进一步向农村养老保障方面倾斜。虽然中老年人的精神消费可观，但仍然存在很多问题，比如很多农村缺少社区服务、老年活动太少、子女的关爱度不够等问题。所以为了提高中老年人的精神消费,需要坚持政府引导、政策扶持、社会参与、市场推动,加快发展以居家为基础、社区为依托、机构为支撑的养老服务体系。一是大力发展居家养老服务,重点推进养老服务社区化,依托和利用各类社区服务资源,建立居家养老服务机构、设施和网点,逐步实现城乡居家养老服务全覆盖,使他们不出社区、不出家门就能够享受到专业的照料、护理、保健等服务。提倡多种形式的社区志愿活动和互助服务。二是发展和规范机构养老服务。加大财政投入,加强公益性养老服务设施建设,鼓励引导社会资本参与兴办养老服务机构,努力实现"十二五"规划纲要提出的养老床位目标。三是加大政策扶持力度。四是加强养老服务人员队伍建设。

第三节 青海省中老年群体需求特征

一、调查背景

(一) 调查意义

根据青海省老龄部门统计,2018 年年末,青海省 65 岁及以上的中老年人已达到 48.5 万人,占总人口的 8.04%。虽然相对于全国,青海省人口老龄化严峻程度较低,但由于经济发展等因素,青海省中老年人生活照料、康复护理的压力大,面对的困难很多,应对人口老龄化的工作依然任重道远。

通过知网平台主题关键词搜索"青海老年人、青海老年人生活状况、青海老年人养老模式"发现,只有 30 篇左右的相关文献,其中大多数文献均研究青海老年人身体健康状况,而对于青海老年人需求的研究十分少见。因此,全面了解和掌握青海老年人生理、心理、社会等方面的需求,积极应对青海人口老龄化问题是非常必要和紧迫的。

(二) 青海省基本情况

青海省位于我国西北地区,地处青藏高原东北部,简称"青",总面积 72.23 万平方公里,北部和东部同甘肃相接,西北部与新疆相邻,南部和西南部与西藏毗连,东南部与四川接壤。青海省兼具青藏高原、内陆干旱盆地和黄土高原三种地形地貌,地形复杂多样,山脉高耸,五分之四以上的地区为高原,平均海拔在 3000 米以上,河流纵横,湖泊棋布。巍巍昆仑山横贯中部,唐古拉山峙立于南,祁连山矗立于北,茫茫草原起伏绵延,柴达木盆地浩瀚无限。

远看是高山,近看似平川——游客如此勾勒青海地貌,这是从飞机上鸟瞰所得印象。飞机飞近横亘于甘肃与青海间的祁连山时，看到这千尺绝壁的高山会感到惊讶；而当飞机越过界山后的起伏山地，却见大片的青海湖（长105公里，宽63公里，湖面海拔3196米，是我国最大的内陆高原咸水湖），以及辽阔的柴达木盆地（面积大约27万平方公里），使人难以置信这是高原上的平川。再往南飞，昆仑山脉、巴颜喀拉山脉、唐古拉山脉自西逶迤，看似高出地面不过500~1000米的缓坡，起伏于高原之上。山脚谷地是一片草原景色，要不是高达雪线（海拔4000米）以上的雪峰，像大海上的白头浪花漫卷在高原之上，也许会把那片草原当作沿海平原上的低矮丘陵地。高原上的山岭虽然不见高耸千仞，却是雪线以上的冰川雪峰，冰雪融化成的雪水，长年渗进草甸下漫流，聚成沼泽，汇成溪流，再汇百川而成黄河、长江。黄河水像摇篮一样抚育中华民族；长江水则滋润中原大地。

青海省是我国多民族聚居的地区之一，也是我国北方少数民族发祥地之一，历史悠久，文化灿烂。截至2017年年底，青海省下辖2个地级市、6个自治州，共有4个县级市、27个县、7个自治县、6个市辖区。5个世居少数民族聚居区均实行区域自治，先后成立了6个自治州、7个自治县。

（三）青海省人口红利大于全国

按照我国人口老龄化划分标准，60岁以上老年人达到总人口的10%或65岁以上老年人达到7%，称之为"老龄社会"。相关数据显示，1999年全国60岁以上老年人超过10%，这就意味着我国在20世纪末就进入了"老龄社会"。

与全国平均水平相比，青海省老龄化程度相对低些，进入老龄化社会比全国也晚了10年，于2009年进入老龄化社会。2016年年底相关数据显示，全国老龄人口约占总人数的17.3%，青海省占比为12.4%，也就是说每8人中有一位老年人。

人口老龄化的加剧，让人不得不关注另外两个关键词，即"人口抚养比"和"人口红利"。"人口抚养比"是指人口中非劳动年龄与劳动年龄人口数之比，反映社会负担的相对程度。"人口红利"是指劳动年龄占总人口比重较大，抚养比较低，劳动力供给相对充足，社会负担相对较轻，从而对社会经济发展有利，经济学家称这段人口时期为"人口机会窗口"或"人口红利期"。相关数据显示，目前全国人口的平均寿命为76.3岁，青海省的平均寿命为71.7岁；全国的人口抚养比为25.05，青海省的人口抚养比为17.95。从这两组数据可以看出，青海省的人口抚养负担低于全国，人口红利大于全国。

（四）老龄化带来了巨大的养老市场商机

据全国老龄办公布的数据，截至2017年年底，我国60岁及以上老年人口有

第四章 中老年群体的需求特征——基于西北地区 CATI 数据的分析

2.41亿人。预测，到2030年中国65岁以上人口将占全部人口比重的20%，预计到2050年每3个中国人中就有一个超过65岁。老年人口的增长一方面会带来许多的问题，另一方面也是一个巨大的机遇。随着老年人的增长，老年人对质量高和适用性好的老年产品比较青睐，这意味着老年人市场是一个巨大且极富有潜力的市场，照护服务、老年旅游、老龄用品、网络消费成为老年人消费新热点。党的十九大报告指出："促进生育政策和相关经济社会政策配套衔接，加强人口发展战略研究。积极应对人口老龄化，构建养老、孝老、敬老政策体系和社会环境，推进医养结合，加快老龄事业和产业发展。"中国社科院老年研究所预计，目前中国养老市场的商机约1000亿元，到2030年有望增至万亿元。

中国老龄科学研究中心发布的《老龄蓝皮书：中国城乡老年人生活状况调查报告（2018）》（以下简称《蓝皮书》）称，随着中国人口老龄化程度持续加深，从健康医疗状况来看，老年人健康状况整体改善。2015年，城乡享有医疗保障的老年人比例分别达到98.9%和98.6%，比2006年分别上升24.8个和53.9个百分点，这也是世界老年人口第一大国老年医疗保健事业的重大成就。而且老年人经济自评宽裕比例共提高了3.7%，这意味着老年人的消费能力不断提高。

《蓝皮书》数据也显示，2015年，我国城市老年人平均医药费支出2341元，占消费总支出的11.6%，农村老年人平均医药费支出1395元，占消费总支出的15.7%。由于大部分老年人或多或少患有慢性疾病，因此，药品成为一部分老年人赖以维持生命的重要支撑。报告认为，随着我国老年人规模的日益庞大，未来老年医药用品会持续增长。

此外，老年人的照护服务需求规模扩大也十分明显，调查显示，当前高龄老人3000多万人，失能老人4000多万人。空巢、高龄、失能老年人的增加，对照护服务的需求日益凸显。2015年，我国城乡老年人自报需要照护服务的比例为15.3%，比2000年的6.6%上升将近9个百分点。分年龄段来看，高龄老年人对照护服务的需求最为强烈，自报需要照护服务的比例从2000年的21.5%上升到2015年的41.0%，上升了将近20个百分点，上升幅度是79岁及以下老年人的3倍多。由此可见，照护服务成为城乡老年人消费的重要项目。从具体服务项目来看，38.1%的老年人需要上门看病服务，12.1%的老年人需要上门做家务服务，11.3%的老年人需要康复护理服务。随着老年人收入的不断提高，这些潜在需求都将转变成老年人的有效需求。

综上，老龄化产业隐藏着无限的商机，如老年用品、养老机构、医养医院、老年保险服务、养老地产、养老金融、老年旅游、老年教育等产业，都是未来的朝阳产业。

二、青海省人口特征分析

(一)青海省出生率经历两个生育低谷、一个生育高峰直至趋于平缓增长

1960年青海省的人口出生率首次进入低谷状态。结合中国的发展历史，1959—1961年中国经历了严重的自然灾害，经济的发展受到了严重的影响，人口出生率随之受到影响，从而迎来了青海省人口出生率的第一个生育低谷，1960—1963年人口逐年净增长值为负值，见表4-28所示。

表4-28　　　　青海省1949年至2018年常住人口统计表

年　份	年底总人口（万人）	逐年增长量（万人）	环比发展速度（%）
1949	148.33		
1950	151.83	3.50	2.36
1951	156.23	4.40	2.90
1952	161.38	5.15	3.30
1953	164.01	2.63	1.63
1954	173.24	9.23	5.63
1955	179.42	6.18	3.57
1956	199.92	20.50	11.43
1957	204.64	4.72	2.36
1958	225.00	20.36	9.95
1959	260.01	35.01	15.56
1960	248.65	-11.36	-4.37
1961	211.42	-37.23	-14.97
1962	205.01	-6.41	-3.03
1963	209.74	4.73	2.31
1964	219.48	9.74	4.64
1965	230.45	10.97	5.00
1966	240.61	10.16	4.41
1967	250.45	9.84	4.09

第四章 中老年群体的需求特征——基于西北地区 CATI 数据的分析

续表

年　份	年底总人口（万人）	逐年增长量（万人）	环比发展速度（%）
1968	260.95	10.50	4.19
1969	271.93	10.98	4.21
1970	282.73	10.80	3.97
1971	295.65	12.92	4.57
1972	307.05	11.40	3.86
1973	318.15	11.10	3.62
1974	328.75	10.60	3.33
1975	337.49	8.74	2.66
1976	346.58	9.09	2.69
1977	356.75	10.17	2.93
1978	364.86	8.11	2.27
1979	372.02	7.16	1.96
1980	376.90	4.88	1.31
1981	381.60	4.70	1.25
1982	392.79	11.19	2.93
1983	392.57	-0.22	-0.06
1984	401.61	9.04	2.30
1985	407.38	5.77	1.44
1986	421.12	13.74	3.37
1987	427.90	6.78	1.61
1988	434.20	6.30	1.47
1989	440.20	6.00	1.38
1990	447.66	7.46	1.69
1991	454.43	6.77	1.51
1992	461.02	6.59	1.45
1993	466.70	5.68	1.23
1994	474.00	7.30	1.56

续表

年　份	年底总人口（万人）	逐年增长量（万人）	环比发展速度（%）
1995	481.20	7.20	1.52
1996	488.30	7.10	1.48
1997	495.60	7.30	1.49
1998	502.80	7.20	1.45
1999	509.80	7.00	1.39
2000	516.50	6.70	1.31
2001	523.10	6.60	1.28
2002	528.60	5.50	1.05
2003	533.80	5.20	0.98
2004	538.60	4.80	0.90
2005	543.20	4.60	0.85
2006	547.70	4.50	0.83
2007	551.60	3.90	0.71
2008	554.30	2.70	0.49
2009	557.30	3.00	0.54
2010	563.47	6.17	1.11
2011	568.17	4.70	0.83
2012	573.17	5.00	0.88
2013	577.79	4.62	0.81
2014	583.42	5.63	0.97
2015	588.43	5.01	0.86
2016	593.46	5.03	0.85
2017	598.38	4.92	0.83
2018	603.23	4.85	0.81

数据来源：青海省历年统计年鉴

第四章 中老年群体的需求特征——基于西北地区 CATI 数据的分析

从 1962 年至 1970 年，人口出生率进入大规模补偿生育阶段，青海也不例外。在 1963 年出现青海省的第一个人口生育高峰期，出生人口较 1960 年增长了 32.49%。20 世纪 70 年代是中国人口发展出现根本性转变的重要时期。之后，随着全国范围内发出了实行计划生育的号召，并且制订和完善了明确的计划生育政策，使人口高出生、高增长的势头得到迅速控制。人口由无计划自发的高增长进入了有计划可控制的增长态势。1983—1985 年青海省的出生率出现了第二个低谷，出生率从 1963 年的 45.56% 下降到了 1984 年的 15.94%。

20 世纪 90 年代以后，国家的计划生育政策稳步推进，青海省的人口增长进入一个平稳增长阶段，这一阶段人口的增长率维持在 20% 左右，上下浮动的频率差不明显，这样的增长一直持续到 21 世纪，见表 4-28、图 4-19 所示。

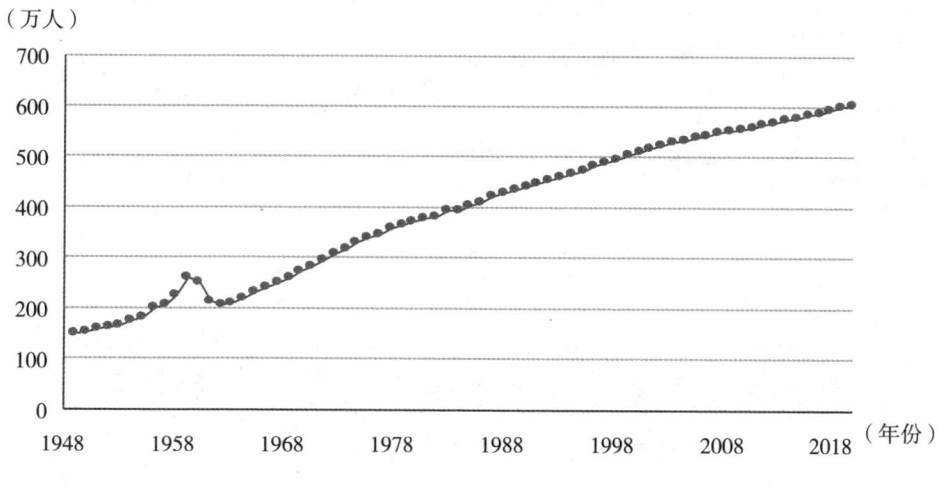

图 4-19 青海省年底总人口数

（二）少数民族人口稳步增加

近年来，青海省少数民族人口也在稳步增加。2016 年年末，全省少数民族人口达到 283.14 万人，占全省常住人口的 47.71%。与 2011 年相比增加 15.24 万人，年均增长 1.1%。世居青海的五个少数民族人口由 2011 年年末的 265.61 万人增加到 2016 年年末的 280.65 万人。其中，藏族人口为 149.73 万人，占全省常住人口的 25.23%；回族人口为 87.71 万人，占 14.78%；土族人口为 21.05 万人，占 3.55%；撒拉族人口为 11.46 万人，占 1.93%；蒙古族人口为 10.7 万人，占 1.8%。家庭户中民族混合户的比重也持续提高。2015 年年末全省家庭户中有两个及以上民族的户比重为6.28%，比2010年年末的5.93%上升0.35个百分点。

(三) 城镇人口占比快速增长

2000年，青海省总人口516.5万人，城镇人口179.54万人，乡村人口336.96万人，城镇人口占比为34.76%，其后城镇人口占比一直处于上升水平。2015年，城镇人口占比超过农村人口，截至2018年年末，全省常住总人口603.23万人，其中，城镇常住人口328.57万人，占总人口比重（常住人口城镇化率）为54.47%。通过图4-20，我们可以更加清晰地看出青海省城镇人口占比的快速增长，城镇化水平稳步提高。

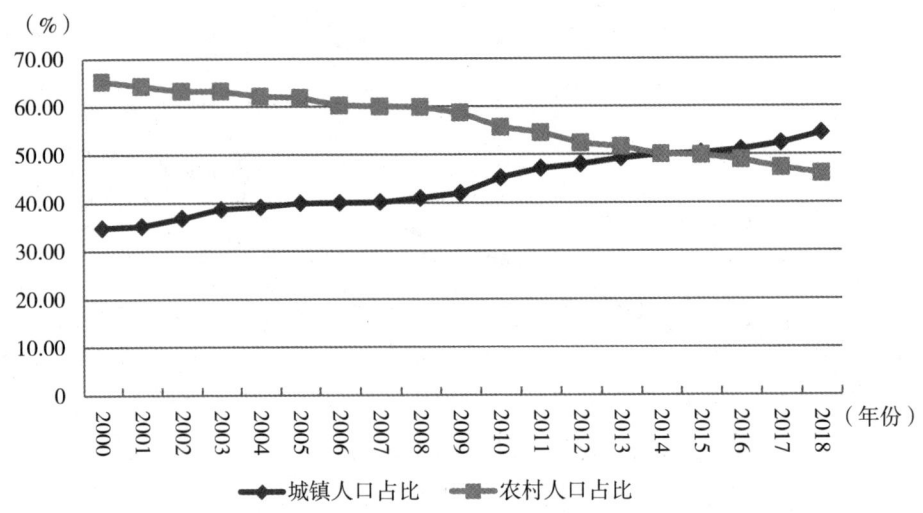

数据来源：青海统计年鉴

图4-20　城镇人口比重

(四) 人口年龄结构由年轻型步入老年型

从青海省6次人口普查结果和近年来常住人口年龄结构数据可以看出，青海省在20世纪90年代人口年龄结构呈现出年轻型，而后逐渐进入老年型的年龄结构，且老龄化速度不断加快。2018年年末，青海省常住人口中65岁及以上人口为48.5万人，占全省常住人口的8.04%，比2010年增加42.2万人，见表4-29、表4-30、图4-21所示。

表 4-29　　　　青海省 6 次人口普查常住人口年龄结构（%）

年份	1953	1964	1982	1990	2000	2010
0~14 岁	40.03	38.45	40.56	30.75	26.62	20.92
15~64 岁	57.14	59.47	56.74	66.18	68.98	72.78
65 岁及以上	2.83	2.08	2.70	3.07	4.40	6.30

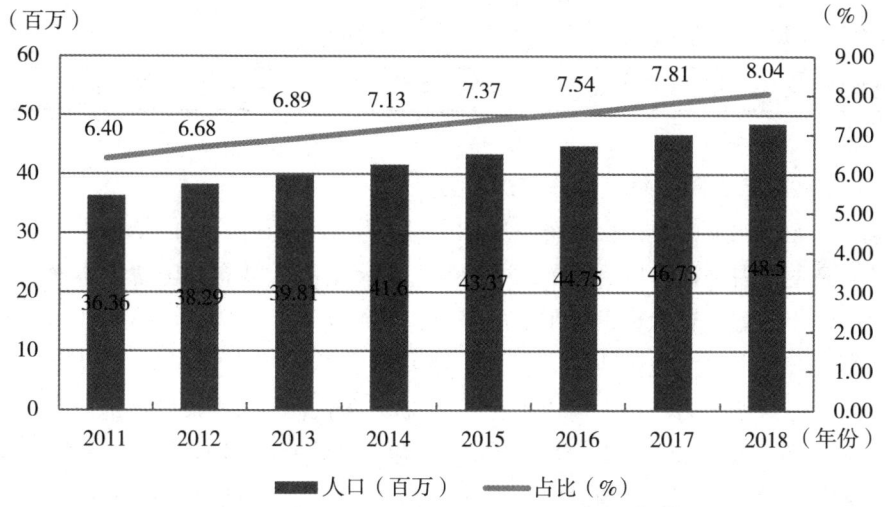

图 4-21　2011—2018 年青海 65 岁及以上人口统计

（五）老龄化导致抚养比增加

根据青海省近年来人口年龄结构数据，计算得出青海省的老年抚养比，可以看出，从 2011 年到 2018 年仅 8 年时间，65 岁及以上人口数从 2011 年的 6.4%增加到 2018 年的 8.04%，老年抚养比从 2011 年的 8.81%增长为 2018 年的 11.14%，变化速度逐步加快，具体数据见表 4-30 所示。可见青海省老龄化已经步入显化阶段，老年抚养比处于不断上升的趋势，并且这一过程的速度十分迅速。

表 4-30　2011—2018 年青海常住人口年龄结构与老年抚养比（万人；%）

指标		2011年	2012年	2013年	2014年	2015年	2016年	2017年	2018年
0~14岁	人数	119.09	116.75	116.20	117.04	117.10	117.50	118.30	119.20
	比重	20.96	20.37	20.11	20.06	19.90	19.80	19.77	19.76
15~64岁	人数	412.72	418.13	421.78	424.79	427.96	431.21	433.35	435.53
	比重	72.64	72.95	73.00	72.81	72.73	72.66	72.42	72.20
65岁及以上	人数	36.36	38.29	39.81	41.60	43.37	44.75	46.73	48.50
	比重	6.40	6.68	6.89	7.13	7.37	7.54	7.81	8.04
老年抚养比		8.81	9.16	9.44	9.79	10.13	10.38	10.78	11.14

（六）西宁地区老年人口比重最大

人口老龄化是由于社会经济发展和人口出生率下降所造成的结果。随着社会水平的高度发展，社会经济发展水平提高，人们的思想观念也随之发生改变，使得人们对于生育的观念也发生了质的变化，最终使得人口老龄化的程度加深。

据调查得出：全省各地区老年人口相对当地总人口比重在 7% 以上的就有 7 个，只有海西地区的老年人口比重在 5.27%。西宁地区老年人口比重最高，达到 11.02%。西宁市是全省的政治、经济、文化中心。西宁的社会发展水平和医疗卫生条件相对于省内其他地区好，因此，大多数老人集中到西宁市，这是青海省老年人口数量分布不均匀的客观原因。

人口老龄化问题是一个国家和地区在经济发展过程中不可避免的人类发展进程。伴随着老龄化的发展会产生一系列的问题。青海省的大部分地区已经进入了人口老龄化社会，且发展速度非常迅速。近三十年青海省的人口年龄结构金字塔由最初的规则金字塔型逐渐转变为底部窄顶部宽的不规则结构。作为中国西部地区欠发达的多民族省份之一，如何应对老龄化的快速发展趋势，不仅关系到老年人的社会保障和生活质量，而且涉及每个人的幸福生活，乃至民族地区的团结稳定与可持续发展。

三、样本基本情况

（一）样本的年龄分布特征

参与抽样调查的中老年人共 102 人，为了便于分析，将被调查中老年人的年龄分为"55~59 岁、60~64 岁、65~69 岁、70~74 岁、75~79 岁和 80 岁以上"这六个年龄段，分布结果如表 4-31 所示。

表 4-31　　　　　　　　样本年龄结构分布表

年龄段	人数（人）	比重（%）	累计比重（%）
55~59 岁	26	25.5	25.5
59~64 岁	20	19.6	45.1
65~69 岁	28	27.5	72.6
70~74 岁	17	16.7	89.3
75~79 岁	4	3.9	93.2
80 岁以上	7	6.8	100.0
总计	102	100.0	

调查结果显示：55~64 岁的中老年人共计 46 位，符合联合国规定的法定老年人（年龄≥65 岁）共计 56 人。

（二）城镇中老年人口数量多于农村

参与抽样调查的 102 位中老年人中，城镇户口 64 人，占总调查人数的 62.74%；农村户口 38 人，占总人数的 37.26%，见图 4-22 所示。调查数据显示，青海省地区城镇户口的中老年人多于农村户口的中老年人。

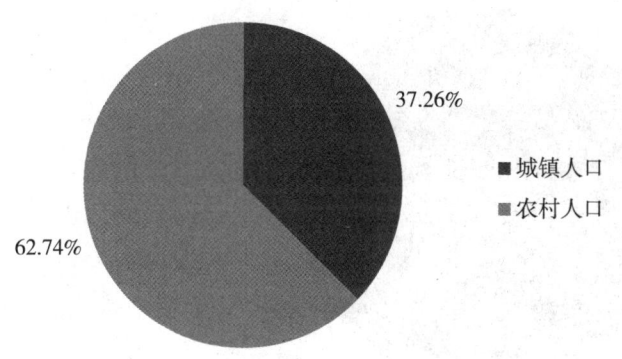

图 4-22　样本城镇农村分布

（三）城镇中老年人文化程度高于农村中老年人

由图 4-23、图 4-24 分析可知：城镇中老年人中 16% 的中老年人文化程度在小学及以下，12% 的中老年人文化程度在初中，14% 的中老年人文化程度在高中，包括中职、职高、技校，58% 的中老年人文化程度在大专及以上；农村中老年人中 42% 的中老年人文化程度在小学及以下水平，18% 的中老年人文化程度是初中水平，8%的中老年人文化水平是高中，包括中职、职高、技校，32%的中老年人文化程度在大专及以上。对比可知，农村中老年人的文化程度相对较低，大部分在小学及以下水平，而城镇中老年人大部分在大专及以上水平。因此，加强农村中老年人的文化程度已是迫在眉睫。

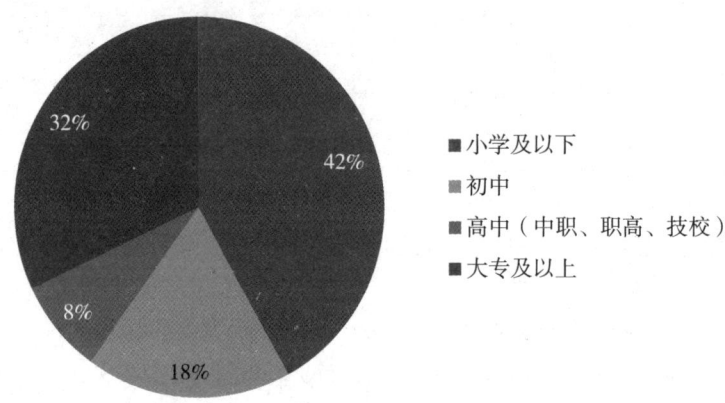

图 4-23 农村中老年人文化程度分布

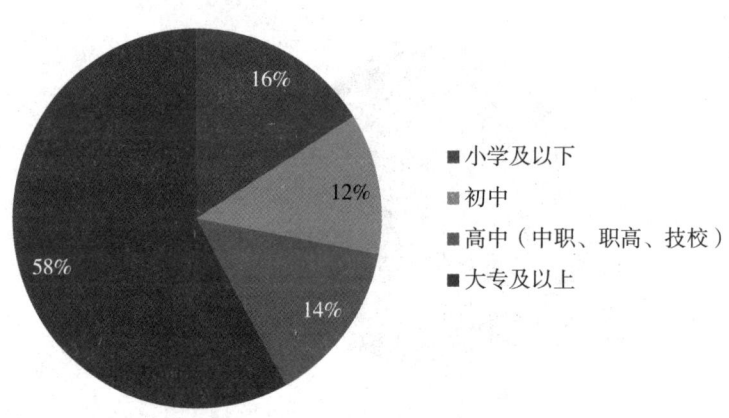

图 4-24 城镇中老年人口文化程度分布

（四）73.53%的中老年人家庭完整

参与抽样调查的 102 个样本中，73.53%已婚（有配偶），8.82%未婚，3.92%离异，4.90%丧偶，0.98%丧偶再婚，2.94%离婚再婚，4.90%独居，见图 4-25 所示。根据调查数据显示，青海省地区大部分中老年人处于已婚状态。

第四章 中老年群体的需求特征——基于西北地区 CATI 数据的分析

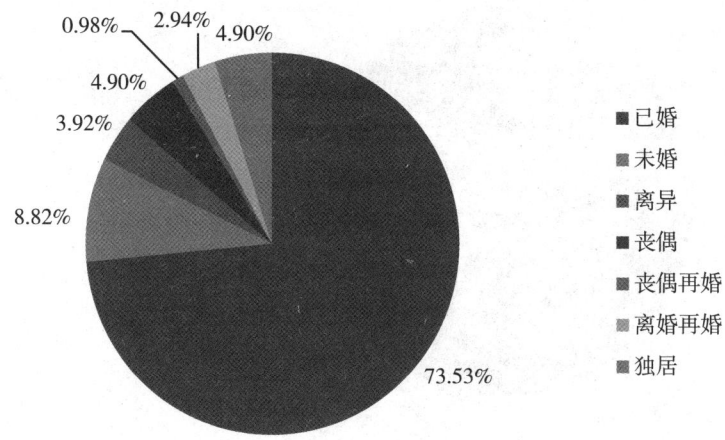

图 4-25 样本婚姻状况分布

（五）63.72%的中老年人月收入低于 2000 元

如表 4-32 所示，被调查者大部分月收入在 2000 元以下，月收入 1000 元以下 19 人，占总人数的 30.39%；月收入 1000～2000 元的有 40 人，占总人数的 33.33%；月收入 4000 元以上的仅 3 人，占总人数的 7.84%。可见，青海省中老年人口月收入普遍较低。

表 4-32　　　　　　　　青海省中老年人月收入状况

收入（元）	人数（人）	比重（%）	累计比重（%）
1000 以下	19	30.39	30.39
1000～2000	40	33.33	63.72
2000～3000	32	15.69	79.41
3000～4000	8	12.75	92.16
4000 以上	3	7.84	100.0
总计	102	100.0	—

（六）样本职业状况

在所调查的样本中，政府部门人员所占比率较小，仅为 11.76%；个体户和其他自由职业者所占比重相对较多，为 43.14%，见图 4-26 所示。

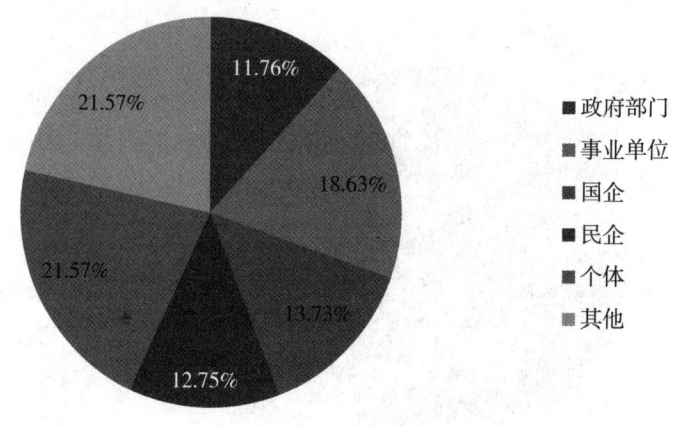

图 4-26 样本职业状况分布

四、青海中老年人物质需求状况分析

(一) 中老年人月消费状况

通过样本调查数据分析，消费支出在 1000 元以下的中老年人比重较大，占总体的 57.8%，其中仅有 3 位中老年人每月消费水平高于 3000 元，这说明青海省中老年人基本物质消费水平普遍较低。可见中老年人一直秉持着勤俭节约的生活态度，详见表 4-33 所示。

表 4-33　　　　　　青海省中老年人每月消费状况分布

消费（元）	人数（人）	比重（%）	累计比重（%）
500 以下	19	18.6	18.6
500~1000	40	39.2	57.8
1000~2000	32	31.4	89.2
2000~3000	8	7.9	97.1
3000 以上	3	2.9	100.0
总计	102	100.0	——

从图 4-27 可以看出，城乡中老年人的每月消费情况存在较大差异，71.1% 的农村中老年人每月消费在 500~1000 元，同等消费水平下的城镇老年人占 50%。此外，消费水平 2000 元以上的中老年中，城镇中老年人有 9 人，农村仅

有 2 人。可见,青海省中老年人群中,城镇居民的消费水平明显高于农村居民,这可能与其相应的收入水平和消费观念有关。

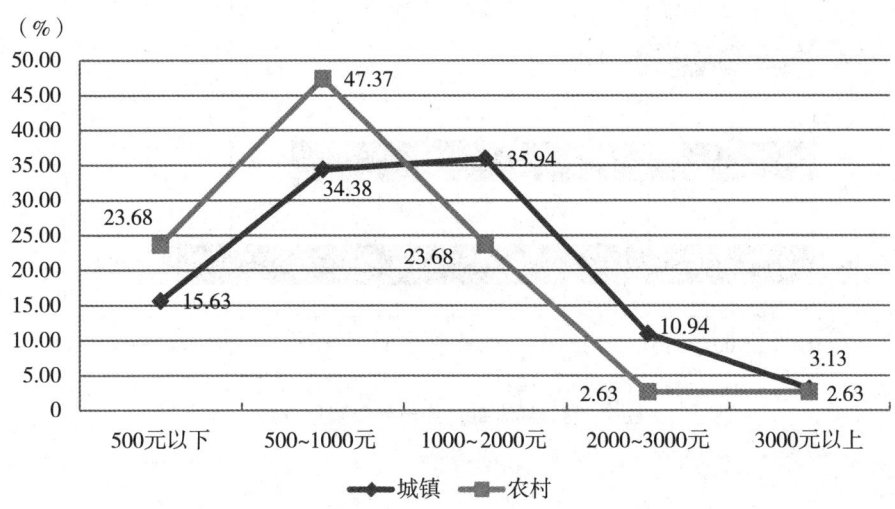

图 4-27 城乡中老年人月消费情况分布

(二) 中老年人外出就餐费用主要在 0~200 元

由图 4-28 可以看出,大部分中老年人每月外出就餐费用在 200 元以内,占被调查总人数的 69.61%。受传统生活方式和消费观念影响,青海大部分中老年人生活节俭,外出用餐欲望不高,大部分时间选择在家用餐,因此每月外出用餐费用所占比例普遍较低。

(三) 青海省中老年人每年医疗费用支出相对偏高

人类的衰老首先是从生理方面开始的,中老年人的生理形态变化特征包括人体内部细胞的变化特征、组织和器官的变化特征、整体外观以及身体各功能系统的变化特征。个体的衰老和机体的退化是自然而然的,也是每个老年人必须面对的事实。此外,由于青海地处高原,自然条件差,老年人普遍患有多种疾病,例如慢性支气管炎、风湿性关节炎、糖尿病;其中高原地方病较普遍,例如高血压、冠心病的比例较高,这些病都需要常年吃药,甚至伴随着老年人的终身。调查数据显示,中老年人每年医疗费用支出较高,支出在 3000 元以上的占 11.76%,相对于中老年人其他生活开支,医疗费用占比相对较高,如图 4-29 所示。

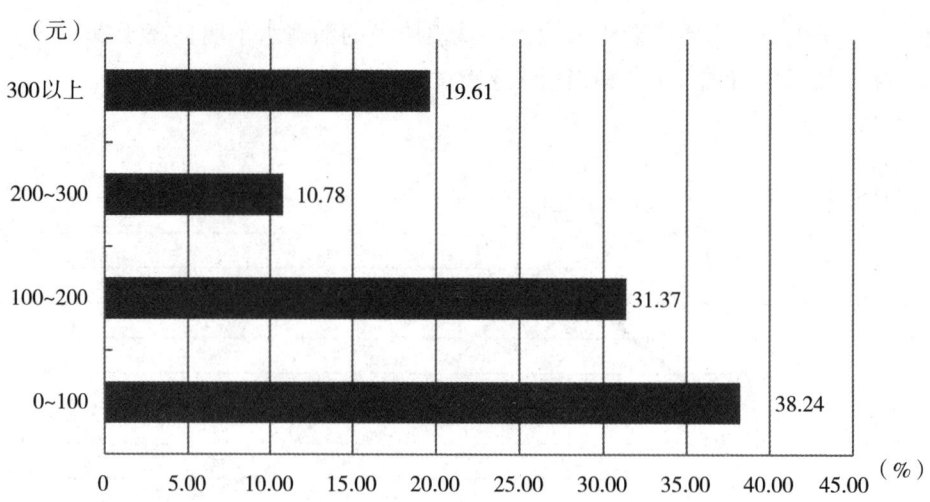

图 4-28 样本每月外出就餐费用分布

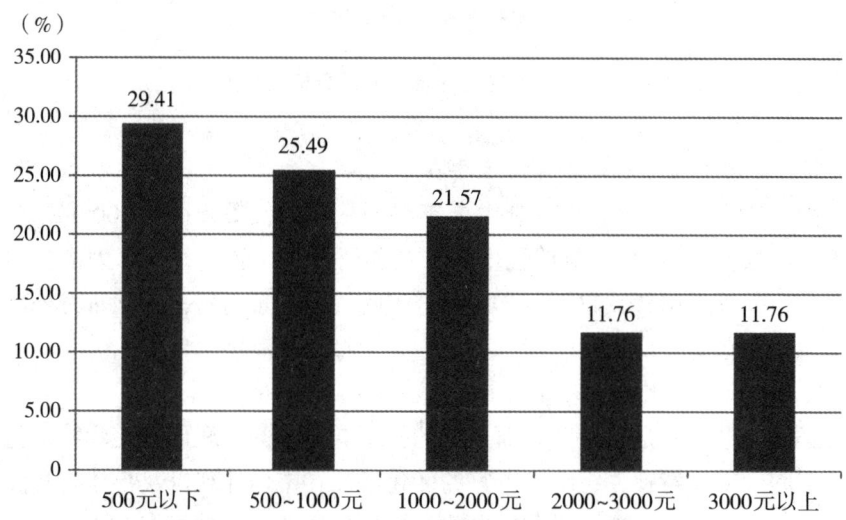

图 4-29 青海省中老年医疗费用年支出情况分布

五、青海省中老年人精神需求状况分析

（一）中老年人闲暇时间以看电视居多

被调查人群中，大多数中老年人闲暇时间选择上网或看电视，读书看报对中老年人来说也是度过闲暇时间必不可少的一种方式，详见图 4-30 所示。可见，

第四章 中老年群体的需求特征——基于西北地区 CATI 数据的分析

看电视是如今中老年人最青睐的打发闲暇时间的方式，但看电视并不是最好的方式。中老年人长时间坐着看电视，活动得少，骨骼长时间不受力，心肺功能、肌肉得不到锻炼，容易出现腰腿酸痛、颈椎不适等症状，可能导致肥胖、骨质疏松和肌肉退化。《科学报告》发表的一项研究 "Television viewing and cognitive decline in older age: fndings from the English Longitudinal Study of Ageing" 显示：在50岁及以上的中老年人中，每天收看电视超过3.5个小时可能与言语记忆力下降相关；还有老年人长时间盯着闪烁的电视荧光屏，会导致眼睛干燥不适；且老年人对媒体的信赖度很高，甚至会将电视内容当作行动纲领，比如十分火爆的养生类节目，每天教各种各样的养生妙招，有的老年人看后立即行动，往往会忽略该方法是否适合自己，存在上当受骗风险；此外，老年人本身社交圈就很小，如果长时间在家看电视，不出门交流，会导致朋友越来越少，陷入深深的孤独。因此，应鼓励中老年人多与朋友聚会、多运动、多参加集体活动，这不仅可以增进中老年人之间的感情，丰富中老年人的日常生活，使他们不那么寂寞，空虚，还可以一定程度锻炼中老年人的大脑。

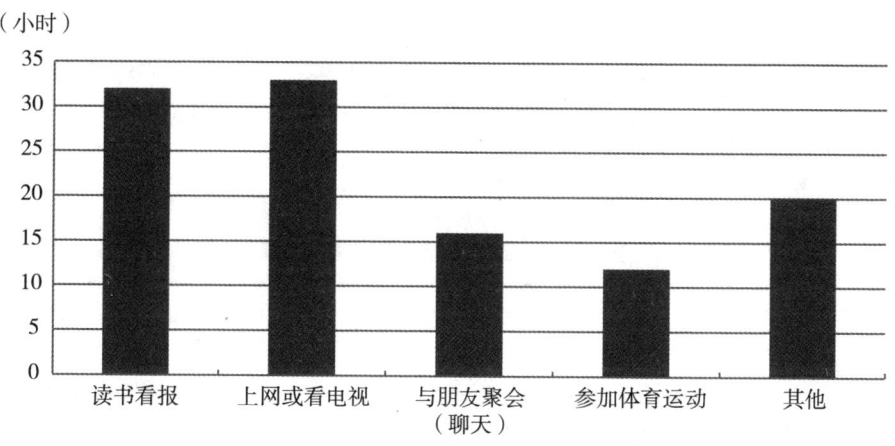

图 4-30 中老年人闲暇时间活动分布

（二）中老年人每天锻炼时间主要在 0~2 小时

如表 4-34 所示，中老年人的锻炼时间大部分集中在 2 小时以内，中老年人身体各项机能都处于下降的趋势，需要通过锻炼来提高自己的身体素质和抵抗能力。子女应该鼓励老人根据自身身体状况进行锻炼，增强体质。

表 4-34　　　　　　　　年龄段与锻炼时间的关系

锻炼时间	55~59 岁	60~64 岁	65~69 岁	70~74 岁	75~79 岁	80 岁以上
0 小时	3	1	3	1	0	0
1 小时以内	15	14	15	4	3	3
1~2 小时	3	5	10	10	1	1
2 小时以上	5	0	0	2	0	3
合计	26	20	28	17	4	7

(三)"子女不在身边"是中老年人精神生活的主要问题

根据调查结果,影响 55~59 岁中年人精神生活的主要问题是健康状况,其次是子女不在身边,再次是精神空虚和寂寞;60~74 岁的老年人精神生活主要问题均为子女不在身边,其次是精神空虚和健康状况,最后是寂寞、老年活动太少以及其他问题;75~79 岁老年人精神生活主要问题是寂寞,其次是子女不在身边及其他问题;80 岁以上的老年人影响精神生活的主要问题是寂寞、老年活动太少、健康状况,其次是子女不在身边,详见表 4-35 所示。因此,"子女不在身边"是大部分中老年人精神生活的主要问题,子女应尽力多陪伴自己的父母长辈,不要让他们觉得寂寞,影响情绪,从而影响身体,也应多关心中老年人的身体状况,按时体检,及时就医。

表 4-35　　　　　　　中老年人精神生活与年龄交叉分布表

年龄(岁)	寂寞	精空虚	子女不在身边	老年活动太少	健康状况	其他
55~59	5	5	6	3	7	0
60~64	2	3	8	2	3	2
65~69	4	4	9	3	4	4
70~74	2	3	9	2	1	0
75~79	2	0	1	0	0	1
80 以上	2	0	1	2	2	0
合计	17	15	34	12	17	7

(四)"自身心态"是影响中老年人精神生活的主要因素

随着经济水平的提升,对于大部分中老年人来说,影响其精神生活的主要因素已不是"物质条件",而是"自身心态""社会及政府的政策制度"和"与家人及朋友的关系",如图4-31所示。中老年人随着年龄的增长和角色的变化,社会活动范围相对缩小,心态会发生很多复杂的变化。特别是退休后,中老年人与社会接触减少,容易与社会脱节,产生封闭思想。中老年人不仅需要的是物质方面的赡养,更渴望的是社会的认可、情感的关爱、心灵的慰藉。如何解决子女在工作、事业、子女抚养、社会交往与老人的精神需求之间的矛盾,需要社会、家庭和中老年人的共同努力。子女应该在改善中老年人物质条件的同时,主动改善与老人的关系,并帮助老人改善与朋友的关系,注意帮助老人调节自身心态,注意了解影响老人精神生活的其他因素,使其有一个幸福快乐的晚年生活。此外,相关社会及政府机构也应当结合青海省实际情况,完善家庭养老普惠性福利政策,将老年社会工作服务嵌入居家养老服务、社区照料、机构养老服务之中。

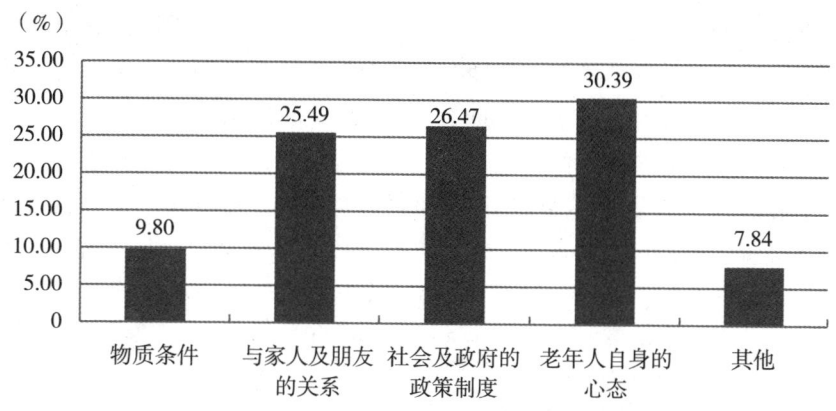

图4-31 影响中老年人精神生活主要因素情况分布图

(五)中老年人对"子女孝敬"方面最不满意

由表4-36调查结果分析可知,青海省中老年人对社区服务、政府政策、子女孝敬、居住区方便程度等方面满意度普遍偏低,选择"很满意"的人数非常少,选择"一般""不太满意"的人数偏多,但其中,中老年人对于"子女的孝敬""居住区的就医方便程度""居住区的交通方便程度"三个方面选择"最不满意"的人数最多。因此,子女、社会公众、社区和政府应对这些方面予以高度重视,关爱中老年人生活的各方面,注重孝道,改善居住区医疗环境和交通条件、提高中老年人的满意程度。

表 4-36　　　　　　　中老年人满意度占比汇总表（%）

满意程度	社会公众对老年人的关爱	社区对老年人的服务项目	社区对老年人的服务态度	政府对老年人的优惠政策	子女对老年人的孝敬	居住区的交通方便程度	居住区的就医方便程度
很满意	12.75	12.75	9.80	11.76	2.94	5.88	7.84
较满意	19.61	20.59	19.61	12.75	10.78	18.63	8.82
一般	26.47	29.41	30.39	27.45	17.65	17.65	19.61
不太满意	24.51	24.51	26.47	25.49	29.41	27.45	26.47
很不满意	16.67	12.75	13.73	22.55	39.22	29.41	37.25

（六）中老年人最需要子女的陪伴和沟通来满足其精神需求

由表 4-36 分析可得，青海省中老年人对于"子女的孝敬"方面最不满意，那么子女如何做，最有助于满足其精神需求呢？通过调查结果可以看出，绝大部分中老年人认为，子女的陪伴和沟通对于满足其精神需求是最为重要的，其次是理解中老年人的生活并提供足够空间，详见图 4-32 所示。因此，子女应该经常与父母沟通，了解中老年人内心活动，尽可能常伴身边，让父母在家里感受到更多的关怀和温暖，子女可以抽时间陪父母散步，主动与父母谈论他们感兴趣的话题，耐心倾听父母的想法，遇事多与父母商量，尊重老人，对老人的生活持理解态度并给予足够空间，让他们在感受到关爱的同时，充分享受生活。

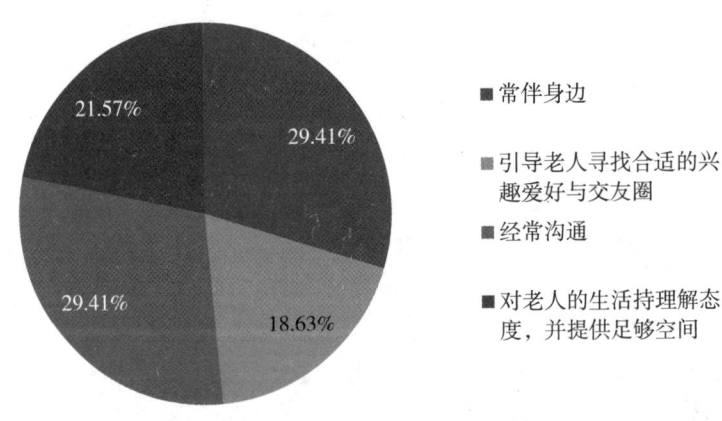

图 4-32　中老年人对于子女满足精神其需求情况分布

第四章 中老年群体的需求特征——基于西北地区 CATI 数据的分析

（七）大部分中老年人认为"老年活动中心及敬老院的集体文体活动"有助于满足其精神需求

如图 4-33 所示，"老年活动中心及敬老院的老年集体文体活动"备受中老年人青睐，大部分中老年人认为集体文体活动有助于满足其精神需求，此外，"社会公众对老年人敬老意识与行为""社区短期举办各种老年娱乐活动"也是满足其精神需求必不可少的方面。由于中老年人的孤独感一般都较为强烈，可以通过经常参加一些文体活动来丰富自己，如跳舞、打拳、打牌、下棋、健身走、爬山等等，中老年人通过这些活动，相互沟通，结为同伴，进而发展为朋友，从而有更多更深的了解和情感交流，可以很大程度上缓解其孤独感。因此，需要不断丰富中老年人的精神文化生活，广泛开展健康有益的集体文化娱乐活动，也需要大力倡导敬老文化，弘扬孝道文化，让孝道文化进社区、进学校、进家庭，在学校、社区、家庭三个层面开展内容丰富的孝道文化践行活动，倡导"人人都有孝文化"的理念，传承和弘扬中华民族传统的孝道文化，形成敬老、养老、助老的良好氛围。

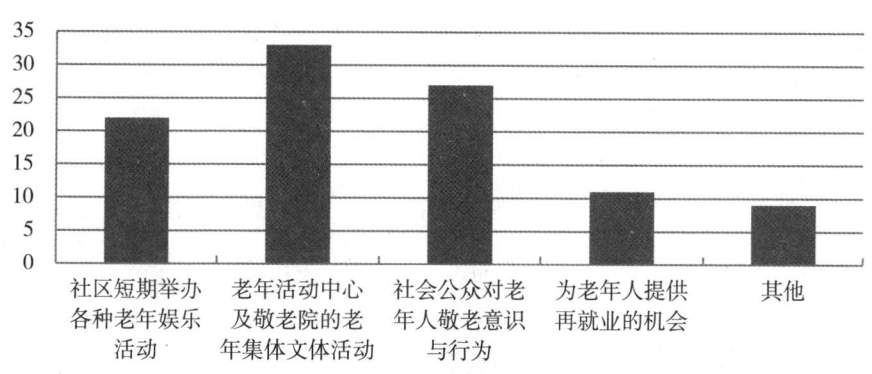

图 4-33 满足老年人精神需求采取的措施

（八）中老年人最希望得到改善的是医疗保障

虽然中老年人所需不尽相同，但是对于健康的追求都是一致的，晚年生活充满了不确定性，这对于心态普遍趋于保守的中老年人群体而言，自身身体健康的保障成为他们所关注的重中之重。同时，日益增长的中老年人口，其医疗卫生服务需要必将日益增长，且中老年患者在治疗过程中需要的医疗水平普遍较高。疾病模式变化、医疗价格上涨、医疗资源配置不合理等因素加重了"看病难、看病贵"的问题，也由于经济、地域、身体及家庭结构等因素的影响，青海省中老年人医疗保障问题日益突出,如图4-34所示,青海省中老年人主要希望医疗保障方面得到改善。

由于老年患者的身体机能逐渐下降,因此大多数的老年患者都伴随着呼吸、心血管及内分泌等多种慢性疾病,需要持续用药和治疗。近年来,我国制定了一系列有关预防老年慢性疾病的诊疗规范,并实施了一系列预防技术,但现在对老年慢性疾病的管理还只是停留在检查阶段,而并没有对其进行科学合理的干预。除此之外,医院对患者的检查只是着重于健康检查,而没有对健康问题的干预情况进行格外关注,最重要的是,现在的健康检查和健康管理干预存在相离的现象。实施老年慢性病健康管理有利于对老年慢性病患者进行有效的干预,同时还能够有效降低干预成本,具有较大的意义。因此,需要注重老年慢性病健康管理并完善相应系统建设。

随着我国新型农村合作医疗等制度的试行和推广,在一定程度上缓解了这一问题,但依然存在着诸多矛盾和问题。因此,在新形势下完善中老年人医疗卫生保障体系,是当前医疗保障工作亟待解决的一个重要问题。在完善老年人医疗保障相关政策的同时,加强养老服务人员的培养,提高医院医护人员的综合素质和专业技能。同时,还要完善相关的医疗基础设施和设备,以扩大服务的范围,加强对老年慢性病的预防和宣传工作。

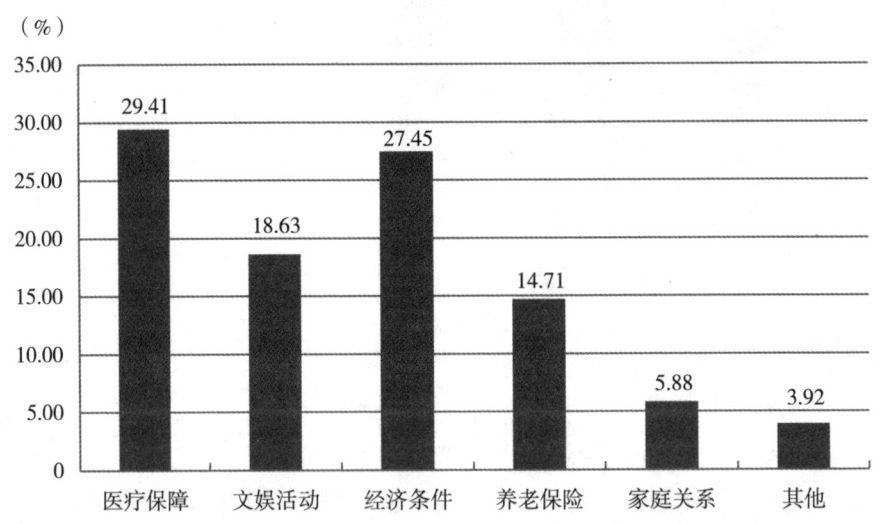

图4-34 中老年人最希望得到改善的方面分布图

六、小结

青海省中老年人所遇到的问题是我国老龄化发展的一个缩影，一方面既有老龄化社会的一般表现，另一方面还有青海的独特之处。根据以上分析可知，随着人们的物质生活质量提高之后，消费相对较低的中老年人更注重的是心理需求的满足和医疗服务的保障。精神上的交流对中老年人意义很大，而中老年人与社会联系的纽带主要是子女，但由于社会发展与进步产生了"一个闲、一个忙，一个需人陪、一个没时间陪"的矛盾，出现了老年人精神赡养不足问题，因此要高度重视中老人的精神慰藉，子女多一些耐心和理解、多一些陪伴和沟通，相关组织机构多举办中老年人集体文体活动。同时，中老年常见病的发病率不断上升，加之由于老年患者的身体机能逐渐下降，大多数中老年人都患有多种慢性疾病，从而使慢性疾病持续的时间更长，大部分需要长期的治疗干预。因此，需要加快完善老年人医疗保障体系，建设专业化医养结合服务，建立面向全体老年人的、独立的长期护理保险制度，注重老年疾病预防，加强中老年人慢性病健康管理，提高中老年人的生活质量，减轻其经济负担。

第四节 宁夏回族自治区中老年群体需求的特征

一、宁夏回族自治区中老年群体总量分析

（一）宁夏回族自治区简介

宁夏回族自治区，位于中国西北内陆地区，宁夏回族自治区东邻陕西省，西、北接内蒙古，南连甘肃省，宁夏回族自治区总面积6.64万平方公里。宁夏地形从西南向东北逐渐倾斜，丘陵沟壑林立。

截至2018年年底，宁夏回族自治区下辖5个地级市，共有11个县，2个县级市，9个市辖区。

截至2018年年末，宁夏回族自治区常住人口688.11万人，地区生产总值为3705.18亿元，第一产业279.85亿元，第二产业1650.26亿元，第三产业1775.07亿元，全区全体居民人均可支配年收入22400元，按常住地分，城镇居民人均可支配收入31895元，农村居民人均可支配收入11708元。

(二) 中青年人口最多，人口结构特征呈现"大肚型"，老龄化态势明显

人口年龄结构是指各个年龄组人口在总人口中所占的比重或百分比。一个地区的人口群体都是由许多具有不同年龄的人口所组成，在不同时点的人口由0岁组到最高的年龄组。各个年龄组的人口在其总人口中所占的比重就构成人口群体的年龄结构。人口年龄结构包括：（1）现有人口中育龄人口与非育龄人口比例；（2）劳动年龄人口与非劳动年龄人口比例；（3）少年儿童人口与老年人口比例等。所建立的指标通常是老年系数、少儿系数等。由指标的具体情况可将地区人口群体定义为三种类型：年轻型、成年型、老年型。

下面，需要结合一定的标准对人口群体的类型进行划分，通用的标准是联合国发布的人口年龄特征分类标准，见表4-37所示：

表4-37　　　　　　　联合国人口年龄结构类型分类表（%）

人口年龄结构类型	少儿系数	老年系数	老少比	年龄中位数
年轻型	>40	<4	<15	20岁以下
成年型	30~40	4~7	15~30	20~30岁
老年型	<30	>7	>30	30岁以上

宁夏回族自治区人口年龄特征呈现"大肚型"特征，根据宁夏统计局数据得出，宁夏回族自治区少儿和新生儿规模和比重呈现下降趋势与之对应的是60岁以上中老年人口持续上涨，劳动适龄人口占比最大也在持续上涨。近年来，宁夏回族自治区人口年龄结构呈现"大肚型"特点明显，人口特征步入了成年型后期阶段，老龄化速度明显加快。第六次人口普查数据与第五次人口普查数据相比较发现，在2010年，宁夏总人口630万人，1~14岁的少年人口为134.8万人，相比第五次人口普查下降了6.7%，成年人口455.0万人、老年人口40.29万人，对应的分别增长5%、1.9%。不难发现，宁夏人口总特征呈现"大肚型"，最多的为45~64岁的劳动适龄人口，其次为65岁以上的老年人口，最后为1~14岁的青少年人口。人口特征老龄化趋势明显。中老年化的人口趋势一方面反映了近年来宁夏居民的生活水平和医疗保障体系得到了很大程度的发展，使得人口平均寿命不断延长，同时也能看出计划生育概念的普及，造成出生人口率下降。同时，经济发展和城镇化水平的不断提高，使得大部分劳动力更多地前往城市去工作获取生活收入，劳动力迁移流动引起常住人口的结构变化，使得老年人口比重

提升。在这十年间,宁夏回族自治区儿童人口增长速度下降 13.4%,老年人口增速上升为 64.1%,全区常住人口增速为 14.9%,老年人口增速已远远大于其他两者,这也是宁夏老龄化进程加快的一大证据。

通过六次人口普查数据,对历次普查时点下的人口群体类型进行划分,结果见表 4-38 所示:

表 4-38　　　　　宁夏六次人口普查年龄结构表(%)

普查时间	少儿系数	老年系数	老少比	人口群体类型
1953 年(第一次人口普查)	40.68	2.99	7.36	年轻型
1964 年(第二次人口普查)	43.36	2.28	5.25	年轻型
1982 年(第三次人口普查)	41.26	3.20	7.75	年轻型
1990 年(第四次人口普查)	33.74	3.51	10.40	年轻型
2000 年(第五次人口普查)	28.37	4.47	15.77	成年型
2010 年(第六次人口普查)	21.39	6.39	29.89	成年型

从表 4-38 中数据得知,第一次人口普查时,宁夏人口群体是典型的年轻型,直到第四次人口普查,但很明显地看出老少比正在上涨,于是在第五次人口普查,宁夏人口群体过渡到成年型,之后一直保持,但第六次人口普查数据,老少比已经近似达到了老年型的标准。由此可见,成年型时期很短,老龄化趋势、速度明显。

(三)少数民族居民较多

宁夏回族自治区人口特征最突出的一个特点就是少数民族居民较多,尤其是回族。根据第六次人口普查数据,2010 年,宁夏回族自治区汉族人口约 410 万人,占比为 64.72%,回族居民人口约为 220 万人,占比为 34.63%,其他少数民族人口约 41 万人,占比为 6.5%。结合历年发展趋势,在未来的区间里,回族占比会继续扩大。因此,从民族构成上讲,关注少数民族需求的特点应该以回族为典型。

结合六次人口普查数据,更加清晰地看出这一趋势,详见表 4-39 所示:

表 4-39　　　　　　　　　　宁夏民族构成变动表（%）

普查时间	汉族占比	回族占比	其他少数民族占比
1953 年（第一次人口普查）	66.43	33.44	0.13
1964 年（第二次人口普查）	69.41	30.70	0.16
1982 年（第三次人口普查）	68.06	31.71	0.23
1990 年（第四次人口普查）	66.75	32.75	0.50
2000 年（第五次人口普查）	65.45	33.95	0.60
2010 年（第六次人口普查）	64.85	34.50	0.65

（四）宁夏城镇化水平发展与人口文盲率之间的相关性分析（皮尔逊系数）

从地区人口结构特征，我们可以非常清晰地看出宁夏地区城市化建设步伐非常快。比如：在1950年，农业人口数量为116万人，而非农业人口不足10万人，这大约是12∶1的比值；而到了1999年，农业人口为387万人，非农业人口155万人，大约为5∶2的比值，非农业人口占比的快速上升说明了城市化水平提高这一现象。

但从农业人口与非农业人口对比来看，有些不清晰。我们结合城镇化通常将人口划分为城镇人口与乡村人口，其中城镇人口的占比直接反映了地区的城镇化水平的发展水平。结合数据来说明：2000年，宁夏城镇人口180万人，乡村人口373万人，城镇人口占比为32.54%，其后城镇人口占比一直处于上升水平。2004年，比重突破40%；2012年，比重突破50%，也说明了城镇人口数量已经超过了乡村人口数量。通过图4-35我们可以更加清晰地看出城镇人口占比的快速增长。

城镇化水平一般通过城镇化率来反映，其计算公式为：城镇化率=城镇人口/总人口。通过1950—2010年的相关人口数据，可以计算出历年的城镇化率。

文盲是指不识字并且不会写字的成年人。按照我国的标准是指年满15周岁以上的文盲、半文盲公民。1982年宁夏文盲率为45%，利用SPSS24.0，进行相关性分析，利用皮尔逊系数双尾检验，结果表明二者显著负相关，得出结论：城镇化水平越高，文盲率越低，加大宁夏扫盲力度的根本政策就是推进宁夏城镇化水平的进步。结果如表4-40所示：

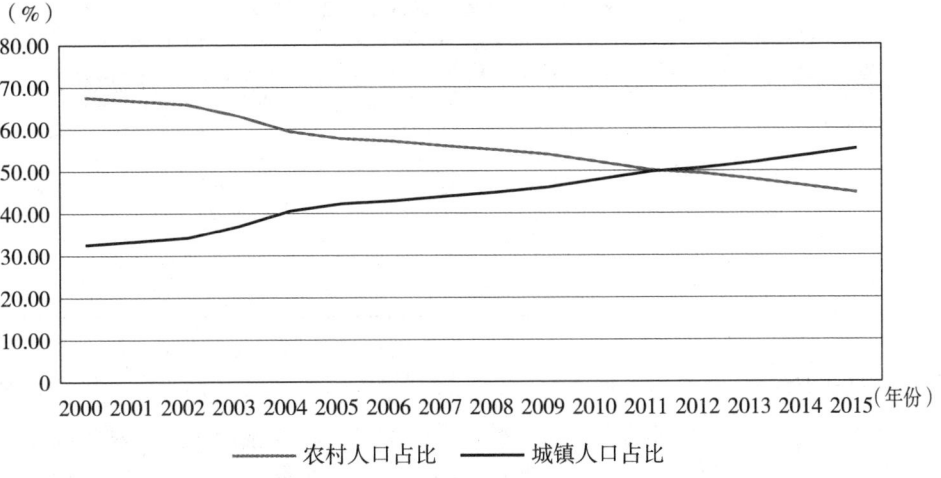

图 4-35 城镇人口比重

表 4-40　　　　　　　　皮尔逊相关性分析表

检验方式	变量	V1	V2	显著性（双尾）
皮尔逊相关性	V1	1	-0.950*	0.05
	V2	-0.950*	1	
显著性（双尾）		0.05		

（五）乡村老人压力大于城镇老人

宁夏回族自治区城乡人口年龄结构差异较大，造成这种现象的根本原因是城乡之间经济文化水平的差异。同时，城乡计划生育政策的差异以及人口流动尤其是青壮年人口流动的影响，也使得人口类型转变的快慢和先后有所不同，人口年龄结构变化趋势也会出现差别。2009 年，宁夏 65 岁及以上的老年人口约有 200 万人，老年人口系数为 7.59%，其中老年农业人口约 154 万人，占农业人口的 7.33%；老年非农业人口约 48 万人，占非农业人口的 8.57%，高于全省平均水平 0.98 个百分点，高于农业人口（7.33%）1.24 个百分点。宁夏老年人口大部分集中在乡村（占 76.38%），但城市的老年人口比例较高。老年抚养比，非农业人口（11.1%）高于农业人口（9.92%）；总抚养比，农业人口（35.2%）高于非农业人口（29.3%）。

在养老方面，宁夏回族自治区城镇与农村老年人口存在很大的差异。我们通过表格形式更容易看出这种差异，见表 4-41 所示：

表 4-41　　　　宁夏回族自治区城镇农村老年人差异对比表

差异项目	城镇	农村
经济来源	大多数有退休金、工资	大多数无稳定经济来源
关注的主要问题	医疗问题、老年人基础设施、精神文化活动	基本的养老补贴、生活需求
养老方式	家庭养老、社区养老等	家庭养老
生活压力与精神压力	一般	较大

城镇大约 60% 以上的老年人口有离、退休工资，有稳定的经济收入来源。城镇老年人口主要关心的问题是医疗水平和设施不足问题。城市医疗成本提高以及报销制度仍然缺乏针对性，只有住院者才能报销一定比例的住院费，而一般的小病和保健、常规检查等很难报销。设施不足主要体现在城市社区基础设施不健全，没有老年人专用或长期开放的活动室等娱乐设施，老年人的体育锻炼、娱乐等需求得不到满足。此外老年人的精神需求得不到满足，心灵慰藉，人文关怀不够。社会生活节奏加快，老年人口适应能力较弱，使得老年人口较为不适应当今这个快节奏的社会，感觉自己与时代脱轨。

在农村，老年人的身体、精神压力巨大。大多数老年农民没有离退休工资和稳定的经济来源，在他们丧失工作和劳动能力之后，几乎没有任何的经济来源，只能依靠传统的家庭养老。同时，农村经济发展比较落后，农村老年人口的生活、医疗问题更加难以保障。除此之外，依靠传统的家庭养老也存在如下问题：家庭中的青壮年劳动力外出打工、抚养子女、从事农业劳动等活动，赡养老人相对不够用心。在农村，80 岁及以上高龄老人的养老尤其严峻，老年人口补贴标准仍不能涉及或满足高龄老人的需要。另外，残疾老人、鳏寡老人等群体问题，在农村较为明显。

二、宁夏回族自治区调查数据分析

（一）被调查人群的年龄分布特征

此次被调查人群共 83 人，其中城镇居民 24 人，农村居民 59 人，农村居民大约是城镇居民人数的 2.45 倍。我们对被调查人口进行分组，分为 55~59 岁、60~64 岁、65~69 岁、70~74 岁、75~79 岁和 80 岁以上这六个年龄分组，结果如表 4-42 所示：

表 4-42　　　　　　　调查中老年人的年龄结构表

年龄分组（岁）	人数（人）	比重（%）
55~59	32	38.55
60~64	22	26.51
65~69	14	16.87
70~74	11	13.25
75~79	2	2.41
80 以上	2	2.41
总计	83	100.0

表 4-42 显示，调查的中老年群体中，以 55~59 岁的中老年人最多，其中老年人口 65 岁以上占比为 34.94%。

（二）主观幸福感与物质条件、精神消费之间的皮尔逊检验分析

在宁夏回族自治区中老年人口需求调查中，我们首先通过调查数据分析中老年人的幸福度。对于这个问题的选择，设置了五个划分等级，分别为很幸福、幸福、一般、不幸福、很不幸福。结果见图 4-36 所示：

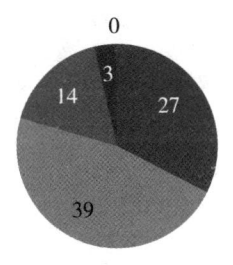

图 4-36　各类幸福度人数占比饼图（人）

从图 4-36 中可以看出，宁夏回族自治区中老年人口幸福人数占比最大，约为 47%；其次是很幸福，占比约为 32.5%；一般幸福占比约为 16.9%；不幸福占比约为 3.6%；很不幸福的占比为 0。从数据来看，宁夏回族自治区中老年人口幸福度较高，将很幸福与幸福进行加总，占比约为 80%。从一定程度上来说，宁

夏回族自治区养老方面工作较为出色。

接下来,将以宁夏中老年人群的主观感受——主观上是否觉得自己幸福,与调查中的一些指标进行皮尔逊检验,以发掘内在的联系。

我们选用皮尔逊卡方检验的原因是由于调查问卷中收集到的数据为离散的类别数据,无法选用相关系数进行分析。但是皮尔逊卡方检验统计量可以很好地面对与离散数据,所以在此,我们选用卡方统计量进行检验分析。

卡方统计量是指数据的分布与所选择的预期或假设分布之间的差异的度量。在1900年由英国统计学家皮尔逊(Pearson)提出,是用于卡方检验中的一个统计量。它可用于检验类别变量之间的独立性或确定关联性。例如,如果有一个按投票者性别分类的选举结果的双因子表,卡方统计量可帮助确定投票是否独立于投票者的性别,或者在投票与性别之间是否存在关联。如果与卡方统计量相关联的p值小于选定的a水平,检验将拒绝两个变量彼此独立的原假设。

结合调查问卷,我们主要从三个维度下选择指标,分别是个人背景、精神消费、物质消费三个维度。下一步,在三个维度下选取认为与个人主观感受最相关的一些指标,比如个人背景维度下的现居地和婚姻状况。

对于中老年人的幸福主观感受程度根据其数据,将其分为两类,一类是"幸福",一类是"一般,不幸福"。

首先,我们选择个人背景维度下的现居地指标,分为两类(城镇、乡村),利用SPSS24.0进行皮尔逊检验,选择卡方统计量分析,结果如表4-43所示:

表 4-43　　　　　　　　　　现居地的卡方检验表

	值	渐进显著性(双侧)
皮尔逊卡方	3.424[a]	0.064
连续性修正	2.404	0.121
似然比	3.214	0.073
有效个案	83	

通过表4-43,我们可以清晰地看出在宁夏中老年人现居地与是否幸福的主观感受之间,不存在显著相关性(皮尔逊卡方值>0.05)。所以,我们得出一个结论,现居地城镇还是乡村的中老年人与他们的幸福度并不显著相关。

采用同样的步骤对三个维度下的多个指标进行皮尔逊卡方检验,具体过程不再一一论述,我们将结果汇总为表 4-44,进行分析。

表 4-44　　　　　　　　　多个指标的卡方检验表

指标	皮尔逊卡方值	渐进显著性(双侧)	是否相关显著
婚姻状况	8.473	0.048	显著
文化程度	1.427	0.699	不显著
从事工作	1.920	0.645	不显著
闲暇方式	2.542	0.421	不显著
锻炼时长	0.937	0.933	不显著
医疗支出	1.217	0.875	不显著
消费支出	11.002	0.027	显著
居住方式	1.217	0.875	不显著

从上述分析结果看出,与宁夏地区中老年人是否幸福的主观感受显著相关的是婚姻状况与消费支出这两个指标,分别对应于个人背景维度和物质消费维度。因此,就提升宁夏中老年人幸福状况来说,最有效的方式就是增加其消费支出,因为消费支出与幸福度有很强的相关性,增加消费最有效的方式就是增加居民的可支配收入,因此提升宁夏居民中老年人幸福度的关键在于提升居民的可支配收入水平。同时,婚姻状况也与幸福度显著相关,单身的中老年人来说,多方助力他们摆脱单身生活,组建幸福家庭也是至关重要的。

(三) 老年人理想度过晚年方式是与子女、爱人相伴

通过对中老年人口的理想度过晚年的方式进行分析,我们可以大致明白他们的群体需求,对于这个问题,数据将给出详细信息。

结合历史经验和文献分析得出的结论是,中老年人口度过晚年方式一般为以下几种:一人安享晚年、与儿女一起生活安度晚年、参加工作发挥余热、与爱人携手共度、其他方式。

从图 4-37 中可以清楚地看出,与儿女一起生活、与爱人一起安度晚年是绝大多数宁夏回族自治区中老年人口的需求与希望,这在一定程度上能够反映出对于中老年人口来说,他们最希望得到的是家庭的爱,他们所渴望的是家人的陪伴,无论是子女还是爱人,他们的对象都是自己家庭中的成员。所以,在此得出一个结论:对于老年人口来说,最重要的是能够在自己的家庭中安享晚年,这同时也是他们认为最幸福的方式。

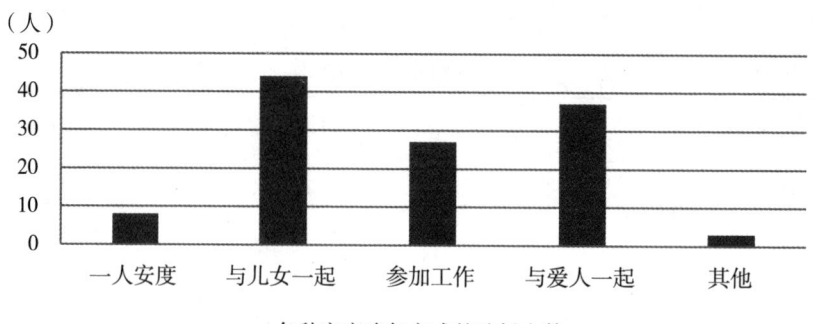

图 4-37 安享晚年方式

其次,参加工作发挥余热也占了很大的一部分,这在一定程度上说明,中老年人口在得到家庭陪伴之后,更多的是希望参加工作,以此来度过自己的无聊时光。通过参加工作,一方面中老年人可以继续实现自己的价值,对社会、经济有所贡献;另一方面又可以获得一定的收入,提高自己的生活水平。并且,在工作中,有所事做,不至于让人觉得养老无聊。

这里的分析让我们得到如下重要的结论:对于中老年人口希望的养老方式,他们最迫切的需求是得到家庭的关爱与陪伴,在此基础上,希望能够得到工作的机会,发挥余热、实现价值、改善生活水平。

(四) 困扰中老年人的最大问题是子女不在身边

对中老年人精神需求进行分析,可以着眼于中老年人精神生活满意度。它是以中老年人生活的现实条件为基础,是中老年人的思维方式、观念的一种主观心理感受,反映中老年人的整体精神生活状况。在中老年人精神文化生活质量评估体系中,中老年人对精神生活的总体满意度/幸福感是中老年人精神需求和满足精神需求的各种资源综合作用的结果。精神生活满意度和幸福感虽然不是老年人精神生活质量的最终结果,但它是反映中老年人精神生活最终结果的主观领域,是中老年人对精神生活比较全面的评价。

结合数据,宁夏回族自治区中老年人口精神生活受子女不在身边影响的比率最大,为35.2%,这一点与上述分析得出的结论是一致的。除此之外,受健康问题困扰的占24.4%,这反映出中老年人口大多面对一定的健康问题,这也影响了他们的精神满意度,寂寞困扰的占11.7%,活动太少的占10.1%,精神空虚的占8.58%,精神方面遇到的其他问题占9.8%。在这些比率中,除了健康之外,其他的或多或少都具有一定的相关性。但是我们可以看出,中老年人口精神需求的最大问题在于缺少子女的陪伴与健康状况的困扰。

我们从地区上解读上述数据,挖掘城镇与农村地区中老年人的差异性,从城镇中老年人方面分析,他们上述各问题困扰分别占城镇总人口的13%、10%、31%、11%、22%、10%。因此得出困扰城镇中老年人的主要问题是子女不在身边以及他们自身的健康状况。

从农村中老年人口方面分析,他们受上述各问题困扰分别占到10%、6%、39%、9%、26%、9%。农村中老年人遇到的问题和城镇中老年人遇到的问题一样,均为子女不在身边和自身健康状况。

在寂寞问题和精神空虚问题上,城镇中老年人的严重性高于农村中老年人的;农村中老年人遇到的子女不在身边的问题大于城镇中老年人,究其原因是农村地区老人子女外出务工,中老年人口留守乡村,因此乡村老年人对子女的陪伴有更为迫切的期望;城镇老年人对老年活动的问题比较关注,他们在城里一般交通便利,有较多的活动场所,而农村中老年人活动匮乏,他们对活动方面的需求与城镇中老年人相比就少得多。

(五) 最迫切的需求是医疗保障以及子女的帮助

最迫切得到满足的需求反映了当前中老年人口的需求,能直接反映出群体的需求特征。对宁夏中老年人口最迫切得到满足的需求进行分析,我们将问题分解为两部分:第一,在社会、家庭方面最迫切得到满足的需求;第二,对于他们的子女最迫切得到满足的需求。

对于分解出来的第一个问题,在社会家庭方面,中老年人口最希望得到完善的就是社会养老方面的问题,主要为以下几项:医疗保障制度、文化娱乐活动、经济收入、养老保险、家庭关系、其他。我们通过数据可视化进行分析,详见图4-38所示。

由图4-38可知,中老年人最希望在医疗保障方面得到改善,可见,在社会养老方面,中老年人口最为关注和最为希望改善的地方是医疗保障体系,医疗保障提高了,中老年人的生活质量会直接得到改善,幸福度会直接增加。其次,中老年人口希望在文娱活动方面得到改善,可见对于中老年人口来说,文娱活动的匮乏同样是影响中老年人幸福生活的一大因素。中老年人口希望在闲暇时间参加娱乐活动带来精神上的满足,从心理上提高中老年人的生活质量,身体上得到锻炼。

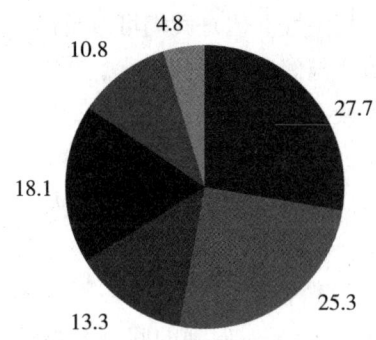

图 4-38　最迫切得到完善的方面（%）

对于分解出来的第二个部分，中老年人最希望得到满足的需求就是他们的子女能够帮助中老年人满足他们的精神需求。结合数据，多数中老年人认为经常沟通是最有助于满足他们的精神需求的。他们最迫切的就是与自己的子女多交流、沟通，结合时代，也不难得出这一点，现代子女一般压力较大，加上缺乏耐心和对父母的关注，造成子女与父母沟通起来会有一些障碍，造成父母与子女沟通较少。于是，中老年人与子女沟通的需求就得不到满足。其次，中老年人希望子女能够常常陪在身边，这一点与上述分析是一致的。再次，中老年人口希望子女能够帮助自己建立合适的社交网络，在这一点上，得出以下结论，中老年人在自己建立社交网络上比较乏力，需要得到一定的帮助，他们最希望得到子女的帮助，但是社会同样也可以采取一定的手段和措施，帮助中老年人口建立合适的社交网络。最后，中老年人口希望得到子女的理解，对于他们已经老化的生理条件，希望能够得到子女耐心的对待。

中老年人群的精神需求是一个亟待关注的社会问题。城市中老年群体的精神需求主要表现在生活安全、社会尊重、行为意义三个方面，经常性的精神活动主要有看电视、阅览报纸、文体健身、知识性活动等。而影响制约他们精神需求满足的因素有经济因素、家庭因素和充满矛盾的心理因素。

第五节　新疆维吾尔自治区中老年群体需求特征

一、新疆维吾尔自治区人口总量分析

(一) 新疆维吾尔自治区描述

新疆维吾尔自治区，位于我国西北边陲，是我国边境线最长的省份，长达5300多公里。新疆维吾尔自治区，首府乌鲁木齐，是中国五个少数民族自治区之一，也是中国陆地面积最大的省级行政区，面积166万平方公里，占中国国土总面积的1/6。地处西天山的伊犁河谷的新疆维吾尔自治区兼有南北疆特点，素有"中亚绿洲""塞外江南"的称誉。那里既有雄美的雪峰、冰川，也有俊秀的河川；既有恬静悠然的牧场，又有人神共织的农耕大地。故有人说"不到伊犁，不知新疆之美"，伊犁河谷之美，源于雄壮俊秀的天山、源于光明的河谷、源于静静飘动的伊犁河、源于恬静生活的人们。

(二) 新疆维吾尔自治区人口分布

1. 新疆维吾尔自治区多民族分布特征

新疆维吾尔自治区是少数民族聚居区，其民族人口分布呈现"大杂居，小聚居"的特点，目前主要居住有维吾尔、汉、哈萨克、回、蒙古、柯尔克孜、锡伯、塔吉克、乌孜别克、满、达斡尔、塔塔尔、俄罗斯等民族。2016年，新疆统计年鉴显示，维吾尔族、汉族、哈萨克族、回族四个民族构成了新疆人口的绝对主体。详见图4-39所示。

纵观新疆总人口及各民族人口的变动情况，1978—1985年，总人口增加浮动变化在128万人左右。1985—1995年，总人口增加250万人左右，而维吾尔族人口增长幅度超过150万人。在1978—2015年，新疆地区总人口增加1000万人，正是由于我国实行的民族区域自治制度，以及国家对新疆地区的扶持，新疆地区的文化、经济、人口都在不断地发展。

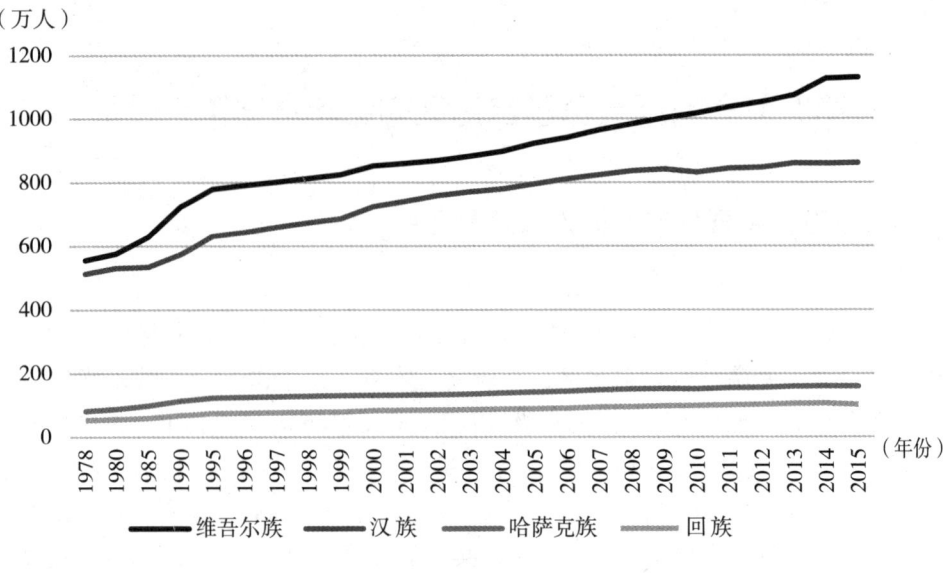

图 4-39　新疆地区民族人口

2. 新疆地区以维吾尔族为主要民族

民族比是衡量各个民族占该地区总人口的比重,主要描绘该地区的民族分布特征。民族比=某一民族人口数/该地区总人口数。从 1978 年至 2015 年,维吾尔族一直以来都是新疆地区的主要民族,由于新疆维吾尔族人口基数大,维吾尔族依旧为新疆地区的主要人口。结合图 4-40,汉族比逐年减少,最终降低至 37.09%,而维吾尔族比逐年增加至 48.68%。

第四章 中老年群体的需求特征——基于西北地区 CATI 数据的分析

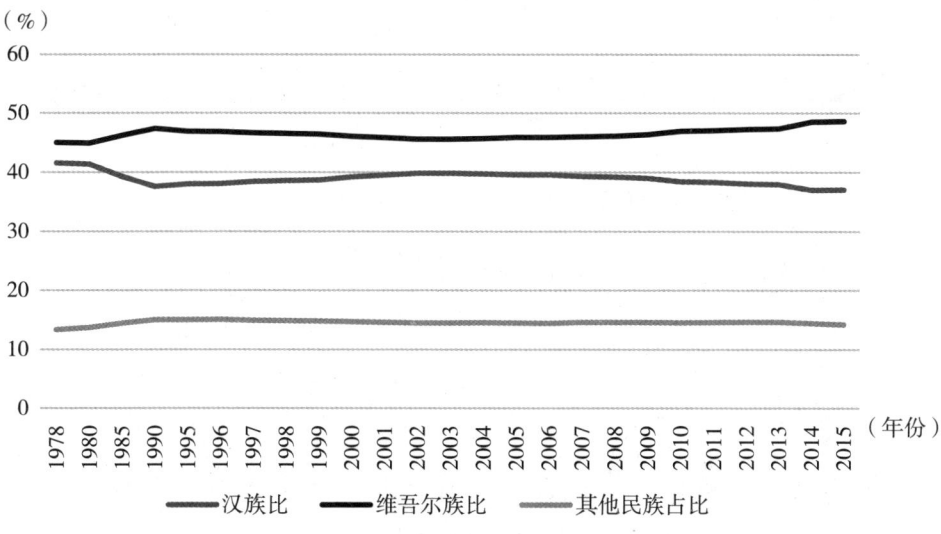

图 4-40 新疆地区民族比

3. 城、乡人口占比相互交叉呈现"剪刀式"

自改革开放以来，新疆农村人口比重降低了 21.16%，但是农村人口依旧占据新疆总人口的大部分。如图 4-41 所示，1978 年至 1995 年，新疆城镇化率由 26.07%提升至 49.51%，城镇化率几乎提升了一倍，由此说明当时将近城镇人口一倍的农村人口逐步转化为城镇居民。1995 年至 1999 年，城镇化率进一步增加，在 1999 年时达到最高峰 52.34%，但在 2000 年时，城镇人口比率骤减至 33.75%。原因具有多个方面，但其主要原因在于：一方面是新疆城市区分差异大，大、中城镇数量少，小城镇数量较多，而小城镇对农村剩余劳动力的吸纳能力有限，不能够全面及时地吸收过剩的农村劳动力；另一方面是新疆地区的绿洲分布具有分散性，决定了城镇分布的布局，形成网络化城镇发展的阻碍以及在城镇生存的相关成本。在接下来几年的缓冲期以及 2010 年国家实行的中央一号文件，对做好新疆地区的城乡全面发展系统的战略部署，使得新疆地区的城镇化表现为持续稳定增长局面。因此，新疆地区的城乡比存在"剪刀式"交叉现象。截至 2015 年，新疆维吾尔自治区的城、乡比相互接近，城市人口占比保持上升状态，农村人口占比呈逐步下降趋势，以及新疆地区现有的经济发展状态与"一带一路"带来的发展时机，新疆能够更快更好地发展起来。

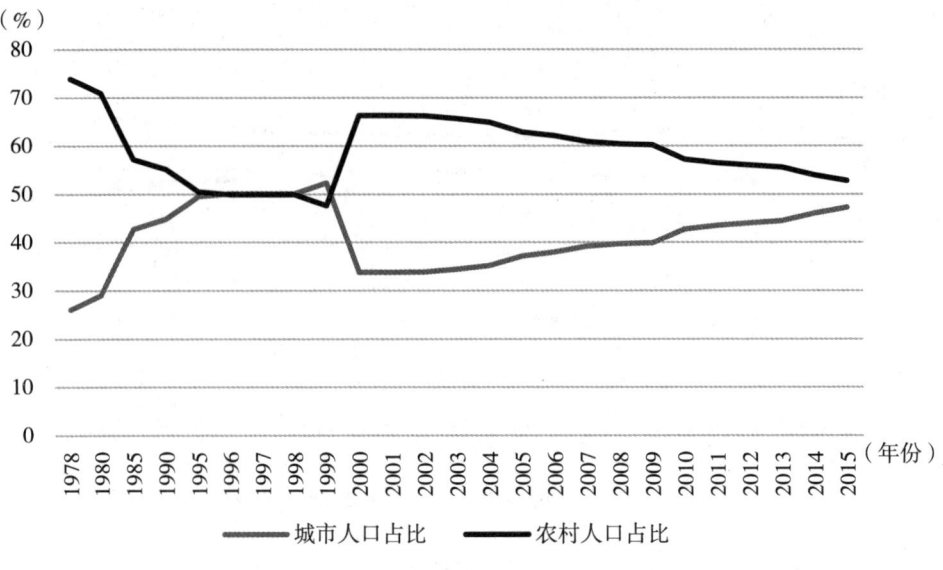

图 4-41 新疆地区城、乡比

(三) 新疆维吾尔自治区人口年龄结构

1. 新疆地区人口类型已从年轻型逐渐过渡至老年型

人口年龄结构是在过去几十年甚至上百年人口自然增长和迁移变动基础上形成的,也是今后人口再生产变动的基础和起点,既会影响未来人口发展的类型、速度和趋势,也会影响经济社会发展。国际上通常把人口分为三个主要年龄组: 0~14 岁少儿人口,15~64 岁劳动年龄人口,65 岁及以上老年人口。并将人口年龄结构分成年轻型、成年型、老年型(详见表 4-45 所示)。

表 4-45　　　　　　　联合国人口年龄结构类型分类

人口年龄结构类型	少儿系数 (%)	老年系数 (%)	老少比 (%)	年龄中位数
年轻型	40 以上	4 以下	15 以下	20 岁以下
成年型	30~40	4~7	15~30	20~30 岁
老年型	30 以下	7 以上	30 以上	30 岁以上

"一普"(1953 年)新疆人口少儿系数为 34.64%,到"三普"(1982 年)时达到峰值,之后开始下降,"六普"(2010 年)下降到 20.45%。"三普"

（1982年）后，新疆人口老年系数逐渐增大，"六普"（2010年）时达到6.48%，老龄化问题逐渐凸显。新疆人口老少比从"一普"（1953年）到"五普"（2000年）经历了缓慢下降又缓慢上升的过程，到"六普"（2010年）时迅速上升到31.69%。"六普"（2010年）新疆人口年龄中位数达到30.77岁，超出联合国人口年龄结构类型分类年龄中位数老年型0.77岁。对照联合国人口年龄结构类型分类，在"三普"时，儿童系数最高，老年系数、老少比以及年龄中位数最低，对照联合国人口年龄类型的分类，新疆地区人口在"三普"期间属于年轻型。20世纪90年代后，少儿系数逐步下滑，老年系数逐步上升，老少比以及年龄中位数同时也在不断上升，"三普"后开始迅速步入成年型，2010年"六普"期间，新疆维吾尔自治区少儿系数已经低于国际所规定的30%，老少比、年龄中位数已经超过国际所规定的30%以上、30岁以上，新疆维吾尔自治区开始逐渐进入老年型，由新疆六次人口普查数据可知，新疆老龄化已经逐步明显，老龄化所带来的问题逐步凸显。（数据见表4-46新疆六次人口普查年龄结构表）。

表4-46　　　　　　　新疆六次人口普查年龄结构表

普查时间（年份）	少儿系数（%）	老年系数（%）	老少比（%）	年龄中位数
1953（一普）	34.64	5.28	15.24	23.02
1964（二普）	36.95	4.08	11.04	21.69
1982（三普）	39.56	3.68	9.31	19.58
1990（四普）	33.05	3.91	11.82	21.95
2000（五普）	27.27	4.67	17.14	27.10
2010（六普）	20.45	6.48	31.69	30.77

注：资料来源：《新疆统计年鉴》。

二、新疆维吾尔自治区调查数据分析

1. 被调查人群的年龄分布特征

参与抽样调查的中老年人共有178人，其中城镇户口有123人，占总调查人数的69.1%；农村户口有55人，占总人数的30.9%。调查数据显示出，新疆地区城镇户口的中老年人明显多于农村户口的中老年人。为了便于分析研究，笔者将被调查的中老年人的年龄分为55~59岁、60~64岁、65~69岁、70~74岁、75~79岁和80岁以上这六个年龄段。详见表4-47所示。

表 4-47　　　　　　　　　　　老年人的年龄结构

年龄分组（岁）	人数（人）	比重（%）	累计比重（%）
55~59	71	39.9	39.9
60~64	58	32.6	72.5
65~69	23	12.9	85.4
70~74	17	9.6	94.9
75~79	4	2.2	97.2
80以上	5	2.8	100.0
总计	178	100.0	

注：资料来源：调查数据。

调查结果显示：55~59岁有中年人71人；60~64岁的老年人共有58人；65~69岁的老年人共有17人；75~79岁老年人共有4人；80岁以上的老年人有5人。55~64岁的中老年人共计129位，65岁符合联合国规定的法定老年人共计49位。

2. 传统养老影响中老年人的居住方式

表4-48显示，新疆地区中老年人受到传统家庭养老的影响，有超过95%的老年人选择在家中养老，但是由于个人和家庭环境的不同也会有不同的居住方式，主要包括与配偶同住、与子女同住、单独居住。只有3.9%的老年人选择在养老机构居住。此外，值得我们注意的一点是，有56.7%老年人选择了与配偶同住，造成这一现象的原因主要是子女工作压力较大、与子女生活方式有区别、中老年人观念改变等。这也能从侧面说明中老年人对子女的依赖程度正在逐渐降低，而与老伴之间的相互依赖、相互照顾的程度逐渐增加。

表 4-48　　　　　　　　　　　老年人的居住方式

居住方式	人数（人）	比重（%）	累计比重（%）
和子女同住	43	24.2	24.2
和配偶同住	101	56.7	80.9
独住	26	14.6	95.5
养老机构	7	3.9	99.4
其他	1	0.6	100.0
总计	178	100.0	

注：资料来源：调查数据。

从城乡中老年人的居住方式这个方面分析，共有 98 位城镇老人愿意和子女以及配偶居住，占城镇中老年人调查人口的 79.7%，与此同时，共计 46 位农村中老年人愿意和子女及自己的配偶居住，占参与调查的农村中老年人数量的 84%。由此可以看出，无论是城镇还是农村的中老年人，更偏爱和自己的家人居住在一起，这不仅是我国现在养老方式的一种，同时也是我国根深蒂固的居家养老的传统。但是也有 34 位城乡中老年人愿意自己独自居住或者住在养老机构。

但是，从年龄结构上看，年龄在 55~64 岁之间的中老年人共计有 106 位愿意和自己的子女以及配偶居住在一起，占中老年人口的 82.2%。而年龄在 65 岁以上参与调查的老年人中共计有 37 位老年人愿意和子女以及配偶居住在一起，占 65 岁以上参与调查法定老年人的 75.5%，小于参与调查的中老年人的比率。也就是说，65 岁以上的老年人大多数都是愿意和自己的家人住在一起，但是有部分老年人更想自己居住或住在养老院。这个比例差异源于，在中国的传统家庭中，中老年人能够帮自己的子女带孩子，或者帮助解决一些家庭中自己力所能及的事情，所以他们更加偏爱和自己的家庭住在一起。但 65 岁以上的老年人，他们更多地觉得自己是家庭的"负担"，不能为自己的家庭更多地"奉献"自己的余热，反而会拖累自己孩子的家庭或者配偶，希望自己独居或者住在养老院。

3. 医疗保障需要改善

表 4-49 的数据描绘的是中老年人医疗状况，由该表可知，有 75 位中老年人能够按时体检就医，有良好的体检意识。51.1% 的中老年人只有重大疾病时才去医院。另一方面，有 12 位中老年人因为条件限制不能及时就医。

对于当地中老年人最想要得到改善方面的看法中，医疗保障和物质方面并列为首选项，49 位老人选择医疗保障方面需要得到改善，这些中老年人年龄大都处于 55~64 岁。由此可以看出，即将步入法定老年人行列的中年人对医疗保障方面有着更高、更全面的要求和希望。

表 4-49　　　　　　　　　中老年人的医疗状况

医疗状况	人数（人）	比重（%）	累计比重（%）
按时体检及时就医	75	42.13	42.13
只有重大疾病时才去医院	91	51.13	93.26
因为条件限制不能及时就医	12	6.74	100.0
总　　计	178	100.0	

4. 城乡居民文化程度的肯德尔系数

由于城镇（1）与乡村（2）、文化程度（1~4 共四个文化程度，分别为小学及以下、初中、高中、大专及以上）分别用数字等级代表，故采取肯德尔登记相关系数来做相关分析。肯德尔等级相关系数用于反映分类变量相关性的指标，适用于两个分类变量均为有序分类的情况。对相关的有序变量进行非参数相关检验，取值范围在 $-1 \sim 1$。利用 spss23.0，进行相关性分析，得到城乡居民的文化程度肯德尔系数表如表 4-50 所示。

表 4-50　　　　　　　　　　肯德尔系数表

相关性检验	变量	V1（城、乡）	V2（文化程度）	显著性（双尾）
肯德尔相关性	V1（城、乡）	1	-0.313**	0.01
	V2（文化程度）	-0.313**	1	
显著性（双尾）	0.01			

如表 4-50 所示，二者成负相关关系，得出结论：处在城镇地区的中老年人，文化程度较高；处在农村地区的中老年人，文化程度较低。由此可反映出新疆地区在教育程度上具有明显的城乡差异性。

三、新疆老年人需求状况的分析

（一）基本的物质需求状况分析

1. 中老年人每月消费状况分布

经济供养是养老最重要的一环，其目的是保证老年人的物质生活供给，解决衣食住行问题。我国"六个老有"方针中排在首位的"老有所养"也主要是针对物质供养提出的。所以我们有必要对不同收入的中老年人，分析他们在基本的物质方面的消费情况。

从表 4-51 我们了解到，消费支出在 1000 元以下的中老年人比重较大，占总体的 53.3%，这说明老年人基本物质消费都不算太高。另外，也有 19 位中老年人每月消费在 3000 元以上，这样条件的物质生活水平应该能较好地满足他们的需求，这些中老年人也许会有更多的精神方面的需求。

表 4-51　　　　　　　　　中老年人每月消费状况

消费（元）	人数（人）	比重（%）	累计比重（%）
500 以下	28	15.7	15.7
500~1000	67	37.6	53.4
1000~2000	42	23.6	77.0
2000~3000	22	12.4	89.3
3000 以上	19	10.7	100.0
总　计	178	100.0	

（1）年龄结构对中老年人月消费的影响

从年龄结构上看，在月消费均在 3000 元以上的老人中，15 人在 55~64 岁，占被调查中老年人群数量的 11.6%；65 以上的老年人仅有 4 人，占 65 岁以上老年人数量的 8.2%。由此看出，不同年龄阶段的中老年人的消费观念不同，中老年人更愿意消费，从而获得更好的消费享受，而 65 岁以上的老年人一直秉持着勤俭节约的生活态度。

（2）城乡分布对中老年人月消费的影响

从城乡角度看中老年人的每月消费情况，65.9% 的农村中老年人每月消费在 500~2000 元，在同等消费水平下的城镇老年人有 28 位，占所有城镇中老年人人数的 50.9%，比例分布上有些差异。但在每月消费 3000 元以上的 19 位中老年人中，有 17 位中老年人来自农村，仅仅有 2 位老年人来自城镇。使用随机调查的方法得到这些数据，可以说明新疆维吾尔自治区农村中老年人群的消费观念是十分乐观的，具有十足的消费自主性。从新疆农村收入来源可知，出现这一现象是很正常的，具体原因体现在新疆瓜果卖家基本来自新疆本土农村，果农这一职业为农村家庭提供了丰厚的收入。

（3）医疗费用对月消费的影响

老年人的身体健康状况不仅影响到中老年人的每月消费情况，还直接影响到中老年人晚年的生活质量，一个好的身体状态不仅可以减轻自己的生活压力而且，也减轻了子女的照顾压力。

表 4-52 显示，在被调查的 178 位中老年人中，有 39 人每年医疗费用在 500 元以下，占到总人数的 21.9%，有 19.1% 的中老年人医疗费用在 3000 元以上，接近 59% 的中老年人所需要的医疗费用处于 500~3000 元。由此可知，除了每月的生活支出外，医疗支出也是一笔不小的支出。另外，调查中我们还了解到，影

响中老年人身体健康的疾病主要有高血压、心脏病、糖尿病、关节疾病和冠心病等，疾病的反复发作及治疗效果不显著带来的身心上的痛苦极大降低了生活满意度，提示当地政府迫切需要进一步开展慢性病的防治和健康教育工作，通过建立良好的生活方式和健康行为习惯，提升中老年人的生活幸福感。

表 4-52　　　　　　　　老年人每年的医疗支出

费用（元）	人数（人）	比重（%）	累计比重（%）
500 以下	39	21.9	21.9
500~1000	65	36.5	58.4
1000~2000	29	16.3	74.7
2000~3000	11	6.2	80.9
3000 以上	34	19.1	100.0
总　计	178	100.0	

（二）精神需求状况分析

从历史的角度看，人们"一旦满足了某一范围的需要，又会游离出、创造出新的需要，这是人类自然发展的规律"。老年人群体是社会的一个重要组成部分，其需求结构会随着社会的进步而发生重大的变化。这就是说，在讲究生活质量的现代，越来越多的中老年人将不仅仅满足于吃饱和穿暖，而是积极地参与一些对健康有益的社会活动来满足自己某些特定的精神需求。也就是说，在社会现代化的进程中，中老年人的物质需求正在下降和弱化，而精神需求则在不断地上升和强化。

1. 子女不在身边成为中老年人在精神上的最大问题

感情需求始终是中老年人心里最为强烈的一种需求，即使在物质匮乏时，老年人也渴望能有儿女绕膝承欢，有老伴相濡以沫，颐养天年。表 4-53 中的数据验证了这一点，有 70 位中老年人认为儿女不在身边是他们在精神生活中遇到的最大问题，当然，还有 30 位中老年人比较担心他们自己的身体健康状况，怕自己成为儿女的负担。有将近 25% 的中老年人感觉自己内心比较寂寞、精神空虚，中老年人内心寂寞、精神空虚缺乏精神慰藉，不仅包括自身因素，还包括子女因素和政府缺少关怀的原因。

表 4-53　　　　　　　　　老年人精神上的最大问题

精神困扰项	人数（人）	比重（%）	累计比重（%）
寂寞	24	13.5	13.5
精神空虚	20	11.2	24.7
子女不在身边	70	39.3	64.0
老年活动太少	19	10.7	74.7
健康状况	30	16.9	91.6
其他	15	8.4	100.0
总计	178	100.0	

从中老年人自身的角度出发，从表 4-53 中我们不难看出，有 60 位中老年人认为影响自己精神生活的主要因素是与家人及朋友的关系，同样也有 60 位中老年人认为自身的心态比较重要，占总体的 33.7%。这说明老年人将家人及朋友放在自己情感需求的首位，另外也已经意识到自我心态的调节在情感需求中的重要性，只有自己将自身的心态调节好，才能更好地享受亲人及朋友在一起的快乐老年生活。其次是社会及政府的政策制度，占 15.7%，接下来才是物质条件。政府的惠民、惠老政策直接影响老年生活的多样性，丰富的社区活动不仅能够让中老年人锻炼身体，还能进一步丰富内心精神生活。经过几十年的艰苦奋斗，老年人已经将物质生活看得风轻云淡了许多，相当于物质条件而言，一家人团团圆圆平平安安的平淡生活可能会更受中老年人的喜欢。

2. 影响中老年人精神生活的因素：情感生活、自身心态

如表 4-54 所示，无论是从城乡中老年人角度出发，还是从年龄结构出发，中老年人自身的心态和与家人朋友的关系始终都是影响中老年人精神生活的主要因素。因此，中老年人自身的心态调节以及家庭生活的和谐将是有效解决中老年人精神困扰的有效方法。

表 4-54　　　　　　　影响中老年人精神生活的主要因素

影响因素	人数（人）	比重（%）	累计比重（%）
物质条件	26	14.6	14.6
与家人及朋友的关系	60	33.7	48.3
社会及政府的政策制度	28	15.7	64.0

续表

影响因素	人数（人）	比重（%）	累计比重（%）
老年人自身的心态	60	33.7	97.7
其他	4	2.3	100.0
总计	178	100.0	

3. 医疗保障和经济条件应受到重视

随着中老年人年龄的增加，医疗保障方面的问题更加受到中老年人的重视。经过调查统计我们发现，如表4-55所示，分别有49位老人最希望在医疗保障和经济条件上得到改善，占总体的27.5%。有14%的中老年人希望在养老保险上得到改善，另外，有12.9%的中老年人希望在文娱活动上得到改善。医疗保障、养老保险方面不仅直接影响中老年人的生活质量，也一直都是国家惠民政策的重点。将近41.5%的中老年人将医疗保障和养老保险列为最希望改善的方面，由此可知，当地政府应当更加重视医疗保障、养老保险方面的问题。

表4-55 中老年人最希望改善的方面

改善需求	人数（人）	比重（%）	累计比重（%）
医疗保障	49	27.5	27.5
文娱活动	23	12.9	40.4
经济条件	49	27.5	67.9
养老保险	25	14.1	82.0
家庭关系	13	7.3	89.3
其他	19	10.7	100.0
总计	178	100.0	

在不同年龄阶段、不同宗教信仰以及城乡背景下，中老年人普遍最希望改善的方面主要集中在医疗保障和经济条件。但是，在不同的收入水平下，中老年人在最希望改善的方面有了较大的差异。月收入低于1000元的中老年人中近41.7%的中老年人最希望改善的是医疗保险，对于经济条件、文娱活动以及养老保险方面比例相近，约为16.7%；月收入在1000~2000元的中老年人认为最希望改善的方面是经济条件，约占该人群总数的31.3%，医疗保障及文娱活动相

近；但月收入在 2000~3000 元的中老年人也是集中在医疗保障和经济条件方面，但没有老人关注文娱活动方面；月收入在 3000~4000 元的中老年人最希望改善的点集中在物质经济和其他；月收入在 4000 元以上的中老年人最希望改善的方面为医疗保障方面。由此可见，不同月收入的中老年人对社会需要改善的方面有着较大的区别。

综上所述，大部分中老年人还是希望在经济条件方面得到改善的同时能够更加重视当地医疗保障和养老保险方面的问题。从另一个角度看，政府及社会应多关注低收入老年人群，及时完善医疗保障及养老保险方面的不足，改善他们的物质生活条件，向他们提供更多的服务，为提升他们的精神生活打好坚实的基础。

（三）新疆老年人幸福感分析

幸福感是人们所体验到的一种积极的存在与发展状态，是一种心理体验，它既是对生活的客观条件和所处状态的一种事实判断，又是对生活的主观意义和满足程度的一种价值判断。中国老年人是一类特殊的群体，他们见证了新中国的辉煌历史，为我们的社会做出了不可磨灭的贡献，"艰苦奋斗的青壮年，幸福安康的老年生活"是人类每一个个体的追求。因此，老年人的幸福感更是一个值得我们探讨的话题。

如图 4-42 所示，根据数据统计，在被调查的 178 位老年人中，有 48.9%的老年人认为自己幸福，32.6%的老年人认为自己很幸福，17.4%的老年人认为自己的幸福感一般，还有 2 位老年人分别认为自己不幸福和很不幸福。

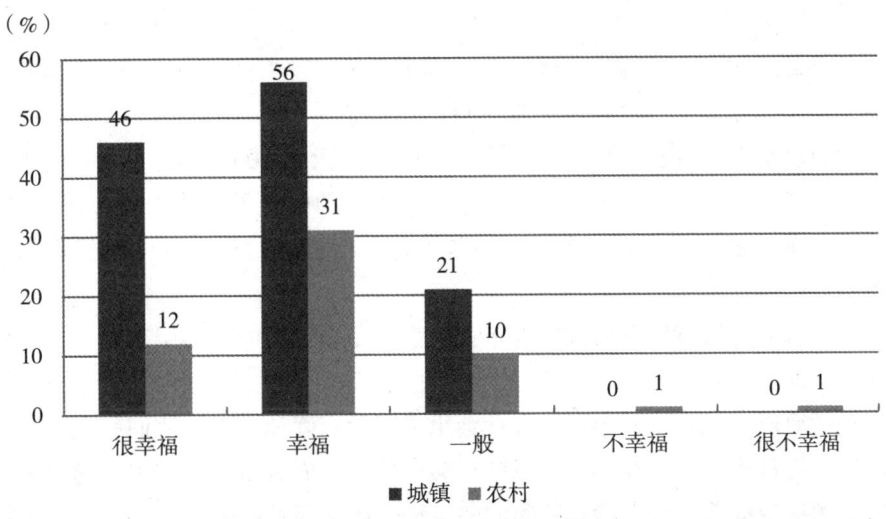

图 4-42 城镇和农村老年人的幸福感

为了更好地了解不同居住的老年人整体需求满足情况，我们有必要对城镇和农村老年人的幸福感做个对比分析。

从图4-43可以看出，总体城镇老年人的幸福感比农村老年人的幸福感要高，尤其是很幸福一项，城镇老年人所占的比重远远大于农村老年人的比重。还有另外一点，在总体中出现的两位认为不幸福和很不幸福的老年人，都是农村户口。

以老年人年龄差异为前提，对老年人幸福感进行调查，由表4-56可知，将近80%的老年人觉得自己幸福，17.4%的老年人觉得自己的生活平平淡淡很一般。物质生活压力、身体上的病痛以及内心的空虚使得1.2%的老年人觉得自己不幸福甚至很不幸福。

表4-56　　　　　　　不同年龄老年人的幸福感（%）

年龄分组（岁）	很幸福	幸福	一般	不幸福	很不幸福	总计
55~59	16.29	15.17	7.87	0.0	0.56	39.89
60~64	6.18	19.10	6.74	0.56	0.0	32.58
65~69	2.25	9.55	1.12	0.0	0.0	12.92
70~74	3.93	3.93	1.59	0.0	0.0	9.55
75~79	1.69	0.56	0.0	0.0	0.0	2.25
80以上	2.25	0.56	0.0	0.0	0.0	2.81
总　计	32.59	48.87	17.42	0.56	0.56	100

从年龄结构上看，两位中老年人的年龄均低于65岁，而被调查的49位65岁以上的中老年人中仅仅有5人觉得自己幸福感一般，而剩余的44人不同程度地感觉自己很幸福或者幸福；从收入角度看，收入在1000元以下的一位中老年人觉得自己不幸福，另外一位感觉自己很不幸福的中老年人其月收入处于2000~3000元，婚姻状态为已婚，造成不幸福的原因有很多，或在身体上受到病痛的折磨。

通过以上分析可以看出，中老年人的需求是多方面的、多层次的，应该建立的支持体系也要是多方面的、多层次的。故我们所要建立的养老社会支持系统就应当包括政府、社会、社会团体和社会组织以及家庭和个人，他们所提供的社会资源应设计社会位置、经济、服务和社会环境等方面。目前，我国正通过多样化的方式解决或改善人口老龄化所引起的各种老龄化消费问题，比如养老服务体系和各种各样的养老模式。

第五章 智慧养老问题研究

第一节 国内外智慧养老模式的文献评述

老龄化问题日益成为世界各国发展面临的问题之一,《2015全球老龄事业观察指数》报告指出:全球60岁及以上人口约9.01亿人,占世界人口的12.3%;到2030年这一比例将达到16.5%。全球范围内,60岁以上的人口如今已超过5岁以下儿童的人口数,到2050年,60岁以上的人口数将超过15岁以下的人口数。报告称目前中国是世界上老龄人口最多的国家,有2.09亿人。截至2016年年底,我国60岁及以上老年人口23086万人,占总人口的16.7%;其中65岁及以上人口15003万人,占总人口的10.8%。人口老龄化问题日益严峻,世界各国都在积极探索解决老龄化问题的方法。2008年11月,国际商业机器公司在纽约召开的外国关系理事会上提出了"智慧地球"的理念,接着在2009年提出了建设"智慧城市"的愿景,在此基础上又衍生出了"智能养老"的概念。中国智慧城市发展始于2010年,在发展过程中逐渐形成了智慧养老的发展模式,国内智慧养老发展起步是较晚的。

本文通过搜集国内外相关养老模式文献进行整理、归纳、分析,围绕智慧养老模式探析、方法或技术使用、平台建设及系统开发、对策建议等四方面展开分析,主要是把我国养老模式文献资料的研究作为重点,分析我国智慧养老的研究现状,希望对未来我国智慧养老事业的研究有所帮助,促进我国在智慧养老领域的发展。

一、文献来源与分析

在此次文献分析中,国内文献以中国知网(CNKI)作为数据来源,使用高级检索功能以主题"养老模式""智慧养老"为搜索条件来获得文献资料。通过整理数据我们发现,以"养老模式"为主题收集得到的文献资料主要是研究传统的养老模式，例如居家养老、机构养老、社区养老；以"智慧养老"为主题收集得到的文献资料研究内容主要涉及智慧养老新模式的探析、技术运用、平台构建及系统，国外文献以 Web of science 为数据来源，以"主题＝smart care 并含主题＝elderly"为检索条件获取文献资料。国外智慧养老的研究理念主要以智慧家居为基础，再把智慧养老终端、无线传感器网络等技术融合进来。西方国家进入老龄化时期已经是发达社会，各方面技术应用比较成熟，因此国外对养老模式的研究主要侧重于智能家居、智能产品开发和智能传感系统研发，比如基于智能传感进行智慧养老功能的系统设计，以无线传感网角度来研究养老在智慧家居中的实现。

二、国外智慧养老研究

针对国外关于智慧养老的文献资料，从智慧养老模式、智慧养老需求、养老产品开发研究（养老平台及系统开发，智能家居、养老机器人）、智慧养老体系建设等四方面进行梳理归纳，具体内容如表 5-1 所示。

从表 5-1 中，我们可以看出国外对智慧养老的研究更多的是侧重于智能家居和系统开发。由于国外进入老龄化社会要早于国内，而且技术比较成熟，在智慧养老研究方面有许多值得我们借鉴学习的地方。比如，德国实行的勤工助学大学生养老服务模式、马里兰大学研发的时间管理银行信息管理系统、Tass 研制的基于 Android 系统移动健康监护系统、Raad 提出基于射频识别技术和移动技术的移动远程医疗解决方案以及研发的各种功能的智慧养老机器人等。

表 5-1 国外智慧养老文献梳理

智慧养老模式	新加坡：以房养老 德国：勤工助学大学生 日本与美国：统计和监控老人各项生理指标数据
智慧养老需求	伊士曼（Eastman）：老年人对使用互联网持积极态度的，也比较倾向于在网上学习 考特氏（Courtney）：老人是更倾向于居住护理社区，而且通过护理设施提高自己的生活质量和安全性 李彩妍（Chae）：远程医疗可以有效减少门诊就诊次数，居家养老的老人对此医疗方式的满意度较高
养老平台及系统开发	Honor 公司：在线市场平台，重点是护理服务，护工信息同老人需求匹配，服务对接 马里兰大学：时间管理银行信息管理系统，志愿者为老人提供免费服务，当志愿者需要服务，便可提取"时间"享受服务，一种互帮互助式服务 Etchemendy：健康管理平台，能够改善老年人精神及心理需求

续表

智能家居	Tabar：无线传感器网络，老人不慎跌倒时，可进行语音报警，方便用户和看护中心进行交流 Sarela：新型智能化社会报警系统，监控老年人的异常或不寻常行为 Leijdekkers：远程医疗检测的硬件组成，方便老年人和慢性病人在家中进行康复护理 Raad：基于射频识别技术和移动技术移动远程医疗解决方案，通过穿戴设备对老人监测
智慧养老服务	英国：社区养老，建立智慧养老服务中心，为老年人提供多样化、快捷的服务 Andrew：英国智慧社区养老服务体系，汇集社会各界人力资源，为社区老年人提供服务 新加坡：实施多样化的智慧养老服务，制定一系列法律法规保障顺利进行 Lemlouma：依赖型智慧养老服务体系框架，可对老人进行依赖型评估，确定适合的老年人服务时间，提供更加人性化的信息化服务

三、我国养老模式文献资料的统计分析

本文的研究对象是 1997—2017 年近二十年中国知网 15640 篇关于养老模式的文献资料，目的是分析我国养老模式的发展状况及特点。为了能够得到比较准确的数据资料，使用中国知网（CNKI）高级搜索功能，通过以下方法获得研究所需的数据资料：（1）检索条件，主题是"养老模式"，搜索查询方法是模糊查询，输入发表时间是 1997—2017，共得到 20461 篇文献资料；（2）在先前的基础上重新输入检索条件，主题是"养老模式"并含"智慧"，查询方法是模糊查询，输入发表时间是 1997—2017，共得到 310 篇文献资料。最后绘制 Excel 汇总表，供分析所用。

（一）我国养老模式的文献研究分析

随着我国人口老龄化的日益加快，养老问题成为主要的、热门的研究话题。

表 5-2 按来源数据库分类。

从表 5-2 可以看出，1997—2017 年，中国知网收录的关于"养老模式"论文 17424 篇，有 270 篇研究了"智慧养老"，占 1.55%。由此可以看出，我国在智慧养老模式研究方面还是起步较晚而且发展比较缓慢的。其中，在养老模式的研究中，学术期刊、报纸、硕士学位论文等所占比重相对其他刊物来讲是较高的，均超过 14.84%，最高的是学术期刊，占比为 45.49%，中国标准题录数据库、中国专利、成果、学术辑刊等刊物所占比重较低，均低于 2.54%；在"智慧养老"的研究中，学术期刊、报纸等所占比重相对较高，均超过 23.87%，最高的是学术期刊，占比为 55.81%，成果、博士学位论文、国际会议、国内会议等

刊物所占比重较低，均低于 1.29%。由此可以看出，文献主要来源于学术期刊、报纸、硕士学位论文三大块。

表 5-2　　　　　　　　国外智慧养老数据库分类

资源类型	含"养老模式"论文总数（篇）	养老模式中含"智慧"论文数（篇）	含"智慧"论文所占比重（%）
学术期刊	9308	173	1.86
报纸	5814	74	1.27
年鉴	280	0	0
特色期刊	1309	14	1.07
中国专利	8	0	0
国内会议	463	4	0.86
成果	40	1	2.5
国际会议	67	3	4.48
学术辑刊	52	0	0
博士学位论文	82	1	1.22
中国标准题录数据库	1	0	0
合计	17424	270	1.55

从 2015 年到 2035 年，我国将进入急速老龄化阶段，老年人口将从现在的 2.12 亿人增加到 4.18 亿人。随着"4+2+1"家庭的增加以及现代社会节奏的加快，老人养老和子女时间、经济能力有限的矛盾愈发凸现，致使家庭养老出现了左右为难的境地。一方面，由于我国尚未实现现代化便提前进入老龄化社会，"未富先老"很严重；另外一方面劳动力结构性短缺（如护理人员严重不足）也会同时存在。人口老龄化趋势日益加快，而老人的养老需求也呈现多元化，传统的家庭养老、机构养老成为不再适合中国国情的养老模式，智慧养老逐渐成为主流养老方式。但是从表 5-2 中可以看出，我国在智慧养老模式的探索、研究方面，能够搜集到的文献资料是比较少的，其中最早的是 2012 年王欣刚提出的关于信息化养老服务系统平台的规划与设计的系统论述，因此可以看出我国智慧养老模式的探索起步较晚，发展是较缓慢的。

(二) 历年发表文献趋势分析

我们知道，社会关注的问题是各界学者普遍研究、探讨的话题。在我国，养老模式的研究逐渐引起学者的关注，而且这方面的文献研究逐年增加，与我国进入人口老龄化社会有直接关系。下面，我们先来分析我国历年老年人口和总人口的变化趋势。

从表5-3中可以看出，65岁及以上人口是逐年增加的，其中2000年、2001年、2004年、2005年、2009年和2011年这五个年份老年人口环比增长速度是低于3%的，其他年份环比增长速度均超过3%，其中最高的是出现在2010年，环比增长速度高达5.21%，也就是说2010老年人口比2009年增加了5.21%，为590.97万人；老年人口环比增长速度是显著高于年末总人口环比增长速度的，特别是近几年老年人口环比增长速度均高于3.7%，这也说明了我国老龄化速度在日益加快，养老问题面临严峻形势，这与近年来各界学者研究老年人养老问题文献资料的迅速增加是相符的；65岁及以上人口占年末总人口比重是逐年增加的，按照国际通行的标准界定，人口老龄化是指65岁及以上人口占总人口比重即老龄化率达到7%并不断增加，我国在20世纪末开始进入人口老龄化社会，特别是近6年来，65岁及以上人口占年末总人口的比重均超过9%，甚至近三年已经超过10%，2016年达到最高值10.85%，可见我国已经成为世界上人口老龄化最严重的国家，养老问题是国家、社会急需解决的问题之一。

表5-3　　　　　　　　1997—2016年全国人口变化趋势

年份	65岁及以上人口（万人）	老年人口环比增长速度（%）	年末总人口（万人）	年末总人口环比增长速度（%）	占年末总人口比重（%）
1997	8085	—	123626	—	6.54
1998	8359	3.39	124761	0.92	6.70
1999	8679	3.83	125786	0.82	6.90
2000	8821	1.64	126743	0.76	6.96
2001	9062	2.73	127627	0.70	7.10
2002	9377	3.48	128453	0.65	7.30
2003	9692	3.36	129227	0.60	7.50
2004	9879	1.93	129988	0.59	7.60
2005	10068	1.91	130756	0.59	7.70
2006	10384	3.14	131448	0.53	7.90
2007	10702	3.06	132129	0.52	8.10
2008	11023	3.00	132802	0.51	8.30
2009	11343	2.90	133450	0.49	8.50
2010	11934	5.21	134091	0.48	8.90
2011	12261	2.74	134735	0.48	9.10

续表

年份	65岁及以上人口（万人）	老年人口环比增长速度（%）	年末总人口（万人）	年末总人口环比增长速度（%）	占年末总人口比重（%）
2012	12728	3.81	135404	0.50	9.40
2013	13199	3.70	136072	0.49	9.70
2014	13815	4.67	136782	0.52	10.10
2015	14386	4.13	137462	0.50	10.47
2016	15003	4.29	138271	0.59	10.85

数据来源：国家统计局官网。

从图5-1中我们可以看出，我国早在1997年就有学者对老年人养老模式做过研究，但是在这方面的研究是比较少的，文献资料仅有35篇，当然先前也有学者研究过，因为这里我们设定的搜索期限是1997—2017近二十年的文献资料，数量也是非常少的。由表5-3我们知道，20世纪末我国开始进入人口老龄化社会，养老问题成为大家讨论的焦点话题。虽然前期对老年人养老问题的研究、探索方面是比较匮乏的，但是也已经引起学者的关注。2007年之后，由于老年人口在年末总人口中所占比例逐年增加，均超过8.1%，老龄化问题日益严峻，所以对老年人养老模式的研究、探索的文献资料开始迅速增加，呈现指数式增长，尤其是近几年养老模式的研究已经成为学者关注的焦点，在2016年就有2903篇文献资料做过养老模式的研究，占比为14.19%，可见养老问题已经引起了社会各界的重视，这与我国当前人口老龄化速度日益加快是密切相关的，养老问题已经是全社会普遍关注的话题，同时也是一项艰难的挑战。

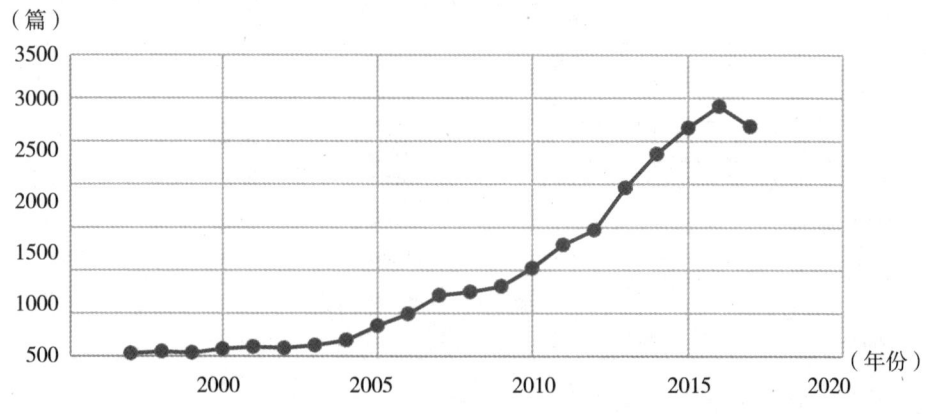

图5-1 养老模式文献资料历年发文量趋势

由图 5-2 可以看出，我国学者在老年人智慧养老方面的研究在 2013 年之前是非常少的，侧面反映出我国的学者更多的是专注于传统的养老模式的研究，比如家庭养老、机构养老、社区养老等。空前的白发浪潮不仅对社会生活、经济发展产生了各种影响，也对传统的养老模式构成了严峻的挑战，传统的养老模式已不再适合现在的国情；结合图 5-2 近年来老年人口占总人口比重越来越大而且增长速度在不断加快，人口老龄化问题愈演愈烈，社会各界学者开始转向智慧养老方面的探索，所以近几年有关老年人智慧养老研究的文献资料开始逐年增加，2017 年已经有 133 篇，占比为 42.9%，这说明智慧养老已经成为解决当代养老问题的新途径，专家学者开始转向对智慧养老新模式的研究、探索。

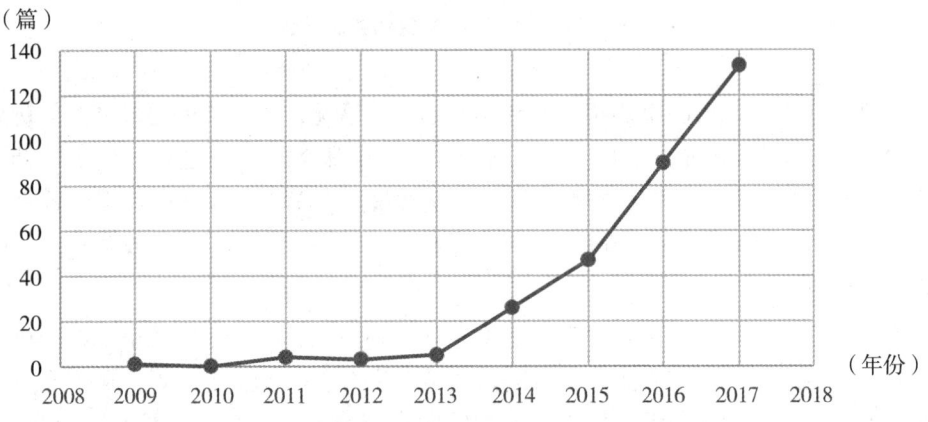

图 5-2　智慧养老文献资料历年发文量趋势

（三）智慧养老的研究已引起人们的重视

在中国知网上，我们利用主题模糊查询法，得到 17424 篇养老模式文献资料，现对文献资料出现的关键词，通过删除连词和感叹词等不影响结果的词语，重新提取、组合关键词，做成关键词共线网络图（见图 5-3）。

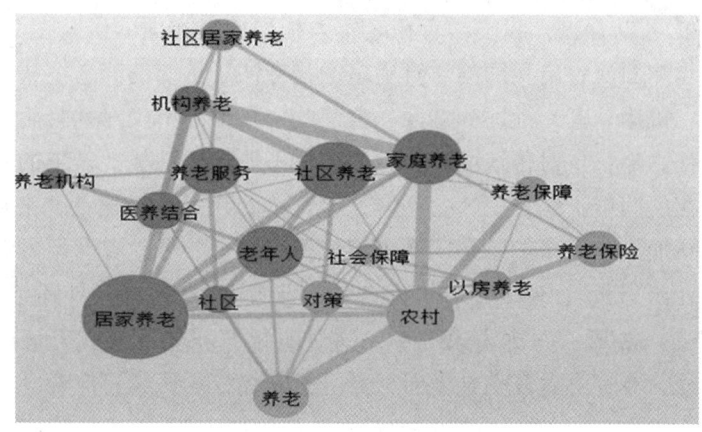

图 5-3 养老模式-关键词共现网络

图 5-3 直观地反映了老年人养老模式的词频情况，文献中出现最多的关键词是"居家养老""家庭养老""社区养老""养老服务"等，这也说明了早期的学者主要从事研究的是传统的养老模式，从数量上看老年人养老模式围绕着"居家养老"和"家庭养老"的研究是最多的，这也符合自古以来我国敬老、养老的优良传统。

图 5-4 直观地反映出老年人智慧养老的词频情况，文献中出现最多的关键词是"智慧养老""居家养老""互联网""物联网""养老服务"等，从侧面反映出各界学者已经把研究重点从传统养老转向智慧养老，智慧养老是互联网技术、物联网技术、智能控制技术、通信技术和老年服务技术的综合运用，能够为老年人提供安全、健康、舒适、便捷服务的现代化养老模式。智慧养老的研究、探索、应用已经成为发展趋势，但是相对于西方国家而言，我国在智慧养老方面还处于初步探索的阶段，比如上海、山东、江苏、福建等地区积极响应政府推进互联网与养老服务和医疗服务相结合的要求，在智慧养老、智慧医疗方面进行了一系列的尝试和探索，积累了有益的经验，为其他地区发展智慧养老提供了经验借鉴。

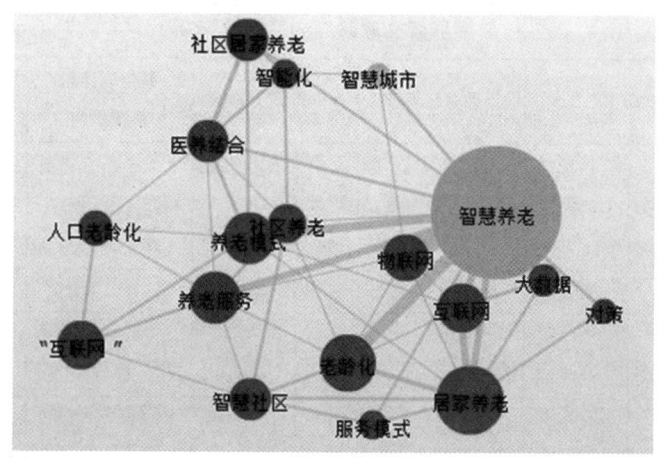

图 5-4 智慧养老-关键词共现网络

（四）居家养老和互联网及物联网成为智慧养老研究的重要命题

智慧养老已经成为当代解决人口老龄化问题的重要途径，是各界学者目前普遍研究、探索的新方向。在中国知网上，对于智慧养老方面的研究共搜集到 270 篇文献资料，就研究内容做了整理分析，如表 5-4 所示。

从表 5-4 中可以看出，在搜集到的文献资料中主要研究内容是智慧居家养老、物联网及互联网、平台设计与系统研究、智慧社区养老和现状分析及对策建议。其中研究最多的是智慧居家养老，有 39 篇，占比为 12.58%，这也反映出对老年人智慧养老的研究更多的是侧重于居家养老，老年人更愿意选择在家里安享晚年；其次是把互联网、物联网技术应用到智慧养老中去的研究，有 33 篇，占比为 10.65%，研究的主要是如何把先进技术融合到养老服务中去，为老年人提供方便、快捷、舒适的服务；现状分析及对策建议的文献研究相对较少，有 16 篇，占比为 5.16%，研究的主要是对我国养老问题的现状进行分析并根据当前的智慧养老提出对策建议。

表 5-4　　　　　　　　　　智慧养老文献研究内容对比分析

文献篇数		智慧居家养老		智慧社区养老		物联网及互联网		平台设计与系统研究		现状分析及对策建议	
		文献篇数	所占比重(%)	文献篇数	所占比重(%)	文献篇数	所占比重(%)	文献篇数	所占比重(%)	文献篇数	所占比重(%)
期刊	173	25	14.45	9	5.20	25	14.45	9	5.20	14	8.09
报纸	74	6	8.11	4	5.41	3	4.05	3	4.05	0	0
硕士论文	40	7	17.5	6	15	4	10.00	11	27.5	2	5
特色期刊	14	0	0	0	0	0	0	0	0	0	0
成果	1	0	0	0	0	0	0	1	100	0	0
国内会议	4	1	25	2	50	0	0	0	0	0	0
国际会议	3	0	0	1	33.33	1	33.33	0	0	0	0
博士论文	1	0	0	0	0	0	0	0	0	0	0
合计	310	39	12.58	22	7.1	33	10.65	24	7.74	16	5.16

我们在整理文献的过程中发现：在搜集到的文献中对于智能化产品的研究是较少的，仅有2篇，侧面反映出我国对智能产品的研究是相对匮乏的，而国外对智慧养老的研究更多的是注重于智能产品的开发，在这一方面有很多我们向国外借鉴学习的地方。智慧居家养老的研究主要是期刊、报纸和硕士学位论文，研究最多的是期刊，25篇，占比为64.1%；智慧社区养老的研究主要是期刊和硕士学位论文，研究最多的是期刊，9篇，占比为40.91%；对互联网、物联网的研究主要是期刊，有25篇，占比为75.76%；平台设计与系统研究的文献主要是期刊和硕士论文，研究最多的是硕士论文，11篇，占比为45.83%；现状分析及对策建议的研究来源于期刊和硕士学位论文，主要是来源于期刊，有14篇，占比为87.5%。由此可以看出，智慧养老的文献主要来源于期刊和硕士学位论文。在对智慧养老文献资料分析的同时，我们还发现智慧养老模式下的居家养老、社区养老就是把互联网技术、物联网技术、智能控制系统的有机融合应用到养老服务中去，为老年人提供健康、舒适的服务，真正实现智慧养老。

(五) 文献主要研究内容

1. 方法技术篇

如表 5-5 所示，从方法或技术层面看，众多学者虽然在研究智慧养老方面使用的方法不同，但是可以归纳为几类：把互联网及物联网技术应用到养老服务中；信息融合或数据融合技术应用到平台建设及系统研发中；SWOT 分析法、UTAUT 模型及 SWOT-CLPV 模型主要是用来分析现状。

从研究内容来看，主要研究的是：平台构建（信息服务平台、人员定位系统管理平台、移动服务平台）和系统研发（医疗健康系统）；智慧养老的现状分析和存在问题。

从探索新思路来看，从老年人的养老实际需求出发，构建五层两体的智慧养老信息系统；打造老年医养服务智能化平台（比如颐居通、养老服务金卡、96619、长者通等平台）；构建以老人为中心的服务体系。

因此，可以看出智慧养老侧重于系统的构建、平台的打造、服务体系的建立，基于当代先进的技术为老年人提供更加舒适、快捷、健康的服务。

表 5-5　　　　　　主要方法或技术使用的分类情况

作者	方法或技术	主要研究内容	探索新思路
白玉翠、田亮、张晓东	"互联网+"	智慧养老模式探析	与物业服务商合作、旅居服务商合作
梁舰	"PPP 模式"	同养老服务业对接，解决融资难题	养老服务综合产业园、养老连锁店
孙艳玲、付际强	物联网	打造社区居家养老信息服务平台	颐居通、养老服务金卡、96619、长者通等平台
杨飞洋、杨明	模式对比	3 种（手机 APP、1+X、1+3+5）的比较，发现问题	打造老年医养服务智能化平台和构建以老人为中心的服务体系
刘红华、黄莹	多样化的智能设备及互联网平台	满足社区空巢老人的多样化、多层次的需求	构建智慧养老服务系统
董腾超、张鲁刚	SWOT 分析法	分析智慧养老现状的优势与劣势、机遇与挑战	智慧养老架构应充分考虑老年人的实际需求
毛羽、李冬玲	UTAUT 模型	分析影响用户使用"一键通"服务的关键因素	使用意愿、便利条件、社会影响力、感知信任与感知安全

续表

作者	方法或技术	主要研究内容	探索新思路
陈垚、何建强	Zigbee 技术	设计开发面向养老机构的人员定位系统管理平台	提供基于位置信息的多种服务和管理
朱月兰、林枫	可穿戴计算技术	设计能够监测多参数生理的智慧养老移动服务平台	分析被监护人的身体状况，实现养老的个性化服务
蒋鸿	数据融合	对医疗健康系统的研究和实现	数据融合的结果为老年人提供个性化服务
屈巍、矫培艳	物联网	智慧养老医疗子系统、娱乐子系统、餐厅子系统、购物子系统的设计	基于物联网的智慧养老社区系统，满足老年人的养老新需求
李雨谦、吴韶波	信息融合	把信息融合技术应用到智慧养老平台中	由融合判决的结果为老人提供所需求的服务
应佐萍、陈旭平	SWOT-CLPV 模型	分析智慧养老社区建设的杠杆效应、抑制性、脆弱性和问题性	提出智慧养老社区建设新路径

2. 智慧养老模式探析篇

从收集到的文献内容来看，以"互联网"为背景对智慧养老模式探讨的文献居多，例如闫志俊、白玉翠、刘红华、耿永志、杨琴、王家乐等人的文献。其中，闫志俊认为"互联网+养老"的核心理念是以现代老年人养老服务需求为基础，实现智能筛选、智能识别、智能服务。以互联网为依托，以大数据平台为载体，把物联网技术、计算机网络技术、通信技术、智能控制与管理技术有机融合，为老年人提供现代化的养老服务模式。通过阅读大量文献，我们把主要的试点模式归纳如表 5-6 所示：

表 5-6　　　　　　　　　　试点模式总结

作者	智慧养老模式	地区
杨飞洋、杨明	手机 APP，1+X，1+3+5	合肥
毛羽、李冬玲	一键通	武汉
吴玉霞、沃宁璐	DMP，DtoP，PtoD，OtoO	长三角城市
单忠献	政府主导，科技企业主导	青岛

续表

作者	智慧养老模式	地区
杨琴	互联网+	扬州
高海峰	虚拟养老院	兰州市城关区

3. 现状分析及对策建议篇

有许多学者像闫志俊、白玫、董腾超、赵英等对我国当前智慧养老的现状加以分析，并根据存在的问题提出了养老发展的建议。根据老年人日常安全监护、生活物资供应、生活帮助、医疗健康服务以及精神慰藉五大需求，智慧养老存在的主要问题是：养老体系不完善，制度不健全；养老信息化建设滞后，面临技术发展难题；社会体系顶层设计和统筹规划上力度不够；缺乏专业的团队；养老产品单一以及容易忽视老年人的精神需求。针对上述问题，众多学者各自提出了自己的对策和建议，主要是完善养老制度体系和标准；构建信息服务平台和养老服务数据库；加快智能软硬件设备和智能产品开发；构建养老服务系统和平台建设；培养智慧养老专业人才等。

从众多学者提出的对策建议来看，主要是从政策的完善、平台建设及系统研发、智能产品开发和专业人才等四方面提出的，这也是我国在智慧养老发展中急需解决的难题，特别是在智能产品的开发和系统研发方面，相比于西方国家是比较落后的，所以说，我国的智慧养老发展还有很长的路要走。

四、文献评述

本文通过收集国内外有关智慧养老的文献资料，对其进行描述分析。在分析过程中发现，西方国家进入老龄化时期已经是发达社会，各方面技术应用比较成熟，因此国外对智慧养老的研究主要侧重于智能家居、智能产品开发和智能传感系统研发，而国内对智慧养老的研究还处于初级阶段，相对于西方国家而言仍需进一步发展，研究方向主要侧重于把互联网技术、物联网技术、智能控制技术应用到平台构建和系统设计上来，像智能产品的开发研究在国内还是比较匮乏的。庞大的老年人口和日益加快的老龄化速度，使得我国在智慧养老的研究已是迫在眉睫。

当然，本文也把国内过去养老模式同现在智慧养老进行了对比分析，结果发现传统养老模式的研究文献资料数目居多而且主要集中于对家庭养老、机构养老、社区养老的研究，对智慧养老研究的文献资料数目较少而且研究主要基于

"互联网+"技术、物联网技术的平台构建，方便、快捷地为老年人提供多元化服务。

随着我国人口老龄化速度日益加快，到2050年，中国老年人口将达到4.8亿人，成为世界上老年人口最多的国家。《中国智能养老产业发展报告（2015）》指出老年群体的服务需求呈现新的特点：精神文化服务需求逐渐提升；对健康康复服务的需求越来越凸显；对服务便捷性的要求不断提高。传统养老已无法满足老年人多元化的养老需求。2015年7月，《国务院关于积极推进"互联网+"行动的指导意见》提出新型的互联网智慧健康养老产业，智慧养老成为大势所趋。智慧养老成为解决养老问题的新途径新方向，我国在借鉴国外经验的同时仍需要不断探索、实践，寻找适合我国国情的智慧养老新模式。

第二节　老年智能手机用户中文评论的情感分析

一、文本挖掘相关技术及理论

（一）情感倾向性分析

情感分类有两种主要方法：基于情感词典的分类和基于机器学习的分类。基于情感词典的分类方法不需要手动标记，程度副词和模态词分为正负情绪，无监督学习用于获取分类结果。一般情况下可与一般的机器学习算法搭配进行分类，比如"朴素贝叶斯+情感词典""svm+情感词典"等，而中文相对于英文来说，意义更加丰富，目前国内仍没有比较丰富的情感词典库可以覆盖所有的情感词。

基于机器的分类是监督学习，如深度学习算法CNN \ LSTM等。因此有必要用正样本和负样本手动标记语料库。然后使用适当的算法训练分类器，得到良好性能的词向量，并使用新数据运行模型以获得预测结果。进而可得到每条评论的正面和负面情绪的概率。在深度学习中，我们只需要关注如何训练出更好的词向量，而不用关注情感词典的大小，这样使得预测范围更广，预测结果更加准确。接下来为了更好地了解深度学习的优势，主要介绍基于LSTM神经网络的原理。

机器学习，即根据所获取的经验数据知道后续行为，其中获取经验数据的主题和知道后续行为的客体都是机器。为了知道后续行为，在机器获得经验数据后，必须进行数据分析，以获得数据中包含的模型信息，并根据信息做出行为决策。分析经验数据的过程可以被视为学习。从这些分布中提取更一般化的信息以指导后续行为。经验的概括可以被视为学习的核心目的。机器学习概念涉及三个核心要素：

（1）经验，现有的训练数据集，机器学习算法，以此为基础训练分类器。

（2）任务，即具体使用，机器选择要处理的对象和根据它的处理方法。

（3）表现，机器根据它，可以判断学习的有效性。如分类精度、召回率、F值等。

具体到基于统计方法的自然语言处理（nlp）领域，一般以学习方法所采用的训练语料为标准来区分学习类型：

（1）无监督学习算法不要求语料库是否被标记。

（2）监督学习算法必须首先确定目标变量，并根据实际情况标记正负样本。近年来，通过深度学习解决了 AI 类型的问题。与传统机器学习相比较，深度学习早已在包括语音/自然语言/视觉和游戏制作在内的各种各样的任务中多次表现出优异的性能。如有些反面深度学习网络已经远超机器学习方法的精确度，包括语音/自然语言/视觉等领域。本文主要在递归网络中使用子库‐长短期记忆神经网络模型（以下简称 LSTM）。

所有递归神经网络（以下称为 RNN）由链式形式的重复神经网络模块组成。在标准 RNN 中，这个重复结构模块只有一个非常简单的结构，如图 5-5 所示。

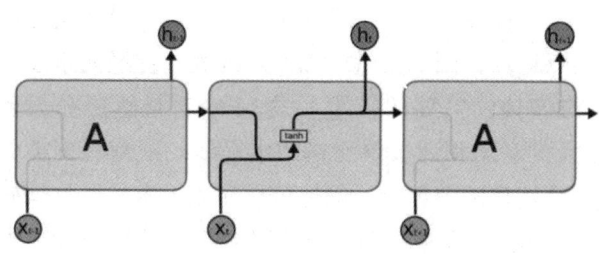

图 5-5 标准 RNN 细胞结构图

LSTM 也是这样的结构，但重复的模块具有不同的结构。与单个神经网络层不同，这里有四个以非常特殊的方式进行交互。如图 5-6 所示。

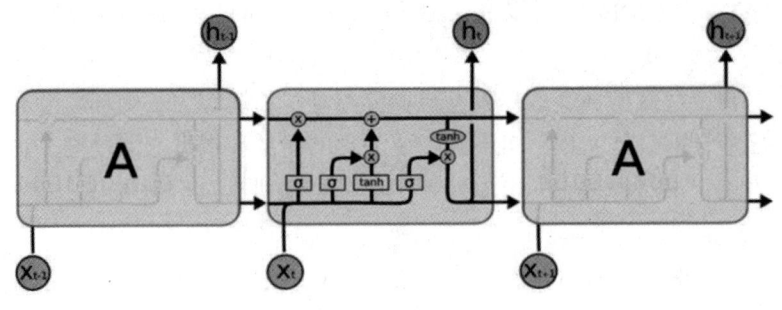

图 5-6　LSTM 神经网络细胞结构图

图中使用的各种元素的图标如图 5-7 所示。

图 5-7　图示元素

在图 5-7 中，每条黑线都带有一个整向量，从一个节点的输出到其他节点的输入。圆圈表示逐点运算，例如矢量之和，矩阵表示神经网络学习层。连接在一起的行表示向量的连接，单独的行表示内容被复制然后分发到不同的位置。LSTM 的关键是单元的状态和通过单元格的水平线。细胞状态类似于传送带。仅通过几个线性交互直接在链中运行。保持信息流动很容易。具体如图 5-8 所示。

当然，单纯依靠最上面的水平线，是无法实现删除或添加信息的。而是通过一种门（gates）的结构来实现的。门可以实现选择性地让信息通过，主要是通过一个 sigmoid 的神经层和一个逐点相乘的操作来实现的。具体如图 5-8 所示。

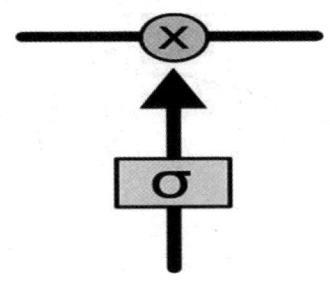

图 5-8 门结构图

sigmoid 层输出（是一个向量）的每个元素都是 0 和 1 之间的实数，表示让对应信息通过的权重（或者占比）。比如，0 表示"不让任何信息通过"，1 表示"让所有信息通过"。LSTM 通过三个这样的本结构来实现信息的保护和控制。这三个门分别为输入门、遗忘门和输出门。

（二）语义分析

1. 语义网络的概念、结构与构建本质

西蒙（R. F. Simon）首次提出了语义网络概念，主要是为了更加直观地理解自然语言并获取认知，是一种语言的概念及关系的表达。

如图 5-9 所示，语义网络图其实就是一幅有向网络图。节点中的对象可以通过单词表示各种事物，并且节点之间的有向弧用于表达语言意义上的节点之间的关系。弧的方向是语言关系的因果取向。B 具有牵连的语言关系，A 和 B 分别是语义复合关系的主动和从属。当然，这种语言关系往往很复杂。以图 5-9 为例。一个人遭受各种挫折的悲伤，长期的悲伤无法得到缓解，只能通过暴饮成为酒鬼。

尽管每个语义网络结构中的头（节点）之间的关系是复杂的，但语义网络的每个弧的形成主要是由于这种语义关系的存在。由不同单词表达的不同事物由形成语义网络的无数连接形成。

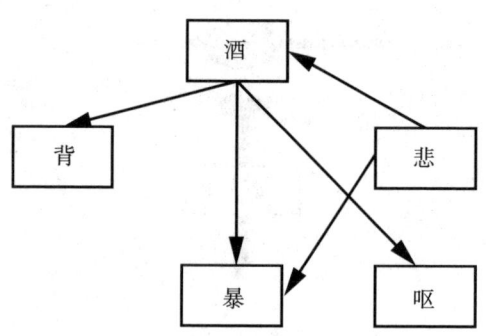

图 5-9 语义网络举例示意图

2. 基于语义网络进行评论分析的优势

前面的讨论中我们知道，在对老年智能手机和功能手机进行语义网络分析时，需要分别对语料进行分词。考虑到机器无法像人一样去思考，也无法准确了解语义之间的关联。尤其语料经过分词后，原有的语句结构及其复杂的语义关系会在很大程度上变得凌乱。为了重新展现语义之间的关联，必须使被分词打乱的关系重新融合以进行接下来的分析。而在事物之间建立语义网络关系（每个词由事物表示）可以整合先前混乱的关系。尤其是可以连接到流利语料库中的单词关系的重新整合（建立"因果关系"的关联），这种关系的成功重建可以清楚地恢复语料库中反映的许多内容。特别是当个别单词无法清楚地表达相应的情况时，例如：当"使用"与"简单"分开时，任何一方都无法清楚地表达相关情况。它可以是"易于使用"或"适合中老年人"，或者可以是"和一般手机电池使用时间差不多"等；单个"简单"也可以表达很多东西，它可以是"简单使用机器功能"，或者可以是"手电筒很方便，操作简单"，它也可以"方便，便捷"等，但如果"使用"和"简单"通过语义网络连接，可以清楚地反映出相关手机产品使用起来比较简单方便（如图 5-10 所示）。例如，"质量"和"非常差"也是如此，这里不再重复。

基于这种语义网络建立起来，就可以进行各种各样特定的分析，尤其在抽取两类手机的顾客关注点上都具有一定的优势，以判断特定产品优点为例，如果某种产品相对于其他产品正面评论形成的语义网络不一样的且蕴含着这种优势的关系连接，透过可视化，我们就能够从中抽取出来。

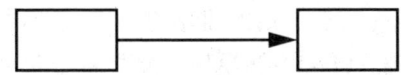

图 5-10 "使用"和"简单"的语义网络连接示意图

3. 基于 ROSTCM6 进行评论分析的实现过程

利用 ROSTCM6 来完成这一部分及语义网络构建的操作。打开 ROSTCM6 软件，单击"功能性分析"选项，再单击"社会网络与语义网络分析"菜单，便看到社会网络与语义网络分析的界面。

单击"功能性分析"项，再单击"社会网络与语义网络分析"菜单，便得到社会网络与语义网络分析的界面。

将分好的好评、差评两个文本文档的好评文档的地址输入"待处理文件"对应框内，并单击"提取高频词""过滤无意义词"以及"提取行特征"按钮，这样便完成了对应的操作，系统还会自动生成对应的处理后的文件。在此之后，依次单击"构建网络"与"启动 NetDraw"按钮，就可得到好评文档的语义网络图（其生成的语义网络图可能不便观察，可以移动 NetDraw 生成的语义网络结果中的节点以增强该网络的可读性）。为了方便分析，再单击"构建矩阵"按钮，形成被挑选出的节点词的矩阵词表，该操作会生成一个 xls 文件。完成好评文档的语义网络图的构建后再对差评文档进行同样的操作，将得到相应的语义网络图。4 个好差评文件对应就会有 2 个好评及 2 个差评文档，对应就会生成 4 个语义网络图，并以此为基础，结合共词矩阵（可在语义网络生成后再单击"构建矩阵"形成）与评论定向筛选回查，便可进行相关评论分析。

4. LDA 基础概述

基于语义网络的评论分析进行初步数据感知后，从统计的角度，对主题的特征词出现频率进行量化表示。本文运用 LDA 主题模型，用以挖掘两类老年机评论中更多的信息。

LDA 算法虽然是 2003 年由布莱（Blei）第一次提出，但涉及的理论和知识渊源可以追溯到 18 世纪的欧拉，欧拉最初成名是解决了巴塞尔问题，具体内容如下：

$$\sum_{n=1}^{\infty}\frac{1}{n^2}=\lim_{n\to\infty}\left(\frac{1}{1^2}+\frac{1}{2^2}+\cdots+\frac{1}{n^2}\right)$$

经过推导以后得到问题结果值为 π，欧拉创造性地把有限多项式成功推导到无穷级数，在此基础上判断相同的性质可以用于无穷级数且成立。并且他还发现了 gamma 函数 f（x）=τ（x），此后的概率论中广泛地再使用到该函数，这都是 LDA 主题模型成立的基础。LDA 主题模型主要是基于狄利克雷分布，创造了 Latent Dirichlet Allocation。该主题模型是以潜在语义分析模型为基础，使用到贝叶斯先验概率，通过变分后的 EM 方法进行训练。由于此方法较为复杂，并且得到的训练结果即 topic 并不是全局最优解，而只是局部意义的最优分布。

LDA 主题聚类算法其实也是无监督学习的一种。由于 LDA 可以识别到主题的信息，特别是在使用较大规模文本或文档语料库时，可以有效发现其中潜在或隐藏的一些信息内容。这个方法是先通过假定单个词汇是在主题中提取出来的，而且是来自文档中潜在隐藏的信息。对于文档，特别是文本语料库里面的文档，LDA 主题聚类主要是首先找到每个文档，再重复迭代这个过程找到每个文档中的所有词汇。具体算法过程如图 5-11 所示。

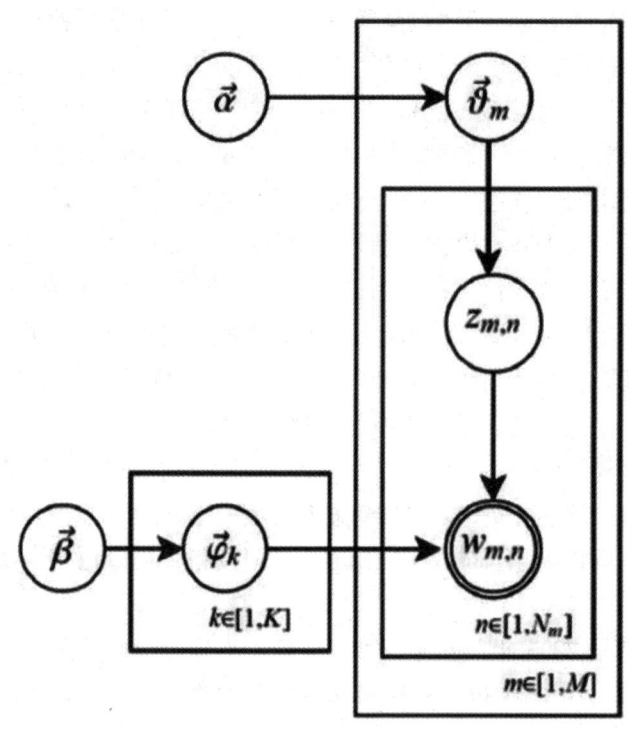

图 5-11　LDA 主题模型原理图

图 5-11 非常直观地显示了 LDA 主题模型的生成过程，其中阴影源表示可观

测的变量，箭头表示两变量间的条件依赖性，方框表示重复抽样，方框右下角表示抽样的次数，具体生成过程如下所述：

（1）从 Direchlet 分布 alpha 中取样生成文档 m 的主题分布 θ。

（2）从主题的多项式分布 θ 中取样生成文档 m 第 n 个词的主题 Z。

（3）从 Direchlet 分布 β 中取样生成主题 Z 的词语分布 φ_k。

（4）从词语的多项式分布 φ_k 中采样最终生成词语 w。

二、数据的采集处理与分析

（一）数据的采集

随着我国经济快速转型升级发展，科学技术推动着第三产业在经济组成中扮演着越来越重要的角色。随着阿里巴巴不断地发展壮大，各个电商企业如雨后春笋般的不断涌现，使得电商行业不断发展壮大，在市场中不断占有越来越多的市场份额，发展至今大有取代传统实体店的趋势。而电商也从小型的 C2C 模式不断延伸到 B2C 模式，越来越多的电器巨头将目光转向电商平台，由消费者参与的产品评论也由最开始的标签化评论转变成长文本评论。现如今各大网络平台充斥着海量的文本评论信息，尽管由于一些不良的商业竞争会存在很多刷评，但其中不乏大量有价值的信息。

但长期以来，这部分信息主要由各电商平台所有，一方面中小电商户没有足够的技术去挖掘这部分信息，另一方面即使是大企业因为将精力主要放在常见营销上，导致企业普遍陷入"红海竞争"中。而老年人作为弱势群体，其消费能力和学习新事物的能力远远低于年轻人，一直被手机设计者忽略。然而近年来由老龄化程度不断加深所带来的社会问题不断严峻，已逐渐引起越来越多手机设计者的警觉，但原有的信息与老年人对智能手机需求发生严重脱节，导致当前老年人手机设计者针对老年人手机的设计仍旧有心无力，市场上老年人手机也参差不齐，在这种情况下，通过海量评论信息去了解老年人手机消费者的需求特点就变得格外有意义。

本文将国内较流行的电器销售电商京东商城的老年人手机评论文本作为研究对象，按销量排名靠前的主要有飞利浦、酷派、华为、纽曼、小辣椒、诺基亚、中兴、小米等，最终确定选用前 8 个老年机品牌作为研究对象。从整体来说，京东作为目前国内大型的电器电商门户之一，在该网站购买商品的客户数量较为庞大，因此可以得到大量有价值的优质评论。采集的数据包括该评论的各类别评价票数、对商品的打分分值、评论时间、评论的文本内容等字段，主要采用 python3.7 编程采集，最终采集将近 21 万条数据。为了更方便下文对比分析老年智能和功能机的异同点，首先将评论数据分为两类。很显然，经过分类后，老年智能机 77097 条，占比为 37%；老年功能机 131274 条，占比为 63%。

（二）数据预处理

文本评论数据里存在大量价值含量很低甚至没有价值含量的信息，如果将这些评论的数据也引入进行分词，词频统计乃至情感分析等，必然会对分析造成很大的影响，得到结果的质量也必然存在问题。那么，在利用这些文本评论之前就必须先进行文本预处理，把大量的此类无价值含量的评论去除。主要方法有：文本去重、机械压缩去词以及短句删除。

文本评论数据预处理主要由 3 个部分组成：文本去重、机械压缩去词以及短句删除。

（三）文本去重

文本去重，顾名思义就是对文本进行去重，对文本去重的主要原因如下：

1. 由于平台会对一定时间对未评论的消费者设置自动评论，而这些自动评论即为默认好评，例如京东。而这些评论基本没有可挖掘的意义。

2. 由于某些消费者为了便于评论，在多次消费后会复制粘贴相同的评论，这样会使得数据产生很多不必要的噪声。

3. 一般情况下，由于个人特殊的语言习惯，不同人有相同的评论的概率是非常低的，但依旧可能有这种情况，因此同样会出现很多重复的评论。

通过大量文献阅读和资料查询，我们发现有大量学者专家使用很复杂的算法去解决文本重复的问题，如编辑距离去重、Simhash 算法去重等，大多存在一些缺陷。以编辑距离算法去重为例，编辑距离法去重实际上就是先计算两条语料的编辑距离，然后进行阈值判断，如果编辑距离小于某个阈值则进行去重处理。这种方法针对类如："XX 牌手机 XX 型号大品牌高质量"以及"XX 品牌手机 XX 型号大品牌高质量老人很满意"的接近重复而又无任何意义的评论文本，去除的效果是很好的，主要为了去除接近重复或完全重复的评论数据，而并不要求完全重复，但有相近的表达的时候就可能采取删除操作，这样就会造成错删。"还没正式使用，不知道怎么样，但手机看起来塑料感确实很重。"以及"还没使用，不知道质量怎样，但手机塑料感确实很强"。这组语句的编辑距离只是比上一组大 2 而已，但很明显这两句都是有意义的，如果阈值设为 10（该组为 9），就会带来错删问题。可惜的是，这一类评论数据组还是不少的，特别是差评的语料，许多顾客不会用太多的语言表达，这时问题就来了。

由此可见，复杂的文本重复数据删除算法倾向于删除有用的信息，但相对简单的文本重复数据删除方法更容易操作。为了最大程度保留有用语料，运用比较删除法，针对重复数据，智能设为留 1 条，确保保存尽可能多的有用评论。

（四）机械压缩去词

1. 机械压缩去词的思想由于文本评论数据质量高低不一，无用的文本数据很多，所以文本去重就可以删掉许多没意义的评论。但经过文本去重后的评论仍然有很多评论需要处理，比如"好好好好好好好好好好好"，这种存在连续重复的语句，也是比较常见的无意义文本。这一类语句是需要删除的，但计算机不能自动识别出所有这种类型的语句，若不处理，可能会影响评论情感倾向的判断。因此，需要对语料进行机械压缩去词处理，也就是说要去掉一些连续重复的表达，比如把"不错不错不错"缩成"不错"。这样不考虑其语义，单纯从句子结构去重，因此称为机械压缩去词。这样处理后依然存在无意义文本，在进行下一步短句删除时进行删除。

2. 机械压缩去词要处理的是语料中有连续重复的部分，一般人制造无意义的连续重复只会在开头或者结尾进行，比如，"好好好好好好好好好好好好好一下买了三台，2999 送了一台，不错"以及"非常满意，好好好好好好好好好好好好好好好好好好好好"等等。而中间的连续重复虽然也有，但是非常少见，而且中间容易有成语的问题，因此只对开头连续重复进行机械压缩去词的处理。

3. 压缩去词流程文本预处理中，机械压缩去词处理过程的连续累赘重复的判断及压缩规则的阐述：去词的判断可通过建立两个存放字符的列表来完成，并按照不同情况，将其放入 list1 或 list2 列表或触发压缩判断，若得出重复则压缩去除，这样当然就要有相关的放置判断及压缩规则。判断连续重复，以及设定压缩规则的时候，应要考虑到词法结构的问题，综合文字表达特点，设定如下规则：

（1）如果读入的当前字符与 list1 的首字符相同，而 list2 没有放入的国际字符，则将这个字符放入 list2 中。

解释：因为一般情况下同一个字再次出现时意味着上一个词或是一个语段的结束以及下一个词或下一个语段的开始。见以下示例：

真的很快开机，真的马上就能使用。

（2）如果读入的当前字符与 list1 的首字符相同，而 list2 也有国际字符，则触发压缩判断，若得出重复，则进行压缩去除，清空第二个列表。

解释：判断连续重复最直接的方法。见以下示例：

为什么为什么为什么刚买了就降价，没道理！

（3）如果读入的当前字符与 list1 的首字符相同，而 list2 也有国际字符，则触发压缩判断，若得出不重复，则清空两个列表，把读入的这个字符放入 list1 第一个位置。

解释：即判断得出两个词是不相同的，都应保留。见以下示例：

很满意！很满意！宝贝运行速度很快，物超所值！

顺带可以处理这种语料：

很很很好很好用。

（4）如果读入的当前字符与 list1 的首字符不相同，触发压缩判断，如果得出重复，且列表所含国际字符数目大于等于 2，则进行压缩去除，清空两个列表，把读入的这个字符放入 list1 第一个位置。

解释：避免类如"滔滔不绝"这种情况的"滔"被删除，并可顺带压缩去除另一类连续重复。如："很满意，很满意，效果好。"

（5）如果读入的当前字符与 list1 的首字符不相同，触发压缩判断，若得出不重复，且 list2 没有放入国际字符，则继续在 list1 放入国际字符。

解释：没出现重复字就不会有连续重复语料，list2 未启用则继续填入 list1，直至出现重复情况为止。

（6）如果读入的当前字符与 list1 的首字符不相同，触发压缩判断，若得出不重复，且 list2 已放入国际字符，则继续在 list2 放入国际字符。

（7）读完所有国际字符后，触发压缩判断，对 list1 以及 list2 有意义部分进行比较，若得出重复，则进行压缩去除。

解释：由于按照上述规则，在读完所有国际字符后不会再触发压缩判断条件，故为了避免"不错不错"这种情况，补充这一规则。

经过机械压缩去词以后，许多重复字词句便可以智能地留下 1 个，这样最大程度保留了文本中有价值的信息，也为下文分词提供很好的基础。

（五）短句删除

完成机械压缩去词处理后，则进行最后的预处理步骤：短句删除。虽然使用精简的辞藻在很多时候是一种比较良好的习惯，但是由语言的特点知道，从根本上说，字数越少所能够表达的意思就越少，要想表达一些相关的意思就一定要有相应量的字数，过少字数的评论必然是没有意义的评论，比如 3 个字，就只能表达诸如"好喜欢""很好用""挺合适"等。为此，就要删除掉过短的评论文本数据，以去除无用评论。主要有以下两类：

1. 原始数据中过短的文本,如"牛"。

2. 经机械压缩去词处理后过短的评论文本,即原来就存在的过于冗长并毫无意义的文本。比如:很满意很满意很满意,最后变成"很满意"。类似文本是没有任何意义的,因此,就要删除掉这样的评论文本数据。通常4个到8个国际字符是更合理的下限,本文把下限设置为4个国际字符。也就是说,当在前两个步骤之后获得的语料库小于或等于4个国际字符时,从语料库中删除。经过数据预处理后的结果如表5-7所示。

表 5-7　　　　　　　经过预处理后各品牌的处理结果表(条)

类别	评论数	文本去重	机械压缩去词	短句删除
老年智能机	77097	24758	24758	23720
老年功能机	131274	90686	90686	85966
合计	208371	115444	115444	109686

(六)分词处理

由于评论文本来自网络,因此文本中有着大量的网络表情符,这些网络表情符会影响接下来的文本分析,因此在进行分词之前将这些表情符全部剔除。在本文中,只有字、句和段落能够通过明显的分解符进行简单的划界,而对于"词"和"词组"来说,它们的边界模糊,没有一个形式上的分界符。因此,进行中文文本挖掘时,首先应对文本分词,即将连续的字序列按照一定的规范重新组合成词序列的过程。分词结果的准确性对后续文本挖掘算法有着不可忽视的影响,如果分词效果不佳,即使后续算法优秀也无法实现理想的效果。例如,在特征选择的过程中,不同的分词效果,将直接影响词语在文本中的重要性,从而影响特征的选择。

本文采用python的中文分词包"jieba"(结巴分词),对TXT文档中的老年手机消费评论数据进行分词。此系统的分词精度高达97%以上。

经过中文分词这一步骤,将初始的文本处理成为词的集合,即 $d = \{w1; w2; w3; w4; \ldots ; wn\}$,其中n为文本d中出现词语的个数,但是文本中含有对文本含义表达无意义的词语,应删除,以消除它们对文本挖掘工作产生的不利影响,此类词称为停用词。停用词的两个特征为:(1)极其普通,出现频率高;(2)包含信息量低,对文本标识无意义,如"嘿嘿""啊啊""最好"等。在特征选取的过程中,停用词的介入可能会造成选出的特征都是停用词,从而影响结果的分析，但是在停用词的去除中，应注意保留其中的否定词，可以对停用词表进行人工筛选和结合的方式，对停用词进行处理。

本文采用停用词加人工筛选的方式，对结巴分词结果进行过滤，结果如下：

手机还不错，很大气的老年机！此句明显展示了中文语言习惯，即语言中会有大量副词和介词等，而这些对于研究老年人手机消费需求特点并没有明显的帮助，反而会在词频表中占有很大的比重，如"的""还"，为了规避这种情况加入停用词典后，在分词过中会自动过滤掉这些无意义的词汇，只保留比较有意义的文本，如手机不错大气老年机。

现如今，为了更好地帮助消费者表达个人情感，很多电商平台加入颜文字等特殊情感符号，因此为了提高文本的可建模性，降低语料噪音，对停用词进行扩充，加入该类停用词以及一些特殊字符。

除此之外，由于中文语义较为复杂，为了使分词结果更加符合常人的语言习惯，经过大量分词实践操作总结大量的自用词典加入分词中，具体示例如下：

声挺大，手机小巧方便，就是做工一般般。声音挺大，手机小巧方便，就是做工一般般。

从中文语言习惯来说，"大"和"很大"相比，"很大"情感色彩更重，而本文主要是从老年人情感方面着手，因此不同程度的情感色彩会对接下来的词向量训练产生一定影响。因此，为了得到更加良好的词向量，加入自定义词典，避免不规范词语出现。

三、实证分析

（一）情感倾向性分类

1. 情感倾向性分类模型的构建

本文主要基于京东商城20多万条老年人手机评论语料进行数据挖掘，目的是挖掘出老年人手机消费者对老年人手机的需求特点，而采用的手段主要为情感分析。所谓情感分析核心在于"情感"，意为老年人手机消费者喜欢哪些手机和不喜欢哪些手机特点，为了更好地挖掘出老年人手机消费者对老年人手机的喜好，首先需要对无标签原始数据打标签，其中正面情感评论标记为"1"，负面情感评论标记为"0"。该小节主要采用LSTM神经网络有监督模型。

（1）收集标注语料集作为训练集。由于LSTM神经网络是有监督学习模型，需要大量语料对模型进行训练，以得到具有优良预测能力的词向量去预测未标记的老年人手机评论语料。为了保证训练集和预测集的相关性，本文预先从网上收集了两万多已标注好的评论文本,涉及手机、电器等八个领域,具体语料如图5-12所示。需注意的是,在模型训练阶段,收集标注语料集即为图5-12中的原始句子。

如图5-12所示,所收集到的已打标签的数据共有21000条,涉及书籍正负评论语料各4000条;酒店各2000条;计算机各2000条;牛奶类各1200条;手机各1200条;热水器正面500条,负面300条。由此可见训练语料设计六个领域,比较全面地覆盖了各种评论情况,并都是网络评论,与待预测的老年人手机评论具有较大的相关性,使用该批数据作为训练语料是比较合适的。

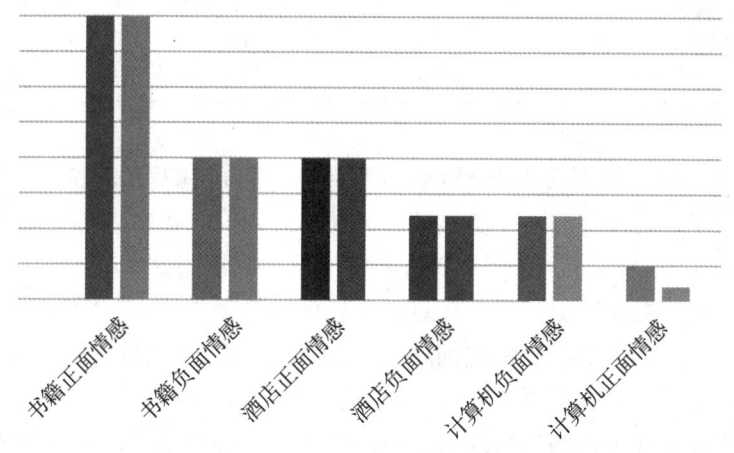

图5-12 六大领域的训练语料分布图

(2) 提取句子特征并向量化。由于本文是对句子进行分类,因此将向量化的词语经过LSTM转化成句向量,作为输入层进入到神经网络中,进一步学习训练,得到大量句向量用来预测句子的情感倾向性。

(3) 选取合适的模型阈值。在深度256128结构神经网络分类器中,需要不确定模型阈值。事实上,训练的预测结果是一个[0,1]区间的连续的实数,经过不断测试发现,当阈值在(0.391,0.394)区间内表现最差。因此,模型设定只有结果大于0.394的,情感判别为正,小于0.391的,情感判别为负,在0.391到0.394的,结果待定。实验表明这个做法有助于提高模型的应用准确率。

(4) 测试集进行测试。经过以上步骤后得到训练好的模型,将一部分数据作为测试集代入到模型中进行验证,得到准确率和损失率。

2. 基于 LSTM 算法的情感倾向性结果与分析

本文主要通过 keras 库中 LSTM、Sequential、Dense 等子库实现 LSTM 神经网络情感倾向性分类，训练过程中的评价指标主要以准确率和损失率为主，以人工抽查回测为辅。为了训练更具准确性，本文提前利用 nlp 包中 snownlp 子库为待打标签预打标，训练结果及预测结果如表 5-8 所示。

表 5-8　　　　LSTM 法实现情感分析准确率情况（次,%）

测试集	训练迭代次数	测试训练准确率	损失率
训练集	30	97.05	0.71
老年智能机	30	89.52	52.71
老年功能机	30	90.48	40.12

表 5-8 中的结果都是在 21000 条训练样本下训练出的模型，并得到相应的准确率和损失率，迭代次数是控制模型训练终止的阈值。在多个评论集的测试下，可以看出该模型的自动学习分类结果非常好，准确率高达 97.14%。通过 LSTM 特征提取，挖掘更深层次的语义信息，实现更好的分类能力。同时，LSTM 模型不需要过多关注特征选择和构造问题（例如，tf、Tf-idf 功能等，只要关注如何训练更好的单词向量的问题，这也是深度学习吸引人的优势之一）。

经过以上步骤后得到训练好的模型，将经过预处理的评论数据代入模型中，最后得到准确率和损失率。确定模型优良性能后分别将两个智能机和功能机评论文本文档输入训练好的模型中，最终得到四个具有正负情感标签的评论文本文档，最终结果如图 5-13 所示。

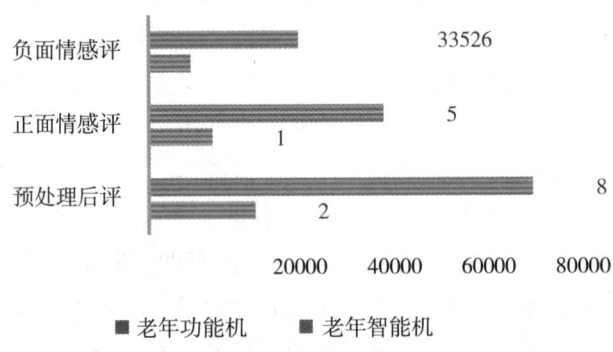

图 5-13　LSTM 法实现情感分析结果示意图（条）

如图 5-13 所示，预处理后，老年人功能机的评论数量几乎是老年人智能机的 3 倍，占比分别为 78.4%和 21.6%；经过 LSTM 神经网络分类后，老年人功能机的正面评论数最高，占比为 47.8%；老年人智能机的负面评论占比最少，占比为 8.6%；从总体来说，当前老年人智能手机的评论热度远远低于老年人功能机，说明当前老年人手机市场上依旧以老年人功能机为主，而老年人智能手机仍旧处于萌芽状态。纵向比较来看，消费者评论大多倾向于好评，但差评究竟是哪些内容往往更值得我们去关注，这点将在以下模型中详细介绍。

（三）语义网络模型

1. 语义网络模型的构建

在数据预处理中将老年人手机消费评论划分为老年人智能机和老年人功能机，将这两类手机消费评论分别进行情感倾向性分类，并依次得到其正负面情感语料，并从宏观角度做了简单的数据分析。为了进一步了解两类老年人手机消费者的各自的需求特征，需要进一步了解其一般情况。

通过对语义网络理论及优势的详细阐述，发现可在保证语义之间的关联的前提下，全面展现老年人手机消费者评论的一般关注对象。由于语义网络的理论基础主要是图算法，为了更好理解语义网络图，涉及的部分参数如表 5-9 所示：

表 5-9　　　　　　　　　　语义网络部分概念图

基本概念	含义
顶点的度（degree）	指和该顶点相关联的边数
入度（in-degree）	以某顶点为弧头，终止于该顶点的弧的数目，终止的弧的数目越多
出度（out—degree）	以某顶点为弧尾，起始于该顶点的弧的数目

如表 5-9 所示，定点的度越大与该定点相连的边越多，反之越少，边越多，关联语义数量就越多，说明手机消费评论的赞点或抱怨点所在的关键词。入度指以某顶点为有向箭头终点，终止的弧数越多，入度越大，反之越少。语义网络图中以连入度作为衡量指标，不同颜色表示入度大小。出度指从某一顶点出发的弧的数目，与入度意义正好相反，不过都是指某一关键词与其他关联词语的个数。

为了更好地展示高频词之间的关系，借用可视化软件 Gephi 进行可视化，具体语义网络图参数如表 5-10 所示，其中 Modularity Class 是一种社区网络算法，能将数据根据社区关系进行聚类，将节点数据按社区关系进行聚类，将语义网络分为若干类。本文节点颜色表示类别，不同颜色代表不同类别；节点大小表示连入度，连入度越大，节点越大，反之则反；标签颜色按类别进行排序，类别数越多，颜色越深，反之则反；标签大小按连入度进行排序，连入度越大，标签越大，反之则反。

表 5-10　　　　　　　　　　语义网络题部分参数

参数名称	参数解释
节点颜色	Modularity Class
节点大小	连入度
标签颜色	按类别排序
标签尺寸	连入度

2. 语义网络结果与分析

老年人功能机声音功能最受老年人喜爱。

从图 5-14 中的功能机正面高频词分布图可以直观地看出，老年人功能机正面评论内容主要围绕"手机""老人"和"声音"讨论，其中相对于功能机字大、有收音机等这些传统功能中，老年人相对更关注手机"声音"功能。

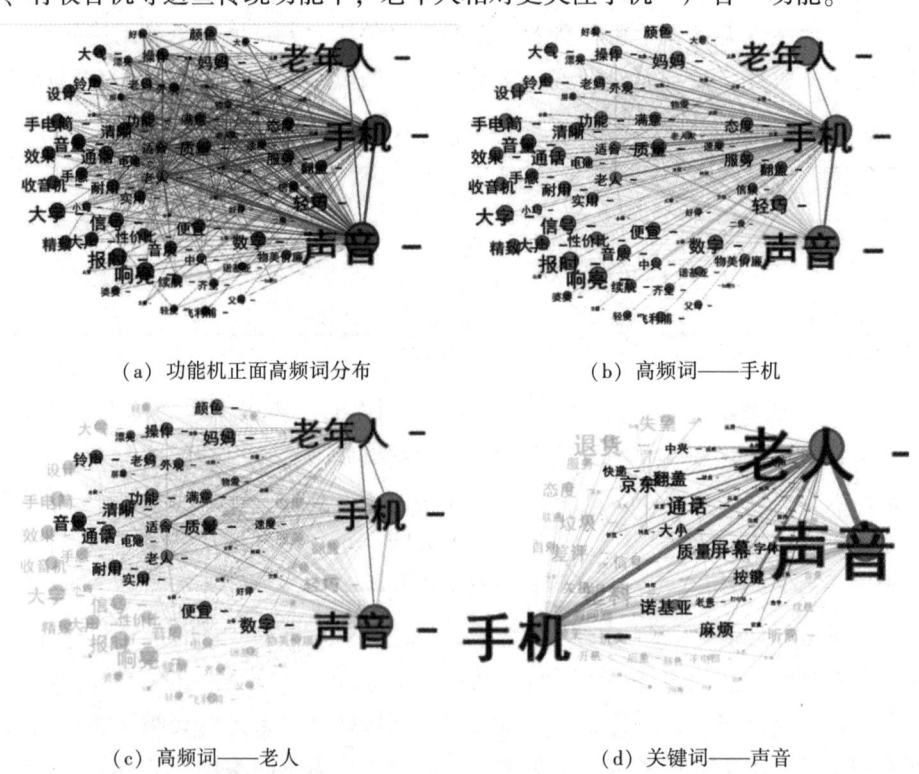

(a) 功能机正面高频词分布　　　　(b) 高频词——手机

(c) 高频词——老人　　　　(d) 关键词——声音

图 5-14　老年功能机正面评论三大关键词的语义网络

第一，以"手机"为赞点的正面评论最多，涉及"操作简单""二次购买""外观漂亮""操作""小巧"等关键词，这类评论主要以功能机的本身特征体现为评论对象，如"物流很快质量也很好物美价廉""手机很好非常好用爸妈很喜欢""首先要赞一下京东商城物流一个字快其次感觉这个手机做工精细功能齐全方便妈妈使用"等。

第二，以"老人"为赞点的评论也很多，涉及"满意""按键""功能"等关键词，主要以老年人使用感受为赞点，如"小手机不错，给老人用很方便很实用""手机送到老人家手里老人家乐坏了最喜欢电筒功能"等。

第三，评论赞点集中于"声音"赞点的也比较多，涉及"清晰""满意""耐用""屏幕"等关键词，这类评论主要围绕手机各项功能为赞点，如："手机不错字体够大声音够大""手机很好非常好用声音大通话清晰"。

综上所述，老年人功能机的赞点主要围绕评论对象、老人使用感受以及手机功能特点进行评论，大多数手机都是年轻子女为老年人所购买，老年人对手机的选择偏向于实用可靠。值得注意的是，随着年龄的增长，身体各项机能严重退化，老年人对手机声音大小格外敏感，未来智能手机设计者应格外注重手机声音功能的设计并发挥手机声音的特殊功能，加强语音识别功能，如可开发对话式手机等。

"中兴"和"诺基亚"两个品牌老年人功能机具有较高的国民认可度。

对比正负面评论分析发现，老年功能机正负面评论的抱怨点与赞点相似之处在于都集中在"老人"和"手机"两个关键词讨论。如图5-15所示。

第一，围绕"手机"抱怨的负面评论最多，涉及"通话质量""垃圾""翻盖""按键""字体""功能"等关键词，这类评论主要以功能机本身特征为评论对象，如"手机质量很一般买来不到一个月屏幕就烂了反映给客服说是寄回返修但是要收费好吧寄回可寄回后又说没有修复价值建议买新机好吧就这样吧说一下这款机子没有键盘背光灯老人用上不理想""质量一般般手机很轻看着很劣质""键盘容易掉漆手电筒的光也是不够亮啊"。

第二，为"老人"和"手机"，涉及"电池""简单""质量""铃声"等关键词，这些都是以老年人的使用功能机的感受为评论对象，如"就是声音有点小铃声太少""声音有点小感觉不合适老人家用"。

第三，涉及"手机"这个抱怨点时，还提到了两个老年功能机品牌，即诺基亚和中兴，不难发现，这两个品牌消费者最多，同时也是被吐槽的重灾区，如："买给老爸的希望好用之前买的诺基亚还没到两个月就说打电话听不到声音还是京东自营的呢希望这个能用久一点""上海中兴就是一个杂碎老年手机,待机两天就没电了屏幕没用几天就和按键磨花了大家千万不要买这种杂种机京东最差的一次购物还自营店就卖这种中兴活该要倒闭才好"。

(a)功能机负面——老人关键词　　　　(b)功能机负面——声音关键词

(c)功能机负面——手机关键词

图 5-15　老年人功能机负面评论的语义网络

总而言之,老年功能机的抱怨点,大多数围绕手机屏幕、声音、按键等方面,这些同样也是老年功能机的赞点所在,因此当前老年功能机过于简单,消费者可选择性太少,极易引起消费者不满。

此外,老年人功能机消费者主要购买"中兴"和"诺基亚"这两个品牌的手机,说明这两个手机品牌具有较高的国民认可度。主要由于这两个品牌手机操作比较简单,功能较少,能够满足老年消费者的基本需求。但是根据以上分析,不难发现,由于这类手机比较便宜,因此很多厂商会偷工减料,手机铃声少,键盘容易掉漆等问题困扰老年人功能机消费者。这也导致老年人功能手机越来越不能满足老年人手机消费者。"远程""智能"等成为老年人智能手机评论的热词。详细分析图 5-16 可发现，智能机正面评论包含两大主题："手机"和"老人"。

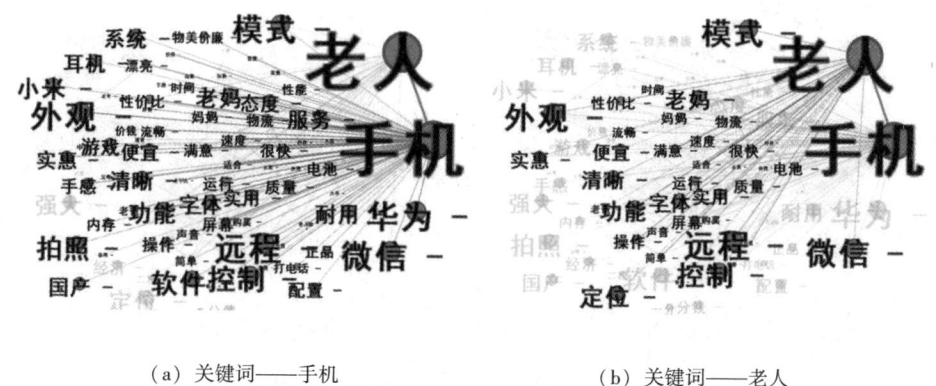

（a）关键词——手机　　　　　　　（b）关键词——老人

图 5-16　智能机正面评论的语义网络图

首先，以"手机"为主题的正面评论最多，涉及"智能""操作""价位""手机屏幕清晰""手机功能远程控制""手机运行流畅"等关键词，这类评论主要以智能机的本身特征体现为评论对象，如"这款手机不错画面清晰运行速度快不卡机好用""远程操控很方便连爸妈手机的电量联网方式都能看到最棒的就是可以随时查看父母的位置""看了好久了一直觉得挺贵的突然看到降价了给老妈买了一部操作简单使用方便声音够大最主要的是可以远程操控手机可以给老妈存电话号设置等等真是太棒了网速也可以还是全网通赞赞赞"等。其次，以"老人"为主题的评论也很多，涉及"模式""操作简单""字体适合"等关键词，以老人使用感受评论对象，如"老人喜欢声音也大字大就不说了超值""做工质量还行显示屏清晰操作简单老人挺喜欢的""非常不错作为老人机又具备基本的智能机功能老人容易摔坏但是价格非常合理也不会太浪费这是今年第三个老人智能机了"等。再次，涉及"京东"关键词时，往往都是"满意""物流很快""速度"等。

综上所述，老年智能机的赞点在于功能多样、比较智能化等，很容易发现老年智能机的优势已逐步凸显并逐渐为广大老年人所接受。同时不难发现，手机远程功能、模式简单为老年人智能手机消费者打开了一扇崭新的大门，说明老年人智能手机也可以依据老年人需求特点去设计。

手机系统仍旧对老年人手机消费者不够友好，比较分析图 5-16、图 5-17，老年智能机的消费者也是围绕"老人"和"手机"两个抱怨点进行评论。

(a) 智能机负面关键词——手机　　　　(b) 智能机负面关键词——老人

图 5-17　智能机负面评论的语义网络图

首先，以"手机"为抱怨点的评论最多，涉及"价位""耳机""软件""电池""钢化""内存"等关键词，主要是围绕手机本身特色进行评论，如"还行就是内存小不过快递很快""连耳机都没有这点不满意""第一次买的商品有点问题卖家很耐心地处理并换了机器换的机器其他方面都可以有时候软件运行会卡系统对于老年人还不是太人性化比如软件的字体大小"等等。

其次，以"老人"为抱怨点的负面评论，涉及"充电""发热""屏幕""质量""模式"等关键词，主要围绕智能机使用感受来说，如"极差最多值*块比山寨机还垃圾超级卡发热量大屏幕有问题，眼睛很痛，我又懒得退货""待机时间简直太短了有时候打不屏幕按不动返回不了太差劲了我手机还不到*元都比这个好使""价格便宜重量很轻声音一般系统凑合震动没法调一直有字体最大的也就那样而且不是全部最大电池玩玩小游戏差不多多半天不玩两天老人模式不是很好装软件很缺德应该是系统有捆绑"等。

根据以上分析，可以比较容易发现，相较于功能机的抱怨点来说，智能机的抱怨点涉及内容相对较多，存在较多问题，比较突出的主要是字体小、内存小、捆绑软件较多等。这些问题仍旧困扰着老年人智能手机消费者。不难猜测，当前老年人智能手机消费者所购买的手机仍旧是主要面对年轻人，部分功能简单的低端智能手机为大部分老年人所消费，而系统等各方面问题难免会出现很多不适配的现象。

(四) LDA 主题模型

1. LDA 主题模型的构建

前面,我们通过语义网络图对老年人智能手机和老年人功能手机的正负面评论进行了可视化展示,在对其各自的抱怨点和赞点进行详尽的分析后,我们发现老年人手机声音功能是首要需求,对品牌具有明显的趋同性,比如说老年人功能手机消费者更偏爱诺基亚和中兴,华为在老年人智能手机中更畅销等。但这些需求特征只是描述了两类手机的一般情况,接下来构建 LDA 主题模型,去挖掘老年人手机中更多有含金量的需求特点。

在文本挖掘理论部分,我们了解了 LDA 主题模型能够对文本中潜在主题进行挖掘。为了更好地展现主题之间的差异化特点,本文选取 6 个主题进行展示。首先基于情感分类得到的正负面情感的样本主题词分布,进而分别对其进行主题归纳总结,最终得到两类产品的差异化优势,即老年智能手机好评中究竟赞点在哪,占比多少,老年人功能手机中抱怨点主要集中在哪,占比又是多少。具体操作过程如下伪代码所示:

1. 将预处理后的文本切分为词包。

2. neg_ dict = corpora.Dictionary(neg[2])建立词典。

3. neg_ corpus = [neg_ dict.doc2bow(i) for i in neg[2]] 建立语料库。

4. neg_ lda = models.LdaModel(neg_ corpus, num_ topic = 3, id2word = neg_ dict)。

指定 topic 数量,lda 模型训练在本文中主要将分好词的正负面评论数据以及过滤用的停用词表基础上,使用 python 的 gensim。

2. LDA 主题模型的结果与分析

(1) 老年智能机正面评论中微信、定位等软件成为首要需求

根据表 5-11 和图 5-18 老年智能机好评的 6 个潜在主题的特征词的提取主题 1 中的高频特征词,即热门关注点主要是"物流"(0.117%)、"很快"(0.094%)等。由此可看出,主题 1 主要反映的是京东物流很快,主题 2、3、4 中的高特征词,即热门关注点主要是"妈妈"(0.400%)、"微信"(0.016%)、"智能机"(0.015%)等。由此可看出,这三个主题主要反映的是智能机已被老年人所使用,微信等社交功能正好满足了老年人的情感化需求,主题 5、6 中的高频词,即热门关注点为"声音"(0.032%)、"很大"(0.028%)、"品牌"(0.037%)等,这两个主题主要反映的是当前品牌老年智能机质量比较受到认可。

从图 5-18 可明显地看出,老年人智能机正面评论的主题分布差异较大。进

一步我们发现,令人意外的是,主题2占比最高,占比在1.2%左右,主题3、4次之,分别占比为0.6%和0.3%左右。由以上分析可知,主题2、3、4主要描述老年人智能手机娱乐软件方面。综上可以得到结论:由于子女都有自己的工作,或者在外地上学等情况,无法陪在老年人身边,而老年人却渴望能与子女多多联系,子女也渴望能够兼顾工作和老人。因此老年人越来越依赖智能产品,尤其一些娱乐软件像微信、抖音等,能够与子女进行互动的同时打发大量空闲时光,让精神生活更加充实。对于子女来说,可以借助老年人智能手机的定位、远程等特色功能了解老年人的生活状态和健康状况等。

表5-11　　老年智能机正面评论的LDA主题归纳表(%)

主题一		主题二		主题三		主题四		主题五		主题六	
关键词	频率	关键词	频率	关键词	频率	关键词	频率	关键词	频率	关键词	频率
物流	0.117	妈妈	0.400	老人	0.340	老年人	0.096	华为	0.175	好用	0.079
速度	0.094	物有所值	0.400	喜欢	0.051	适合	0.036	帮	0.067	手机	0.065
手机	0.089	手机	0.200	适合	0.042	家人	0.025	手机	0.059	便宜	0.053
行	0.061	喜欢	0.042	手机	0.035	视频	0.023	朋友	0.055	质量	0.050
快递	0.039	卡	0.035	家里	0.035	远程	0.023	声音	0.032	父母	0.046
发货	0.038	姥姥	0.022	婆婆	0.024	手机	0.016	很大	0.028	品牌	0.037
满意	0.028	买来	0.017	模式	0.021	实用	0.016	清晰	0.027	实惠	0.032
服务	0.022	微信	0.016	智能机	0.015	控制	0.016	国产	0.019	推荐	0.026
包装	0.019	功能	0.015	合适	0.013	喜欢	0.012	屏幕	0.017	喜欢	0.024

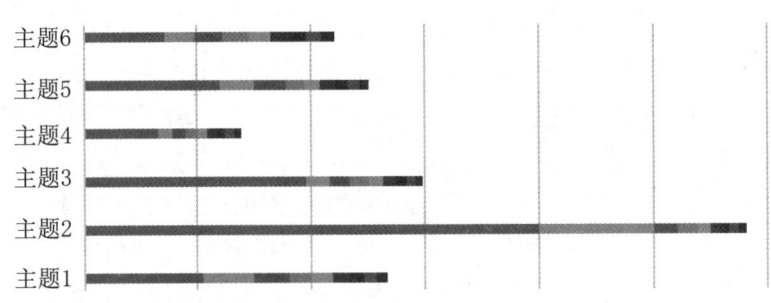

图5-18　老年人智能及正面评论分布图

注:词1等主要表示各个主题下的十个关键词,为了使图变得简洁做了简化

(2) 老年人智能机负面评论中有关客服负面评论占比最高

表 5-12 老年智能机差评的 6 个潜在主题中，主题 1 中的高频特征词，即热门关注点主要是"客服"（2.009%）、"退货"（1.009%）等。由此可看出，主题 1 主要反映的是京东客服态度差，不能很好地解决消费者遇到的问题。主题 2、4、5、6 中的高特征词，即热门关注点主要是"垃圾"（0.075%）、"性价比"（0.022%）、"质量"（0.013%）等。由此可看出，这个主题主要反映的是老年机质量比较次，主题 3 中的高频词，即热门关注点为"预装"（0.018%）、"软件"（0.011%）、"内存"（0.01%）等，这个主题主要反映的是老年机内存太小，预装软件太多。

表 5-12　　　　老年智能机负面评论的 LDA 主题归纳表（%）

主题一		主题二		主题三		主题四		主题五		主题六	
关键词	频率	关键词	频率	关键词	频率	关键词	频率	关键词	频率	关键词	频率
客服	0.009	垃圾	0.075	运行	0.080	太小	0.031	很慢	0.027	不到	0.074
退货	0.009	性价比	0.022	预装	0.018	不好	0.023	耗电	0.026	太小	0.050
手机	0.052	手机	0.019	像素	0.016	屏幕	0.022	电池	0.014	手机	0.027
老人	0.024	老人	0.015	太小	0.015	不行	0.021	老人	0.014	声音	0.012
京东	0.017	差	0.015	手机	0.013	手机	0.021	屏幕	0.012	老人	0.011
微信	0.016	质量	0.013	软件	0.011	太卡	0.019	赠品	0.011	京东	0.009
视频	0.009	电池	0.011	内存	0.010	送	0.016	一时间	0.010	客服	0.009
申请	0.008	像素	0.010	老人	0.010	还好	0.013	很快	0.010	字体	0.008
软件	0.008	电量	0.010	价格	0.010	卡	0.011	假	0.010	本来	0.007
打电话	0.008	不好	0.010	广告	0.010	电池	0.010	京东	0.009	不好	0.007

图 5-19 直观地反映了功能机负面评论主题分布情况，主题 1 在负面评论中占比最高，其比例在 3.2%左右，远远超过了其他主题。而主题 1 主要是涉及平台客服等方面的问题，这说明了老年人智能手机消费者对电商客服服务非常不满，具体表现在退货处理、手机微信等软件以及手机打电话等方面。由此可推测：一方面，由于老年人智能手机的最终使用者都是老年人，老年人在使用方面必定存在诸多问题，而去寻求客服帮助时却没有得到很好的解决，因此对客服产生诸多抱怨；另一方面，由于手机本身质量问题，导致手机使用不方便，软件运行不流畅等问题，一般情况下，会与运营商客服进行协调，而这方面问题并没有得到很好的解决，也会导致消费者对客服产生不满情绪。结合以上各主题及其中的高频特征词可以看出，老年机的优势在以下几个方面：质量还不错，比较智能

化,社交软件比较多、京东物流速度比较快。相对而言,用户对智能机的不满主要体现在以下几个方面:部分智能机质量比较次,手机屏幕不好、像素不高、性价比低以及客服人员服务不周等。

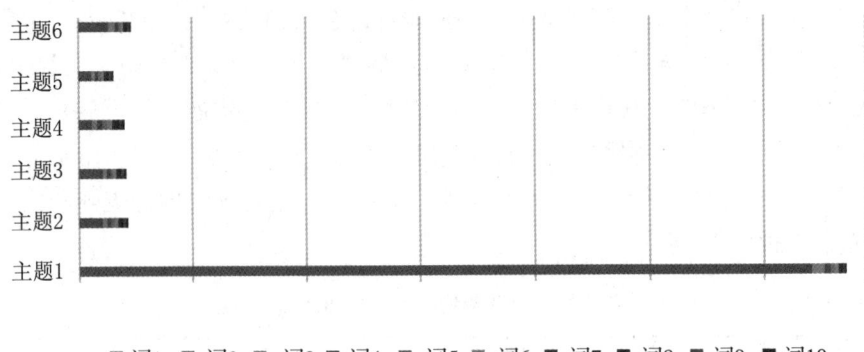

图 5-19 老年人智能机负面评论主题分布图

注:词1等主要表示各个主题下的十个关键词,为了使图变得简洁做了简化。

此外,在表5-12正面评价的主题6中,"品牌"一词出现的频率较高,在正面评论语料中将"品牌"定位回原来的评论中,发现许多用户购买智能机都认准大品牌智能机,如:"挺不错的给我爸爸买的大品牌值得信赖支持京东""拍照功能性强大,运行也还行,这品牌用了好几年了"。因此,老年人智能手机消费者对于品牌的黏性还是比较大的,相对认可度也比较高。

(3) 传统老年功能机正面评论中声音功能和按键功能成为首要需求

根据表5-13老年功能机好评的6个潜在主题的特征词的提取:主题1中的高频特征词,即热门关注点主要是"设置"(0.029%)、"收音机"(0.018%)等,由此可看出,主题1主要反映的是手机设置简单,收音机功能比较好,手机质量轻;主题2、5中的高频特征词,即热门关注点主要是"声音"(0.073%)、"按键"(0.035%)、"操作"(0.035%)等,由此可看出,这两个主题主要反映的是手机声音大,按键清楚,使用起来很方便;主题4中的高频词,即热门关注点为"备用机"(0.038%)、"父母"(0.039%)、"婆婆"(0.055%)等,这个主题主要反映的是老年机的一般用途,送给家里老年人或当作备用机;主题3中的高频特征词,即热门关注点主要是"物流"(0.114%)、"很快"(0.106%)等,由此可看出,这两个主题主要反映的是物流很快;主题6中的高频词,即热门关注点为"外观"(0.048%)、"好看"(0.047%)、"漂亮"(0.028%)等,这个主题主要反映的是功能机外观漂亮,比较受老年人喜爱。

不管是手机的质量、外观还是使用方面，消费者普遍表示非常满意。由图 5-20 可以看出，老年人功能机消费者主要对传统功能机有什么样的需求特点。总的来看，无论在功能机哪一方面，老年人功能机消费者都没有显著的差距，这说明老年人功能机消费者对传统功能机基本满意，没有特别喜欢的手机特点。另外，主题 2、5 总占比最高，分别在 0.55% 和 0.7% 左右，其中提到了手机按键和声音功能，说明老年人功能机消费者都觉得按键和声音功能是最大的手机使用需求。这一比例超过了手机质量（0.25% 左右）和手机外观（0.72% 左右）。这说明老年人功能机消费者真正需求的不仅仅是手机质量较好和外观漂亮，更多的是要求手机声音和按键功能更好、更灵敏。

表 5-13　　　　老年功能机正面评论的 LDA 主题归纳（%）

主题一		主题二		主题三		主题四		主题五		主题六	
关键词	频率	关键词	频率	关键词	频率	关键词	频率	关键词	频率	关键词	频率
诺基亚	0.034	待机长	0.076	收到	0.136	好评	0.148	声音	0.181	老人	0.305
手机	0.033	声音	0.073	物流	0.114	婆婆	0.055	适合	0.092	喜欢	0.080
轻	0.033	通话	0.068	很快	0.106	宝贝	0.049	年人	0.091	手机	0.060
设置	0.029	清晰	0.064	速度	0.089	父母	0.039	很大	0.077	声音	0.054
功能	0.026	长	0.057	手机	0.063	备用机	0.038	老人	0.061	外观	0.048
听	0.022	信号	0.047	发货	0.041	五星	0.038	手机	0.050	好看	0.047
收音机	0.018	老年	0.044	送货	0.038	买来	0.027	够	0.038	适合	0.042
够用	0.017	美价廉	0.042	满意	0.036	卖家	0.027	简单	0.037	家里	0.038
所值	0.016	时间	0.032	快递	0.033	方便	0.027	按键	0.035	颜色	0.032
显示	0.016	手机	0.032	货	0.023	描述	0.027	操作	0.035	漂亮	0.028

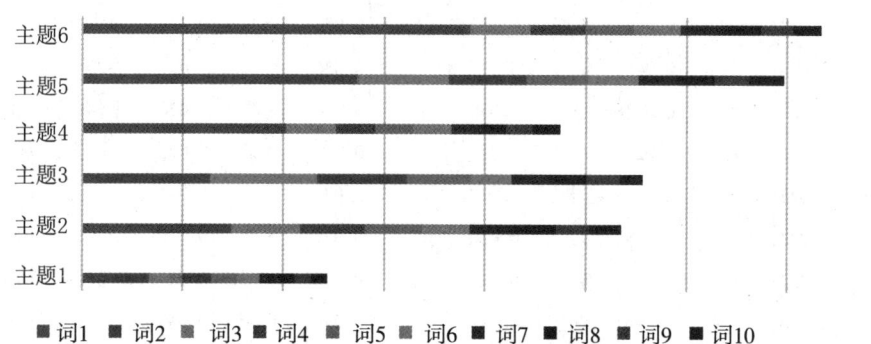

图 5-20　老年人功能机正面评论主题分布图

注：词 1 等主要表示各个主题下的十个关键词，为了使图变得简洁做了简化。

（4）传统老年功能机负面评论中围绕微信、信号等关键词占比较高。

表5-14老年人功能机差评的6个潜在主题中：主题1中的高频特征词，即热门关注点主要是"充电"（0.037%）、"降价"（0.028%）等，由此可看出，主题1主要反映的是手机降价快，耗电快；主题2中的高特征词，即热门关注点主要是"塑料"（0.045%）、"轻"（0.043%）等，由此可看出，这个主题主要反映的是手机塑料感太强；主题3中的高频词，即热门关注点为"信号"（0.073%）、"按键"（0.033%）、"不好"（0.122%）等，这个主题主要反映的是手机按键不好，信号差；主题4、5中的高频词，即热门关注点为"质量"（0.021%）、"后盖"（0.026%）、"太差"（0.026%）等，这个主题主要反映的是手机质量比较次；主题6中的高频词，即热门关注点为"客服"（0.051%）、"换"（0.018%）、"差劲"（0.011%）等，这个主题主要反映的是售后客服服务不周。

由图5-21可以看出老年人功能机负面评论的各个主题的分布存在一定的差异性；由于老年人功能机在手机行业中无论从质量上还是价格上都处在下游产品中，仅仅是为了满足老年人日常生活所需，大部分厂商并不愿意花费巨大的人力物力去提升老年人智能手机的性能、质量等，因此市面上的老年人功能机的质量参差不齐。主题4和5占比较大（约占0.32%、约占0.26%），值得关注的是，在手机质量中，老年人功能机后盖、内存卡等方面备受老年人功能机消费者不满。

表5-14　　老年功能机负面评论的LDA主题归纳（%）

主题一		主题二		主题三		主题四		主题五		主题六	
关键词	频率	关键词	频率	关键词	频率	关键词	频率	关键词	频率	关键词	频率
充电	0.037	塑料	0.045	不好	0.122	一般般	0.051	坏	0.072	手机	0.054
电池	0.029	手机	0.043	信号	0.073	一时间	0.036	手机	0.059	客服	0.051
降价	0.028	轻	0.043	手机	0.050	价钱	0.026	暂时	0.028	电信	0.019
垃圾	0.024	便宜	0.028	按键	0.033	一分货	0.022	质量	0.026	换	0.018
微信	0.023	图片	0.026	卡	0.032	质量	0.021	后盖	0.026	问	0.014
手机	0.023	没用	0.018	机子	0.020	多久	0.021	太差	0.026	寄	0.014
点	0.022	老人	0.015	唯一	0.015	差	0.020	一个月	0.023	某品牌	0.013
没电	0.016	实物	0.014	红色	0.014	贵	0.020	内存卡	0.019	试	0.012
零零	0.015	电容量	0.013	不太好	0.014	老年机	0.019	几天	0.019	维修	0.011
开机	0.014	玩具	0.012	卡槽	0.013	手机	0.018	充电器	0.019	差劲	0.011

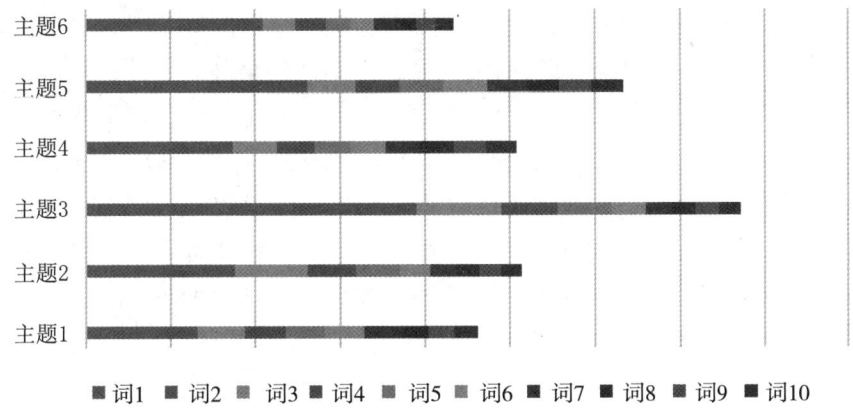

图 5-21 老年人功能机负面评论分布图

注：词 1 等主要表示各个主题下的十个关键词，为了使图变得简洁做了简化。

另外，在主题 3 中，围绕关键词"信号"的负面评论居于所有手机功能之首，说明老年人功能机手机信号特别差。最令人惊讶的是，在主题 1 中，出现了关键词"微信"，说明当前老年机已向老年人智能手机靠拢，逐步加入一些微信、抖音等娱乐化软件，但可能由于传统老年人功能机配置较低，导致这些软件运行起来不够流畅，界面也不够清晰。

结合以上主题及其中的高频特征词可以看出，老年功能机的优势在以下几个方面：声音大、操作简单、使用方便、外观漂亮以及物流较快。相对而言，用户对功能机的不满主要体现在以下几个方面：价格不稳定、塑料感太强、后盖不好、插卡困难、信号太差以及售后客服态度差。这些使得功能机成为低端机的代名词，也可能是被放弃使用的原因。

此外，在表 5-13 正面评价的主题 1 中，"诺基亚"一词出现的频率较高，在正面评论语料中将"诺基亚"定位回原来的评论中，发现诺基亚老年机在用户中非常有知名度，如："手机很好用像回到了过去用诺基亚的时代，外观也很漂亮，不像老年机那么笨重，老年人和年轻人都可以用""屏幕还行，家里人说还不错，翻盖的手机不多了，要是诺基亚还有做的话就买它了"。

在表 5-14 的负面主题 6 中，"某品牌"出现的频率较高，在负面评论语料中将"某品牌"定位回原来的评论中，发现某品牌在质量方面还有很大的提升空间，如："这手机质量真的是很差，电话打不了，更气愤的是关机也关不了，只能卸电池""刚买就没声音了，恶心的手机"。

根据上述数据挖掘的结果，对评论数据进行多角度的评论文本分析，以提取文本中隐藏的信息，LSTM 神经网络用以情感分类，分别得到四个好坏评论文档；语义网络重建了有价值高频词之间的关系，借助共词矩阵以及评论定向筛选回查，很大程度上了解了两类老年机特有赞点、抱怨点等信息，再从统计学角度上，LDA 主题模型滤取出了给予不同类型手机的好差评消费者的关注点，以了解老年机消费者一般关注的对象即手机质量、外观、客服态度等，并进一步了解它们的差异化优势即智能机的社交软件、远程连接、定位等功能备受好评；功能机功能过于简单早已不能满足老年人的多方面需求。综合多方面对比分析，得到未来老年智能机的发展趋势。

四、启示与建议

老年机的设计是以老年人为核心的，只有充分了解用户的使用感受，才能真正让老年智能机发挥其最大价值，进而缓解老龄化程度不断加深所带来的各种社会矛盾，早日实现智能养老新模式。本文实证研究的结果可以给手机制造商（运营商）和政府相关部门分别给出以下的结论与建议：

（一）对手机制造商或运营商的建议

改变以往智能手机以青年人为主的销售格局，根据老年人的真实需求，设计适合老年人的智能手机。

1. 侧重语音识别功能，提高老年人智能手机识别灵敏度

一方面，由于老年群体本身的原因，年龄越大身体各项功能退化越厉害，听力、视力也逐步下降，尤其视力问题退化的格外严重，相对来说更加依赖听力，因此未来老年人智能手机的声音功能必将越来越受老年人手机消费者的喜爱。为了更加满足老年人对智能手机的各种需求，老年人智能手机制造商可以侧重手机声音功能的研发，将原有智能手机中需要按键完成的功能尽可能地替换成用声音指示去完成，这样可以大幅度减少老年人借助衰弱的视力去完成，同时也可以帮助低学历老年人以最快速度使用老年人智能手机。另一方面，由于老年人年龄越大，口齿越不清楚，因此在加强手机声音音量的同时提高语言识别的灵敏度。尤其"中兴"和"诺基亚"在老年人手机消费者中具有较高国民度的品牌手机，可以借此完成企业升级转型，开拓新的市场。

对于手机运营商来说，随着信息技术高速发展和各种智能产品的普及，电商也如雨后春笋般快速崛起，前几年大有取代传统线下门店之势，但随着电商的快速发展，商品同质化问题越来越严重，线上营销成本也与日俱增，电商发展也逐渐呈现疲软之势，尤其手机行业，单个门店单纯依靠线上或线下销售早已不可

行，必须借助互联网打造全新的"互联网+"精准营销模式。即根据老年人智能手机消费者的需求特点，线下实体店打造专属体验平台，配备专业手机讲解人员，同时为了帮助老年人以最快的速度接受智能手机，可以设立专门的互动体验区域，设置一些趣味体验游戏、VR体验等措施，突出店铺人文关怀理念。除此之外，可以借助互联网传播信息快、营运成本较低等特点，积极进行各种线上推广活动，联合相关店铺进行产品关联营销活动，以此增加店铺影响力。

2. 推出更多保健功能的智能机

目前老年智能机，除了微信、qq等基本社交软件以外，还增加了远程操控、定位等健康功能，深受老年人喜爱。这说明，在未来老年智能机将不再只是通信工具，而逐渐成为未来智能养老模式中的"信息中心"和"监测中心"。因此未来老年智能机需要进一步优化内置系统，增加更多可选择的保健功能，如：智能呼叫系统，当智能设备自动检测出老年人身体出现问题，可自主启动家庭医疗机制，自动联系远程医生或护士；智能收集信息系统，可通过连接其他智能设备，自动记录老年人日常健康状况，时刻提醒老年人当前身体状况以及提出相应的建议。

3. 增加亲情互动功能

对"微信""视频"等高频关键词定位到相应的评论词条可以发现，老年人多用此功能与其子女联系，如："宝贝是给我妈买的，主要用来打电话和微信使用，很方便，款式对老年人来说也很时尚了，还是非常满意的，还配了些小饰品，很满意""手机收到了，给老爸买的，性价比很高的一款手机，爸爸很高兴，我们一家聊起了微信"。由于社会快速发展，原有的家庭形态发生了剧烈改变，"空巢老人"日益增加，使得老年人空前渴望得到子女的关怀，而子女由于工作、家庭等原因，不能时常联系父母。鉴于此，未来智能手机可以多增加些亲情互动功能，如设定子女关心老人的时间等。这样不仅仅满足老年人得到子女关怀的心愿，也可以督促子女多多关怀父母。这样一来一往可以大大加深老年人与子女之间的感情，避免老年人有子而不得赡养的局面，也可在一定程度上缓解社会矛盾。

4. 增设老年智能机用户专属客服，提高其服务质量

从以上数据分析来看，老年人智能手机的最终使用者仍旧是老年人，一方面随着年龄增长，记忆、动手能力等都有着不同程度的退化，对于新生事物的接受能力远远不如年轻人，不能很快地掌握智能手机。另一方面，子女由于工作学习不能时时刻刻陪伴在老年人身边，老年人也不希望常常麻烦子女，这种情况下，老年人更愿意打电话求助客服，而大多数电商平台客服只能机械地回复老年人使

用智能手机的问题，并不能很好地解决老年人的问题，导致很多老年人使用一次智能手机以后便不再使用。因而为了更好地体现客服人文关怀和更好地帮助老年人使用智能机，运营商应增设老年智能机用户专属售后客服热线，并有相应的奖惩机制，以提高其服务质量和工作态度。

从短期来看，老年人功能机凭借价格低廉、使用简单等优势，在市场上仍旧会占有一定的份额。但局限于成本，很多手机制造商会制造很多低端机当作老年人功能机，这些手机质量参差不齐极易引起消费者的反感。为了兼顾品牌形象和手机研发成本，除了手机制造商把好质量关，运营商也要完善客服制度，保证客服在甄别消费者抱怨点的同时最大限度地解决消费者遇到的问题。

（二）对政府相关部门的启示与建议

养老问题归根结底是社会问题，如何顺应时代发展寻求与之相适应的解决路径，离不开政府的大力支持和引导，可从以下几个方面入手：

1. 拓展老年人再就业的途径，提高老年人的收入水平

由于我国农村经济水平普遍低于城市经济水平，从当前来看，城乡贫困差距正日益拉大。农村"空巢老人"现象相对普遍、严重，要实现农村老年人智能养老计划必先提高农村经济生活水平，大力加强农村电力等基建设施，使得农村老人有更多机会接触智能产品。

2. 建立健全推动智能养老产业发展的规划

政府应该结合经济发展进程和城乡不同情况，精心设计和构筑中国老龄的智能工作体系，明确提出目标要求、工作重点、投入力度、检查标准。落实到各地的发展规划中，要求各级政府高度重视，把该地区老龄工作列入议事日程，根据国家的要求，结合自己的实际，纳入当地的经济和社会发展计划中，采取分工负责和齐抓共管方式，对老龄工作有管理、有服务、有措施、有检查。

3. 相关部门应明确国家智能养老工作的方向

由于老年人学习能力较弱，接受新事物能力不如年轻人，因此长久以来并不受手机制造者或运营商的重视，这就需要政府大力引导和支持相关企业，尤其应引导手机龙头企业的转型升级，推行多重优惠政策驱动老年智慧产业快速发展。

除此之外，实现智能养老新模式应是一个全民关注、努力的问题，尤其要引起年轻人的重视，注重与老年人的精神交流，关注老年人身体健康。情感上的重视是老年人智能产业快速发展的核心动力，也是研究老年智能产品最有价值的意义所在。

第三节 智慧养老的发展趋势调查

智慧养老与传统养老最大的区别在于智慧养老的科技助力，而智慧养老的科技助力主要来源于近年来飞速发展的人工智能。本小节将从世界人工智能技术的发展和原理出发，结合实例概述国内外人工智能技术如何帮助实现智慧养老。在探讨智慧养老发展趋势及可预期的问题基础上，分析兰州市城关区民政局虚拟养老院智慧养老平台的运行机理和实施流程，并提出虚拟养老院未来发展的对策建议。

一、人工智能的发展和深度神经网络

（一）人工智能的发展

人工智能是研究开发能够模拟、延伸和扩展人类智能的理论、方法、技术及应用系统的一门新的技术科学，研究目的是促使智能机器会听（语音识别、机器翻译等）、会看（图像识别、文字识别等）、会说（语音合成、人机对话等）、会思考（人机对弈、定理证明等）、会学习（机器学习、知识表示等）、会行动（机器人、自动驾驶汽车等）。

人工智能自1956年以来60余年的发展历程，学术界可谓仁者见仁、智者见智。本文引用谭铁牛院士《人工智能的历史、现状和未来》中划分标准，将人工智能的发展历程划分为以下6个阶段：

一是起步发展期：1956年—20世纪60年代初。人工智能概念提出后，相继取得了一批令人瞩目的研究成果，如机器定理证明、跳棋程序等，掀起人工智能发展的第一个高潮。

二是反思发展期：20世纪60年代—70年代初。人工智能发展初期的突破性进展大大提升了人们对人工智能的期望，人们开始尝试更具挑战性的任务，并提出了一些不切实际的研发目标。然而，接二连三的失败和预期目标的落空（例如，无法用机器证明两个连续函数之和还是连续函数、机器翻译闹出笑话等），使人工智能的发展走入低谷。

三是应用发展期：20世纪70年代初—80年代中。20世纪70年代出现的专家系统模拟人类专家的知识和经验解决特定领域的问题，实现了人工智能从理论研究走向实际应用、从一般推理策略探讨转向运用专门知识的重大突破。专家系统在医疗、化学、地质等领域取得成功，推动人工智能走入应用发展的新高潮。

四是低迷发展期：20世纪80年代中—90年代中。随着人工智能的应用规模不断扩大，专家系统存在的应用领域狭窄、缺乏常识性知识、知识获取困难、推理方法单一、缺乏分布式功能、难以与现有数据库兼容等问题逐渐暴露出来。

五是稳步发展期：20世纪90年代中—2010年。由于网络技术特别是互联网技术的发展，加速了人工智能的创新研究，促使人工智能技术进一步走向实用化。1997年国际商业机器公司（简称IBM）深蓝超级计算机战胜了国际象棋世界冠军卡斯帕罗夫，2008年IBM提出"智慧地球"的概念。以上都是这一时期的标志性事件。

六是蓬勃发展期：2011年至今。随着大数据、云计算、互联网、物联网等信息技术的发展，泛在感知数据和图形处理器等计算平台推动以深度神经网络为代表的人工智能技术飞速发展，大幅跨越了科学与应用之间的"技术鸿沟"，诸如图像分类、语音识别、知识问答、人机对弈、无人驾驶等人工智能技术实现了从"不能用、不好用"到"可以用"的技术突破，迎来爆发式增长的新高潮。

（二）深度神经网络

想必细心的读者已经发现，在上一段中人工智能的发展巅峰以深度神经网络为代表，那么到底什么是深度神经网络呢？本文将参考纽约州立大学石溪分校计算机系顾险峰教授发表在自然杂志上的《人工智能的历史回顾和发展现状》为大家解惑。

神经网络的由来最早源于1959年，当时两位科学家Hubel和Wiesel在麻醉的猫的视觉中枢上插入了微电极，然后在猫的眼前投影各种简单模式，同时观察猫的视觉神经元的反应。他们发现：猫的视觉中枢中有些神经元对于某种方向的直线敏感，另外一些神经元对于另外一种方向的直线敏感；某些初等的神经元对于简单模式敏感，而另外一些高级的神经元对于复杂模式敏感，并且其敏感度和复杂模式的位置与定向无关。这证明了视觉中枢系统具有由简单模式构成复杂模式的功能，也启发了计算机科学家发明人工神经网络。两人也因此获得1981年诺贝尔生理学奖。之后人们逐步发现，人类具有多个视觉中枢，并且这些视觉中枢是阶梯级联，具有层次结构。人类的视觉计算是一个非常复杂的过程。在大脑皮层上有多个视觉功能区域（v1至v5等），低级区域的输出成为高级区域的输入。低级区域识别图像中像素级别的局部的特征，例如边缘折角结构，高级区域将低级特征组合成全局特征，形成复杂的模式，模式的抽象程度逐渐提高，直至语义级别。拿人脸识别的神经网络举个例子：底层网络总结出各种人脸的边缘结构，中层网络归纳出眼睛、鼻子、嘴巴等局部特征，高层网络将局部特征组合，得到各种人脸特征。

虽然人工神经网络有诸多好处，但是早期的人工神经网络在20世纪80年代末和90年代初达到巅峰，随后迅速衰落，其中一个重要原因是因为神经网络的发展严重受挫。人们发现，如果网络的层数加深，那么最终网络的输出结果对于初始几层的参数影响微乎其微，整个网络的训练过程无法保证收敛。同时，人们发现大脑具有不同的功能区域，每个区域专门负责同一类的任务，例如视觉图像识别、语音信号处理和文字处理等等。而且，在不同的个体上，这些功能中枢在大脑皮层上的位置大致相同。在这一阶段，计算机科学家为不同的任务发展出不同的算法。例如：为了语音识别，人们发展了隐马尔科夫链模型；为了人脸识别，发展了Gabor滤波器、SIFT特征提取算子、马尔科夫随机场的图模型。因此，在这个阶段人们倾向于发展专用算法。

但是2000年后通过Jitendra Sharma在《自然》上撰文发表的实验和其他种种研究表明：大脑实际上是一台"万用学习机器"（universal learning machine），同样的学习机制可以用于完全不同的应用。这一发现颠覆了之前计算机科学家为不同任务发展专用算法的思维。科学家发现人类的DNA并不提供各种用途的算法，而只提供基本的普适的学习机制。人的思维功能主要是依赖于学习所得，而后天的文化和环境决定了一个人的思想和能力。换句话而言，学习的机制人人相同，但是学习的内容决定了人的思维（mind）。从这之后，人工智能的研究主流成为寻找类似大脑学习机制的普适性学习算法。

2006年致力于寻找普适性大脑学习算法的科学家们终于成功了。做出突破性贡献的计算机科学家是Hinton、Yann Lecun和Yoshua Bengio，他们三人突破前人的技术瓶颈，找到了与大脑学习机制类似的普适性算法。也就是从这里开始深度学习这一概念被提出。与传统神经网络相比，深度学习的最大特色在于神经网络的层数大为增加。但是最开始如此数量庞大的神经网络层数一度只能在实验室中使用，因为庞大的神经网络层数带来的是庞大的数据处理和对计算能力的苛刻要求。最先的突破是2009年斯坦福大学的Rajat Raina和吴恩达提出使用计算机图形处理器GPU代替中央处理器处理深度神经网络的数据量，此方法大大缩短了深度学习的时间。比如在一个四层、1亿个参数的深信度网络上，使用GPU把程序运行时间从几周降到一天。第二个突破是学习数据的累计程度。互联网的大规模普及，智能手机的广泛使用，使得规模庞大的图像数据集能够被采集、上传到云端，集中存储处理。深度学习需要使用越来越大的数据集，大数据的积累提供数据保障。最后一个突破是深度学习网络初始化的选择。传统神经网络随机初始化，学习过程漫长，并且容易陷入局部最优而无法达到性能要求。目前的方法使用非监督数据来训练模型以达到特征自动提取，有针对性地初始化网络，加速了学习过程的收敛，提高了学习效率。更为关键的是优化方法的改进。目前的技术采用更加简单的优化方法，特别是随机梯度下降方法的应用提高了收敛速率和系统稳定性。至此三个突破，深度学习才可以真正意义上的具有了商业化的价值，可以走出实验室造福大众了。

（三）图像识别和语音识别

智慧养老离不开人脸识别和语音识别。这两项今天使用频率非常高的人工智能技术正是基于上文提到了深度学习理念的建立和之后的技术突破。

2009年，普林斯顿大学计算机系的华人学者Jia Deng发表论文《ImageNet: A large scale hierarchical image database》，宣布建立第一个超大型图像数据库供计算机视觉研究者使用。2015年12月的Imagenet图像识别的竞赛中，来自微软亚洲研究院（Microsoft Research Asia，MSRA）的团队夺冠。他们独创MSRA的深度残余学习模型，使用深达152层的神经网络，头五个类别的识别错误率创造了3.57%的新低，这个数字已经低于一个正常人的大约5%的错误率。人脸识别技术基于此模型被广泛应用在各种智能设备中。

2012年10月，Geoffrey Hinton、邓力和其他几位代表四个不同机构（多伦多大学、微软、谷歌、IBM）的研究者，联合发表论文《深度神经网络在语音识别的声学模型中的应用：四个研究小组的共同观点》。研究者们借用了Hinton使用的"限制玻尔兹曼机"（RBM）的算法对神经网络进行了"预培训"。深度神经网络模型（DNN）被用来估算识别文字的概率。在谷歌的一个语音输入基准测试中，单词错误率（word error rate）最低达到12.3%。2015年12月，百度AI实验室的Dario Amodei领衔发表论文《英语和汉语的端对端的语音识别》。论文的模型使用的是LSTM的一个简化的变种，叫作"封闭循环单元"（gated recurrent unit）。百度的英文语音识别系统接受了将近12000小时的语音训练，在16个GPU上完成训练需要3~5天。在一个叫WSJ Eval92的基准测试中，其单词错误率低至3.1%，已经超过正常人的识别能力（5%）。在另外一个小型汉语基准测试中，机器的识别错误率只有3.7%，而一个五人小组的集体识别错误率则为4%。这两项代表性的自然语言识别的技术突破，造就了今日各式各样的能够识别人类语言的智能设备。

二、人工智能与智慧养老

（一）人工智能与智慧养老产品

在读者了解人工智能的发展和其技术原理后，本段将以智慧养老在现实生活中的实例来阐释人工智能如何实现智慧养老。我们参考睢党臣等人在《人工智能养老的内涵、现状与实现路径》中的分类，并在此基础上进一步精简分类。将人工智能的参与的养老产品和服务分为以下三类：日常助手型产品，医疗看护型产品，精神关爱型产品。

日常助手型产品主要给老年人提供的服务为洗衣，穿衣，吃饭，购物，扫地等。这些产品都能满足一些年龄较大的老人生活不便的问题。比较有代表性的产品为智能开关，智能灯光，扫地机器人，智能家居，智能电器等。还有一些目前还未得到市场检验的冷门产品，比如日本的喂饭机器人、洗澡机器人等。以德国生产的莱尔克斯扫地机器人 DH860 为例，此扫地机器人独家开发了"地面扫描技术"，能区分普通垃圾和障碍物，搭配 SLAM 智能人工算法，能快速构建地图，规划清扫线路。同时还配备了 预约清扫，语音识别，防碰撞，防缠绕，防跌落，灰尘识别，全新智能定位导航模式，完全做到彻底清洁无漏扫。老年人只需在手机应用上连接扫地机器人，扫地机器人即可独立完成清洁任务，同时搭配语音识别，扫地机器人可识别老人的命令比如：开始，停止等。在手机应用上还可以更改个性化的口令，使得手脚不便的老人不再需要为家庭的清洁担忧。不仅如此，还有智能灯光，智能音箱等。这些智能家具电器通常搭配语言识别功能。比如小米的智能家居，当老人在回家时可以直接说出口令，智能家居会自动开启。比如灯光自动打开，音箱自动播放音乐。更有结合人工智能的机器人设备，可以帮助老人搬用重物。比如国内品牌三宝机器人旗下一款机器人金刚，一次可以搬走 75 公斤重物，每秒行动速度比人类快三倍。再加上搭载了人工智能语音识别技术，极大程度优化了机器人在复杂环境下交互体验不佳的短板，使得不善技术的老年直接通过口令命令机器人，极大地便利了老年人操作机器人的可行性。

医疗看护型产品主要给老年人提供健康知识，康复指标监测，身体指标监测，身体护理等服务。老年人普遍存在医疗服务的需求，人工智能技术开发的智能机器人，智能护理助手，智能穿戴设备等可以加强老年人的健康监测和及时提供便利的医疗护理服务。以苹果公司开发的 Apple Watch 第三代为例，此智能穿戴设备可以为老年人提供方便可得的心电图，通过每天日常生活的心电图给医生提供更为详细的心脏的医学数据。同时 Apple watch 具有防摔功能，可以自动检测佩戴者的状态，一旦老年人摔跤会立即向紧急联系人发送求救短信并呼叫救护车。美国俄亥俄州立大学华裔教授张明君，通过结合人工智能的技术和云技术，开发了新型医疗诊断工具用于诊断阿兹海默病患者和预防阿兹海默病。智能手机的普及也为医疗健康助手APP带来活力。比如changeMax医疗健康助手，搭载对话式人工智能和文字式交互方式，医疗助手的后台储存的2000条疾病和2000条症状信息，在每一条数据信息中都包含了疾病介绍，疾病发病部位，传染性，易发人群，早期症状，晚期症状，发病症状，发病症状介绍，并发症介绍等等信息。通过老年人触屏交互，文字交互后的对话式人工智能，让老年人无障碍的使用医疗助手，满足老年人对疾病初期预防诊断的需求，增加老年人的医疗意识。再比如漫谷科技在北京发布"正钛健康服务机器人"，可以提供的服务包括24小时一对一线上问诊、在线预约挂号、在线购药送药上门、体征检测、个性化健康知识推送等健康功能，涵盖疾病咨询、辅助诊疗、病后康复三大阶段。

精神关爱类产品提供心理咨询，聊天，爱好，交友，与子女联系等功能。其中最出名的是陪伴机器人。众所周知，孤寡老人的养老问题一直是各国政府头疼的问题，传统对于孤寡老人的养老问题主要通过政府和民间慈善机构定时探访为主。及时不是孤寡老人，有研究表明75岁以上老人中有一半都处在独居状态，而这些老年人中有超过100万都在孤独中度日。更可怕的是，每天有超过36%的老人都无法与他人交流，有11%的老人则表示，他们每个月中可能有5天以上都见不到任何人。人工智能陪伴机器人的出现一定程度上让这个问题有了另外一个解决方案。ElliQ机器人是专为老人设计的一款陪伴机器人，主打老人的情感与生活陪伴，此前包括雷锋网在内，也有一些媒体对这款机器人进行了报道，根据此前的介绍：这款机器人可利用人工智能技术了解家中老人的偏好，并帮助那些对新技术不敏感的老人玩转社交网络、视频聊天。如果有需要，还能教他们学会玩简单的网络游戏。举例来说，ElliQ可以决定现在是否是合适的时机去唤醒和建议用户进行某项活动，比如听音乐或看视频（在摄像头识别出老年人用户情绪低沉时，可以建议她看孙子/孙女的视频，照片，与子女打视频电话，听听音乐或看看戏剧）。ElliQ也会知道该如何基于用户的过往选择如何更加个性化的提出建议以使得建议有更大的可能性被采纳。最后，用机器人本体的动作、声音、灯光、屏幕显示等多个维度，以类似人类肢体语言的方式让交互显得非常自然。再比如日本有一款陪伴机器人"帕罗"，可以说它是日本养老院中老人们的新宠，它的身形、智力跟我们的婴儿相近。它的身上还安装了触觉、听觉等多种传感器，通过人工智能脸部识别技术，帕罗在与老年人互动中能根据外部刺激做出兴奋、撒娇等有情感的反应。同时它可陪伴老人游戏、唱歌、跳舞等，当听到有人夸奖它时，小海豹机器人还会眨眨眼、转个圈、叫几声以表示很高兴。

(二) 智慧养老的终极体验—智慧养老院

前文将智慧养老中的智慧养老产品分类并一一做了阐述。事实上，智慧养老绝不是单一养老产品的体验而是众多养老产品结合所带来的全新养老体验。2017年12月26日，由阿里巴巴试点打造的全国首个智能养老院在北京启用。北京普乐园爱心养老院成为中国第一家人工智能养老院，作为一所半社会福利性质的养老院，普乐园收住的180位老人中，有70%年龄在80周岁以上，生活完全能够自理的老人不足10%。这样的一所养老院迫切需要人工智能技术革新带来的便利提高所内老人的生活质量。养老院里的智联网养老样板间格外引人瞩目，这间带一个小客厅的双人套件里，空调、电视、窗帘、灯具都可以通过智能音箱天猫精灵操控，老人无须起身，只需要对屋内的天猫精灵说出指令，就可以控制上述设备开关。此外，在屋内还安装了能够感应人体、空气湿度、温度的自动感应器，能够保证屋内始终保持适宜老人居住的环境，在夜间也能感应到老人的起床动作，自动打开灯光照明。普乐园爱心养老院闫帅表示，最初萌生做"智联网养老院"的想法来源于一次养老行业的交流会，同行面对的困难大同小异：专业人才不足、年轻人不愿涉足、社会传统观念的限制。可见，虽然养老产业是个朝阳产业，但是传统养老产业现在良莠不齐。普乐园爱心养老院通过和天猫精灵的合作，用人工智能技术手段将传统养老升级为智慧养老，弥补了现阶段传统养老的短板，提高养老服务质量。

广州的泰成逸园养老院是另一处智慧养老集中展现的例子。作为广东省首家都市智能养老院，泰成逸园养老院将智慧养老的理念发挥得淋漓尽致。整个院区采用智能化设备：

1. 智能监控：斥资千万打造院区智能监控，为每位老人配备智能定位设备，及时追踪老人在院区内的活动情况，在红外线感应下匹配定位，为遇到紧急情况的老人快速实施救援。

2. 智能App：建立24小时健康云平台监测，监测老人的健康数据和生活情况。远在外地的子女，只要在手机下载App，即可实时查看老人的状态，实现零距离关爱。

3. 智能机：从引进适老化训练器材，配有帕维尔综合数据，同步显示老人运动量数据，从而做到有计划的运动训练，日常生活能力和习惯。

4. 智能洗浴设备：从美国引进步入式浴缸，采用座椅式设计，配备理疗功能和人机交互功能。

5. 智能健康追踪：每位老人在入住前须接受详细的检查及生活能力评估，评估老人状况并建立专属健康档案，通过智能监测实时收录长者健康数据，及时方案并实时评估情况，让老人享有健康保障。

此外，在 2019 年中国国际进口博览会上，日本松下电子公司针对中国大陆特别推出了一揽子式的整体养老方案。此养老方案 Panasonic 通过 IOT 技术，将电器、数据与人实时连通，提供更为细致贴心的健康管理和生活服务，为用户带来智能舒适的现代养老生活。由以上种种例子可得，真正的智慧养老必须集各种优秀的养老产品为一身，整合系统，让老年人在舒适，便利，可实践的前提下全方位体验智慧养老。

三、智慧养老发展趋势及可预期的问题

（一）智慧养老发展趋势—政策助力

我国目前处于人口红利的末端，人口红利带来的人口增长效应已经接近消失，未来我国将成为重度老龄化社会。在此背景下国家有关部门先后出台和发布各类政策，支持智慧养老。早在 2012 年全国老龄工作委员会办公室和北京市怀柔区政府就联合主办了"首届全国智能化养老战略研讨会"，并且推行了以智能化科技集成系统为基础的老龄服务示范项目——全国智能化养老实验基地。之后，工信部等三部委便联合印发《智慧健康养老产业发展行动计划（2017—2020年）》，提出要求针对家庭、社区、机构等不同应用环境，发展健康管理类可穿戴设备、智能养老监护设备、家庭服务机器人等，满足多样化、个性化健康养老需求。2019 年 4 月国务院办公厅印发的《关于推进养老服务发展的意见》再提推动智慧健康养老产业发展，开展智慧健康养老应用试点示范，在全国建设一批"智慧养老院"。随后召开的中央全面深改领导小组会议第二十八次会议，审议通过了《关于全面放开养老服务市场提升养老服务质量的若干意见》，其中明确指出，养老服务业是具有巨大发展潜力的朝阳产业，要降低准入门槛，引导社会资本进入养老服务业，推动公办养老机构改革，繁荣养老市场，提升服务质量，让广大老年人享受优质养老服务。由此可见，中国政府已经为人工智能养老的未来发展给了充分的政策支持。

（二）智慧养老发展趋势—经济导向

我国经济目前正处在经济转型的关键时期。党的十九大报告提出要坚持以供给侧结构性改革为主线，促进新旧动能转换，促进产业发展提质增效升级。民政

部"十三五"规划提出的养老服务业全产业链条的发展思路中可以看出,我国养老产业正在从简单地解决老年人需求向创造一个新的产业、经济增长点的方向迈进,在产业结构调整的大背景下,拥有巨大市场潜力的养老产业链,既有产品,又有服务还有产业园区等投资渠道,正在从以往粗放、单纯劳动密集型向劳动、技术、资本密集型复合发展转型。智慧养老的产业升级,将以人工智能技术为依托,为转型时期的经济注入动力。根据乐昕等所写《老年消费如何成为经济增长的新引擎》。我国老年消费需求呈增长趋势,现阶段我国老年消费水平已超越生命周期的平均值,据2011年CHARLS数据测算结果显示,我国老年人年均消费约1.18万元,城乡居民加权年平均的人均消费约1.03万元,老年消费可成为我国经济增长的新引擎,老龄社会的高消费需求是人工智能养老实现的重要经济动力。政府在人工智能及养老领域的不断加大,为人工智能养老的实现奠定了良好的资金基础。

(三) 智慧养老发展趋势—社会需求

如上文所述,我国目前处于人口增长期的末端,我国未来将成为重度老龄化社会,老龄化形势极其严峻。根据曹献雨等人发表的《芬兰精准化养老服务体系建设的经验及启示》截至2016年年底,中国60岁以上人口占全国总人口的16.7%,数量已达到2.3亿,预计2050年,中国60岁以上老人数量将达到4.34亿,比例达到全国总人口的31%,65岁以上老人会达到总人口的四分之一,严峻的老龄化形势给中国的养老服务体系带来了巨大挑战。与此同时,根据张翼等人发表的《中国家庭的小型化、核心化与老年空巢化》研究,中国家庭在工业化、城镇化与规模巨大的人口流动中正呈现"小型化、核心化和老年空巢化"的特征。据2010年第六次人口普查结果显示,我国至少31.77%的有老年人生活的家庭属于空巢家庭,其中"独居空巢家庭"占比达到了16.4%,"夫妻空巢家庭"占比达到了15.37%。由于子女不在身边,空巢老人的日常生活和心理健康都受到较大影响,其晚年生活质量无法得到有效保证。不仅如此,中国失能与半失能老人的情况也不容乐观,据2016年10月发布的第四次中国城乡老年人生活状况抽样调查结果显示,我国失能、半失能老人数量达到4063万人,占老年总人口的18.3%,失能、半失能老人家庭不仅背负沉重的经济负担,而且长期照护老人的责任也给家庭带来了较大的挑战。再加上老年慢性病突出、护理人才短缺及老年生活方式变革,使得智慧养老成了未来社会的不二选择。

(四) 智慧养老发展趋势—科技发展

目前深度学习的研究热点正在迅速转向基于深度卷积神经网络的物体监测与

定位、分割能力，其突破将在未来进一步推动人工智能的实际应用与产业发展。即所谓概念向量（thought vector）与推理、注意力、规划与记忆进行有机整合，涉及推理/规划、注意力、短期/长期记忆、知识学习、知识 蒸馏和知识迁移，小样本概念学习以及基于监督和再励学习的大数据病历或棋谱的自动阅读与自主知识学习。相信未来随着云计算技术的发展，深度学习方法的革新，人工智能与大数据、云平台、机器人、移动互联网及物联网等的深度融合，人工智能技术与产业将开始扮演着基础性、关键性和前沿性的核心角色。机器会将大数据的内容转化为商业直觉、智能化业务流程和差异化产品/服务。人工智能升级的智慧养老产品将获得更多的感知与决策能力，变得更具自主性，环境适应能力更强。

（五）智慧养老发展趋势—可预期的问题

首先，虽然人工智能升级的智慧养老产品在处理许多感知及认知任务，如图像识别、语音识别、人脸识别等方面，由于其庞大的内存及运算能力，相比于人具有一定优势。但是这些产品并不具备人类的意识。换句换说，这些产品更即使依靠最强大的数据集也无法具有的感性，导致陪伴式机器人无法满足老年人渴望与朋友、与家人之间的沟通和交流的需求，此外，人工智能系统因为不具备情感，所以在是否分享老人的个人健康隐私等问题上不存在感性，由此带来的安全隐私泄露等问题也需要及时防范。所以目前的人工智能更多的是从物质需求方面满足老人的生活，精神方面的满足还存在诸多不足。

其次，虽然我国政府已经出台了相关的大量政策文件给予智慧养老大力支持，但是政策具体落实的实施缺乏一个标准化的尺度。此外，从时间上来说，我国在处理人口老龄化问题上相对于其他已经经历过人口老龄化的国家存在天然的经验劣势。这个劣势需要一段时间的制度执行与制度修改，方能迎头赶上。过程中自然会出现标准的不断建立与更新。在标准稳定之前，可以预见智慧养老产业的具体政策将会有一定程度的波动。

最后，中国传统伦理中将养老的责任赋予老人的子女。智慧养老的发展必将触及这一传统理念，如何协调子女在智慧养老中应该发挥的作用，如何改变老人的传统心态接受智慧养老的模式都是智慧养老未来必将遭遇的社会伦理问题。

四、兰州市城关区虚拟养老院的案例分析

（一）兰州市老年人口群体

兰州市是甘肃省的省会城市，是甘肃省人口最多的城市。据第六次全国人口普查数据显示2010年兰州市总人口数为361.61万人，0~14岁人口数为49.83

万人，比重为 13.8%，15~64 岁人口数为 282.38 万人，比重为 78%；65 岁及以上人口数为 29.40 万人，比重为 8.2%，截至 2015 年，兰州市总人口为 369.31 万人，0~14 岁人口数为 43.8 万人，比重为 11.86%，15~64 岁人口数为 291.94 万人，比重为 79.05%；65 岁及以上人口数为 33.57 万人，比重为 9.09%。详见图 5-22、图 5-23。从数据来看，兰州市在第五次人口普查之前就已经成为老龄化城市，老年人口数量大而且老龄化的情况进一步加深。

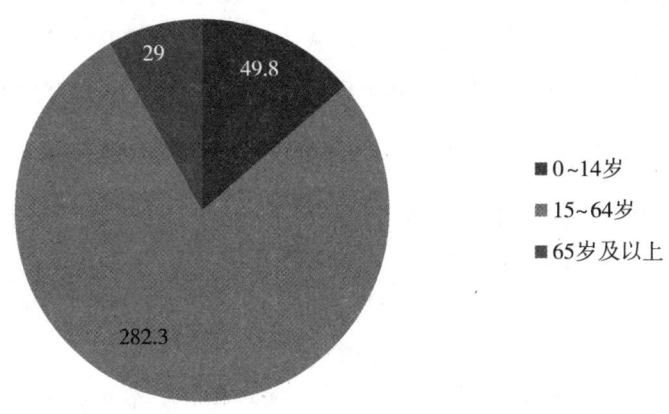

图 5-22　2010 年兰州市人口比重图（万人）

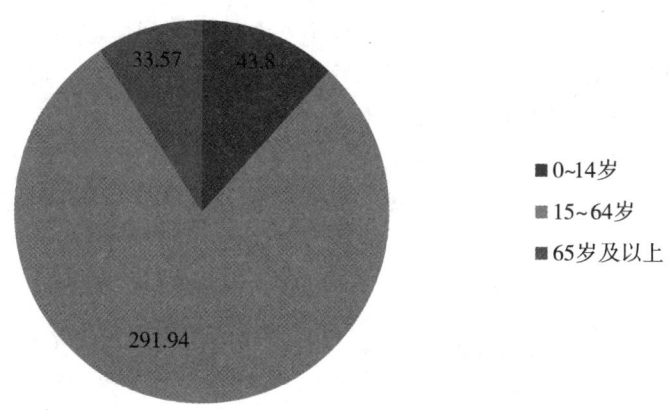

图 5-23　2015 年兰州市人口比重图（万人）

同时，随着高等教育的普及和人们思想观念的转变，老人独居的情况越来越普遍，空巢老人群体逐步扩大，据调查表明，在 2000 年兰州市空巢老人家庭约占总家庭数的26.06%，到了2010年上升36.54%，上升了10.48%。

（二）虚拟养老机制的诞生

1. 兰州市养老格局

目前我国的养老模式呈现"9073"的格局，即90%的老年人采用居家养老的模式，7%老年人采用社区养老模式，3%的老年人采用机构养老的模式。但是，随着计划生育政策和生育观念的转变，我国家庭结构逐步形成4-2-1的模式。家庭结构呈现微缩化的形式，这表明，大多数的夫妇要同时供养四个老人和一个小孩，青年一代的抚养压力加大。从兰州市来看，2010年老年抚养比为1.04，2015年老年抚养比为1.5，老年抚养比的上升表明了劳动年龄人口的负担加重，影响社会综合质量水平。

2. 虚拟养老院产生

面对这样的老龄化状况和日益增长的养老需求，2009年，城关区党政考察团在赴东南沿海考察过程中，在学习借鉴苏州市沧浪区的"邻里情"虚拟养老院后，决定抓住"虚拟养老院"这个典型，将全国最先进的理念应用到城关区实际工作当中，开创了西北地区首家"虚拟养老院"的新型先例，实现城关区养老服务的新跨越的同时，探索出一条机制健全，拥有政府、企业、社会三大主体以及科技支撑的新型养老模式。2009年12月，城关区委、区政府建立的一座"没有围墙的养老院"——兰州市城关区虚拟养老院。它以网络通信平台和服务系统为支撑，采用政府引导、企业运作、专业服务人员服务和社会志愿者、义工服务和社区服务相结合的方式，实现老年人各类需求的快速响应、专业服务和过程监督。城关区虚拟养老院下设老人接待中心、呼叫指挥中心、加盟企业管理中心和咨询投诉中心。通过虚拟养老信息服务平台实现老人和服务企业之间的信息交互。可为全区老人提供生活照料、医疗卫生、保健康复、心理慰藉、法律咨询、家政便民、家电维修、娱乐学习、日常陪护、临终关怀、饮食服务十一大类230余项服务。

据兰州市城关区虚拟养老院院长秦田田说，凡是居住在城关区65岁及以上的老年人，都可在社区登记加入虚拟养老院。"如今，许多年轻人远离父母，当子女们'常回家看看'难以从梦想照进现实时，老人们也亟须更有品质的养老生活。"秦田说，"洗衣晒被、买菜做饭、聊天散步……如需这些服务，打一个电话就会有人上门提供，'虚拟养老'已经成为一种时尚。"2017年，兰州市被确定为全国养老服务综合改革试点城市，在已建成139所城市社区老年人日间照料中心和409所农村老人幸福院，以及8个虚拟养老院的基础上，兰州市开展了居家和社区养老服务改革试点工作。不同于传统养老院，虚拟养老院不提供床位，只提供服务。秦田算了一笔账，在城关区建设一家300张床位的养老院需投资2000万元以上，老人入住后每月还要缴纳上千元的费用，而虚拟养老院的建设只用了机构养老十分之一的建设成本和十分之一的运行成本，就解决了上万老人的日常养老问题。"可以说花了小钱，办了大事。"秦田田说。

(三) 兰州市虚拟养老院运行原理

1. 虚拟养老院系统

兰州市城关区虚拟养老院建设以国家科技惠民计划"兰州市城关区数字化社会管理与服务平台示范"项目为依托，通过集成数字化、网络化、智能化等关键技术，建成涵盖城关区主街道的数字化社会管理综合调度指挥平台，完善数字化虚拟养老院服务体系，建成数字化的、集社会管理与服务为一体的民生工程示范项目。

(1) 虚拟养老院社区服务平台的运作机理

虚拟养老院主要通过"96588服务系统"这一信息中心和技术平台，对居家养老服务对象实行会员制客户准入管理。话务员根据系统生成的客户所需服务项目向自己所负责的街道里的老人确认当天的服务项目和服务时间，待服务工单确认后，再进行工单分配，即把服务的项目、时间、对象进一步具体分配到每位服务员，服务员根据工单提供上门服务。在每位服务员服务的过程中，养老服务系统均记录每位服务员的服务状态，即正在服务中、服务已完成等状态。待服务完成，话务员通过系统检查服务任务是否完成，并进行质量回访考核，即询问老人对服务员所提供的服务是否满意。服务员服务完毕，回到养老中心，拿回已经完成的工单，领取明天要服务的工单。按照服务项目，系统每个月形成1份收费清单，养老服务中心按约定向客户收取服务费用。系统从客户确认服务开始便对服务过程进行全程跟踪、回访、咨询意见，并以客户满意度来考核服务质量。信息系统主动获取老人需求，快速编制计划，及时组织服务，进行有效监控，实施规范化管理。

(2) 虚拟养老院的运作机制

首先，领导重视、上下齐心，实现筹建工作高速度。城关区委、区政府将虚拟养老院建设作为惠及民生的大事来抓，提出了"科学规划、分步实施、滚动发展、逐步扩大"的建设方针。区政府拿出近250万元作为项目启动资金，并计划以后每年列支资金1000万元，保证虚拟养老院的正常运转。区政府制定了《关于筹建兰州市城关区虚拟养老院的实施方案》（以下简称《实施方案》），完成了管理软件的设计构想、公开招标和设计开发,办公场所装修工程的设计、招标及建设,计算机设备政府采购,人员招募培训,特殊服务号码的申请,第一批加盟企业考察及服务项目的策划和服务价格的设定等工作,并先后召开三次服务企业与老人供需对接会,按照《实施方案》要求,全速推进各项工作。经过短短几个月的紧张筹备,这座"没有围墙的养老院"在城关区拔地而起。

其次,依托科技,特色明显,实现经营管理高起点。在策划方案之初,成立了城关区金色晚年服务中心,并将其注册为虚拟养老院下属的民办非企业单位,招募各类服务企业加盟虚拟养老院,并对企业服务过程进行监督管理。从关注老年人心理健康和维护老年人合法权益入手,成立接待中心,目前招募注册有117名获得国家注册二、三级专业心理咨询师志愿者,开设老年人心理咨询热线,接待现场心理咨询,为老年人开展免费服务;同时与司法部门联手,为老年人提供免费法律咨询和法律援助服务。呼叫指挥中心以信息技术为平台,像一根纽带紧紧连接服务对象与服务企业,加入居家养老服务的老人,通过电话请求服务,系统在处理用户服务需求后,向企业派出工单,同时评价计费。金色晚年服务中心、接待中心与呼叫指挥中心共同组成一套完整的服务系统,实现老年人各类需求的快速响应、专业服务和过程监督。虚拟养老院从客户确认服务开始便对服务过程全程跟踪、回访、意见咨询,并以客户的满意度考核商家提供的服务质量,核拨政府补贴。

再次,政府推动,机制创新,实现企业管理高标准。虚拟养老院在运营过程中,政府及其职能部门始终起着主导、引领、扶持和管理监督作用,积极创造良好的市场环境,吸纳社会各类服务企业加盟虚拟养老院。城关区及时出台相关优惠政策,将加盟虚拟养老院的服务企业全部注册为民办非企业单位,在税费减免方面争取申请更多好政策,并对加盟企业员工每月进行工资补贴,减轻企业运营压力,扶持加盟企业迅速壮大。同时,按照加盟企业所在的位置和服务半径,对每个企业的服务范围进行规定。在具体工作中,一方面各加盟企业可根据自身优势,对服务范围内的用户服务要求进行内部调剂,或进一步吸收具有一定服务实力和良好信誉的小企业作为二级加盟,互相整合资源,丰富养老服务产品供给,满足辖区服务对象的各类需求;另一方面在加盟企业管理中运用激励机制,根据企业服务优劣,扩大或缩小其服务范围,实现了加盟企业管理的高标准。

兰州市城关区虚拟养老院共加盟企业126家,其中,综合服务类4家,餐饮服务类65家,医疗保健类55家,精神慰藉类2家,产业化形态初步显现(如图5-24所示),并通过遍布全区的126处服务网点,基本实现全区老年人居家养老服务的全覆盖。最后，统一标准，分类服务，实现服务提升高层次。虚拟养老院服务项目涉及生活照料、医疗保健、家政便民、心理慰藉、法律咨询、娱乐学习六大类230项，基本涵盖了老年人日常生活照料的所有服务项目，并对每项服务的内容及收费做了统一规定。在解决社会救助问题的同时，体现社会福利的适度普惠，在服务对象的选择上，凡年满60周岁的老年人都将纳入服务范围，并分A、B、C三个层面为老年人提供无偿、低偿、有偿服务。其中A类对象为无劳动能力、无法定赡养人、无经济来源的"三无"老人和生活困难、子女在外地定居或因其他原因不在身边的困难"空巢"老人等没有任何经济收入的老年人群体，政府分四类按不同的标准每月给予服务补贴；B类老人为重点优抚对象，90岁以上高龄老人、市级以上劳模、"三八红旗手""见义勇为"称号获得者、正高以上职称老专家、担任两届以上（含两届）离退休的省、市人大代表、政协委员。这类群体政府将给予每月50元的政府补贴；C类对象为自己"埋单"的普通老人，自己出钱购买服务，但服务价格会比市场价优惠20%左右。这种分层次的养老服务形式，不但保障了政府需要援助的困难老人的基本养老需求，还满足了其他老人更高层次的消费需求。到2019年，虚拟养老院注册的老年人中A类用户683人、B类用户2814人、C类用户91235人（如图5-25所示）。

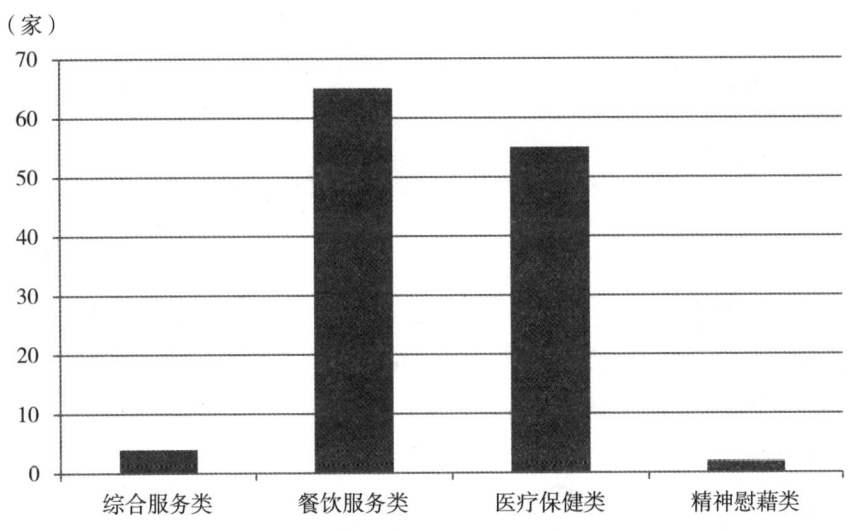

图 5-24　兰州市城关区虚拟养老院加盟企业类型

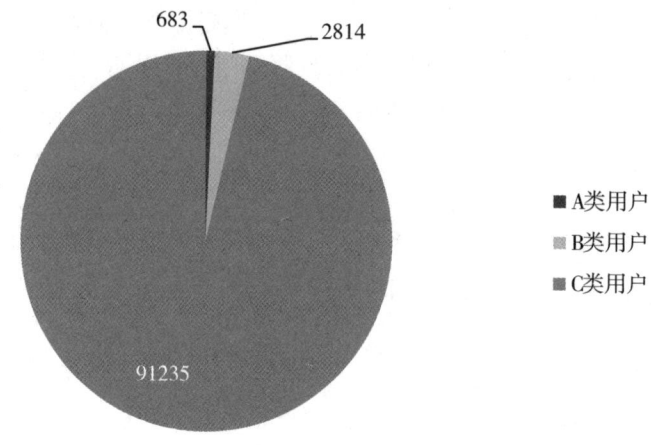

图 5-25　虚拟养老院在册老年人饼状图

2. 兰州市城关区虚拟养老院科技化支撑服务平台系统建设

（1）运行环境建设

运行环境建设有硬件平台建设，包括服务器主机平台、存储平台、大屏幕显示平台、网络平台、安全平台、呼叫中心平台、视频监控共享平台、电脑终端、手机终端等；软件平台建设包括操作系统、数据库系统、GIS 平台、中间件及系统软件等；业务网络主要实现核心机房、实际监督指挥中心、指挥中心、职能部门、街道、社区和专业公司的互联互通；无线网络提供充足的网络带宽。

（2）数据建设

在共享兰州城市管理系统平台数据建设成果之上，进行虚拟养老需求网格划分和三维建模数据的建设。

（3）子系统建设

虚拟养老院服务系统主要包括 4 个核心子系统：位置查询与急救指引子系统、行程跟踪子系统、智能调度子系统、短信评价子系统。

（四）传统居家养老与智慧居家养老的区别

1. 传统居家养老

传统居家养老是指以家庭为核心、以社区为依托、以专业化服务为依靠，为居住在家的老年人提供以解决日常生活困难为主要内容的社会化服务。服务内容包括生活照料与医疗服务以及精神关爱服务。主要形式有两种：由经过专业培训的服务人员上门为老年人开展照料服务；在社区创办老年人日间服务中心，为老年人提供日托服务，服务对象一般是"三无"老人。

2. 智慧居家养老

智慧居家养老是指利用先进的 IT 技术手段，研发面向居家老人、社区的物联网系统与信息平台，并在此基础上提供实时、快捷、高效、低成本的、物联化、互联化、智能化的养老服务。

3. 智能养老主要特点及优势

（1）信息化管理会员管理、员工管理、费用管理、评价管理专为居家养老服务开发，满足运营需求。

（2）标准化流程系统根据不同岗位设有多种工作台，针对性的功能和权限，让工作和管理变得更加高效。

（3）云服务整合云平台与智慧养老云服务及幸福智能设备深度打通，支持整合第三方资源，实现更多价值。

（4）移动办公使用移动设备登录运营服务系统，随时随地快速、便捷、高效地处理工作事务。

（5）大数据价值大数据分析客户资料，发现消费规律和潜在需求，营销针对性。

（五）虚拟养老院中老年人最需要的就是用餐

如表 5-15 所示，在老年生活服务需求方面，调查发现就餐是老人们最为需要的服务，占到老人总数的 47.07%；其次为医疗保健需求，占到老人总数的 28.64%；文化娱乐方面的需求占到老人总数的 13.74%。可以看出，用餐、医疗保健、文化娱乐是老人生活中最需要的三项内容。

表 5-15　　　　虚拟养老院中老年人生活所需服务调查汇总表

	医疗保健	就餐	文化娱乐	陪护陪聊	代购
人数（人）	171	281	82	47	16
比重（%）	28.64	47.07	13.74	7.87	2.68

从 2006 年开始，城关区就试点开展了区、街道、社区三级居家养老服务工作，同时也成为全省第一家政府为居家养老"埋单"的城区，为"三无"及困难"空巢"老人印发免费服务券，并向老人提供 17 项居家养老服务。但随着老年人多层次、多方面、多样化养老需求的出现，传统社区居家养老模式逐渐显现出服务内容单一、服务功能相对薄弱、服务人员短缺、专业化程度不高和覆盖人群不广等局限性，同时运行机制缺乏综合性和整合力、缺乏统一规范的服务标

准和质量监督，从而制约了居家养老服务上规模和高效益地发展。

（六）城关区虚拟养老院升级打造智慧型服务平台

以下是来自 2019 年月 22 日兰州日报社全媒体首席记者杨晟途的报道。

走进新建成的城关区虚拟养老院，呈现在眼前的景象令人耳目一新：智能体检设备、远程医疗、智能家居展示、智慧餐厅、VR 娱乐体验室、实时显示线下家政服务进展的电子屏，无不体现着养老服务和管理的智能化。

"与10年前的初建、2015 年扩建相比，这次新建的智慧型虚拟养老院，不仅面积大了环境设施好了，在功能服务上更完善更精准，通过线上调度线下'十助'等功能，为新时代老年人打造'花样'晚年。"城关区虚拟养老院院长秦田田边介绍边说。

城关区虚拟养老院运行近 10 年来，已吸纳各类加盟服务企业 126 家，建成街道社区医养融合中心 6 个，整合原有 11 大类 230 项服务项目，为老人提供四大类 150 余项服务。截至目前，注册入院老人达到 12.4 万余名，服务总量超过 1254.4 万人（次）。

1. 虚拟养老线上线下全覆盖

2018 年底，城关区老年人达到 20 万人，约占全区户籍人口的 20%，人口老龄化形势严峻。为有效应对人口老龄化问题，兰州市城关区于 2009 年 12 月，创建了全国首家由政府主导、企业加盟、市场运作、社会参与的虚拟养老院。通过一部热线、一个指挥平台、一批加盟企业，满足了辖区老人足不出户，便可在家享受到专业化、标准化养老服务的愿望。

"您好，请问需要什么帮助……我已根据您的地址，安排好服务人员，稍后将上门服务。"209 年 8 月 20 早上 9 时，虚拟养老院调度指挥中心一派繁忙，10 多名话务员亲切地答复着热线。正是通过这里的电话线和网络，让辖区注册入院的 10 余万老人，与虚拟养老院服务企业连在一起。

"通过客服电话 965885，老人说明服务需求后，调度中心便会通过网络派发服务工单，就近的加盟企业会立即派出服务人员，在 30 分钟内上门服务。服务完成后，老人需在服务工单上签字认可，服务人员方可离开。同时在每月末，虚拟养老院会对企业服务进行考核，将考核结果上报区政府以核拨补贴。"秦田田说，这就是城关区虚拟养老院的服务和管理流程。

2. 创新的模式、创新的服务，赢得了各界的关注和称赞

2011 年春节长假后，《人民日报》以《出了门，谁来照顾咱爸妈》为题，介绍兰州市城关区虚拟养老院。"从买菜购物到洗衣做饭，从打扫卫生到按摩陪护，

服务人员用真情为老人提供服务,解决了子女有孝心没时间的困扰,而且满足了老人居家养老的愿望。"秦田田说,"你们出了门,我们来照顾咱爸妈!"

虚拟养老院虽说是虚拟的,但服务却是真实而到位的,线上线下虚实结合,做到了服务全覆盖。比如养老餐厅,通过辖区内社会化餐厅加盟,社区办餐厅支撑,专营化餐厅补充等多种方式,每天为老人提供一荤两素、一汤一主食的营养套餐,极大满足了老人就餐第一需求。加入服务的社区卫生服务站,为辖区内老年人的康复保健,困难老人的就医购药提供便利。

与此同时,家政服务、日常陪护、临终关怀、紧急救援等各项服务的跟进,提升了养老服务内涵,让老年人的晚年生活,更有尊严、更加充实。"虚拟养老院将会把社会养老事业水平提前20至30年,还能在发展中解决就业和推动心理咨询等新兴服务。"2010年,国务院参事魏津生来兰在城关区进行实地考察后,称赞虚拟养老模式是中国养老服务业的破题之举。

3. 扩容提质,智慧服务更贴心

"经过短短四年时间,城关区老年人口增加2万人,而虚拟养老院注册老人却翻了9倍。"随着老年人口的增加,给虚拟养老院发展带来了挑战:服务老人的数量不断增长,老人需求不断多样化;服务阵地和内容日趋不足,投入渠道还未多元化。如何迈过这个坎?

秦田田说,为提升为老服务水平,根据区委区政府部署,虚拟养老院将千份问卷发给老人,在充分调研和讨论的基础上,出台虚拟养老院可持续发展方案,分类补助、内涵提升、多元投入、选址扩建等一揽子计划。该方案和计划的出笼,也拉开了智慧养老序幕。

开展"一卡两系统"研发,推出了虚拟养老院市民卡,逐步实现了老人乘车、就餐、就医等一卡结算支付。建立健康和安全养老两个系统,通过对老人的健康数据采集、上传、分析、评估、反馈,为全科医生对老人进行慢病管理,未病预防,为子女关爱老人提供技术支撑;通过老年手机定位功能,为开展老人走失查寻,外出遇急呼救和服务人员远程调度提供保障。

为解决虚拟养老院容量不足问题,争取民政部和省民政厅1000万元,于2015年对虚拟养老院异地扩建,形成了集调度指挥、质量管理、医养融合、教育培训、文化活动、志愿服务、产品展示为一体的新格局,拓展了为老服务的领域和内容,有效提升了服务水平和质量。

按服务对象经济条件、生活自理能力等不同,分为ABC三类,A类"特困和低保老人"政府全兜底,B类"重点优抚对象等老人"财政适当补贴,C类是有能力的老人自己购买服务，但服务价格比市场价低20%，既突出了对困难老人的重点保障，又实现了全区老人居家养老全覆盖。

作为虚拟养老院的实体店，20多家社区为老服务机构，则将老人配餐和康复保健、心理关怀等服务悉数纳入，推出养老服务"私人订制"。围绕老年人的衣、食、行、医、乐、游，社区居家养老信息平台，老年电子商务平台的建立，通过线上线下服务，让老人的生活更便捷。

4. 异地扩建，虚拟养老再升级

传统的养老模式正在被新兴的虚拟养老院所替代和弥补。2016年，兰州市被民政部列入26个居家和社区养老改革试点城市，迎来了兰州全面步入智慧养老的新机遇。城关区遂决定选址至诚·枫叶国际写字楼7、8两层作为虚拟养老院的永久性服务场地。

2017年，为做好居家和社区养老服务改革试点，提升虚拟养老院智慧养老管理服务水平，城关区争取民政部专项资金1600万元，区级财政配套5000多万元，于2018年建成以智慧养老、医养融合、生活服务、居家适老化改造等为一体的综合养老体验中心，同时健全和完善区、街道、社区三级互联共享的智慧养老服务管理平台，实现养老服务供给与需求的精准对接。

"新建成的虚拟养老院占地2800平方米，通过升级扩容实现线上调度线下助餐、助洁、助浴、助医、助学、助乐、助行、助购、助安、助急等'十助'功能，真正实现了养老服务智能、调度指挥科学、紧急呼叫及时、健康医疗多样、主动关爱贴心等特色服务。"秦田田介绍说，这一次改造扩建升级，使老人在互联网时代，能享受到更便捷、智能、美好的晚年生活。

"特别是一键通，老人只需轻点一下，就能接通虚拟养老院热线，省去了找电话号码的麻烦。"虚拟养老院线上服务软件开发方负责人刘名哲，边操作手机APP边向记者详细地介绍说，新开发的965885手机客户端正在调试，包括家政、餐厅服务、一键通、政策指引，老年电子商城等功能。虚拟养老院管理方通过家政服务软件，能随时查看到家政人员上门服务情况。

新建的虚拟养老院医养融合中心，在将老人们健康数据存档的同时，通过甘肃医联体平台，与市第二院进行协作，当老人有就医需求时，虚拟养老院通过医联体平台，为老人预约挂号和预约检查。"省去了老人到医院等候、排队挂号和看病的麻烦。"刘名哲这样说道。

虚拟养老院还与第三方机构合作，由其派人定期为辖区困难老人、失独老人等上门量血压、测血糖等一些基础性的身体检查，并实时将老人体检情况和健康状况，以及体检照片等反馈到专门系统中，以此来掌握老人们的身体健康状况，也为老人就医时提供各项健康数据。

今后，虚拟养老院的服务将延伸到街道社区，由街道社区通过资源整合和培育组织，发挥社区服务养老服务功能，依托街道综合为老服务中心、社区日间照料中心开展线下养老服务。同时，大力推进居家和社区养老服务体系建设、加强居家和社区养老服务标准化建设等，提升城关区智慧性养老服务模式和品牌。

（七）对虚拟养老院健康发展的建议

1. 尽可能多地给予政策资金扶持

结合本地经济社会发展水平和老年人群体的社会保障需求，建立财政资金投入的长效机制，保障加盟企业的高效运行。

2. 充分运用现代技术服务手段

通过现代信息技术的嵌入和人才、资金以及制度创新等市场要素的融合，产生巨大的叠加效应。运用加盟企业网络化管理和现代信息技术，打造全方位、专业化、高质量的智慧服务平台。

3. 打造和完善智慧养老服务的行业标准

建设和完备各种养老辅助机构机制，完善养老服务标准细则，提高养老企业及服务人员的服务效率及质量。

4. 加强交流学习与协作提高智慧养老服务水平

应该组织人员前往业内具有特色的机构学习交流，取长补短，共同发展。例如苏州虚拟养老院的标准化模式；广州泰成逸园养老院的智能化模式等等，都是值得借鉴的。

参考文献

(一) 中文参考文献

[1] 郭竞成. 农村老年人生活质量影响因素实证研究——来自浙江农村的问卷调查 [J]. 浙江工商大学学报, 2012 (04): 78-85.

[2] 余晓艳, 赵银侠, 张勇. 西安城乡老年人养老服务供给与需求状况研究 [J]. 陕西行政学院学报, 2019, 33 (04): 32-42.

[3] 郝彬, 杨蓓, 刘义兰, 颜巧元, 黄海燕, 程维, 吴为. 国内外养老模式研究现状 [J]. 护理研究, 2019, 33 (20): 3530-3534.

[4] 孟春, 王梦可. 农村老年人幸福感的影响因素研究 [J]. 乡村科技, 2019 (29): 18-19.

[5] 刘凤至. 老龄化背景下的老年人精神文化娱乐生活研究 [J]. 大众文艺, 2019 (19): 26-27.

[6] 黄俊辉. 农村养老服务供给变迁: 70年回顾与展望 [J]. 中国农业大学学报 (社会科学版), 2019, 36 (05): 100-110.

[7] 王晓慧, 向运华. 智慧养老发展实践与反思 [J]. 广西社会科学, 2019 (07): 81-88.

[8] 杜鹏, 王永梅. 乡村振兴战略背景下农村养老服务体系建设的机遇、挑战及应对 [J]. 河北学刊, 2019, 39 (04): 172-178+184.

[9] 李玮彤, 宋玉磊, 孟娣娟, 徐桂华. 国内养老机构老年人生活质量及影响因素研究现状 [J]. 护理研究, 2019, 33 (11): 1883-1887.

[10] 吴燕. "互联网+智慧养老" 发展之路 [J]. 人民论坛, 2019 (13): 76-77.

[11] 陈娜, 王长青. 失能老人与医养结合养老模式的匹配关系 [J]. 中国老年学杂志, 2019, 39 (07): 1758-1763.

[12] 范书南, 郭海岚, 董雪. 中国老年人养老模式的研究进展 [J]. 中国老年学杂志, 2019, 39 (04): 996-999.

[13] 张学民, 赵明宇. 基于 LDA 和情感分析的西塘古镇旅游形象研究 [J/OL]. 河北工业大学学报（社会科学版）: 1-9 [2019-12-30]. https://doi.org/10.14081/j.cnki.cn13-1396/g4.000113.

[14] 张俊飞, 毕志升, 吴小玲. 基于词向量 Doc2vec 的双向 LSTM 情感分析 [J]. 计算机与数字工程, 2018, 46 (12): 2385-2389+2399.

[15] 张博, 韩俊江. "互联网+" 下智慧健康养老服务研究 [J]. 宏观经济管理, 2018 (12): 40-44.

[16] 王占国. 老年人生活质量与心理健康的相关性研究 [J]. 心理月刊, 2018 (09): 32-33.

[17] 蔡淑琴. 老龄化背景下我国老年人精神赡养问题研究 [D]. 大理大学, 2018.

[18] 殷秀霞. 中国城乡中老年居民幸福感影响因素比较研究 [D]. 电子科技大学, 2018.

[19] 李旭, 于卫红. 基于情感分析和关系网络的影视产品评论数据文本挖掘研究 [J]. 情报探索, 2018 (04): 1-5.

[20] 易婧, 屈锡华, 卢东. 智慧养老背景下西部地区医养结合服务供给主体关系博弈研究 [J]. 西藏大学学报（社会科学版）, 2018, 33 (01): 155-162.

[21] 王兆花. 西部地区老年人贫困问题研究——基于第四次中国城乡老年人生活状况抽样调查甘肃省数据 [J]. 老龄科学研究, 2018, 6 (02): 61-71.

[22] 赵瑞芳, 林明鲜. 不同养老模式下老年人养老服务需求比较 [J]. 中国老年学杂志, 2017, 37 (23): 5937-5939.

[23] 张雷, 韩永乐. 当前我国智慧养老的主要模式、存在问题与对策 [J]. 社会保障研究, 2017 (02): 30-37.

[24] 欧阳寒梅, 彭婷婷, 张丽梅, 严龙敏, 邹婷. 老年人对养老模式期望的调查研究 [J]. 重庆医学, 2017, 46 (23): 3254-3257.

[25] 郭锐. 基于 LDA 主题模型的电商客户评论情感分析 [D]. 北京化工大学, 2017.

[26] 毕莎莎. 中老年人生活满意度影响因素研究 [D]. 天津财经大学, 2017.

[27] 张欣. 子女数量、子女社会经济地位对中老年人幸福感的影响研究 [D]. 华东师范大学, 2017.

[28] 李丽君. 养老服务社会化建设地方实践与路径研究——基于沧浪虚拟养老院和城关虚拟养老院的案例比较 [J]. 甘肃行政学院学报, 2016 (04): 84-90+128.

[29] 陈莉, 卢芹, 乔菁菁. 智慧社区养老服务体系构建研究 [J]. 人口学刊, 2016, 38 (03): 67-73.

[30] 宫晓东. 老年人群人机特征研究述评——基于信息科技产品使用 [J]. 北京理工大学学报（社会科学版）, 2015, 17 (05): 149-155.

[31] 曹梅娟, 刘晓霞. 老龄化背景下农村老年人生活质量状况 [J]. 中国老年学杂志, 2015, 35 (03): 835-837.

[32] 郭平. 中国城乡老年人口状况追踪调查抽样与加权方法研究 [J]. 人口与发展, 2013, 19 (03): 77-84.

[33] 袁文英. 城乡一体化视域中西北贫困地区老年人生活状况及对策研究——基于对甘肃省静宁县雷大乡屈岔村的调研 [J]. 黑河学刊, 2012 (11): 188-190.

[34] 刘晓梅. 我国社会养老服务面临的形势及路径选择 [J]. 人口研究, 2012, 36 (05): 104-112.

[35] 穆军. 我国人口老龄化背景下精神养老体系的构建 [D]. 东北师范大学, 2012.

[36] 刘红芹, 包国宪. 政府购买居家养老服务的管理机制研究——以兰州市城关区"虚拟养老院"为例 [J]. 理论与改革, 2012 (01): 67-70.

[37] 张奇林, 赵青. 我国社区居家养老模式发展探析 [J]. 东北大学学报（社会科学版）, 2011, 13 (05): 416-420+425.

[38] 安俊美, 邱成岭, 张大勇. 社会转型期农村老年人精神养老问题的政策思考 [J]. 内蒙古农业大学学报（社会科学版）, 2011, 13 (04): 41-44.

[39] 张国平. 居家养老社会化服务的新模式——以苏州沧浪区"虚拟养老院"为例 [J]. 宁夏社会科学, 2011 (03): 56-62.

[40] 田林, 张开金. 中老年人生活质量及其影响因素研究 [J]. 中国全科医学, 2010, 13 (16): 1782-1784.

[41] 李淑杏, 张敏, 陈长香, 赵亚宁, 马素慧. 常见慢性病老年人生活质量调查与分析 [J]. 中国老年学杂志, 2014, 34 (08): 2243-2244.

[42] 张晓艳, 孙桂平, 邬雪山, 魏芳, 李然, 顾永红, 王丽雯, 王超. 城市老年人生活满意度及影响因素的调查研究——以保定市为例 [J]. 中国慢性

病预防与控制，2015，23（05）：335-337.

［43］于雁，林爱琴．开封市不同养老模式老年人生活质量及影响因素［J］．中国老年学杂志，2013，33（18）：4516-4518.

［44］吴明隆．问卷统计分析实务——SPSS操作与应用［M］．重庆：重庆大学出版，2010.

［45］徐冬英，陈珊珊，覃秀英，周琦，周琪范，陈志英，马秋平，王思婷．广西老年人生活质量现状调查及影响因素分析［J］．卫生职业教育，2012，30（14）：118-120.

［46］肖亚洲．湖南某县农村留守老年人生活质量与卫生服务利用研究［D］．中南大学，2010.

［47］穆二平．社区老年人的生活质量和对社区护理服务的需求情况及其影响因素［J］临床医药文献电子杂志．2017，4（66）：12967-12968.

［48］谭铁牛．人工智能的历史、现状和未来［J］．智慧中国，2019（Z1）：87-91.

［49］顾险峰．人工智能的历史回顾和发展现状［J］．自然杂志，2016，38（03）：157-166.

［50］睢党臣，曹献雨．芬兰精准化养老服务体系建设的经验及启示［J］．经济纵横，2018（06）：116-123

［51］睢党臣，曹献雨．人工智能养老的内涵、现状与实现路径［J］．新疆师范大学学报（哲学社会科学版），2019，40（02）：111-119+2.

［52］蔡自兴．中国人工智能40年［J］．科技导报，2016，34（15）：12-32.

［53］乐昕．老年消费如何成为经济增长的新引擎［J］．探索与争鸣，2015（07）：125-128.

［54］梁迎丽，刘陈．人工智能教育应用的现状分析、典型特征与发展趋势［J］．中国电化教育，2018（03）：24-30.

［55］耿永志，王晓波．"互联网+"养老服务模式：机遇、困境与出路［J］．深圳大学学报（人文社会科学版），2017，34（04）：109-114+122.

（二）英文参考文献

［1］Tanschus N M.［The living conditions of older people in Tanzania］．［J］．Zeitschrift fuer Gerontologie und Geriatrie，2012，45（5）．

［2］Irina Andrievskaya，Maria Semenova．Does biological endowment matter for demand for financial services? Evidence from 2D:4D ratio in the Russian household survey [J]. Personality and Individual Differences, 2017, 104.

[3] Mercè Roca, A. John Maule. The effects of endowment on the demand for probabilistic information [J]. Organizational Behavior and Human Decision Processes, 2009, 109 (1).

[4] Xu Hengzhou. Theoretical and Empirical Research on Influential Factors of Rural Land Transfer:Based on the Perspective of Occupation Differentiation and Pension Security Mode [J]. Energy Procedia, 2011, 5.

[5] Zhimei Yang, Aixiang Huo. Optimization of Rural Mutual Assistance Pension Mode under the Background of Aging Population [P]. Proceedings of the 3rd International Conference on Economics and Management, Education, Humanities and Social Sciences (EMEHSS 2019), 2019.

[6] Dongmei Li. Cross-cultural Learning Resource Recommendation Method and Corpus Construction Based on Online Comment Sentiment Analysis [P]. Proceedings of the 5th International Conference on Arts, Design and Contemporary Education (ICADCE 2019), 2019.

[7] Hao-chen JIANG. Literature Review on the Mode in the Combination of Medical Care and Pension [P]. 2nd International Conference on Modern Economic Development and Environment Protection (ICMED 2017), 2017.

[8] Li-na WU, Li BAI, Ye-xiang YAO. Study on the Mode of Home Care for the Aged in the City of Qiqihar from the Perspective of Integration of Medical Service and Pension Service [P]. 3rd International Conference on Education and Management Science (ICEMS 2018), 2018.

[9] Qi LIU. A Study on the Mode of Intelligent Pension for Urban Disabled Elderly [P]. International Conference on Advanced Education and Management Science (AEMS 2017), 2017.

[10] Yue Zhou, Yingning Mo. Thinking and Feasible Suggestions on the Old-Age Mode of "Integrating Pension Service with Medical Service" [P]. DEStech Transactions on Social Science, Education and Human Science, 2018.

[11] Jianwei Gao. Optimal Investment Strategy for Defined Contribution Pension Plans under the CEV Model [P]. Wireless Communications, Networking and Mobile Computing, 2008. WiCOM '08. 4th International Conference on, 2008.

[12] Min Wang. Research on the Present Operation Situation of Pension Mode "Combination of Medical and Health Care" in Guizhou Province [C]. Information Engineering Research Institute, USA、Singapore Management and Sports Science Institute, Singapore. Proceedings of 2017 2nd International Conference on Sport Science and Social Science (ICSS 2017). Information Engineering Research Institute, USA、Singapore Management and Sports Science Institute, Singapore: 智能信息技术应用学会, 2017: 274-277.

[13] Li-na WU. Study on the Mode of Home Care for the Aged in the City of Qiqihar from the Perspective of Integration of Medical Service and Pension Service [C]. Advanced Science and Industry Research Center. Proceedings of 2018 3rd International Conference on Education and Management Science (ICEMS 2018). Advanced Science and Industry Research Center: Science and Engineering Research Center, 2018: 278-282.

[14] ZHU Xiao-ning. Study on the Influence of Social Support on the Choice Behavior of Middle-aged Pension Mode in China [C]. University of Ghana (UG)、Ghana Institute of Management and Public Administration (GIMPA)、University of Cape Coast (UCC)、American Society for Public Administration (ASPA)、University of Electronic Science and Technology of China (UESTC). Proceedings of 2017 International Conference on Public Administration (12th) & International Symposium on West African Studies (1st) (Volume I). University of Ghana (UG)、Ghana Institute of Management and Public Administration (GIMPA)、University of Cape Coast (UCC)、American Society for Public Administration (ASPA)、University of Electronic Science and Technology of China (UESTC): 公共管理国际会议组委会, 2017: 379-385.

[15] HONG Li-hua. Study on the Service Mode of Smart Pension in Zhongshan City from the Perspective of the Supply-side Structural Reforms in China [C]. University of Ghana (UG)、Ghana Institute of Management and Public Administration (GIMPA)、University of Cape Coast (UCC)、American Society for Public Administration (ASPA)、University of Electronic Science and Technology of China (UESTC). Proceedings of 2017 International Conference on Public Administration (12th) & International Symposium on West African Studies (1st) (Volume II). University of Ghana (UG)、Ghana Institute of Management and Public Administration (GIMPA)、

University of Cape Coast（UCC）、American Society for Public Administration（ASPA）、University of Electronic Science and Technology of China（UESTC）：公共管理国际会议组委会，2017：76-84.

［16］Sudhanshu Kumar, Mahendra Yadava, Partha Pratim Roy. Fusion of EEG response and sentiment analysis of products review to predict customer satisfaction［J］. Information Fusion, 2019, 52.

［17］Min Yang, Qingnan Jiang, Ying Shen, Qingyao Wu, Zhou Zhao, Wei Zhou. Hierarchical human-like strategy for aspect-level sentiment classification with sentiment linguistic knowledge and reinforcement learning［J］. Neural Networks, 2019, 117.

［18］Itzel Morales-Ramirez, Fitsum Meshesha Kifetew, Anna Perini. Speech-acts based analysis for requirements discovery from online discussions［J］. Information Systems, 2019, 86.

［19］Jian-Wu Bi, Yang Liu, Zhi-Ping Fan. Representing sentiment analysis results of online reviews using interval type-2 fuzzy numbers and its application to product ranking［J］. Information Sciences, 2019, 504.

［20］Kashfia Sailunaz, Reda Alhajj. Emotion and sentiment analysis from Twitter text［J］. Journal of Computational Science, 2019, 36.

［21］Yousra Trichilli, Mouna Boujelbène Abbes, Afif Masmoudi. Islamic and conventional portfolios optimization under investor sentiment states: Bayesian vs Markowitz portfolio analysis［J］. Research in International Business and Finance, 2020, 51.

［22］Srishti Vashishtha, Seba Susan. Fuzzy rule based unsupervised sentiment analysis from social media posts［J］. Expert Systems With Applications, 2019, 138.

［23］Ronita Bardhan, Minna Sunikka-Blank, Anika Nasra Haque. Sentiment analysis as tool for gender mainstreaming in slum rehabilitation housing management in Mumbai, India［J］. Habitat International, 2019.

［24］Andrés Azqueta-Gavaldón. Causal inference between cryptocurrency narratives and prices: Evidence from a complex dynamic ecosystem［J］. Physica A: Statistical Mechanics and its Applications, 2020, 537.

［25］JiaXing Shen, Mingyu Derek Ma, Rong Xiang, Qin Lu, Elvira Perez Vallejos, Ge Xu, Chu-Ren Huang, Yunfei Long. Dual memory network model for sentiment analysis of review text [J]. Knowledge-Based Systems, 2019.

[26] Kashfia Sailunaz, Reda Alhajj. Emotion and sentiment analysis from Twitter text [J]. Journal of Computational Science, 2019, 36.

[27] Andrea Sansone, Angelo Cignarelli, Giacomo Ciocca, Carlotta Pozza, Francesco Giorgino, Francesco Romanelli, Emmanuele A. Jannini. The Sentiment Analysis of Tweets as a New Tool to Measure Public Perception of Male Erectile and Ejaculatory Dysfunctions [J]. Sexual Medicine, 2019, 7 (4).

[28] Kia Dashtipour, Mandar Gogate, Jingpeng Li, Fengling Jiang, Bin Kong, Amir Hussain. A hybrid Persian sentiment analysis framework: Integrating dependency grammar based rules and deep neural networks [J]. Neurocomputing, 2019.

[29] Tamer El-Diraby, Amer Shalaby, Moein Hosseini. Linking social, semantic and sentiment analyses to support modeling transit customers' satisfaction: Towards formal study of opinion dynamics [J]. Sustainable Cities and Society, 2019, 49.

[30] Mazen El-Masri, Nabeela Altrabsheh, Hanady Mansour. Successes and challenges of Arabic sentiment analysis research: a literature review [J]. Social Network Analysis and Mining, 2017, 7 (1).

[31] Zhe Zhao, Tao Liu, Shen Li, Bofang Li, Xiaoyong Du. Guiding the Training of Distributed Text Representation with Supervised Weighting Scheme for Sentiment Analysis [J]. Data Science and Engineering, 2017, 2 (2).

[32] Siaw Ling Lo, Erik Cambria, Raymond Chiong, David Cornforth. Multilingual sentiment analysis: from formal to informal and scarce resource languages [J]. Artificial Intelligence Review, 2017, 48 (4).

[33] Aamna Al Shehhi, Justin Thomas, Roy Welsch, Ian Grey, Zeyar Aung. Arabia Felix 2.0: a cross-linguistic Twitter analysis of happiness patterns in the United Arab Emirates [J]. Journal of Big Data, 2019, 6 (1).

[34] Sisi Liu, Ickjai Lee. Extracting features with medical sentiment lexicon and position encoding for drug reviews [J]. Health Information Science and Systems, 2019, 7 (1).

[35] Biraj Dahal, Sathish A. P. Kumar, Zhenlong Li. Topic modeling and sentiment analysis of global climate change tweets [J]. Social Network Analysis and Mining, 2019, 9 (1).

[36] Shakeel Ahmad, Muhammad Zubair Asghar, Fahad M. Alotaibi, Irfanul-

lah Awan. Detection and classification of social media-based extremist affiliations using sentiment analysis techniques［J］. Human-centric Computing and Information Sciences, 2019, 9（1）.

［37］Shakeel Ahmad, Muhammad Zubair Asghar, Fahad M. Alotaibi, Irfanullah Awan. Correction to: Detection and classification of social media-based extremist affiliations using sentiment analysis techniques［J］. Human-centric Computing and Information Sciences, 2019, 9（1）.

［38］Atanu Dey, Mamata Jenamani, Jitesh J. Thakkar. Cross-D-vectorizers: a set of feature-spaces for cross-domain sentiment analysis from consumer review［J］. Multimedia Tools and Applications, 2019, 78（16）.

［39］Imane El Alaoui, Youssef Gahi, Rochdi Messoussi, Youness Chaabi, Alexis Todoskoff, Abdessamad Kobi. Correction to: A novel adaptable approach for sentiment analysis on big social data［J］. Journal of Big Data, 2019, 6（1）.

［40］Abdallah Yousif, Zhendong Niu, John K. Tarus, Arshad Ahmad. A survey on sentiment analysis of scientific citations［J］. Artificial Intelligence Review, 2019, 52（3）.

［41］Bagus Setya Rintyarna, Riyanarto Sarno, Chastine Fatichah. Evaluating the performance of sentence level features and domain sensitive features of product reviews on supervised sentiment analysis tasks［J］. Journal of Big Data, 2019, 6（1）.

［42］Carlos Gómez-Rodríguez, Iago Alonso-Alonso, David Vilares. How important is syntactic parsing accuracy? An empirical evaluation on rule-based sentiment analysis［J］. Artificial Intelligence Review, 2019, 52（3）.

［43］Ammar Mohammed, Rania Kora. Deep learning approaches for Arabic sentiment analysis［J］. Social Network Analysis and Mining, 2019, 9（1）.

［44］Ning Liu, Bo Shen, Zhenjiang Zhang, Zhiyuan Zhang, Kun Mi. Attention-based Sentiment Reasoner for aspect-based sentiment analysis［J］. Human-centric Computing and Information Sciences, 2019, 9（1）.

［45］Imane Guellil, Faical Azouaou, Marcelo Mendoza. Arabic sentiment analysis: studies, resources, and tools［J］. Social Network Analysis and Mining, 2019, 9（1）.

［46］Vivek Singh Bawa, Vinay Kumar. Emotional sentiment analysis for a group of people based on transfer learning with a multi-modal system [J]. Neural Computing and Applications, 2019, 31 (12).

[47] Liu Sisi, Lee Ickjai. Extracting features with medical sentiment lexicon and position encoding for drug reviews. [J]. Health information science and systems, 2019, 7 (1).

[48] Vaucheret Paz E, Martino M, Hyland M, Corletto M, Puga C, Peralta M, Deltetto N, Kuhlmann T, Cavalié D, Leist M, Duarte B, Lascombes I. Sentiment Analysis in Children with Neurodevelopmental Disorders in an Ingroup/Outgroup Setting. [J]. Journal of autism and developmental disorders, 2019.

[49] Oorsprong Danielle M, van Drunen-Kamp Karine J, den Boogert Elisabeth M, van den Bijllaardt Wouter, Tostmann Alma, van Dam A S G. [Gastroenteritis at sporting events with water and mud: an example to illustrate outbreak investigation methods]. [J]. Nederlands tijdschrift voor geneeskunde, 2019, 163.

[50] Wen K, Wang H Q, Yu C, Lv X P, Qi F, Song J Y. [The basic characteristics and medical status of pneumoconiosis patients under different investigation methods]. [J]. Zhonghua lao dong wei sheng zhi ye bing za zhi = Zhonghua laodong weisheng zhiyebing zazhi = Chinese journal of industrial hygiene and occupational diseases, 2019, 37 (9).

[51]. Sentiment Analysis of Social Media on Childhood Vaccination: Development of an Ontology [J]. Journal of Medical Internet Research, 2019, 21 (6).

[52] Hobson Deslyn T G, Meriwether Kate V, Francis Sean L, Kinman Casey L, Stewart J Ryan. Sentiment Analysis of Web Sites Related to Vaginal Mesh Use in Pelvic Reconstructive Surgery. [J]. Female pelvic medicine & reconstructive surgery, 2019, 25 (6).

[53]. Technology – Information Technology; Studies from Cochin University of Science and Technology Reveal New Findings on Information Technology (Predicting the Winner of Delhi Assembly Election, 2015 From Sentiment Analysis On Twitter Data-a Bigdata Perspective) [J]. Computers, Networks & Communications, 2019.

[54]. Software Research; Reports Outline Software Research Findings from University of Sevilla (Torii: an Aspect-based Sentiment Analysis System That Can Mine Conditions) [J]. Computers, Networks & Communications, 2019.

[55] Anonymous. Pitney Bowes: Irish Life Selects On Demand Document Compo-

sition and Interaction Service from Pitney Bowes Business Insight; Pitney Bowes Business Insight's DOC1 web-based service to facilitate real-time online interaction for pension consultants and brokers [J]. M2 Presswire, 2009.

[56] Anonymous. RNCOS: Rising Life Expectancy Soars Demand for Pension Funds in India [J]. M2 Presswire, 2009.

[57] Anonymous. Prof calls for pension boost for physically demanding work [J]. Daily Commercial News, 2016, 89 (140).

[58] Parish Colin. Unions demand pensions guarantee for NHS staff. [J]. Nursing standard (Royal College of Nursing (Great Britain): 1987), 2002, 17 (7).

[59] NHS pension demand for practice nurses. [J]. Nursing standard (Royal College of Nursing (Great Britain): 1987), 1997, 11 (22).

[60] Feher Anita, Yan Gonggu, Saklofske Donald H, Plouffe Rachel A, Gao Yan. An Investigation of the Psychometric Properties of the Chinese Trait Emotional Intelligence Questionnaire Short Form (Chinese TEIQue-SF). [J]. Frontiers in psychology, 2019, 10.

[61] 辛书冕等: A Theory of Fermat Paths for Non-Line-of-Sight Shape Reconstruction, IEEE/CVF Conference on Computer Vision and Pattern Recognition, 2019, 6

[62] 李飞飞等: ImageNet: A Large-Scale Hierarchical Image Database, IEEE/CVF Conference on Computer Vision and Pattern Recognition, 2009, 6

(三) 网络参考文献

[1] 广东泰成逸园养老院相关信息, 广东泰成逸园养老院官网, http://e.51sole.com/gdtcyy/

[2] 兰州市城关区虚拟养老院的相关政策, 兰州市民政局官网, http://mzj.lanzhou.gov.cn/module/sitesearch/index.jsp?columnid=0&webid=23&modalunitid=46982

[3]《甘肃省兰州市城关区虚拟养老院A类老人服务细则》, 养老网, 2015-07-03, http://www.yanglao.com.cn/article/50267.html

[4]《居家智慧养老: 未来养老新模式》, 新华网, 2017-01-02, http://www.xinhuanet.com/politics/2017-01/02/c_1120229503.htm

[5]《智慧养老, 老了也幸福》, 新华网, 2019-04-26, http://www.xinhuanet.com/info/2019-04/26/c_138010823.htm

[6]《机器人助力智慧养老 各种高科技设备让人眼花缭乱》, 搜狐网,

2019-11-19，https：//www.sohu.com/a/354715014_100210174

［7］《"银发浪潮"来袭，智慧养老机器人还远吗》，网易网 2019-09-29，http：//dy.163.com/v2/article/detail/EQ8GJCUU05388LCE.html

［8］《智慧养老助力老有所依》，知乎网，2019-10-31，https：//zhuanlan.zhihu.com/p/89502873

［9］《2019年中国智慧养老行业市场现状及发展前景分析 人工智能+互联网技术推动上升发展》，搜狐网，2019-10-25，http：//www.sohu.com/a/349442017_114835

［10］《世界人工智能大会智慧养老新试点：智能康复机器人已"上岗"》，智慧城市网，2019-08-29，https：//www.ofweek.com/smartcity/2019-08/ART-201823-8120-30404911.html

［11］《华人学者发明阿兹海默病创新诊断工具》，新浪网，2017-08-30，https：//med.sina.com/article_detail_103_1_32598.html

［12］《在机器人如何陪伴老年人这点上，这家以色列团队的产品有点意思》，雷锋网，2017-10-26，https：//baijiahao.baidu.com/s?id=1582283626566554419&wfr=spider&for=pc

［13］《北京：探访全国首家"智联网养老院"让老人用上人工智能》，《人民图片》，2018-01-02，https：//baijiahao.baidu.com/s?id=1588446811802969012&wfr=spider&for=pc

［14］《兰州市城关区虚拟养老院升级打造智慧型服务平台》，新华网，2019-08-26，http：//www.gs.xinhuanet.com/chengguanqu/2019-08/26/c_1124922356.htm

［15］《人工智能技术发展的三大难题》，千家网，2018-06-08，http：//www.qianjia.com/html/2018-06/08_294937.html

［16］《人工智能养老前景如何》，《快乐老人数字报》，2018-06-18，http：//bao.laoren.com/html/2018-06/18/content_2962371.htm